中华国学文库

玉台新咏笺注

〔陈〕徐　陵　编
〔清〕吴兆宜　注
穆克宏　点校

中华书局

图书在版编目(CIP)数据

玉台新咏笺注/(陈)徐陵编;(清)吴兆宜注;(清)程琰删补;穆克宏点校. —北京:中华书局,2018.6
(中华国学文库)
ISBN 978-7-101-13228-1

Ⅰ.玉… Ⅱ.①徐…②吴…③程…④穆… Ⅲ.古典诗歌-诗集-中国 Ⅳ.I222

中国版本图书馆CIP数据核字(2018)第098025号

书　　名	玉台新咏笺注
编　　者	〔陈〕徐　陵
注　　者	〔清〕吴兆宜
删 补 者	〔清〕程　琰
点 校 者	穆克宏
丛 书 名	中华国学文库
责任编辑	刘　明
出版发行	中华书局 (北京市丰台区太平桥西里38号　100073) http://www.zhbc.com.cn E-mail:zhbc@zhbc.com.cn
印　　刷	北京瑞古冠中印刷厂
版　　次	2018年6月北京第1版 2018年6月北京第1次印刷
规　　格	开本/880×1230毫米　1/32 印张17　插页2　字数430千字
印　　数	1-6000册
国际书号	ISBN 978-7-101-13228-1
定　　价	48.00元

中华国学文库出版缘起

《中华国学文库》的出版缘起,要从九十年前说起。

1920年,中华书局在创办人陆费伯鸿先生的主持下,开始编纂《四部备要》。这套汇集三百三十六种典籍的大型丛书,精选经史子集的"最要之书",校订成"通行善本",以精雅的仿宋体铅字排印。一经推出,即以其选目实用、文字准确、品相精美、价格低廉的鲜明特点,最大限度地满足了国人研治学问、阅读典籍的需要,广受欢迎。丛书中的许多品种,至今仍为常用之书。

新中国成立之后,党和国家倡导系统整理中国传统文献典籍。六十馀年来,在新的学术理念和新的整理方法的指导下,数千种古籍得到了系统整理,并涌现出许多精校精注整理本,已成为超越前代的新善本,为学界所必备。

同时,随着中华民族以前所未有的自信快速发展,全社会对中国固有的学术文化——国学,也表现出前所未有的关注和重视。让中华文化的优秀成果得到继承和创新,并在世界范围内进行传播和弘扬,普惠全人类,已经成为中华民族的历史使命。当此之时,符合当代国民阅读需要的权威的国学经典读本的出现,实为当务之急。于是,《中华国学文库》应运而生。

《中华国学文库》是我们追慕前贤、服务当代的产物,因此,它自当具备以下三个基本特点：

一、《文库》所选均为中国学术文化的"最要之书"。举凡哲学、历史、文学、宗教、科学、艺术等各类基本典籍，只要是公认的国学经典，皆在此列。

二、《文库》所选均为代表当代最新学术水平的"最善之本"，即经过精校精注的最有品质的整理本。其中既有传统旧注本的点校整理本，如朱熹《四书章句集注》，也有获得学界定评的新校新注本，如余嘉锡《世说新语笺疏》。总之，不以新旧为别，惟以善本是求。

三、《文库》所选均以新式标点、简体横排刊印。中国古籍向以繁体竖排为标准样式。时至当代，繁体竖排的标准古籍整理方式仍通行于学术界，但绝大多数国人早已习惯于现代通行的简体横排的图书样式。《文库》作为服务当代公众的国学读本，标准简体字横排本自当是恰当的选择。

《中华国学文库》将逐年分辑出版，每辑十种，一次推出；期以十年，以毕其功。在此，我们诚挚希望得到学术界、出版界同仁的襄助和广大读者的支持。

中华书局自 1912 年成立，至今已近百岁。我们将《中华国学文库》当作向中华书局百年诞辰敬献的一份贺礼，更是向致力于中华民族和平崛起、实现复兴大业的全国人民敬献的一份厚礼。我们自当努力，让《中华国学文库》当得起这份重任，这份荣誉。

中华书局编辑部
2010 年 12 月

目 录

点校说明 ………………………………………… 1
玉台新咏序 ……………………………………… 1
考订姓氏 ………………………………………… 5
玉台新咏笺注卷第一
  古诗八首 ……………………………………… 1
  古乐府诗六首 ………………………………… 5
  枚乘杂诗九首 ………………………………… 16
  李延年歌诗一首 并序 ……………………… 20
  苏武诗一首 …………………………………… 21
  辛延年羽林郎诗一首 ………………………… 22
  班婕妤怨诗一首 并序 ……………………… 24
  宋子侯董娇娆诗一首 ………………………… 25
  汉时童谣歌一首 ……………………………… 26
  张衡同声歌一首 ……………………………… 26
  秦嘉赠妇诗三首 并序 ……………………… 28
  秦嘉妻徐淑答诗一首 ………………………… 30
  蔡邕饮马长城窟行一首 ……………………… 30
  陈琳饮马长城窟行一首 ……………………… 32

徐干室思六首　情诗一首 …………………………… 34
         繁钦定情诗一首 …………………………………… 37
         古诗为焦仲卿妻作　并序 ………………………… 40
玉台新咏笺注卷第二
         魏文帝于清河见挽船士新婚与妻别一首
             又清河作一首 ………………………………… 52
         甄皇后乐府塘上行一首 …………………………… 53
         刘勋妻王宋杂诗二首　并序 ……………………… 55
         曹植杂诗五首　乐府三首　弃妇诗一首 ………… 56
         魏明帝乐府诗二首 ………………………………… 64
         阮籍咏怀诗二首 …………………………………… 65
         傅玄乐府诗七首　和班氏诗一首 ………………… 68
         张华情诗五首　杂诗二首 ………………………… 75
         潘岳内顾诗二首　悼亡诗二首 …………………… 79
         石崇王昭君辞一首　并序 ………………………… 83
         左思娇女诗一首 …………………………………… 85
玉台新咏笺注卷第三
         陆机拟古七首　为顾彦先赠妇二首　为周夫人
             赠车骑一首　乐府三首 ……………………… 89
         陆云为顾彦先赠妇往返四首 ……………………… 99
         张协杂诗一首 ……………………………………… 102
         杨方合欢诗五首 …………………………………… 103
         王鉴七夕观织女一首 ……………………………… 106
         李充嘲友人一首 …………………………………… 108
         曹毗夜听捣衣一首 ………………………………… 108
         陶潜拟古诗一首 …………………………………… 109
         荀昶乐府二首 ……………………………………… 110

王微杂诗二首 ……………………………… 112
　　谢惠连杂诗三首 ……………………………… 114
　　刘铄杂诗五首 ……………………………… 117
　　陆机拟古二首　宋刻不收 ……………………………… 121
玉台新咏笺注卷第四
　　王僧达七夕月下一首 ……………………………… 123
　　颜延之为织女赠牵牛一首　秋胡诗一首 ……………………………… 124
　　鲍照杂诗八首 ……………………………… 129
　　王素学阮步兵体一首 ……………………………… 137
　　吴迈远拟乐府四首 ……………………………… 137
　　鲍令晖杂诗五首 ……………………………… 141
　　丘巨源杂诗二首 ……………………………… 144
　　王融杂诗五首 ……………………………… 146
　　谢朓杂诗十二首 ……………………………… 148
　　陆厥中山王孺子妾歌一首 ……………………………… 154
　　施荣泰杂诗一首 ……………………………… 155
　　鲍照乐府二首　以下宋刻不收 ……………………………… 156
　　王融杂诗三首 ……………………………… 158
　　谢朓杂诗五首 ……………………………… 159
　　陆厥邯郸行一首 ……………………………… 162
　　虞羲自君之出矣一首 ……………………………… 163
玉台新咏笺注卷第五
　　江淹古体四首 ……………………………… 164
　　丘迟二首 ……………………………… 167
　　沈约二十四首 ……………………………… 168
　　柳恽九首 ……………………………… 181

江洪四首 …… 187
高爽一首 …… 190
鲍子卿二首 …… 190
何子朗三首 …… 191
范靖妇四首 …… 193
何逊十一首 …… 195
王枢三首 …… 202
庾丹二首 …… 203
范云四首 以下宋刻不收 …… 204
江淹四首 …… 206
沈约三首 …… 209

玉台新咏笺注卷第六
吴均二十首 …… 212
王僧孺十七首 …… 221
张率拟乐府三首 …… 229
徐悱二首 …… 232
费昶十首 …… 233
姚翻同郭侍郎采桑一首 …… 239
孔翁归奉和湘东王教班婕妤一首 …… 239
徐悱妻刘令娴答外诗二首 …… 240
何思澄三首 …… 241
徐悱妻刘氏答唐娘七夕所穿针一首 …… 243
吴均四首 以下宋刻不收 …… 244
王僧孺咏歌姬一首 …… 246
徐悱妻刘氏听百舌一首 …… 246
费昶芳树一首 …… 247

徐勉采菱曲一首 …………………………………… 247
　杨皦咏舞一首 ……………………………………… 248

玉台新咏笺注卷第七
　梁武帝十四首 ……………………………………… 249
　皇太子圣制乐府四十三首 ………………………… 257
　邵陵王纶诗三首 …………………………………… 283
　湘东王绎诗七首 …………………………………… 284
　武陵王纪诗三首 …………………………………… 287
　昭明太子一首　以下宋刻不收 …………………… 289
　简文帝二十七首 …………………………………… 290
　邵陵王见姬人一首 ………………………………… 302

玉台新咏笺注卷第八
　萧子显乐府二首 …………………………………… 303
　王筠和吴主簿六首 ………………………………… 306
　刘孝绰杂诗五首 …………………………………… 309
　刘遵杂诗二首 ……………………………………… 312
　王训奉和率尔有咏一首 …………………………… 313
　庾肩吾杂诗七首 …………………………………… 314
　刘孝威杂诗三首 …………………………………… 317
　徐君倩杂诗二首 …………………………………… 320
　鲍泉杂诗二首 ……………………………………… 321
　刘缓杂诗四首 ……………………………………… 322
　邓铿杂诗二首 ……………………………………… 324
　甄固奉和世子春情一首 …………………………… 325
　庾信杂诗三首 ……………………………………… 326
　刘邈杂诗四首 ……………………………………… 327

纪少瑜杂诗三首 …… 329
闻人倩春日一首 …… 331
徐孝穆杂诗四首 …… 331
吴孜杂诗一首 …… 334
汤僧济杂诗一首 …… 334
徐悱妻刘氏杂诗一首 …… 335
王叔英妻刘氏杂诗一首 …… 335
萧子云春思一首 以下宋刻不收 …… 336
萧子晖春宵一首 …… 337
萧子范春望古意一首 …… 337
萧悫秋思一首 …… 338
王筠杂诗五首 …… 338
刘孝绰杂诗五首 …… 340
刘孝仪闺怨一首 …… 342
刘孝威杂诗三首 …… 342
刘遵应令咏舞一首 …… 344
王训应令咏舞一首 …… 345
庾肩吾杂诗六首 …… 345
庾成师远期篇一首 …… 348
鲍泉杂诗三首 …… 348
邓铿闺中月夜一首 …… 350
阴铿杂诗五首 …… 350
朱超道一首 …… 353
裴子野咏雪一首 …… 353
房篆金石乐歌一首 …… 354
陆罩闺怨一首 …… 354

庾信杂诗六首 ································· 355

玉台新咏笺注卷第九

歌辞二首 ····································· 359

越人歌一首 并序 ···························· 360

司马相如琴歌二首 并序 ···················· 361

乌孙公主歌诗一首 并序 ···················· 362

汉成帝时童谣歌二首 并序 ·················· 363

汉桓帝时童谣歌二首 ························ 364

张衡四愁诗四首 ····························· 365

秦嘉赠妇诗一首 ····························· 368

魏文帝乐府燕歌行二首 ····················· 368

曹植乐府妾薄命行一首 ····················· 370

傅玄杂诗五首 按：以《历九秋》为一首，《车遥遥》、《美人篇》、《四愁》及《盘中诗》为四首，共五首。 ········· 372

苏伯玉妻盘中诗一首 ························ 377

张载拟四愁诗四首 ··························· 379

晋惠帝时童谣歌一首 ························ 380

陆机乐府燕歌行一首 ························ 380

鲍照杂诗八首 ································ 381

释宝月行路难一首 ··························· 385

陆厥李夫人及贵人歌一首 ··················· 386

沈约八咏二首 六首在卷末 白纻曲二首 ····· 387

吴均行路难二首 ····························· 390

张率杂诗四首 ································ 392

费昶行路难二首 ····························· 394

皇太子圣制十二首 ··························· 395

湘东王春别应令四首 …… 400
萧子显杂诗七首 …… 401
王筠行路难一首 …… 404
刘孝绰元广州景仲座见故姬一首 …… 405
刘孝威拟古应教一首 …… 405
徐君蒨别义阳郡二首 …… 406
王叔英妇赠答一首 …… 406
沈约古诗题六首 …… 407
张衡定情歌 以下宋刻不收 …… 415
刘铄白纻曲一首 …… 416
鲍照北风行一首 …… 416
汤惠休杂诗四首 …… 417
梁武帝杂诗七首 …… 418
昭明太子杂曲三首 …… 421
简文帝东飞伯劳歌二首 …… 422
元帝杂诗七首 …… 422
沈约杂曲三首 …… 425
范靖妻沈氏晨风行一首 …… 426
张率白纻歌辞三首 …… 427
萧子显乌栖曲一首 …… 428
庾信杂诗四首 …… 428
徐陵杂曲二首 …… 431

玉台新咏笺注卷第十

古绝句四首 …… 434
贾充与妻李夫人连句诗三首 …… 434
孙绰情人碧玉歌二首 …… 435

王献之诗二首	436
桃叶答王团扇歌三首	437
谢灵运东阳溪中赠答二首	437
宋孝武帝诗三首	438
许瑶诗二首	439
鲍令晖寄行人一首	440
近代西曲歌五首	440
近代吴歌九首	443
近代杂歌三首	447
近代杂诗一首	448
丹阳孟珠歌一首	448
钱唐苏小歌一首	449
王融诗四首	449
谢朓诗四首	450
虞炎有所思一首	452
沈约诗三首	452
施荣泰咏王昭君一首	453
高爽诗一首	454
吴兴妖神赠谢府君览一首	454
江洪诗七首	454
范靖妇诗三首	456
何逊诗五首	457
吴均杂绝句四首	458
王僧孺诗二首	459
徐悱妇诗三首	460
姚翻诗三首	461

王环代西丰侯美人一首 …………………………………… 461

梁武帝诗二十七首 ……………………………………… 462

皇太子圣制二十一首 …………………………………… 468

萧子显诗二首 …………………………………………… 473

刘孝绰诗二首 …………………………………………… 473

庾肩吾诗四首 …………………………………………… 474

王台卿同萧治中十咏二首 ……………………………… 475

刘孝仪诗二首 …………………………………………… 476

刘孝威初笄一首 ………………………………………… 476

江伯瑶和定襄侯八绝楚越衫一首 ……………………… 477

刘泓咏繁华一首 ………………………………………… 477

何曼才为徐陵伤妾一首 ………………………………… 477

萧驎咏袒复一首 ………………………………………… 478

纪少瑜咏残灯一首 ……………………………………… 478

王叔英妇暮寒一首 ……………………………………… 478

戴暠咏欲眠诗一首 ……………………………………… 479

刘孝威古体杂意一首　咏佳丽一首 …………………… 479

刘义恭诗一首　以下宋刻不收 ………………………… 480

汤惠休杨花曲一首 ……………………………………… 480

张融别诗一首 …………………………………………… 481

王融诗二首 ……………………………………………… 481

谢朓春游一首 …………………………………………… 482

邢劭思公子一首 ………………………………………… 482

梁武帝诗五首 …………………………………………… 483

简文帝诗四首 …………………………………………… 483

武陵王昭君辞一首 ……………………………………… 484

范云诗二首 ·· 485

　　范靖妇诗二首 ·· 485

　　萧子显诗五首 ·· 486

　　王台卿陌上桑四首 ······································ 487

原书序跋 ·· 488

附录

　　补序跋二十八篇 ·· 495

点校说明

《玉台新咏》十卷,南朝陈徐陵编。徐陵(公元五〇七——五八三年),字孝穆,东海郯(今山东郯城县)人。他"八岁属文,十三通庄老义。及长,博涉史籍,纵横有口辩"①。在梁时,初为东宫学士,后为通直散骑侍郎。梁武帝太清二年(公元五四八年),他以兼通直散骑侍郎的身份出使北魏,被扣留不让回来。后入陈,历任五兵尚书、尚书左仆射、中书监、左光禄大夫、太子少傅等职。陈后主至德元年卒,年七十七。徐陵早年与父摛和庾肩吾、庾信父子出入梁太子萧纲的东宫,写作宫体诗,很受宠爱。因诗文绮艳,当时称为"徐庾体"。入陈以后,当时的文檄、军书及受禅诏策,皆出自其手,被视为"一代文宗"。他的文章"辑裁巧密,多有新意"②,颇能改变旧体。著有《徐孝穆集》三十卷,今存六卷。

《玉台新咏》是我国古代的一部诗歌总集。唐刘肃说:"梁简文帝为太子,好作艳诗,境内化之,浸以成俗,谓之宫体。晚年改作,追之不及,乃令徐陵撰《玉台集》以大其体。"③据此,可知《玉台新咏》(又称《玉台集》)编于梁朝。这一点,可以在书中找到证明,书中称梁简文帝萧纲为皇太子,称梁元帝萧绎为湘东王，说明此书是在萧纲为皇太子、萧绎为湘东王时，大约是在梁朝末年编成的。但是，为什么书中题为"陈尚书左仆射太子少傅东海徐陵孝穆撰"呢？显然这是后人所加的。刘勰的《文心雕龙》撰成于齐朝，书中却题为"梁刘勰撰"，情况与此相同。至于书中梁武帝称谥号、国号，邵陵王等书名，也都是后人追改的。

梁朝的宫体诗盛极一时，当时不仅最高统治者萧衍、萧纲、萧绎父子大量创作宫体诗，那些封建官僚也倾力写作。《南史·梁简文帝纪》云："（简文帝）雅好赋诗，其自序云：'七岁有诗癖，长而不倦。'然帝文伤于轻靡，时号'宫体'。"《南史·徐摛传》云："（徐摛）属文好为新变，不拘旧体。……摛文体既别，春坊尽学之。'宫体'之号，自斯而始。"唐杜确《岑嘉州集序》云："梁简文帝及庾肩吾之属，始为轻浮绮靡之辞，名曰'宫体'，自后沿袭，务为妖艳。"君主爱好，臣僚附和，这就造成了"宫体所传，且变朝野"的局面。《玉台新咏》就是在这种环境中产生的。

《玉台新咏》的主要内容是写闺情，所收的诗多数是艳诗，即宫体诗。徐陵在《玉台新咏序》中说："撰录艳歌，凡为十卷。"明胡应麟说："《玉台》但辑闺房一体。"[④]清纪容舒指出："按此书之例，非词关闺阃者不收。"[⑤]这是此书在内容上的特点。在宫体诗的作者中，萧纲是有代表性的，本书收入他的诗竟达一百零九首之多，如《倡妇怨情》、《和徐录事见内人作卧具》、《戏赠丽人》、《和湘东王名士悦倾城》、《美人晨妆》、《咏美人观画》、《咏内人昼眠》、《春夜看妓》等诗，都是典型的宫体诗，反映了当时统治阶级荒淫的生活。他们的诗以华美雕琢的形式掩盖淫靡、放荡的内容,实在是诗歌的堕落。《隋书·文学传序》斥为"亡国之音",不是没有道理的。这种诗风延续到陈、隋,以至初唐,影响是恶劣的。然而,我们还应该看到,本书中有不少诗并非宫体诗,只因"篇中字句有涉闺帏"⑥,虽内容全不相干,也被收录,因此收入了不少优秀诗篇。例如《日出东南隅行》,揭露了封建官僚的荒淫无耻的面目,塑造了一个坚贞美丽的妇女形象。《羽林郎》歌咏一个胡姬拒绝金吾子的调戏和引诱,表现了她反抗强暴的精神和坚贞不屈的品格。《怨诗》以扇比喻女子,反映了封建社会妇女的不幸的命运。《皑如山上雪》写一个女子对负心男子表示决绝,指责那个男子只看重金钱,而不看重爱情。《上山采蘼芜》写一个弃妇的哀怨,反映了封建社会妇女被压迫的地位。《古诗为焦仲卿妻作》叙述汉末庐江小吏焦仲卿和妻子刘兰芝,因受封建礼教的压迫而致死的悲剧,揭露了封建礼教吃人的罪恶,歌颂了他们的反抗精神。这些优秀诗篇都是人们所熟悉的。此外,书中还选录了枚乘、张衡、曹植、阮籍、左思、鲍照、谢朓等著名诗人的作品以及其他一些佳作。这是《玉台新咏》的主要价值所在。

《玉台新咏》还有几点是值得我们注意的:

一、在中国文学史上,汉魏六朝的总集、别集流传下来的很少,许多诗歌都失传了。《玉台新咏》是《诗经》、《楚辞》以后最古的一部诗歌总集,它为我们保存了大量的诗歌资料。例如本书选录了较多的乐府诗,这对保存梁朝以前的乐府诗起了一定的作用,像《古诗为焦仲卿妻作》这样的名篇,正是由于本书选录才保存下来的。另外,如曹植的《弃妇诗》、庾信的《七夕》,其本集皆失载,也因被选入本书而免于失传。这是十分可贵的。以《玉台新咏》和略早的《文选》相比较,《文选》这部诗文总集,它兼收诗文,因此所收的诗歌数量较少。《玉台新咏》专收诗歌,选录诗歌达八百七十首之多,这样,《玉台新咏》就更值得我们重视了。

二、由于《玉台新咏》成书在梁朝,当时编者能够见到的古书,后来有许多已散失了,所以今天我们可以用它来校订其他古籍。如苏伯玉《盘中诗》,冯惟讷的《古诗纪》把它定为汉诗,本书列在晋代。又如古诗《西北有高楼》等九首,《文选》无作者姓名,本书认为出自枚乘。《饮马长城窟行》,《文选》亦无作者姓名,本书归于蔡邕。诸如此类,皆可资考证。

三、《玉台新咏》专选歌咏妇女的诗篇,这种选本在当时是没有前例的。又《文选》不选录生存者的作品,而《玉台新咏》六、七、八三卷所选都是当时文士的作品,这种做法也不同一般。还有,《诗经》的诗篇按风、雅、颂分类,《文选》所选录的诗文按体裁分类,而本书所收的诗篇,却以时代顺序排列,不同于过去的总集。这是《玉台新咏》的一些新的特点。

四、本书所收齐梁时代的一些宫体诗,在声律、对偶、用典等方面已经相当成熟,这些对唐诗的发展有直接的影响。另外,本书卷九主要是选录七言歌行,卷十全部是五言二韵的古绝句,这对后世的七言诗创作和唐代绝句的发展也都会有一定的影响,同时,对我们研究汉魏六朝的七言歌行和古绝句也都提供了一些方便。

总之,《玉台新咏》对我们研究汉魏六朝诗歌是颇有参考价值的。

《玉台新咏》的刻本,宋以后是比较多的⑦。但是,注本只有吴兆宜一家。吴兆宜的笺注本引证颇博,笺注详赡,只是有时繁而无当,又常常以后代的书注前代的事,也不尽允当。虽然如此,它对我们理解作品还是有一定帮助的。至于他把每卷中明代人滥增的作品退归每卷之末,注明"已下诸诗,宋刻不收",这是很可取的。据《四库全书总目》记载,此书当时只有钞本流传,尚无刻本⑧。至清乾隆三十九年,才有程琰删补的吴兆宜笺注《玉台新咏》刊行。程琰的删补本做的工作是"讹者悉正"、"删繁补阙"和"参以评点",当时有人称之为"善本"⑨。本书即以乾隆三十九年刊行的程琰删补本为底本。程琰删补本的原文据明赵均小宛堂覆宋本,与明嘉靖徐学谟海曙楼刊本校对同异。这次,我们又校以赵均小宛堂覆宋本《玉台新咏》(简称赵氏覆宋本),参校了五云溪馆本《玉台新咏》(简称五云溪馆本)、纪容舒《玉台新咏考异》(简称纪氏《考异》)、鸣沙石室影印敦煌唐写本《玉台新咏》(简称唐写本)、《太平御览》、《艺文类聚》、《文苑英华》、《初学记》、《文选》、《乐府诗集》、《古乐府》、《古文苑》、《古诗纪》等书。在校勘中,凡是有参考价值的异文,皆出校记,能够断定讹误的,均在校记中注明,不径改原文。纪氏《考异》参考了《玉台新咏》的各种版本和一些书籍,详加考辨,订正了宋、明诸本的不少错误。近人徐乃昌的《玉台新咏校记》参考众本写成,用力甚勤。这两部著作在《玉台新咏》的校勘上很有成绩,本书的校勘记参考了他们的校勘成果。凡原本标注"一作某"者,有的已查明其所据版本,则重新写入校勘记,其余则仍存"一作"。注文部分,与清光绪五年宏达堂刻本、扫叶山房石印本(一九一五年版)、中华书局四部备要本、世界书局排印本(一九三五年版)等几个通行的本子对读一次⑩。在查阅了大量的注文所引用的书籍之后,我们发现注文错误竟达一百八十余条。这些错误,各本大致相同。而有的错误是相当严重的,例如:卷二傅玄《秋兰篇》注引《离骚》云:"秋兰兮蘪芜,罗生兮堂下。"这里的"离骚"应作"九歌"。卷九秦嘉《赠妇诗》注引《说文》云:"啾唧,小声也。""说文"应作"广韵"。吴均《行路难》二首注引《离骚》云:"矢交坠兮士争先。""离骚"应作"九歌"。沈约《岁暮愍衰草》注引《离骚》云:"靡溥九衢。""离骚"应作"天问"。这是引文的题目搞错了。又如卷一《古诗八首》注引郭璞《赞》云:"蘪芜香草,乱之茶床,不惧其贵,自烈以芳。""香"应作"善","茶"应作"蛇","惧"应作"陨","贵"应作"实","烈"应作"别"。《古诗为焦仲卿妻作》注引李尤《正阳城门铭》云:"平门督月,午位处分。""正阳"应作"平","月"应作"师","分"应作"中"。卷六吴均《梅花落》注引高诱《吕氏春秋注》云:"西交风曰飙风。""高诱《吕氏春秋注》"应作"吕氏春秋","交"应作"方","飙"应作"飂";又引吴均《周承未还重赠》云:"蓬姿霜雪来。""霜雪来"应作"浮霜采"。卷七皇太子《紫骝马》注引《庄子》云:"天下马有成林,若亡若失,若丧若一。""林"应作"材","亡"应作"邮","若一"之"若"应作"其"。卷八刘孝威《怨》注引《战国策》云:"解綍衣之羃之。""綍"应作"纻","之羃"应作"以羃"。卷九梁武帝《游女曲》注引崔骃《上录》云:"飞阁重楼。""上录"应作"七依"。这是钞刻错的。如此等等,不一而足。对这些明显的错误,我们都予以改正。限于水平,这次点校,可能还有不少疏漏和错误,欢迎读者和专家们批评指正。

在本书点校过程中,中华书局文学编辑室的同志提出了不少宝贵的意见,并补辑序跋二十八篇作为附录,为本书增色不少,谨此致以谢忱。

穆克宏
一九八三年九月

① 《南史·徐陵传》。
② 《南史·徐陵传》。
③ 《大唐新语》卷三。
④ 《诗薮·外编》卷二。
⑤ 《玉台新咏考异》卷九。
⑥ 《玉台新咏考异》卷九。
⑦ 参阅《增订四库简明目录标注》卷一九。
⑧ 《四库全书总目提要》卷一四八《庾开府集笺注十卷》条云:"兆宜,字显令,吴江人,康熙中诸生。尝注徐、庾二集,又注《玉台新咏》、《才调集》、《韩偓诗集》。今惟徐、庾二集刊板行世,余惟钞本仅存云。"
⑨ 见本书阮学浚跋语。
⑩ 近成都古籍书店出版的吴兆宜注《玉台新咏》是根据世界书局排印本影印的。

玉台新咏序

案：王逸《九思》：登太乙兮玉台。晋陆机《塘上行》：发藻玉台下。注：玉台，以喻妇人之贞。

陈尚书左仆射太子少傅东海徐陵孝穆撰

按：《陈书·徐陵传》云：太建三年，迁尚书左仆射。后主即位，迁太子少傅。《大唐新语》云：梁简文为太子，好作艳诗，境内化之。晚年欲改作，追之不及，乃令徐陵撰《玉台集》以大其体。检此，则是书之撰，实在梁朝，可以明证。署名如是，明是后人所加也。又：此书陵在梁朝所纂，衔名乃后人所加，即以陈代所历官阶题之，亦无不可。但陵官终于中书监，不终于尚书左仆射。考陵末年所加之阶及兼领之官职，应全书之云"陈中书监、左光禄大夫、太子少傅"，方为完全，然旧本相沿如此，今姑仍之。

夫一无"夫"字。凌云概日，由余之所未窥；千门万户，张衡之所曾赋。周王璧台之上，汉帝金屋之中，玉树以珊瑚作枝，珠帘以玳瑁为押，按：旧本作"匣"。其中有丽人焉。其人也，一无"也"字。五陵豪族，充选掖庭；四姓良家，驰名永巷。亦有颍川、新市，河间、一作"涧"。观津，本号娇娥，曾名巧笑。楚王宫里，一作"内"。无不推其细腰；卫一作"魏"。国佳人，俱言讶其纤手。阅诗敦礼,岂一作"非直"。东邻之自媒;婉约风流,一有"无"字。异西施之被教。弟兄协律,生按:一作"自"。小学歌;少长河阳,由来能舞。琵琶新曲,无待石崇;箜篌杂引,非关一作"因"。曹植。传鼓瑟于杨家,得吹箫于秦女。至若宠闻长乐,陈后知而不平;画出天仙,阏氏览而遥妒。至如按:一作"乃"。东邻巧笑,来侍寝于更衣;西子微颦,得一作"将"。横陈于甲帐。陪游馺娑,骋纤腰于结风;长乐鸳鸯,奏新声于度曲。妆鸣蝉之薄鬓,按:一作"鬟"。照堕马之垂鬟。反插金钿,横抽宝树。南都石黛,最发双蛾;北地燕脂,一作"支"。偏开两靥。亦有岭上仙童,分丸魏帝;腰中宝凤,授历轩辕[一]。金星将一作"与"。婺女争华,麝月与一作"共"。嫦娥竞爽。惊鸾冶袖,时飘韩掾之香;飞燕长裾,宜结陈王之佩。虽非图画,入甘泉而不分;言异神仙,戏阳台而无别。真可谓倾国倾城,无对无双按:一作"无双无对"。者也。加以天时一作"精"。开朗[二],逸思雕华,妙解文章,尤工诗赋。瑠璃砚匣,终日随身;翡翠笔床,无时离手。清文满箧,非惟芍药之花;新制连篇,宁止蒲萄之树。九日登高,时有缘情之作;万年公主,非无累按:一作"诔"。德之辞。其佳丽也如彼,其才情也如此。既而椒宫一作"房"。宛转,柘馆阴岑,绛鹤晨严,铜蠡昼静。三星未夕,不事怀衾;五日犹赊,一作"余"。谁能理曲。优游少托,寂寞多闲。厌长乐之疏钟,劳中宫之缓箭。纤腰一作"轻身"。无力,怯南阳之捣衣;生长深宫,笑扶风之织锦。虽复投壶玉女,为观一作"欢"。尽于百骁;按:一作"娇",非是。争博齐姬,心赏穷于六箸。按:一作"著"。无怡神于暇景,惟属意于新诗。庶按:一作"可"。得代彼皋按:本集作"萱"。苏,微蠲愁疾。但往世名篇,当今巧制,分诸麟阁,散在鸿都。不籍篇章,无由披览。于是,燃脂暝写,弄笔一作"墨"。晨书,撰录艳歌,凡为十卷。曾无忝于雅颂,亦靡滥于风人,泾渭之间,若斯而已。于是,丽以金箱,装之宝轴。三台妙迹,龙伸蠖屈之书;五色花笺,河北胶东之纸。高楼红粉,仍定鱼鲁之文;辟恶生香,聊防羽陵之蠹。灵一作"云"。飞太按:一作"六"。甲,高擅玉函;鸿烈按:一作"列"。仙方,长推丹枕。至如青牛帐里,余曲既按:一作"未"。终;朱鸟窗前,新妆已竟。方当开兹缥帙,散此绦绳,永对玩于书帷,长循环于纤手。岂如邓学《春秋》,儒者之功难习;窦专一作"传"。黄老,金丹之术不成。因一作"固"。胜西蜀豪家,托情穷于鲁殿;东储一作"台"。甲观,流咏按:一作"比兴"。止于洞箫。麀彼诸姬,聊同弃日,猗欤彤管,无或讥焉。一作"丽矣香奁"。

　　按:《奇赏》云:绣口锦心,又香又艳,文士浪称才情,顾此应愧。又齐云:云中彩凤,天上石麟,即此一序,惊才绝艳,妙绝人寰。序言"倾国倾城,无双无对",可谓自评其文。〇序文旧有注,今因徐笺中吴注有专刻,兹不更录。

〔一〕纪氏《考异》:"四句与下文不属,疑有脱落。"
〔二〕"时",《文苑英华》作"晴",纪氏《考异》、今本《艺文类聚》均作"情"。纪氏《考异》:"案《魏书·崔光传》'天情冲谦,动容只愧',《齐书·王文殊传》曰'婚义灭于天情,官序空于素抱',庾信《谯国夫人步陆孤氏墓志》曰'敬爱天情,言容礼典',则'天情'二字本南北朝之习语,盖讹'情'为'晴',又讹'晴'为'时'耳。"

考订姓氏

长洲彭启丰芝庭
华亭张凤孙宝田
嘉定王鸣盛西庄
休宁汪启淑秀峰
丹徒王文治梦楼
南丰邱　涟悔庵
吴县陈树华治泉
长洲蒋业晋立崖
休宁吴　贤鲁斋
元和顾宗泰星桥
蒲城雷国楫松舟
丹徒茅元铭耕亭
全椒金兆燕棪亭
长洲蒋谢庭云隩
元和陈希哲云涛
吴县潘元振蓉湖
宝山范起凤瘦生
长洲陆如范绣岩
天台齐召南息园
嘉定钱大昕辛楣
长洲吴泰来竹屿
吴县沙维杓白岸
建水李凤彩五峰
元和陈初哲永斋
长洲李　棨沧云
嘉定王鸣韶鹤溪
吴县吴　俊蠡涛
青浦陆伯焜璞堂
元和蒋麟书香泾
长洲顾绍祖东桥
华亭张梦喈玉垒
苏州孙国泰顾崖
南汇吴省兰泉之
上海薛龙光少文
吴县缪　瑛绿畴
元和顾元鳌海占

上海朱　霞友梅
吴县范来宗翰尊
元和顾　葵景园
苏州陈位中怀轩
吴县黄有山鳌峰
嘉定诸廷槐佃楞
元和朱邦瑾墨畦
休宁汪　瑊楞伽
吴县陆　昶梅垞
长洲金凤翔虚谷
平湖冯　锟含辉
吴县张嵩三畯田
元和薛之钧菜园
华亭王　鼎条山
吴县郭一临晴川
上海彭元度若春
震泽费奎勋尚莘
华亭杨开基铁斋
吴县潘元扬颢槎
长洲吴　云润之
歙县汪　昶午亭
大兴吴天佑骧衢
吴县程志道又川
嘉定朱绵生鸣初
兰溪诸葛诰凤衔

吴县朱日望南桥
武进杨　隅戬音
昭文黄叔灿牧村
吴江陈毓咸芝房
元和冯　培仁宇
吴县董　漆半舫
上海曹锡端菘畦
苏州李秉德涪江
武进赵怀玉琬亭
吴县金　梅花洲
元和高景光自柏
苏州宋思敬秋崖
吴县吴树萱少甫
青浦徐芑坡蒼林
昭文江藻鉴仙洲
宝山范洪铸立堂
苏州袁　照春锄
奉贤顾鸿志学逊
嘉定王元勋叔华
娄县汪　熙笠夫
吴县王富学寄村
昆山诸世器竹庄
无锡秦　仪梧园
吴县陆邦泰春岸
元和王枚吉碧澄

玉台新咏笺注卷一

古诗八首

上山采蘼芜，下山逢故夫。《本草》：蘼芜，芎䓖苗也。生雍州川泽及冤句。四月、五月采叶暴干。陶隐居云：今出历阳，处处亦有，人家多种之，叶似蛇床而香。《管子》：五沃之土，生蘼芜。《广志》：蘼芜，香草。魏武帝以藏衣中。郭璞《赞》：蘼芜善草，乱之蛇床。不陨其实，自别以芳。**长跪问故夫："新人复何如？"** 刘熙《释名》：跪，危也。两膝隐地，体危倪也。《穆天子传》：膜拜而受。注：长跪，拜也。《吴越春秋》：女子知子胥非常人，长跪以餐与之。乐府：白兔长跪捣虾蟆丸，奉上陛下一玉柈。蔡琰《悲愤诗》：托命于新人。**"新人虽言好，未若故人姝。**《韩诗外传》：居处齐则色姝，饮食齐则气珍。毛苌《诗传》：姝，美色也。扬雄《方言》：姝，好也。李陵《答苏子卿书》：幸谢故人。**颜色类相似，**按：《艺文》作"其色似相类"。**手爪不相如。"**《汉·外戚传》：李夫人曰："颜色非昔。"《说文》：爪，本为抓爪之爪，非手足甲也。按：下文"织缣"、"织素"，正见"手爪不相如"意。**"新人从门入，故人从阁去。"**《尔雅》：小闺谓之合。**"新人工织缣，故人工织素。**《释名》：缣，兼也。其丝细致，数兼于布绢也。细致染缣为五色,细且致不漏水也。又:素,朴素也。已织则供用,不复加巧饰也。又:物不加饰皆自谓之素,此色然也。**织缣日一匹,织素五丈余。**《小尔雅》:倍两谓之匹。二丈谓倍,两,四丈也。**将缣来**按:《艺文》作"持缣将"。**比素,新人不如故。"**

凛凛按:一本作"廪"。**岁云暮,螇蛄多鸣悲。**按:《文选》作"夕鸣悲",一本作"悲鸣"。善曰:《说文》:"凛,寒也。"《方言》:"南楚或谓螇蛄为螇。"《广雅》:"螇蛄,蛄也。"按:《尔雅疏》:螜,一名天螻,一名硕鼠,即今之螻蛄也。刘向《别录》:邹衍言黄帝土德,有螻蛄如牛以应之。**凉风率已厉,游子寒无衣。**善曰:杜预《左传注》:厉,猛也。无衣,见《毛诗》。《汉书》:高祖曰:"游子悲故乡。"**锦衾遗洛浦,同袍与我违。**锦衾,见《毛诗》。《汉·地理志》雒阳注:周公迁殷民,是为成周。《春秋》:昭公二十一年,晋合诸侯于狄泉,以其大成周之城,居敬王。莽曰宜阳。师古曰:鱼豢云:汉,火行,忌水,故"洛"去"水"而加"隹"。如鱼氏说,则光武以后改为"雒"字也。《说文》:浦,水滨也。《风土记》:大水有小口别通曰浦。**独宿累长夜,瘦想见容晖。**按:宋本作"辉"。后仿此。《毛诗笺》:敦敦然独宿于车下,此诚有劳苦之心。《楚辞》:袭长夜之悠悠。《琴操》:聂政之妻曰:"聂政出游,七年不归,吾尝梦想思见之。"《汉书·王莽传》:夙夜梦想。梁吴均《答柳恽诗》:左右生容晖。盖本此。**良人惟古欢,枉驾惠前绥。**善曰:刘熙曰:"妇人称夫曰良人。"按:《选》言:良人念昔之欢爱,故枉驾而迎己,惠以前绥,欲令升车也。故下云携手同车。**愿得长巧笑,携手同车归。**古诗:不念携手好。**既来不须臾,又不处重闱。**善曰:《楚辞》:"何须臾而忘反。"张铣曰:闱,闺门也。**谅无晨**一作"晨"。**风翼,焉能凌**五臣作"陵"。**风飞**〔一〕**?**善曰:《尔雅》:"晨风,鹯。"《庄子》:"鹊凌风而起。"**眄睐以适意,引领遥相睎。**善曰:《左传》:"穆叔谓晋侯曰:'引领西望。曰:庶几乎?'"吕延济曰:眄睐,邪视也。睎,望也。**徙倚怀感伤,垂涕沾双扉。**李周翰曰:扉,门扇也。司马相如《长门赋》:间徙倚于东箱兮。《东观汉记》:丁鸿感悟垂涕。按:以下四首俱入《文选》,此系《十九首》之第十六首。

〔一〕"能",赵氏覆宋本作"得"。

冉冉孤生竹,结根泰山阿。翰曰:冉冉,渐生进貌。善曰:《风赋》:"缘太山之阿。"张衡《南都赋》:结根竦本。按:《选》注:竹结根于山阿,喻妇人托身于君子也。**与君为新婚,菟丝附女萝。**善曰:毛苌《诗传》:"女萝,松萝也。"《毛诗草木疏》:"今松萝蔓松而生,而枝正青,兔丝草蔓联草上,黄赤如金,与松萝殊异。此古今方俗,名草不同,然是异草,故曰附也。"**菟丝生有时,夫妇会有宜。**善曰:《仓颉篇》:"宜,得其所也。"**千里远结婚,悠悠隔山陂。**《汉·萧望之传》:万里结婚。善曰:《说文》:"陂,阪也。"**思君令人老,轩车来何迟!**杜预《左传注》:轩,大夫车。服虔云:车有藩曰轩。**伤彼**按:一作"披"。**蕙兰花,含英扬光辉。**《说文》:兰,香草也。《山海经》:天帝之山,其下多蕙。外山之下,其草蕙。毛苌《诗传》:英,犹华也。**过时而不采,将随秋草萎。**善曰:《楚辞》:"秋草荣其将实,微霜下而夜殒。"**君亮执高节,贱妾亦何为?**善曰:《尔雅》:"亮,信也。"《列女传》:齐母乃作诗,以砥砺女之心,高其节。《左传》:晋文公有贱妾曰燕姞。 按:此系《十九首》之第八首,《文心雕龙》曰傅毅之词。

孟冬寒气至,北风何惨栗。善曰:毛苌《诗传》曰:"栗洌,寒气也。"**愁多知夜长,仰观众星列。**吕向曰:列,罗列也。**三五明月满,四五蟾兔缺。**"三五"、"四五",见《礼记》,张衡《灵宪》:月者阴精之宗,积成为兽,象兔形。《春秋元命苞》:月之为言阙也。一说蟾蜍与兔者,阴阳双居,明阳之制阴,阴之倚阳。**客从远方来,遗我一书札。**善曰:《说文》:"札,牒也。"张铣曰:札,笔也,谓书也。**上言长相思,**

下言久离别。置书怀袖中,三岁字不灭。善曰:《韩诗外传》:"赵简子少子名无恤,简子自为书牍使诵之。居三年,简子坐青台之上,问书所在,无恤出其书于左袂,令诵习。"**一心抱区区,惧君不识察**。善曰:《李陵与苏武书》:"区区之心,窃慕此尔。"《广雅》:"区区,爱也。" 按:此系《十九首》之第十七首。

客从远方来,遗我一端绮。善曰:《说文》:"绮,文缯也。"**相去万余里,故人心尚尔**。善曰:郑玄《毛诗笺》:"尚,犹也。"《字书》:"尔,辞之终也。"**文彩双鸳鸯,裁为合欢被。著以长相思,缘以结不解**。善曰:郑玄《仪礼注》:"著,谓充之以絮也。著,张虑切。"又《礼记注》:"缘,饰边也。缘,以绢切。"毛苌《诗传》:鸳鸯,匹鸟也。《侯鲭录》:古诗云:"文彩双鸳鸯,裁为合欢被。著以长相思,缘以结不解。"注:被中著绵谓之长相思,绵绵之意。缘,被四边缀以丝缕,结而不解之意。**以胶投漆中,谁能别离此**。善曰:《韩诗外传》:"子夏曰:'实之与实,如胶与漆,君子不可不留意也。'" 按:此系《十九首》之第十八首。

四坐且莫喧,愿听歌一言。请说铜炉器,崔嵬象南山。崔嵬,见《毛诗》。后汉李尤《熏炉铭》:上似蓬莱,吐气委蛇。与此意同。上枝一作"似"。**松柏,下根据铜盘**。雕一作"彫"。**文各异类,离娄自相联**。汉贾谊《簴赋》:妙雕文以刻镂。赵岐《孟子注》:离娄,古之明目者也,盖黄帝时人。《淮南子》:离朱之明察针末于百步之外。**谁能为此器?公输与鲁班**。《史记》:公输班作陵云之梯以攻宋城。《淮南子》:鲁般以木为鸢而飞之。般音班。**朱火然其中,青烟颺其间**。刘向《熏炉铭》:中有兰绮,朱火青烟。**从风入君怀,四坐莫不叹**。一作"且莫欢"。**香风难久居,空令蕙草残**。王子年《拾遗记》:瀛洲时有香风泠然而起,张袖受之则历纪不歇。《广雅》:蕙草,绿叶紫花,魏武帝以为香烧之。

悲与亲友别,气结不能言。赠子以自爱,道远会见难。人生无几时,颠沛在其间。念子弃我去,新心有所欢。焦赣《易林》:不见所欢。结志青云上,何时复来还?《史记·范雎传》:须贾曰:"贾不意君能自致于青云之上。"

穆穆清风至,吹我罗裳裾。《释名》:下曰裳。裳,障也,所以自障蔽也。青袍似春草,长条随风舒。朝登津梁上,一作"山"。按下"抱柱","山"当作"上"。褰裳望所思。王充《论衡》:津梁绝而不过。《说文》:津,水渡也。《华严经赞》:苦海作津梁。考此,即《楚辞》登山临水意。《尚书大传》:舜曰:"精华已竭,褰裳去之。"《楚辞》:折芳馨兮遗所思。安得抱柱信,皎日以为期?《史记》:苏秦曰:"尾生与女子期于梁下,女子不来,水至不去,抱梁柱而死。"皎日,见《毛诗》。

齐云:古诗妙不可言,使集中皆如此,即近于国风矣。按:《文选注》并言古诗,盖不知作者。或云枚乘,疑不能明也。诗云"驱车上东门",又云"游戏宛与洛",此则辞兼东都,非尽是乘明矣。然《文选》十九首中,枚乘诗八首,古诗四首,其余《玉台》诗不录。《文选注》据第三首"青青陵上柏",第十三首"驱车上东门"以为非尽是乘诗。此二诗《玉台》亦未载入枚乘诗中。《文选》不应将八诗概没却枚乘姓名也。

古乐府诗六首

日出东南隅行〔一〕

一作《陌上桑》。一作《艳歌罗敷行》。《古今乐录》:《陌上桑》歌瑟调。古辞《艳歌罗敷行》"日出东南隅"篇。崔豹《古今注》曰:《陌上桑》者,出秦氏女子。秦氏邯郸人,有女名罗敷,为邑人千乘王仁妻。王仁后为赵王家令。罗敷出采桑于陌上,赵王登台见而悦之,因置酒欲夺焉,罗敷巧弹筝,乃作《陌上桑》之歌以自明,赵王乃止。《乐府解题》:古辞言罗敷采桑,为使君所邀,盛夸其夫为侍中郎以拒之。与前说不同。若陆机"扶桑升朝辉",但歌美人好合,与古辞始同而末异。又有《采桑》,亦出于此。按:相和歌辞。《宋志》:清商三调,大曲:《艳歌罗敷行》古辞三解。

日出东南隅,照我秦氏楼。秦氏有好女,自言名一作"名为"。**罗敷。**《史记》褚先生《滑稽传》:东方朔取少妇于长安中好女。**罗敷善**一作"憙"。**蚕桑,采桑城南隅。青丝为笼绳,**按:《宋志》作"系"。**桂枝为笼钩。**《汉书》:笼货物,笼盐铁。《方言》:笼,南楚江沔之间谓之篣,或谓之笯。注:亦呼篮。《说文》:绳,系也。《方言》:钩,宋楚陈魏之间谓之鹿觡,或谓之钩格。自关而西谓之钩,或谓之镰。注:钩,悬物者。刘安《招隐士》:攀桂枝兮聊淹留。**头上倭堕髻,耳中明月珠。**《后汉·梁冀传》:冀妻孙寿作堕马髻。《风俗通》:堕马髻者,侧在一边,始自梁家所为,京师皆仿效之。《古今注》:堕马髻,今无复作者。倭堕髻,一云堕马之余形也。《后汉·舆服志》:耳珰垂珠。邹阳书:明月之珠,夜光之璧。**绿**按:《宋志》作"缃"。**绮为下裾,**一作"裳"。按《乐府》、《诗纪》作"裙"。**紫绮为上襦。**毛苌《诗传》:上曰衣,下曰裳。《说文》:缃,帛浅黄色也。又:绮,文缯也。《六书故》:织素为文曰绮。《战国策》:齐人紫败素也,而价十倍。《说文》:襦,短衣。一曰曩衣。《方言》:汗襦,自关而东谓之甲襦。陈魏宋楚之间谓之襜襦,或谓之襌襦。**行者见罗敷,下担捋髭须。**《左传》:不有行者,谁扞牧圉。《说文》:担,负何也。背曰负,何曰担。《释名》:担,任也,任力所胜也。《说文》:髭,口上须也。《释名》:髭,姿也,为姿容之美也。**少年见罗敷,脱巾**一作"帽"。**着帩头**〔二〕。《方言》:两复结谓之帻巾,或谓之承露巾,或谓之覆发巾。《释名》:帩头,帩钞也,钞发使上从也。《汉制考》:后汉向栩好被发着绛绡头。注:帩,当作幧。陆氏《笔记》举《孙策传》:张津常着绛帊头,帊头者,巾帻之类,犹今言幞头也。**耕者忘其耕**,按:一作"犁"。**锄者忘其锄。来归相喜怒**〔三〕,一作"怨怨"。**但坐观罗敷。**按:以上一解。**使君从南来,五马立踟蹰。**汉世太守、刺史,或称君,或称将,或称明府。前汉赵广汉为京兆,界上亭长戏曰:"至府,为我多谢问赵君。"尹翁归,征拜东海太守,于定国家在东海,谓邑子曰:"此贤将,汝不任事也。"韩延寿为东郡,门卒曰:"今旦明府早驾。"若使君之称则见之《后汉·郭伋传》:伋前在并州,行部到西河美稷,有童儿数百,道次迎拜,曰:"闻使君到,喜,故来奉迎。"此诗云"使君从南来",其为后汉人作无疑。许顗《彦周诗话》:五马事,无知者。陈正敏云:"孑孑干旟,在浚之都。素丝组之,良马五之。"以谓州长建旟作太守事。又《汉官仪注》:驷马,加左骖右騑。二千石有左骖,以为五马。存之以俟知者。阴时夫《韵府群玉》引《元帝纪》云:汉制太守驷马,其加秩中二千石乃右骖,故以五马为贵。今《元帝纪》无,未详何据。《道斋闲览》:汉朝臣出使为太守,增一马,故为五马。《墨客挥犀》:世谓太守为五马,人罕知其故事。或言诗云:"孑孑干旟,在浚之都,素丝组之,良马五之。"郑注:谓周礼州长建旟,汉太守比州长,法御五马,故云。后见庞几先朝奉云:古乘驷马车,至汉时太守出,则增一马,事见《汉官仪》也。踟蹰,《说文》:峙蹰也,峙蹰不前。**使君遣吏往**〔四〕,**问此**一作"是"。**谁家姝?**《汉书·王䜣传》:以郡县吏积功。《陈万年传》:沛郡相人也,为郡吏。《赵广汉传》:涿郡蠡吾人也,少为郡吏。《孙宝传》:颍川鄢陵人也,以明经为郡吏。此云"遣吏往",则知使君为二千石矣。姝,注见上文《古诗》。**秦氏有好女,自名为**一作"答云秦氏女,且言名"。**罗敷。罗敷年几何？二十尚未满**[五]，一作"不足"。**十五颇有余。使君谢罗敷**："**宁可共载不？**"晋灼《汉书注》：以辞相告曰谢。《汉·外戚传》：孝成帝游于后庭，常欲与班婕妤同辇载，婕妤辞。**罗敷前置辞**[六]："**使君一何愚！使君自有妇，罗敷自有夫。**"按：以上二解。"**东方千余骑，夫婿居上头。**《尔雅》：女之夫曰婿。**何以**一作"用"。**识夫婿，白马从骊驹。**毛苌《诗传》：纯黑曰骊。《说文》：骊，深黑色。何承天《纂文》：马二岁为驹。**青丝系马尾，黄金络**按：宋本作"骆"，据《艺文》、《乐府》应作"络"。**马头。**《说文》：羁，马骆头也。《南史》：梁武帝大同中童谣云："青丝白马寿阳来。"盖本此。**腰间**一作"中"。**鹿卢剑，可直千万**一作"金"。**余。**《燕丹子》：荆轲左手把秦王袖，右手揕其胸，秦王乞听琴声而死，召姬人鼓琴，琴曰："罗縠单衣，可裂而绝。八尺屏风，可超而越。鹿卢之剑，可负而伏。"秦王乃奋地而起，遂杀轲。《西京杂记》：昭帝时，茂陵家人献宝剑，上铭曰："直千金，寿万岁。"按：《汉书·隽不疑传注》：古长剑首以玉作井鹿卢形，上刻木作山形，如莲花初生未敷时。今大剑木首，其状似此。**十五府小吏，**一作"史"。**二十朝大夫。**《汉书·张汤传》：始为小吏。《翟方进传》：年十二三，给事太守府为小史。《百官公卿表》：大夫掌议论，有太中大夫、中大夫、谏大夫，皆无员，多至数十人。武帝元狩五年，初置谏大夫，秩比八百石。太初元年，更名中大夫为光禄大夫，秩比二千石，太中大夫秩比千石。**三十侍中郎，四十专城居。**杜氏《通典》：侍中者，周常伯即其任也。秦为侍中，本丞相史也，丞相使史五人，往来殿内奏事，故谓之侍中。汉侍中为加官。潘岳《马汧督诔》"剖符专城"，盖本此。**为人洁白皙，鬑鬑**按：鬑字，字书不载。凡宋刻书髯字多如此写。活本、杨本作"鬓鬓"。《说文》：力兼切，长貌。**颇有须**[七]。《左传》：冉竖告平子曰："有君子白皙，鬒须眉，甚口。"**盈盈公府步，冉冉府中趋。**《北堂书钞》：《续汉书·百官志》云:"公府掾比古元士三命者也。"崔寔《政论》:三府掾属及其取官,又多超卓,或期月而长州郡,或数年而致公卿。诸葛亮《前出师表》:宫中府中,俱为一体。**坐中数千人,皆言夫婿殊。**"按:以上三解。

〔一〕"行",赵氏覆宋本作"观"。
〔二〕"帩",《初学记》卷一九作"幞"。
〔三〕"喜",纪氏《考异》作"怨"。
〔四〕"吏",《艺文类聚》卷四一作"使"。
〔五〕"未满",《艺文类聚》作"未然"。
〔六〕"置",《乐府诗集》卷二八作"致"。
〔七〕"髯髯",《乐府诗集》作"髯髯"。

相逢狭路间

　　一作《相逢行》。《乐府解题》:古辞文意与《鸡鸣曲》同。晋陆机《长安狭邪行》云"伊洛有岐路,岐路交朱轮",则言世路险狭邪僻,正直之士无所措手足矣。唐李贺有《难忘曲》,亦出于此。按:相和歌辞清调曲。亦曰《长安有狭斜行》。古辞又有《长安有狭斜行》,辞意相类,陆机拟之。宋谢惠连有拟《相逢行》、《长安有狭斜行》各一首。

相逢狭路间,道隘不容车。如何两少年〔一〕**,挟**一作"夹"。**毂问君家。**王符《潜夫论》:京师贵戚其嫁娶者,车軿数里,缇帷竟道,骑奴侍童,夹毂相引。**君家诚易知,易知诚难忘**〔二〕。**黄金为君门,白玉为君堂。**扬雄《解嘲》:历金门、上玉堂有日矣。**堂上置樽酒,使作邯郸倡**〔三〕。《史记·赵世家》:赵王迁,其母倡也。徐广曰:《列女传》:"邯郸之倡。"**中庭生桂树,华镫**按:一作"烛"。**何煌煌。**《说文》：桂，江南木，百药之长。宋玉《招魂》：兰膏明烛，华镫错些。王朗《三秦故事》：百华镫树，正月朔朝贺殿下，设于三阶之间。**兄弟两三人，中子为侍郎**〔四〕。杜氏《通典》：中书侍郎，汉置。又门下侍郎。秦官有黄门侍郎，汉因之。《北堂书钞》：汉初有散骑侍郎。**五日一来归**，一作"游"。**道上自生光**。《古乐府·清调曲》：三子俱入室，室中自生光。**黄金络马头，观者满路傍**〔五〕。金络注见上文。**入门时左顾，但见双鸳鸯**。《左传》：晋士弥牟送叔孙于箕，叔孙使梁其踁待于门内。余左顾而欷，乃杀之；右顾而笑，乃止。《汉·宣元六王传》：子高乃幸左顾存恤。师古曰：左顾，犹言枉顾也。鸳鸯，注见上文《古诗》。**鸳鸯七十二，罗列自成行**。谢氏《诗源》：霍光园中凿大池，植五色睡莲，养鸳鸯三十六对，望之烂若披锦。故《相逢行》云云。见《嫏嬛记》。罗列，注见上文《古诗》。**音声何嚷嚷，鹤鸣东西厢**。《说文》：厢，廊也，正寝东西室也。**大妇织罗绮**〔六〕，**中妇织流黄**。《范子》：罗出齐郡。孔氏《书传》织文锦绮之属。《环济要略》：间色有五：绀、红、缥、紫、流黄也。**小妇无所作**〔七〕，**挟瑟上高堂**。《世本》：庖羲氏作瑟。瑟，洁也。使人精洁于心，淳一于行也。《古歌诗义》：公在高堂下。齐云：《三妇艳》之根。**丈人且安坐，调丝未遽央**〔八〕。《颜氏家训》：古乐府歌辞，先述三子，次及三妇。三妇是对舅姑之称。其末章云："丈人且安坐，调弦未遽央。"古者，子妇供事舅姑，旦夕在侧，与儿女无异，故有此言。丈人亦长老之目，今世俗犹呼其祖考为先亡丈人。又疑"丈"当为"大"，北间风俗，妇呼舅为大人公。"丈"之与"大"，易为误耳。近代文士颇作三妇诗，乃为匹嫡并偶己之群妻之意，又加郑卫之辞，大雅君子，何其误乎。陆贾《新语》：调之以管弦丝竹之音。《野客丛书》：《庭燎》诗"夜未央"注云：夜未渠央。渠，其据切。当呼遽，只此一音，谓夜未遽尽也。《古乐府》：王融《三妇艳》诗曰：丈人且安坐，调丝未遽央。又《长安挟斜行》曰：丈人且徐徐,调丝渠未央。并合呼遽。《史记》:尉佗曰:"使我居中国,何渠不若汉。"班史作"何遽不若汉",益可验也。

〔一〕《乐府诗集》作"不知何年少"。
〔二〕"诚",赵氏覆宋本、《乐府诗集》卷三四作"复"。
〔三〕"使作",《乐府诗集》作"作使"。
〔四〕"为侍郎",纪氏《考异》作"侍中郎"。
〔五〕"满路",《乐府诗集》作"盈道"。
〔六〕"罗绮",《太平御览》、《乐府诗集》作"绮罗"。
〔七〕"作",《乐府诗集》作"为"。
〔八〕"未遽",《乐府诗集》作"方未"。

陇西行

一曰《步出夏门行》。《乐府解题》:古辞云:"天上何所有?历历种白榆。始言妇有容色,能应门承宾,次言善为主馈,终言送迎有礼。此篇出诸集,不入《乐志》。若梁简文"陇西四战地",但言辛苦征战、佳人怨思而已。王僧虔《伎录》云:《陇西行》歌武帝"碣石"、文帝"夏门"二篇。《通典》曰:秦置陇西郡,以居陇坻之西为名。后魏兼置渭州。《禹贡》曰"导渭自鸟鼠同穴",即其地也。今首阳山亦在焉。按:相和歌辞瑟调曲。古辞又有《步出夏门行》,结四句云:"天上何所有?历历种白榆。桂树夹道生,青龙对伏趺。"与此篇起四句同。

天上何所有?历历种白榆。白榆,星名也。**桂树夹道生,青龙对道隅。**虞喜《安天论》:月中仙人桂树,今视其初生,见仙人之足,渐已成形,桂树复生。**凤凰鸣啾啾,一母将九雏。**焦赣《易林》:凤有十子同巢,共母欢以相保。应璩《百一诗注》:马子侯为人颇痴,自谓晓音律。黄门乐人更往嗤诮,子侯不知,名《陌上桑》反言《凤将雏》,辄摇头欣喜,多赐左右钱帛,无复惭色。**顾视世间人,为乐甚独殊。好妇出迎客,颜色正敷愉。**《尔雅》:蔛,荣也。郭璞曰:蔛,犹敷蔛,亦草之貌也,汉郊祀歌:敷与万物。**伸腰再拜跪,问客平安不。**《战国策》:荆轲见太子,太子再拜而跪膝行流涕。刘歆《七略》:解纷释结,反之于平安。《鹤林玉露》:古者,妇女以肃拜为正,谓两膝齐跪,手至地而头不下也。拜手亦然。《南北有乐府诗说》:妇人曰:伸腰再拜跪,问客今安否?伸腰,亦是头不下也。**请客北堂上,坐客毡氍毹。**毛苌《诗传》:背,北堂也。《声类》:氍毹,毛席。《风俗通》:织毛褥谓之氍毹。《异物志》:大秦国以野茧丝织成氍毹,以群兽五色毛杂之,为鸟兽、人物、草木、云气,千奇万变,惟意所作,上有鹦鹉,远望轩轩若飞。**清白各异樽,酒**上按:一作"止"。**正华疏。**《魏略》:太祖禁酒而人窃饮之,故难言酒,以白酒为贤者,清酒为圣人。**酌酒持与客,客言主人持。却略再拜跪,然后持一杯。谈笑未及竟,左顾敕中厨。**孔融《与王朗书》:谈笑有期,勉行自爱。曹植《箜篌引》:中厨办丰膳。盖本此。左顾,注见上文。**促令办粗饭,慎莫使稽留。**一作"留稽"。古辞《孤子生行》曰:大兄言办饭。《吕氏春秋》:无所稽留。**废礼送客出,盈盈府中趋。**《左传》:以器币则废礼。府中,注见上文。**送客亦不远,足不过门枢。**《汉·五行志》:视门枢下。师古曰:枢,门扇所开闭者也。曹植《仙人篇》:白虎夹门枢。盖本此。**取妇得如此,齐姜亦不如。**《史记·滑稽传》:西门豹为邺令,曰:"至为河伯娶妇时,幸相告语之。"**健妇持门户,胜**一作"一胜"。**大丈夫**[一]。《颜氏家训》:邺下风俗,专以姑持门户。汉吾邱寿王《骠骑论功论》:徒观朝廷下僚门户之士。

[一]"胜一大",《古乐府》卷五作"亦胜一",是。

艳歌行

《乐府解题》:古辞云:"翩翩堂前燕,冬藏夏来见。"言燕尚冬藏夏来,兄弟反流宕他县。主妇为绽衣服,其夫见而疑之也。按:相和歌辞瑟调曲。《古今乐录》曰:《艳歌行》非一,有直云《艳歌》,即《艳歌行》是也。若《罗敷》、《何尝》、《双鸿》、《福钟》等行,亦皆《艳歌》。王僧虔《技录》云:《艳歌双鸿行》,荀录所载,《双鸿》一篇;《艳歌福钟行》荀录所载,《福钟》一篇,今皆不传。《艳歌罗敷行》"日出东南隅"篇,荀录所载。《罗敷》一篇,相和中歌之,今不歌。又按:《艳歌行》,古辞二首,其一"翩翩堂前燕",其二"南山石嵬嵬"是也。

翩翩堂前燕,冬藏夏来见。宋玉《九辨》:燕翩翩其辞归兮。《晋·郗鉴传》:鉴避难于鲁国峄山,掘野鼠蛰燕而食之。**兄弟两三人,流荡**一作"宕"。**在他县。故衣谁当**按:一作"为"。**补,新衣谁当绽。**按:绽,旧作"碇"。《说文》无此碇字,当作绽。**赖得贤主人,览取为吾绽。**一作"组"。《正字通》引《礼记》:衣裳绽裂。又缝补其裂亦曰绽。绽,《说文》本作组。《广韵》:绽,缝补也。**夫婿从门来,斜柯**一作"倚"。**西北眄。**夫婿,注见上文。眄,注见上文《古诗》。**语卿且勿眄,水清石自见。**《白虎通》:卿之为言章也,善明理也。**石见何累累,远行不如归。**按:《汉书·石显传》:印何累累。《论衡》:图画之工图雷之状,累累如连鼓之形。《说文》亦作絫。

皑如山上雪

一作《白头吟》。《古乐府录》:王僧虔《技录》曰:"《白头吟行》歌古'皑如山上雪'篇。"《西京杂记》：司马相如将聘茂陵人女为妾，卓文君作《白头吟》以自绝，相如乃止。《乐府解题》：古辞云："皑如山上雪，皎若云间月。"又云："愿得一心人，白头不相离。"始言良人有两意，故来与之相决绝。次言别于沟水之上，叙其本情。终言男儿重意气，何用于钱刀。若宋鲍照"直如朱丝绳"，陈张正见"平生怀直道"，唐虞世南"气如幽径兰"，皆自伤清直芳馥，而遭铄金玷玉之谤，君恩以薄，与古文近焉。一说云：《白头吟》疾人相知，以新间旧，不能至于白首，故以为名。唐元稹又有《决绝辞》，亦出于此。按：相和歌辞楚调曲。古辞《白头吟》二首，一首本辞，或作卓文君诗；一首晋乐所奏，五解，起四句同，下互异。

皑如山上雪，皎若云间月。刘歆《遂初赋》：漂积雪之皑皑。《说文》：皑皑，霜雪貌。皑，今衰切。**闻君有两意，故来相诀绝。**一有"一解"。此下一有"平生共城中，何尝斗酒会"。**今日斗酒会，明旦沟水头。**杨恽《报孙会宗书》：烹羊炰羔，斗酒自劳。《考工记》：匠人为沟洫井间，广四尺，深四尺，谓之沟。苏林《汉书》"王渠"注：王宫家渠也，犹今御沟也。**蹀躞御沟上，沟水东西流。**一有"二解"。此下一有"郭东亦有樵，郭西亦有樵，两樵相推与，无亲为谁骄"。三解。**凄凄复**一作"重"。**凄凄，嫁娶不须**一作"亦不"。**啼。**《白虎通》：嫁娶以春，何也？春，天地交通物始生，阴阳交接之时也。**愿得一心人，白头不相离。**一有"四解"。**竹竿何袅袅，鱼尾何蓰蓰。**一作"离蓰"。竹竿，见《诗》。《南越志》：天牛鱼尾长五尺。**男儿重意气，**一作"欲相知"。**何用钱刀为！**《汉书》：王莽造大钱，作契刀、错刀、五铢钱，凡四品并行，故称钱刀。此下一有"懿如马噉萁，川上高士嬉。今日相对乐，延年万岁期"。五解。

双白鹄

《古今乐录》：王僧虔《技录》云："《艳歌何尝行》，歌文帝《何尝》、《古白鹄》二篇。"《乐府解题》：古辞云："飞来双白鹄，乃从西北来。"言雌病雄不能负之而去。"五里一反顾，六里一徘徊。"虽遇新相知，终伤生别离也。又有古辞云"何尝快，独无忧"，不复为后人所拟。鹄，一作鹤。按：相和歌辞瑟调曲。《宋志》：大曲《白鹄》四解。《广文选》作《飞鹄行》，茂倩《乐府》作《艳歌何尝行》四解。"念与君离别"以下为趋。又按：此首与《宋志》大有不同，必孝穆删定者。

飞来双白鹄，乃从西北来。十十将五五，罗列行不齐。罗列，注见上文《古诗》。按：一作"十十五五，罗列成行"。一解。**忽然卒疲病，不能飞相随。**《说文》：病，疾加也。按：一作"妻卒被病，行不能相随"。**五里一反顾，六里一徘徊。**《史记·吕后纪》：吕产入未央宫，殿门弗得入，徘徊往来。二解。**吾欲衔汝去，口噤不能开。**《说文》：噤，口闭也。《楚辞》：口噤闭而不言。《史记·日者传》：怅然噤口不能言。**吾欲负汝去，羽毛日摧颓。**张衡《西京赋》：所好生羽毛。《战国策》：秦王曰："毛羽不丰满者不可以高飞。"按：一作"毛羽何摧颓"。三解。**乐哉新相知，忧来生别离。**屈原《九歌》：悲莫悲兮生别离，乐莫乐兮新相知。**峕峕顾群侣，泪落纵横垂。**《史记》：秦王曰："知一从一横其说何。"峕峕，注见上文。按：一作"泪下不自知"。四解。按：一本以下有"念与君离别，气结不能言。各各重自爱，远道归还难。妾当守空房，闭门下重关。若生当相见，亡者会黄泉"八句。**今日乐相乐，延年万岁期。**《汉·窦婴传》：千秋万岁后传王。

枚 乘

《汉书》:枚乘,字叔,淮阴人也。为吴王濞郎中,汉既平七国,景帝召拜乘为弘农都尉。去官,复游梁。武帝即位,乘年老,乃以安车蒲轮征乘,道死。

杂诗《文选》作《古诗》。九首

按:《文选·古诗十九首》,此取其九,而止得其八,次序亦异。

西北有高楼,上与浮云齐。按:《选》注:此篇明高才之人,仕宦未达,知人者稀也。西北,乾位,君之居也。**交疏结绮窗,阿阁三重阶。**善曰:薛综《西京赋注》:"疏,刻穿之也。"《说文》:"绮,文缯也。"此刻镂以象之。《尚书中侯》:"昔黄帝轩辕,凤皇巢阿阁。"《周书》:"明堂咸有四阿,然则阁有四阿,谓之阿阁。"郑玄《周礼注》:"四阿,若今四注者也。"薛综《西京赋注》:"殿前三阶。"左思《魏都赋》:"殿居绮窗。"盖本此。**上有弦歌声,音响一何悲!**善曰:刘向《说苑》:"应侯曰:'今日之琴,一何悲也。'"**谁能为此曲?无乃杞梁妻!**善曰:《琴操》:"《杞梁妻叹》者,齐杞梁殖之妻所作也。殖死,妻叹曰:'上则无父,中则无夫,下则无子,将何以立吾节?亦死而已。'援琴而鼓之,曲终遂自投淄水而死。"**清商随风发,中曲正徘徊。**善曰:宋玉《长笛赋》:"吟清商,追流征。"徘徊,注见上文《古乐府》。**一弹再三叹,慷慨有余哀。**善曰:《说文》:"叹,太息也。"又:"慷慨,壮士不得志于心也。"蔡邕《琴操》:"一弹三欷,凄有余哀。"**不惜歌者苦,但伤知**

音稀。善曰：贾逵《国语注》："惜，痛也。"孔安国《论语注》："稀，少也。"**愿为双鸿鹄**，善作"鸣鹤"。**奋翅起高飞。**善曰：《楚辞》："将奋翼兮高飞。"《广雅》："高，远也。"按：《文选》十九首之第五首。**东城高且长，逶迤自相属。**善曰：王逸《楚辞注》："逶迤，长貌也。"《说文》：逶迤，衺去貌。**回风动地起，秋草萋已绿。**《楚辞》：乘回风兮远游。**四时更变化，岁暮一何速！**善曰：《尸子》："人生也亦少矣，而岁往之亦速矣。"**晨风怀苦心，蟋蟀伤局促。**善曰：晨风，见《诗》。《苍颉篇》："怀，抱也。"《诗序》："蟋蟀，刺晋僖公俭不中礼。"《汉书》："景帝曰：'局促效辕下驹。'"按：《诗疏》：蟋蟀似蝗而小，正黑，有光泽如漆，有角翅。一名蛩，一名蜻蛚。**荡涤放情志，何为自结束？**《东都赋》：因造化之荡涤。《杂事秘辛》：乞缓私小结束，莹面发頮，抵拦，姁告莹曰："缓此结束，当加鞠翟耳。"**燕赵多佳人，美者颜如玉。**善曰：《楚辞》："闻佳人兮召予。"《神女赋》："苞温润之玉颜。"**被服罗裳衣，当户理清曲。**善曰：如淳《汉书注》："今乐家五日一习乐，为理乐也。"《汉书》：河间王德被服儒术。**音响一何悲，弦急知柱促。**《蜀都赋》：起西音于促柱。盖本此。**驰情整中**或作"巾"。按：善注：中带，中衣带，整带将欲从之。九卷《盘中诗》同。**带，沉吟聊踯躅。**善曰：毛苌《诗传》："丹朱中衣。"《说文》："踯躅，住足也。"踯躅与蹢躅同。《后汉·隗嚣传》：牛邯沉吟十余日，乃谢士众。盖本此。**思为双飞燕，衔泥巢君屋。**《左传》：犹燕之巢于幕上。《史记》：临江闵王营葬蓝田，燕数万衔土置冢上。按：此系《十九首》之第十二首。或以"燕赵多佳人"下另作一首。

行行重行行，与君生别离。别离，注见上文《古乐府》。**相去万余里，各在天一**善作"一天"。**涯。道路阻且长，会面安可知？**善曰：《广雅》："涯，方也。"薛综《西京赋注》："安，焉也。"孔融《与张纮书》:但用离析,无缘会面。盖本此。《孔丛子》:未知后会何期。**胡马嘶**按:《选》作"依"。**北风,越鸟巢南枝。**善曰:《韩诗外传》:"诗云:'代马依北风,飞鸟栖故巢',皆不忘本之谓也。"**相去日已远**〔一〕,**衣带日已缓。**善曰:古乐府歌:"离家日趋远,衣带日趋缓。"**浮云蔽白日,游子不顾反。**善曰:《文子》:"日月欲明,浮云盖之。"陆贾《新语》:"邪臣之蔽贤,犹浮云之障日月。"《古杨柳行》:"谗邪害公正,浮云蔽白日。"郑玄《毛诗笺》:"顾,念也。"游子,注见上文《古诗》。按:《选》注:言浮云之蔽白日,以喻邪佞之毁忠良,故游子之行,不顾返也。**思君令人老,岁月忽已晚。弃捐勿复道,努力加殖**按:《选》作"餐"。**饭。**东方朔六言:计策捐弃不收。李陵《答苏子卿书》:努力自爱。按:此系《十九首》之第一首。

〔一〕五云溪馆本从此句下另为一首,与《沧浪诗话》所引合。

涉江采芙蓉,兰泽多芳草。善曰:《尔雅》:"荷,芙蕖也。"郭璞曰:"别名芙蓉也。"屈原《离骚》:"何所独无芳草兮。"**采之欲遗谁?所思在远道。**善曰:《楚辞》:"折芳馨兮遗所思。"**还顾望旧乡,长路漫浩浩。**善曰:郑玄《毛诗笺》:"回首曰顾。"**同心而离居,忧伤以终老**〔一〕。善曰:《楚辞》:"将以遗兮离居。"按:此系《十九首》之第六首。

〔一〕"忧伤",赵氏覆宋本作"伤忧"。

青青河畔草,郁郁园中柳。盈盈楼上女,皎皎当窗牖。善曰:《广雅》:"嬴,容也。"盈与嬴同,古字通。《说文》:牖,以木为交窗也。按:郁郁,茂盛也。《选》注:言草生河畔,柳茂园中,以喻美人当窗牖也。**娥娥红粉妆,**善作"粧"。**纤纤出素手。**善曰:《方言》:"秦晋之间,美貌谓之娥。"毛苌《诗传》曰:"掺掺,犹纤纤也。"《说文》:粉,所以傅面者也。古傅面亦用米粉。又染之为红粉。**昔为倡家女**〔一〕，**今为荡子妇**〔二〕。善曰:《说文》:"倡,乐也。"谓作妓者。《列子》:"有人去乡土,游于四方而不归者,世谓之为狂荡之人也。"**荡子行不归,空床难独守**。按:此系《十九首》之第二首。

〔一〕"昔为",《初学记》卷一九作"自云"。
〔二〕"今",《初学记》作"嫁"。

兰若生春阳,涉冬犹盛滋。司马迁《报任少卿书》:涉旬月,迫季冬。按:铣曰:兰若,皆香草。唐李白诗:尔能折芳桂,吾亦采兰若。盖本此。注见卷三陆机。**愿言追昔爱,情款感四时**。《梁书·陆云公传》:张缵与云公叔襄兄晏子书曰:"将离之际,弥见情款。"盖本此。**美人在云端,天路隔无期**。孔融《杂诗》:赫赫炎天路。盖本此。**夜光照玄阴,长叹恋所思**。屈原《天问》:夜光何德?死则又育。魏曹摅《思友人》诗:情随玄阴滞。盖本此。**谁谓我无忧?积念发狂痴**。《韩子》:心不能审得失之地,谓之狂。《说文》:痴,不慧也。《汉·韦玄成传》:为狂痴。蔡琰《悲愤诗》:恍惚生狂痴。盖本此。按:此首《文选》不录。陆士衡有《拟兰若生朝阳》诗。

庭前按:《选》作"中"。**有奇树,绿叶发华滋**。善曰:蔡质《汉宫典职》:"宫中种嘉禾奇树。"**攀条折其荣,将以遗所思**。《尔雅》:木谓之华,草谓之荣。**馨香盈怀袖,路远莫致之**。善曰:王逸《楚辞注》:"在衣曰怀。"《说文》:"致,送诣也。"又案《尚书》:至治馨香。《左传》:所谓馨香,无谗慝也。**此物何足贵?**善作"贡"。**但感别经时**。善曰:贾逵《国语注》:"贡,献也。"物,或为荣。贡,或作贵。按:此系《十九首》之第九首。

迢迢按:一作"沼沼"。**牵牛星,皎皎河汉女**。善曰:毛苌《诗传》曰:"河汉,天河也。"济曰:迢迢,远貌。皎皎,明貌。按:《尔雅》:星纪斗牵牛也。又河鼓谓之牵牛。《汉书·天文志》：牵牛为牺牲，其北河鼓。**纤纤擢素手，札札弄机杼。**铣曰：擢，举也。札札，机杼声。**终日不成章，泣涕零如雨。河汉清且浅，相去复几许？盈盈一水间，脉脉**莫白切，五臣作"脈脈"。**不得语。**《尔雅》：脉，相视也。郭璞曰：脉脉，谓相视貌。按：此系《十九首》之第十首。

明月何皎皎，照我罗床按：一作"裳"。**帏。**按：神农作床。《说文》：床，身之安也。**忧愁不能寐，览衣起徘徊。行客**按：一作"客行"。**虽云乐，不如早旋归。出户独仿偟，愁思当告谁。**善曰：《诗序》："仿偟不忍去。"**引领还入房，泪下**五臣作"下泪"。**沾裳衣。**《左传》：晋侯惧而退入于房。《宜都山川记》：行者歌曰："巴东三峡猿鸣悲，猿鸣三声泪沾衣。"按：此系第十九首。

李延年

《汉书》：李延年，中山人。女弟得幸于上，号李夫人。延年辄承意为之新声曲，繇是贵，为协律都尉，佩二千石印绶。

歌诗一首并序

按：杂歌谣辞。

李延年知音，善歌舞，每为汉武帝作新歌变曲，闻者莫不感动。延年侍坐上[一]**，起舞，**按：《汉书》：延年歌云云。**上叹息曰："世岂有此人乎？"平阳主因言延年有女弟，上召见之，妙丽善舞，由是得幸。歌曰：**

北方有佳人,绝世而独立〔二〕。一顾倾人城,再顾倾人国。倾城复倾国,佳人难再得!《汉书注》:师古曰:非不希惜城与国也,但以佳人难得,爱悦之深,不觉倾覆。按:《汉书》"宁不知倾城复倾国",多三字,今删三字,反不如旧。

〔一〕"坐上",纪氏《考异》作"上坐"。
〔二〕"世",赵氏覆宋本作"出"。

苏 武

《汉书》:苏武,字子卿,京兆人。武帝时,以中郎将使匈奴,十九年不屈节。会昭帝与匈奴和亲,得归汉,拜典属国。

留别妻一首〔一〕

按:《文选》有四首,此其第三章也。

结发为夫妇,按:《选》作"妻"。**恩爱两不疑**。善曰:结发,始成人也。谓男子二十、女子十五时,取笄冠为义也。《汉书》:"李广曰:'结发而与匈奴战也。'"**欢娱在今夕,嬿婉及良时**。向曰:嬿婉,欢好貌。**征夫怀远**按:《选》作"往"。**路,起视夜何其**。善曰:毛苌《诗传》曰:"其,辞也。"**参晨皆已没,去去从此辞**。按:旧作"夫避"。善曰:《尚书大传》:"书之论事,离离若参辰之错行。"《法言》:我不睹参晨之相比也。宋衷曰:辰,龙星也。参,虎星也。《汉书》:高祖曰:"吾亦从此逝矣。"**行役在战场**〔二〕**,相见未有期**。善曰:《战国策》:"缀甲厉兵,效胜于战场。"**握手一长叹,泪为别生滋**〔三〕。善曰:《史记》:"燕王私握臣手。"古诗:与君生别离。**努力爱春华,莫忘欢乐**

时。善曰:春华,喻少时也。**生当复来归,死当长相思。**铣曰:此言入于匈奴,死生未知。

按:前人所传,如钟嵘《诗品》,但云李都尉,不及苏属国。江淹《杂体》亦然。刘知几疑李陵赠苏武诗为拟作,武诗苏子瞻亦疑后人拟作。

〔一〕赵氏覆宋本作"苏武诗一首"。
〔二〕"行",赵氏覆宋本作"征"。
〔三〕"别生",《文选》卷二九作"生别"。

辛延年

羽林郎诗一首

《汉书》:武帝太初元年,初置建章营骑,后更名羽林骑,属光禄勋。又取从军死事之子孙,养羽林官,教以五兵,号羽林孤儿。颜师古曰:羽林,宿卫之官,言其如羽之疾,如林之多。一说:羽,所以为主者羽翼也。《后汉书·百官志》:羽林郎,掌宿卫侍从,常选汉阳、陇西、安定、北地、上郡、西河六郡良家补之。《地理志》"汉兴,六郡良家子选给羽林"是也。亦有"胡姬年十五",亦出于此。按:东汉杂曲歌辞。

昔有霍家奴,一作"姝",非。按:《乐府》作"赵家姝"。**姓冯名子都。**《汉书·霍光传》:百官以下,但事冯子都、王子方等。服虔曰:皆光奴。**依倚将军势,调笑酒家胡。**《汉·宣元六王传》:上少依倚许氏。《后汉·廉范传》:依倚大将军窦宪,以此为讥。《说文》:依,倚也。谢灵运诗:调笑辄酬答。盖本此。《霍光传》:后元二年,上以光为大司马大将军,受遗诏辅少主。**胡姬年十五,春日独当垆。**一作

"垆"。《汉·司马相如传》:相如尽卖车骑,置酒舍,乃令文君当垆。师古曰:卖酒之处,累土为垆,以居酒瓮,四边隆起,其一面高,形如煅垆,故名垆耳。**长裾连理带,广袖合欢襦。**谢氏《诗源》:李夫人着绣襦,作合欢。广袖,见《娜嬛记》。按:《说文》:带,绅也。《荀子》:逢衣浅带。《说文》:襦,短衣也。又《释名》:奭也,言温奭也。**头上蓝田玉,耳后大秦珠。**《长安志》:蓝田山,在长安县东南三十里,其山产玉,亦名玉山。《南越志》:木难:金翅鸟沫所成碧色珠也,大秦国珍之。**两鬟何窈窕,一世良所无。**《说文》:鬟,总发也。《韵会》:屈为髻。《方言》:秦晋之间,美貌谓之娥,美状为窕,美色为艳,美心为窈。**一鬟五百万,两鬟千万余。不意金吾子,娉婷过我庐。**杜氏《通典》:秦有中尉,掌徼循京师。汉武帝太初元年,更名执金吾,缇骑二百人,持戟五百二十人,舆服导从,光生满路,群寮之中,斯最壮矣。《东观汉记》:光武初适新野,闻阴后美,心悦之。后至长安,见执金吾车骑甚盛,因叹曰:仕宦当作执金吾,娶妻当得阴丽华。《山堂肆考》:婉容曰娉,和色曰婷。**银鞍何昱爚**[一]**,翠盖空踟蹰。**《永昌记》:文帝秦王金银鞍,加翠毛之饰。《说文》:煜,耀也。爚,火飞也。一曰蓺也。《后汉·舆服志》注:羽盖华蚤。薛综曰:树翠羽为盖,如云龙矣。金作华形,茎皆低曲。**就我求清酒,丝绳提玉壶。**桓子《新论》:神农始绳丝为弦,秦子玉壶必求其以盛。又按:《小尔雅》:绦,索也。大者谓之索,小者谓之绳。**就我求珍肴,金盘脍鲤鱼。**晋潘岳《橘赋》:照耀千金盘。《洛阳伽蓝记》:京师语曰:"伊洛鲤鲂,贵于牛羊。"意义并同。《白帖》:顾彦先曰:"铜盘之冻,知万里之寒。"**贻我青铜镜,结我红罗裾。**《洞冥记》:望蟾阁上有青铜镜,广四尺。元光中,波祇国献此青金镜,照见魑魅,百鬼不敢影形。班婕妤《自伤赋》:感帷裳兮发红罗,纷綷縩兮纨素声。**不惜红罗裂,何论轻贱躯!男儿爱后妇,女子重前夫。**《汉书·张耳传》注:师古曰:"请决绝于前夫而嫁于耳。"人生有新故,贵贱不相逾。多谢金吾子,私爱徒区区。

〔一〕"昱",《乐府诗集》卷六三作"煜"。

班婕妤

向曰:《汉书》:"孝成帝班婕妤,帝初即位,选入后宫。始为少使,俄而大幸,为婕妤。"后赵飞燕宠盛,婕妤失宠,故有是篇也。婕妤,后妃之位名也。婕妤,左曹越骑校尉况之女,彪之姑,少有才学。按:婕妤居增成舍,失宠后,希复进见,成帝崩,充园陵,薨。

怨诗一首 并序

按:相和歌辞楚调曲。《文选》作《怨歌行》。一作古辞。《歌录》曰:《怨歌行》,古辞。然言古者有此曲,而婕妤拟之。曹植、梁简文、江淹、沈约、周庾信、隋虞世南各一首,又傅玄有《怨歌行朝时篇》,即本此。

昔汉成帝班婕妤失宠,供养于长信宫,乃作赋自伤,并为怨诗一首。《水经注》:高祖长乐宫,本秦之长乐宫也。周二十里,殿西有长信、长秋、永寿、永昌诸殿。

新裂齐纨素,鲜按:《选》作"皎"。洁如霜雪。善曰:《汉书》:"罢齐三服官。"李斐曰:"纨素为冬服。"《范子》:"纨素出齐。"荀悦曰:"齐国献纨素绢,天子为三官服也。"裁为合欢扇,团团按:一作"圆"。似明月。出入君怀袖,动摇微风发。善曰:《苍颉篇》:"怀,抱也。"按:《选》注:此谓蒙幸恩之时也。**常恐秋节至,凉**风一作"飙"。**夺炎热。**善曰:古《长歌行》:"常恐秋节至,焜黄华叶衰。"炎,热气也。**弃捐箧笥中,恩情中道绝。**向曰:果见遗掷矣。箧笥,盛扇之箱。苏武诗:恩情日以新。

宋子侯

董娇娆一作"饶"。诗一首

按:东汉杂曲歌辞。《集韵》:娇娆,妍媚貌。杜诗:佳人屡出董娆饶。盖本此。

洛阳城东路,桃李生路傍。按:《一统志》:洛阳,成周之地,汉为郡。**花花自相对,叶叶自相当。春风东北起,花叶正低昂。**《吕氏春秋》:东北曰融风。蔡邕《琴赋》:感激兹歌,一低一昂。**不知谁家子,提笼行采桑。**《正字通》:女子亦称子。《丧服小记》注:女子在室,亦童子也。**纤手折其枝,花落何飘飔。**按:《说文》:纤,细也。《尔雅》:回风为飘。《说文》:飔,风所飞扬。**请谢彼姝子:"何为见损伤?""高秋八九月,白露变为霜。终年会飘堕,安得久馨香?"**《广韵》:堕,徒果切,落也。**"秋时自零落,春月复芬芳。**《淮南子》:一叶落而知天下之秋。《庄子》:春气发而百草生。崔瑗《座右铭》:久久自芬芳。按:司马相如《美人赋》:芳香芬烈。**何时盛年去**[一]**,欢爱永相忘。"**苏武《答李陵诗》:盛年行已衰。《庄子》:鱼相忘于江湖。**吾欲竟此曲,此曲愁人肠。归来酌美酒,挟瑟上高堂。**《吴地记》:若下出美酒。

〔一〕"时",《艺文类聚》卷八八作"如"。

汉时童谣歌一首

按:杂歌谣辞。茂倩《乐府》作《城中谣》。《后汉书》曰:前世长安《城中谣》,言改政移风,必有其本,上之所好,下必甚焉。

城中好高髻,四方高一尺。按:《陆贾传》"尉佗魋结"注:结,读曰髻。又按:妇人束发为髻,自燧人氏始。**城中好大**《后汉书》作"广"。**眉,四方眉**按:一作"皆",《后汉书》作"且"。**半额。城中好广**《后汉书》作"大"。**袖,四方用**《后汉书》作"全"。**匹帛。**按:《东观汉记》:明德皇后美发,为四起大髻,尚有余,绕髻三匝。又《后汉·五行志》:建安中,女子好为长裾,而上甚短,时益州从事莫嗣以为服妖。

张　衡

《后汉书》:张衡,字平子,南阳西鄂人,少善属文。安帝征拜郎中,出为河间相。乞骸骨,征拜尚书,卒。

同声歌一首

《乐府解题》:《同声歌》,汉张衡所作也。言妇人自谓幸得充闺房,愿勉供妇职,不离君子。思为莞簟,在下以蔽匡床;衾裯,在上以护霜露。缱绻枕席,没齿不忘焉。以喻臣子之事君也。晋傅玄《何当行》曰:"同声自相应,同心自相知。外合不由中,虽固终必离。管鲍不出世,结交安可为!"言结交相合,其义亦同也。按:杂曲歌辞。

邂逅承际会,一作"遇"。**得充君后房**[一]。《东观汉记》:太史官曰:"栗骏蓬转,因遇际会。"《汉·田蚡传》:后房妇女以百数。**情好新交**按:一作"相"。**接,恐睬若探汤**〔二〕。宋玉《神女赋》:精交接以来往兮。**不才勉自竭,贱妾职**按:一作"织"。**所当**。《左传》:不才吾唯子之怨。**绸缪主中馈,奉礼助蒸尝**。《汉·张敞传》:内则结绸缪。文颖曰:谓衣裹结束绸缪也。中馈,见《易》。魏邯郸淳《上受命述》:奉礼不越。义同。郑玄《诗笺》:冬祭曰蒸,秋祭曰尝。**思为苑蒻席**〔三〕**,在下蔽匡床**。《庄子》:与王同匡床,食刍豢。《淮南子》:匡床蒻席,非不宁也。按:《周礼》:诸侯祭祀,席蒲筵缋纯,加莞席。《尚书》:底席丰席。注:底,蒻华也。丰,莞也。又按:《说文》:蒻,蒲子也,可为荐。《拾遗记》:穆王时,西王母来,敷黄莞之荐。**愿为罗衾帱,在上卫风霜**。郑玄《毛诗笺》:帱,床帐也。《北堂书钞》:《楚辞》云:"蒻阿拂壁罗帱张。"注:"曲隅复施罗帱,轻且凉也。"《墨子》:圣王作,为宫室,边足以御风寒,上足以待霜露。《说文》:卫,宿卫也。按:齐云:《闲情赋》之根。**洒扫清枕席,鞮芬**按:一作"芳"。**以狄**一作"秋",非。**香**。《正字通》引《说文》云:鞮,革履也。张衡《同声歌》:鞮芬以狄香。注:狄香,外国之香,以香熏履也。俗"狄"讹作"秋"。"张衡"以下,说见《杨升庵集》。又:胡人履连胫,谓之络缇。又:缇鞻,四夷乐人草履也。**重户结金扃,高下华镫光**。《说文》:扃,外闭之关也。《左传》:谚曰:"高下在心。"**衣解巾粉御,列图陈枕张**。《史记》:淳于髡曰:"罗襦襟解,微闻芗泽。"《左传》:寡君之使婢子侍执巾栉。《博物志》:烧铅成粉,今傅面者用之。《广韵》:御,理也,侍也,进也,使也。《汉书》:元帝宫人既多,乃令画工图之,欲有呼者,辄披图召焉。宋玉《讽赋》:横自陈兮君之旁。《释名》:枕,检也,所以检项也。《广韵》:张,施。**素女为我师,仪态盈万方**。张华《博物志》:《白雪》,是天帝使素女鼓五弦琴曲名,以其辞高,人和遂寡。**众夫所希见,天老教轩皇**。《圣贤群辅录》引《论语摘辅象》

云:黄帝七辅,其一曰天老帝王。《世说》:黄帝以风后配上台,天老配中台,五圣配下台。**乐莫斯夜乐,没齿焉可忘。**

〔一〕"得充君",赵氏覆宋本作"遇得充"。
〔二〕"㗚",字书不载。五云溪馆本、《乐府诗集》卷七六作"栗",是。
〔三〕"苑",五云溪馆本、《古乐府》卷一〇作"莞"。

秦　嘉

赠妇诗三首并序

秦嘉,字士会,陇西人也,为郡上掾〔一〕。其妻徐淑,寝疾还家,不获面别,赠诗云尔。

人生譬朝露,居世多屯蹇。《汉书》:李陵谓苏武曰:"人生如朝露,何久自苦如此。"**忧艰常早至,欢会常苦晚。念当奉时役,去尔日遥远。**《琴操》:古者,君子在位,役不违时。**遣车迎子还**,按:一作"归"。**空往复空返。**《广韵》:人臣赐车马曰遣车。郑玄《礼记注》:人臣赐车者,乃得有遣车。**省书情凄怆,临食不能饭。**凄怆,见《礼记》。蔡琰诗:饥当食兮不能餐。**独坐空房中,谁与相劝勉?**李陵《答苏子卿书》:来相劝勉。**长夜不能眠,伏枕独展转。忧来如寻环,匪席不可卷。**《尚书大传》:三五之统,若循连环。匪席,见《诗》。

〔一〕"掾",《西溪丛语》卷下引此文,注:"一作计。"按钟嵘《诗品》卷中直题"汉上计秦嘉"。

皇灵无私亲,为善荷天禄。伤我与尔身,少小罹茕独。魏文帝《艳歌何尝行》:少小相触抵。**既得结大义,欢乐若**一作"苦"。**不**

足。念当远离别,思念叙款曲。《广韵》:曲,委曲。河广无舟梁,道近隔邱陆。河广、舟梁,见《毛诗》。临路怀惆怅,中驾正踯躅。宋玉《九辨》:惆怅兮而私自怜。浮云起高山,悲风激深谷。古诗曰:浮云蔽白日,游子不顾返。李陵《答苏子卿书》曰:但闻悲风萧条之声。良马不回鞍,轻车不转毂。《说文》:鞍,马鞍具也。《考工记》:车人为车,毂长半柯,其围一柯有半。魏收《后园宴乐》诗:朝车转夜毂。针药可屡进,愁思难为数。枚乘《七发》:今太子之病,可无药石针刺灸疗而已。《楚辞》:天问者,屈原之所作也。以泄愤懑,书写愁思。贞士笃终始,恩义不可属[一]。一作"促"。

〔一〕"恩",赵氏覆宋本作"思"。

肃肃仆夫征,锵锵扬和铃。《左传》:锡鸾和铃,昭其度也。清晨当引迈,束带待一作"俟"。鸡鸣。《广韵》:迈,行也。《汉·燕刺王传》:寡人束带听朝。《史记》:鸡三号平明。顾看空室中,仿佛想姿形。《楚辞》:时仿佛以遥见。一别怀万恨,起坐为不宁。应璩《与许子俊书》:前别仓卒,情意不悉,追怀万恨。与此意同。何用叙我心?遗思致款诚[一]。《广韵》:款,诚也,叩也,至也,重也,爱也。宝钗可按:一作"好"。耀首,明镜可鉴形。《北堂书钞》:秦嘉《与妇徐淑书》曰:"今致宝钗一双,价值千金,可以耀首。"淑答曰:"未奉光仪,则宝钗不设。"又:"顷得此镜,既明且好,世所希有,意甚爱之,故以相与。"淑答书曰:"今君征未旋,镜将何施?明镜鉴形,当待君至。"芳香去垢秽,素琴有清声。《艺文类聚·嘉重报妻书》:好香四种,素琴一张。《妻报嘉书》:芳香既珍,素琴益好,素琴之作,当须君归。未侍帐帷,则芳香不发也。芳香可以馥身,素琴可以娱耳。诗人感木瓜,乃欲答瑶琼。愧彼赠我厚[二],惭此往物轻。虽知未足报,贵用叙我情。

〔一〕"遗",《西溪丛语》作"遣",是。
〔二〕"赠我",《西溪丛语》作"持赠"。

秦嘉妻徐淑

答一有"夫"字。诗一首

妾身兮不令,婴疾兮来归。《左传》:薳越使告于宋曰:"寡君闻君有不令之臣,为君忧。"刘桢诗:余婴沉痼疾。盖本此。**沉滞兮家门,历时兮不差。**《吕氏春秋》:筋骨沉滞。《后汉·蔡邕传》:母常滞病三年。孔安国《书传》:瘳,差也。**旷废兮侍觐,情敬兮有违。**《广韵》:侍,近也,从也。又:觐,见也。**君今兮奉命,远适兮京师。**《左传》:子叔婴齐奉君命无私。《春秋》:纪季姜归于京师。**悠悠兮离别,无因兮叙怀。瞻望兮踊跃,伫立兮徘徊。思君兮感结,梦想兮容辉。**古诗:梦想见容辉。**君发兮引迈,去我兮日乖。恨无兮羽翼,高飞兮相追。**《汉·张良传》:歌曰:"鸿鹄高飞,一举千里。羽翼已就,横绝四海。"**长吟兮永叹,泪下兮沾衣。**杜笃《连珠》:能离光明之显,长吟永啸。

  按:齐云:夫妻事既可伤,文心凄绝。为五言者,不过数家,而妇人居二。如徐淑之作,亚于"团扇"矣。

蔡 邕

  《后汉书》:蔡邕,字伯喈,陈留圉人也。性笃孝,辟司徒桥玄府,迁议郎。董卓辟之,迁尚书。王允收付廷尉,死狱中。

饮马长城窟行一首

　　善曰：郦善长《水经》："余至长城，其下往往有泉窟，可饮马。古诗《饮马长城窟行》，信不虚也。"然长城蒙恬所筑也，言征戍之客，至于长城而饮其马，妇思之，故为《长城窟行》。《音义》曰：行，曲也。《左传》：楚子将饮马于河而归。郭茂倩曰：一作《饮马行》。长城，秦所筑以备胡者。其下有泉窟，可以饮马。古辞云"青青河畔草，绵绵思远道"，言征戍之客，至于长城而饮其马，妇人思念其勤劳，故作是曲也。郦善长《水经注》："始皇二十四年，使太子扶苏与蒙恬筑长城，起自临洮，至于碣石。东暨辽海，西并阴山，凡万余里。民怨劳苦，故杨泉《物理论》曰：'秦筑长城，死者相属。'民歌曰：'生男慎勿举，生女哺用脯。不见长城下，尸骸相支拄。'其冤痛如此。今白道南谷口有长城，自城北出有高坂，旁有土穴出泉，挹之不穷。《歌录》云'饮马长城窟'，信非虚言也。"《乐府解题》："古辞，伤良人游荡不归。或云蔡邕之辞。若魏陈琳辞云：'饮马长城窟，水寒伤马骨。'则言秦人苦长城之役也。"《广题》："长城南有溪坂，上有土窟，窟中泉流。汉时将士征塞北，皆饮马此水也。又赵武灵王既袭胡服，自代并阴山下至高阙为塞，山下有长城，武灵王之所筑也。其山中断望之若双阙，所谓高阙者焉。"《古今乐录》："王僧虔《技录》云：'《饮马行》，今不歌。'"按：相和歌辞瑟调曲。邕本集亦载。《乐府》作古辞。《文选》亦作古辞。注言古诗，不知作者姓名也。拟之者，《乐府》载魏文帝、陈琳、晋傅玄、陆机以下诸人，共十六首。又王融、沈约诸人《青青河畔草》篇题，盖本此。

青青河边五臣作"畔"。**草，绵绵思远道。**善曰：王逸《楚辞注》云：

"绵绵,细微之思也。"远道不可思,宿善作"夙"。昔梦见之。善曰:《广雅》:"昔,夜也。"又《左传》:为一昔之期。注:夜结期。梦见在我旁,忽觉在他乡。他乡各异县,展转不相善作"可"。见。古歌:男儿在他乡,焉得不憔悴。善曰:《字书》:"展,亦辗字也。"《说文》:展,转也。枯桑知天风,海水知天寒。翰曰:知,谓岂知也。枯桑无枝叶,则不知天风,海水不凝冻,则不知天寒。又按:《文选注》:枯桑无枝,尚知天风,海水广大,尚知天寒,君子行役,岂不离风寒之患乎?入门各自媚,谁肯相为言!按:《文选》注:但人入门,咸各自媚,谁肯为言乎?皆不能为言也。客从远方来,遗我双鲤鱼。呼儿烹鲤鱼,中有尺素书。善曰:郑玄《礼记注》:"素,生帛也。"向曰:尺素,绢也。古人为书,多书之于绢。又《汉·陈涉传》:乃丹书帛曰"陈胜王",置人所罾鱼腹中。卒买鱼烹食,得书。此诗盖暗用此事。长跪读素书,书中竟何如〔一〕?善曰:跪,拜也。上有加飧食〔二〕,一作"餐饭"。下有长相忆〔三〕。

〔一〕"中",赵氏覆宋本作"上"。
〔二〕"有",《乐府诗集》卷三八作"言"。
〔三〕"有",《乐府诗集》作"言"。"忆",《艺文类聚》卷四一作"思"。

陈　琳

《魏志》:琳,字孔璋,广陵人。避乱冀州,袁绍使典文章。绍败,曹公辟为军谋祭酒,典记室,徙门下督。

饮马长城窟行一首

饮马长城窟,水寒伤马骨。往谓长城吏:"慎莫稽留太原卒!"

王充《论衡》：凡人仕宦，有稽留不进。《汉·地理志》"太原郡"注：秦置。有盐官，在晋阳。属并州。**官作自有程，举筑谐汝声！**《说文》：程，式也，限也，期也，量也，铨也，课也。《通鉴》：字有六义，六曰谐声。**男儿宁当格斗死，何能怫郁筑长城！**《正字通》：格，抵敌不服也。《荀子·议兵篇》：服者不禽，格者不赦。《汉·景十三王传》：去作歌曰："愁莫愁，居无聊。心重结，意不舒。内弗郁，忧哀积。"古辞《西门行》：何能坐愁怫郁。**长城何连连，连连三千里。**按：《庄子》：则仁义又奚连连如胶漆纆索，而游乎道德之间为哉！东方朔《非有先生论》：绵绵连连，殆哉世之不绝也。**边城多健少，**按：一作"儿"。**内舍多寡妇。**扬雄《长杨赋》：永无边城之灾。《蜀志·张飞传》：先主常戒之曰："鞭挞健儿，而令在左右，此取祸之道也。"《史记》：扶苏泣入内舍。《汉·景十三王传》：请闭诸姬舍门。《淮南子》：寡妇不嫮。高诱曰：寡妇曰嫮。**作书与内舍："便嫁莫留住！善事新姑章，**一作"嫜"。**时时念我故夫子！"**《尔雅》：妇称夫之父曰舅，称夫之母曰姑。《释名》：俗或谓舅曰章。章，与"嫜"同。《汉·景十三王传》：去为望乡作歌曰："背尊章，嫖以忽。"师古曰：尊章，犹言舅姑也。今关中俗，妇呼舅姑为钟。钟者，章声之转也。《礼记》：陈子车死，其妻与其家大夫谋以殉葬，定而后陈子亢至，以告曰："夫子疾，莫养于下，请以殉葬。"案：此则妻称夫曰夫子，其来久矣。**报书往案：**一作"与"。**边地："君今出语一何鄙！""身在祸难中，何为稽留他家子？生男慎莫举，生女哺用案：**一作"其"。**脯。**《左传》：子同生，以太子生之礼举之。《史记·孟尝君传》：文以五月五日生。婴告其母曰："勿举也。"其母窃举生之。《广韵》：哺，食在口也。《周礼》"腊人"注：薄切曰脯。**君独不见长城下，死人骸骨相撑拄。"**《汉书》：愿乞骸骨。《字林》：撑，拄也。真广切。四句古歌辞。**"结发行事君，慊慊心意关。边地苦**[一]**，贱妾何能久自全？"**郑玄《礼记注》:慊慊,不满之貌也。口簟切。

案:谢灵运《拟魏太子邺中集诗》云:陈琳,袁本初书记之士,故述丧乱事多。徐干,少无宦情,有箕颍之心事,故任世多素辞。而陈、徐诗,《文选》皆未采入。

〔一〕五云溪馆本"边地苦"上有"明知"二字。

徐 干

《魏志》:徐干,字伟长,北海人。为司空军谋祭酒。案:《文学先贤行状》谓干操翰成章,轻官忽禄,不耽世荣。建安中,太祖特加旌命,以疾休息。

室思一首〔一〕

一前五首作《杂诗》,末一首作《室思》。案:后六章宋本统作《室思》一首。郭茂倩《乐府诗集》云:徐干有《室思》诗五章。据此,则后一章不知何题。诸本多作《杂诗》五首,《室思》诗一首。然据《乐府》云:徐干《室思》诗第三章曰:"自君之出矣,明镜暗不治。"知诸本误,当以宋本为正。

沉阴结愁忧,愁忧为谁兴?念与君相一作"生"。**别,各在天一方。良会未有期,中心摧且伤。**古诗:今日良宴会。**不聊忧餐食,慊慊常饥空。**《汉·陈余传》:使天下父子不相聊。高彪《清戒》:神明聊赖。**端坐而无为,仿佛君容光。**其一。魏文帝《折杨柳行》:端坐苦无惊。《韩非子》:卫灵公将之晋,至濮水之上而宿,夜分而闻有新声者,悦之。召师涓而告之曰:"有鼓新声者,其状似鬼神,子为我听而写之。"师涓曰:"诺。"因端坐抚琴而写之。师涓明日报曰:

"臣得之矣。"**峩峩高山首,悠悠万里道。君去日已远**[二]**,郁结令人老。**魏文帝《出妇诗》:心郁结其不平。**人生一世间,忽若暮春草。**张载《咏老诗》:昔为春月华,今为秋日草。意同。**时不可再得,何为自愁恼?**屈原《九歌》:时不可兮骤得。《汉书》:蒯通曰:"时乎时乎不再来。"**每诵昔鸿恩,贱躯焉足保!**其二。曹植《封二子为公谢恩章》:鸿恩罔极。李陵《与苏武诗》:送子以贱躯。**浮云何洋洋,愿因通吾辞。飘飖**一作"飘"。**不可寄,徙倚徒相思**[三]。**人离皆复会,君独无返期。自君之出矣,明镜暗不治。思君如流水,何有穷已时。**其三。古辞《长歌行》:百川东到海,何日复西归?词异意同。**惨惨时节尽,兰华凋复零。**按:惨惨,见《诗》。音黪,痛也。又《史记·酷吏传赞》:虽惨酷,斯称其位矣。**喟然长叹息,君期慰我情。**《汉书》:贾谊疏曰:"可为长太息者六。"**展转不能寐,长夜何绵绵。蹑履起出户,仰观三星连。**《广雅》:蹑,履也。《汉书》:暴胜之素闻隽不疑贤,望见容貌尊严,蹑履起迎。**自恨志不遂,泣涕如涌泉。**其四。《后汉书》:赵岐为遗令曰:"有志无时,命也,奈何?"《汉书》:主父偃身不得遂。**思君见巾栉**[四]**,以益我劳勤**[五]。**安得鸿鸾羽?觐此心中人。**魏文帝《喜霁赋》:思寄身于鸿鸾兮,举六翮而轻飞。**诚心亮不遂,搔首立悁悁。何言一不见,复会无因缘。**《褚先生集·田叔传》:任安为人将车之长安,留求事,为小吏,未有因缘也。李密《赐饯东堂诏令赋诗》:人亦有言,有因有缘。**故如比目鱼,今隔如参辰。**其五。《尔雅》:东方有比目鱼焉,不比不行。**人靡不有初,想君能终之。别来历年岁,旧恩**一作"思"。**何可期。**李尤《九曲歌》:年岁晚暮时已斜,安得力士翻日车。《汉书》:张贺思念旧恩。**重新而忘故,君子所尤讥。寄身虽在远,岂忘君须臾!**郑玄《礼记注》:斯须,须臾也。《楚辞》:

何须臾而忘返。**既厚不为薄,想君时见思**。其六。《古诗》:斗酒相娱乐,聊厚不为薄。

〔一〕本书目录作"室思六首"。
〔二〕"日已",赵氏覆宋本作"已日"。
〔三〕以上二句《艺文类聚》卷三二作"一逝不可归,啸歌久踟蹰"。
〔四〕"君见",《太平御览》卷七一四作"见君"。
〔五〕"益",《太平御览》作"弭"。

情诗一首

高殿郁崇崇,广厦凄泠泠。宋玉《高唐赋》:宜高殿以广意兮。《列子》:北宫子庇其蓬室,若广厦之荫。**微风起闺闼,落日照阶庭**。古乐府《伤歌行》:微风吹闺闼。**峙嶱云屋下,啸歌倚华楹**。谢朓《临海公主墓铭》云:降情云屋。盖本此。汉庞德公《于忽操》:居者坐而啸歌。《广韵》:楹,柱也。**君行殊不返,我饰为谁荣?垆熏阖不用,镜匣上尘生**。刘峻《金华山栖志》:至于熏垆夜蓺。盖本此。周庾信《镜赋》:不能片时藏匣里。又《镜诗》云:玉匣聊开镜。梁简文帝《镜诗》:全开玳瑁匣。何逊《咏照镜诗》:玉匣开鉴形。盖镜之有匣,以护尘也。**绮罗失常色,金翠暗无精**。江淹《恨赋》:绮罗毕兮池馆尽。盖本此。曹植《洛神赋》:戴金翠之首饰。**嘉肴既忘御,旨酒亦常停。顾瞻空寂寂,惟闻燕雀声**。《汉·陈涉传》:涉太息曰:"燕雀安知鸿鹄之志哉!"**忧思连相嘱**,一作"属"。**中心如宿醒**。毛苌《诗传》:酒病曰醒。

案:陈琳、徐干诗,嘉靖徐学谟刻本列在二卷中明帝诗后。

繁　钦

《魏志》：繁钦，字休伯，颍川人。累迁至丞相主簿。案：《典略》：钦以文才机辨少得名于汝颍，既长于书记，又善为诗赋，其所与太子书，记喉转意，率皆巧丽。为丞相主簿，建安二十三年卒。

定情诗一首〔一〕

《乐府解题》："《定情诗》，汉繁钦所作也。言妇人不能以礼从人，而自相悦媚。乃解衣服玩好致之，以结绸缪之志。若臂环致拳拳，指环致殷勤，耳珠致区区，香囊致扣扣，跳脱致契阔，佩玉结恩情，自以为志而期于山隅、山阳、山西、山北。终而不答，乃自伤悔焉。"案：魏杂曲歌辞。唐乔知之《定情篇》、施肩吾《定情乐》，皆本此。

我出东门游，邂逅承清尘。《楚辞》：闻赤松之清尘。司马相如《谏猎书》：犯属车之清尘。**思君即幽房，**曹植《仲雍哀词》：幽房闲宇。《帝王世纪》：颛顼母女枢，瑶光之星，感女枢于幽房之宫。**侍寝执衣巾。**《左传》：使往视寝。**时无桑中契，迫此路侧人。**桑中，见《诗》。《列女传》：鲁秋胡子见路旁有美妇人方采桑，秋胡子悦之，下车以金予之。注详见卷四颜延之。**我即**案：一作"既"。**媚君姿**〔二〕**，君亦悦我颜。何以致拳拳？绾臂双金环。**《五经要义》：生子月辰则以金环退之，当御者着于左手，既御者着于右手。王粲《闲居赋》：愿为环以约腕。《续搜神记》：襄阳徐阳病死，忽崛然而起，将妇臂上金环脱去，行货，便放令还。**何以致殷勤？约指一双银。**司马迁《报任安书》：未尝衔杯酒，接殷勤之余欢。《汉旧仪》：宫人御幸，赐银指环，令数环记月也。**何以致区区？耳中双明珠。**刘桢《鲁都赋》：珥明月之珰。**何以致叩叩？香囊系肘后。**《晋书》：谢玄少好佩紫罗香囊。考此诗则汉魏时已有之。《周顗传》：顾左右曰："今年杀诸贼奴，取金印如斗大，系肘后。"案：《广韵》：叩，与"扣"同，击也。又《论语疏》：叩，发动也。《尔雅》：妇人之袆谓之缡。缡，緌也。注：即今之香缨也。**何以致契阔？绕腕双跳脱。**《真诰》：萼绿华以晋升平二年十一月十日夜降羊权家，赠权以诗一篇，并致火浣布手巾一条，金玉跳脱各一枚。又：安妃有斫粟金跳脱。殷芸《小说》：金跳脱为臂饰，即今钏也。**何以结恩情？佩玉缀罗缨。**案：《释名》：佩，倍也，言其非一物，有倍贰也。有珠有玉。汉乐府：伫立望西河，泣下沾罗缨。**何以结中心？素缕连双针。**谢氏《诗源》：昔有姜氏，与邻人文胄通殷勤。文胄以百炼水晶针一函遗姜氏，姜氏取履箱，取连理线贯双针，结同心花以答之。故《定情诗》云云。见《娜嬛记》。**何以结相于？**一作"投"。**金薄画搔头**[三]。孔融《与韦甫休书》：足下岸帻广坐，举杯相于。《邺中记》：金薄，薄打纯金如蝉翼。《西京杂记》：武帝过李夫人，就取玉簪搔头，自此后宫搔头皆用玉。**何以慰别离**[四]**？耳后瑇瑁钗。**《后汉·舆服志》：簪以瑇瑁为摘，长一尺，端为华胜，上为凤凰爵，以翡翠为毛羽，下有白珠，垂黄金镊。左右一簪横之，以安藟结。《史记》：赵平原君使人于楚，欲夸楚，为玳瑁簪。案：玳瑁生岭南山水间，人取以作器皿，大如扇，似龟甲，有文。《西域传赞》：明珠文甲。如淳注：文甲，即玳瑁也。**何以答欢悦？纨素三条裙**[五]。案：宋作"裾"。《晋东宫旧事》：皇太子纳妃，有丹纱碧纹双裙。盖魏晋俗尚如此。束皙《近游赋》：裙为素条之杀。案：扬雄《方言》：陈魏之间谓裙为帔，绕衿谓之裙。**何以结愁悲？白绢双中衣。**《汉·万石君传》：取亲中帬厕牏，身自浣洒。师古曰：中帬，若今言中衣也。司马相如《美人赋》：女乃弛其上服，表其中衣。**与我期何所？乃期东山隅。**《广韵》：期，信也，限也，会也，要也。又：隅，角也，陬也。**日旰兮不至，**一作"来"。**谷风吹我襦。**《左传》：赵鞅呼司马寅曰："日旰矣。"**远望无所见，涕泣起踟蹰。与我期何所？乃期山南阳。**《尔雅》：山东曰朝阳，山西曰夕阳。**日中兮不来，**凯案：一作"飘"。**风吹我裳。**案：《尔雅》：南风谓之凯风。回风为飘。**逍遥莫谁睹，望君愁我肠。与我期何所？乃期西山侧。**《广韵》：侧，旁侧也。**日夕兮不来，踯躅长叹息。远望凉风至，俯仰正衣服。**《庄子》：其疾也，俯仰之间。案：《尔雅》：北风谓之凉风。**与我期何所？乃期山北岑。**《尔雅》：岑，小山而高。**日暮兮不来，凄风吹我衿。**《尚书中候》：齐桓公封禅，谓管仲曰："寡人日暮，仲父年艾。"《吕氏春秋》：西南曰凄风。孙愐《广韵》：衿，小带也。**望君不能坐，悲苦愁我心。爱身以何为，惜我华色时。**《诗序》：花落色衰，复相弃背。**中情既款款，然后克密期。**《后汉·隗嚣传》：帝报以手书曰："将军操执款款，扶倾救危。"《后汉·钟意传》：解徒桎梏，与克期俱至。《尔雅》：密，静也。**褰衣**案：一作"裳"。**蹑茂**一作"花"。**草，谓君不我欺。**《广韵》：褰，褰衣也。**厕此丑陋质，徙倚无所之。**《释名》：厕，杂也，言人杂厕其上也。**自伤失所欲，泪下如连丝。**张叔及论：烦冤俯仰，泪如丝兮。

〔一〕《文选·洛神赋》李善注引繁钦《定情诗》："何以消滞忧？足下双远游。"此二句本书阙，不知当在何句下。

〔二〕"即"，五云溪馆本、纪氏《考异》作"既"，当据改。

〔三〕"搔"，《太平御览》卷六九六作"幜"。

〔四〕"慰"，《太平御览》作"表"。

〔五〕以上二句《太平御览》作"何以合欢忻？纨素为衫裙"。

无名人一作"氏"。

古诗为焦仲卿妻作并序

案：杂曲歌辞。《乐府》题曰：《焦仲卿妻》，古辞。谓《焦仲卿妻》，不知谁氏之所作也。

汉末建安中，庐江府小吏焦仲卿妻刘氏，为仲卿母所遣，自誓不嫁。其家逼之，乃没水而死。仲卿闻之，亦自缢于庭树。时一作"人"。伤之，为诗云尔[一]。

孔雀东南飞，五里一徘徊。《古艳歌》：孔雀东飞，苦寒无衣。《汉书》：尉佗献文帝孔雀二双。杨孝元《交州异物志》：孔雀，人拍其尾则舞。"十三能织素，十四学裁衣。王充《论衡》：裁衣有书，书有吉凶，凶日裁衣则有祸，吉日则有福。十五弹箜篌，十六诵诗书。《释名》：箜篌，师延所作，靡靡之乐后出桑间濮上之地，盖空国之侯所存也。师涓为晋平公鼓焉。《风俗通》：箜篌，一名坎篌。武帝祀太山太乙后土，令乐人侯调依琴作坎侯，言其坎坎应节也，侯以姓冠章也。或曰"箜侯"，取其空中。十七为君妇，心中常苦悲。《古艳歌》：为君作妻，中心恻悲。君既为府吏，守节情不移。《左传》：子臧曰："圣达节，次守节，下不失节。"贱妾留空房，相见常日稀。秦嘉诗：独在空房中。《广韵》：稀，疏也。案：郭、左二《乐府》无此二句。活本、杨本有之。鸡鸣入机织，夜夜不得息。《古艳歌》：夜夜织作，不得下机。古歌词《白帝子歌》曰："璇宫夜静当轩织。"《吕氏春秋》：孙叔敖日夜不息。三日断五匹，大人故嫌迟。《古艳歌》：三日载匹，尚言吾迟。《汉·淮阳王钦传》：王遇大人益解。师古曰：大人，博自称其母也。《东轩笔录》谓范滂白母大人云云。大人之名,盖父母通称,不独父也。如疏受曰:"从大人议。"是称叔也。此诗则妇亦以称舅姑。盖大人云者,极尊称耳。凡尊敬者,俱可称也。**非为织作迟,君家妇难为。妾不堪驱使,徒留无所施。便可白公姥,及时相遣归。"**《尔雅》:妇谓舅曰公。贾谊策:与公并倨。《广韵》:姥,莫补切,老母也。又《琅琊王歌辞》:公死姥更嫁。盖古语相同。**府吏得闻之,堂上启阿母**:李陵诗:慈母去中堂。《史记》:故济北王阿母,自言足热而谒。蔡琰《悲愤诗》:阿母常仁恻,今何更不慈?《云麓漫抄》:古人多言"阿"字,如秦皇阿房宫,汉武阿娇金屋。晋尤甚,阿戎、阿连等语极多。唐人号武后为阿武婆,妇人无名第,以姓加"阿"字。**"儿已**一作"以"。**薄禄相,幸复得此妇。**王符《潜夫论》:骨法为禄相表,气色为吉凶候,部位为年时。焦氏《易林》:禄命苦薄。**结发同枕席,黄泉共为友。**宋玉《高唐赋》:愿荐枕席。《左传》:不及黄泉,无相见也。**共事二三**一作"三二"。**年,始尔未为久。女行无偏斜,何意致不厚?"**孔安国《洪范传》:正直,不偏斜也。**阿母谓府吏:"何乃太区区!此妇无礼节,举动自专由。**《史记·蔺相如传》:礼节甚倨。《列女传》:鲁之母师者,鲁九子之寡母也。召诸妇曰:"妇人有三从之义,无专制之行。"**吾意久怀忿,汝岂得自由!东家有贤女,自名秦罗敷。**汉《鞞舞歌》五曲,一曰《关中有贤女》,曹植《精微篇》:关东有贤女。义同。宋玉《登徒子好色赋》:臣里之美者,莫若臣东家之子。**可怜体无比,**《汉·石奋传》:恭谨,举无与比。**阿母为汝求。便可速遣之,遣之**一作"去"。**慎莫留!"府吏长跪答**,一作"告"。**伏惟启阿母:"今若遣此妇,终老不复取!"**枚乘诗:忧伤以终老。**阿母得闻之,搥床便大怒:**《南史·恩幸传》:王洪轨与赵越常、徐僧亮、万灵会共语,皆攘袂搥床。《通俗文》:床三尺五为榻板,独坐曰枰,八尺曰床。**"小子无所畏,何敢助妇语!吾**

已失恩义,《汉·苏武传》:武骂律曰:"女为人臣子,不顾恩义。"会不相从许!"府吏默无声,再拜还入户。举言谓一作"为"。新妇,哽咽不能语:《战国策》:卫人迎新妇。《论衡》:哽咽不能下。蔡邕《为陈留县上孝子状》:舅偃诱劝,哽咽益甚。**"我自不驱卿,逼迫有阿母。**晋束晳《近游赋》:妇皆卿夫,子呼父字。此诗则汉末称谓,夫亦互卿其妇。《广韵》:迫,逼也,近也,急也,附也。陆机《谢平原内史表》:虑有逼迫。盖本此。**卿但暂还家,吾今且报府。不久当归还,还必相迎取。以此下心意,**景差《大招》:逞志究欲,心意安只。《淮南子》:心意之论,不足以定是非。古诗:极宴娱心意。后汉李尤《鞠城铭》:端心平意。**慎勿违吾语。"新妇谓府吏:"勿复重纷纭!**张衡《思玄赋》:美纷纭以从风。**往昔初阳岁,谢家来贵门。**《诗》:岁亦阳止。笺:十月为阳,时坤用事,嫌于无阳,故以名此月为阳。《乐苑·读曲歌》曰:初阳正二月。《鹦鹉赋》:女辞家而适人。《吴都赋》:高门鼎贵。《文选注》:朱门,贵门也。《荀氏家传》:王公叹曰:"最以后荣宠莫二,为天下贵门矣。"**奉事循公姥,进止敢自专?**《洛神赋》曰:进止难期。**昼夜勤作息,伶俜萦苦辛。**《庄子》:善卷曰:"余日出而作,日入而息。"《尸子》:昼勤而夜息,天之道也。李陵《赠苏武诗》:远处天一隅,苦困独伶丁。《读书通》:伶俜,通作"零丁"。李密《陈情表》云:零丁孤苦。**谓言无罪过,供养卒大恩。**杨恽《报孙会宗书》:自惟罪过已重。《汉·外戚传》:孝成班婕妤,恐久见危,求供养太后于长信宫。**仍更被驱遣,何言复来还?妾有绣腰襦,葳蕤自生光**[二]。《史记·封禅书》:纷纶葳蕤。案:东方朔《七谏》:上葳蕤而防露兮。注:盛貌。又《述异记》:葳蕤草,一名丽草,又呼为女草。**红罗复斗帐,四角垂香囊。**《西都赋》:红罗飒缅。《释名》:小账曰斗,形如覆斗。**箱帘六七十,绿碧青丝绳**[三]。《广韵》:箱,笼也。《释名》:帘,廉也,自障蔽为廉耻也。**物物各自**

异,种种案:宋本作"穜穜"。在其中[四]。人贱物亦鄙,不足迎后人[五]。留待作遗施[六],于今无会因。时时为安慰,久久莫相忘。"鸡鸣外欲曙,新妇起严妆。《说文》:曙,晓也。宋玉《神女赋》:惆怅垂涕,求之至曙。《魏志·武帝纪》:主簿杨修便自严装。**着我绣夹裙,事事四五通**。《幽州马客吟歌辞》:女着彩夹裙。《飞燕外传》:合德衣故短绣裙。《汉书·王莽传》:事事谦退。**足下蹑丝履,头上玳瑁光**。《西京杂记》:家君作弹棋以献成帝,帝大悦,赐青羔裘、紫丝履,服以朝觐。《神仙传》:胡母班为泰山府君,赍书诣河伯,河伯贻其青丝履,甚精巧。**腰若**一作"着"。**流纨素,耳着明月珰**。《释名》:穿耳施珠曰珰。**指如削葱根,口如含朱丹**。《杂事秘辛》:莹指去掌四寸,肖十竹萌削也。与此义同。唐白居易诗:十指削春葱。盖本此。宋玉《神女赋》:朱唇的其若丹。**纤纤作细步,精妙世无双**。《杂事秘辛》:故大将军乘氏侯商女莹,莹从中阁细步到寝。张衡《定情赋》:冠朋匹而无双。**上堂拜**案:一作"谢"。**阿母,母听去**一作"阿母怒"。**不止**。"**昔作女儿时,生小出野里**,《广韵》:野,田野也。曹植《白马篇》:少小去乡邑。义同。**本自无教训,兼愧**案:一作"愧",古通。**贵家子**。《左传》:不能教训。**受母钱帛多,不堪母驱使。今日还家去,念母劳家里。"却与小姑别,泪落连珠子**。《正字通》引《六书故》云:外妇人之尊者皆曰姑。又妇谓夫之女妹曰小姑。《论衡》引《道经》云:合口诵经声瑯瑯,眼中泪出珠子碟。吴质《思慕诗》:泪下如连珠。"**新妇初来时,小姑始扶床。今日被驱遣**,一本无此二句。案:《乐府》亦无。**小姑如我长。勤心养公姥,好自相扶将**。《汉·外戚传》:女逃匿,扶将出拜。《乐府》:相将踏百草。**初七及下九,嬉戏莫相忘**。"《西京杂记》:戚夫人侍儿贾佩兰,后出为扶风人段儒妻,说在宫内时,见戚夫人至七月七日临百子池作于阒乐,乐毕,以五色缕相羁,谓为相连爱。《采兰杂志》:九为阳数。古人以二十九日为上九,初九日为中九,十九日为下九。每月下九,置酒为妇女之欢,名曰阳会。盖女子阴也,待阳以成。故女子于是夜为藏钩诸戏,以待月明,有忘寝而达曙者。见《嫏嬛记》。**出门登车去,涕落百余行。府吏马在前,新妇车在后,隐隐何甸甸,俱会大道口。**崔骃《东巡颂》:隐隐辚辚。《仓颉篇》:𨎥𨎥,众车声。𨎥、軿通。**下马入车中,低头共耳语:**焦氏《易林》:低头北去。《褚先生集》:尹夫人于是乃低头俯而泣。《汉·灌婴传》:灌贤方与程不识耳语。师古曰:附耳小语也。**"誓不相隔卿,且暂还**一作"归"**。家去,吾今且赴府。不久当还归,誓天不相负。"**《左传》:晏子仰天叹曰:婴不唯忠于君利社稷者是与,有如上帝。**新妇谓府吏:"感君区区怀。君既若见录,不久望君来。**孔安国《尚书注》:三年之后,乃齿录之。《汉·冯奉世传》:上以先帝时事,不复录。《吴志》:陆瑁与暨艳书曰:此乃汉高弃瑕录用之时也。《广韵》:录,采录也。**君当作盘石,妾当作蒲苇。蒲苇纫**案:一作"絚"。**如丝,盘石无转移。**《汉·景十三王传》:为盘石宗。《古诗》:良无盘石固。曹植有《盘石篇》。《易·说卦》:震,为萑苇。疏:萑苇,竹之类也。《说文》:蒲,水草。苇,大葭也。屈原《离骚》:纫秋兰以为佩。王逸曰:纫,索也。《岁时记》:正旦悬索苇。宋玉《风赋》:离散转移。**我有亲父兄,性行暴如雷。恐不任我意,逆以煎我怀。"**《庄子》:山木自寇也,膏火自煎也。《淮南子》:膏以明自煎。王逸《九思》:我心煎熬。**举手长劳劳,二情同依依。**《水经注》:缑氏原,《开山图》谓之缑氏山也。王子晋控鹤斯阜,灵王望而不得近,举手谢而去。《说文》:抬,拜,举手下手也。苏武诗:思心常依依。《西平乐》:我情与欢情,二情感苍天。**入门上家堂,进退无颜仪。**《白虎通》:堂之为言明也,所以明礼义也。**阿母大拊掌:"不图子自归!**《说文》:拊,循也。又击也,拍也。《尚书注》：重击曰击，轻击曰拊。**十三教汝织，十四能裁衣，十五弹箜篌，十六知礼仪，十七遣汝嫁，谓言无誓违**[七]。**汝今无**一作"何"。**罪过，不迎而自归？""兰芝惭阿母，儿实无罪过。""阿母大悲摧**。疑作"催"。《广韵》：摧，折也，阻也。又：催，伤也，忧也。**还家十余日，县令遣媒来**。杜氏《通典》：县邑之长曰宰，曰尹，曰令，曰大夫，其职一也。《战国策》：苏代对燕王曰："周俗贱媒，为其两誉也，之男家曰女美，之女家曰男美。案：《说文》：谋也，谋合二姓以成昏觏也。《周礼·地官》：媒氏掌万民之判。**云有第三郎，窈窕世无双**。《汉·韩信传》：至如信，国士无双。**年始十八九，便言多令才。阿母谓阿女："汝可去应之。"阿女含**案：一作"衔"。**泪答："兰芝初还时，府吏见丁宁，结誓不别离**。《汉·谷永传》：以丁宁陛下。师古曰：丁宁，谓再三告示也。《异苑》：吴兴桑乞妻死，更娶，白日见其死妇语云："君先结誓，云何负言？"《汉·循吏传》：胸臆约结，固亡奇也。王逸《九思》：秉玉英兮结誓。**今日违情义**，晋皇甫谧《答辛旷书》：情义款笃。**恐此事非奇**[八]。**自可断来信，徐徐更谓之。"阿母白媒人："贫贱有此女，始适还家门，不堪吏人妇，岂合令郎君？**应璩《与满公琰书》：外嘉郎君谦下之德。**幸可广问讯**，不得一作"可"。**便相许。"**张晏《汉书》：讯者，三日复问，知之与前词同不也。杜预《左传注》：讯，问也。**媒人去数日，寻遣丞请还**。杜氏《通典》：郡丞，秦置之以佐守。汉因而不改。说**"有兰家女，承籍有宦官。"**序云：刘氏此云兰家未详，或字之讹也。《史记·蒙恬传》：除其宦籍。《汉纪注》：籍者，为二尺竹牒，记其年及名字物色，悬之宫门，相应乃得入也。《晋·武十三王传》：桓玄承籍门资，素有豪气。云**"有第五郎，娇逸未有婚，**《汉·张延寿传》：骄逸悖理。桓谭《新论》：昔楚灵王骄逸轻下。**遣丞为媒人，主簿通语**

言。"谢承《后汉书》：刘祐仕郡为主簿。直说"**太守家,有此令郎君**,杜氏《通典》：汉景帝中元二年,更名郡守为太守。**既欲结大义,故遣来贵门。"阿母谢媒人："女子先有誓,老姥岂敢言？"阿兄得闻之,怅然心中烦**,赵岐《孟子注》：忼然,犹怅然也。《广韵》：烦,劳也。**举言谓阿妹："作计何不量！**晋左思《赠妹九嫔悼离诗》云：峩峩令妹。案：此诗可证汉晋称谓之不同。桓谭《新论》：不自量年少新进。晋羊祐《与从弟书》：是以不量所能。即此意。《广韵》：量,度也。**先嫁得府吏,后嫁得郎君,否泰如天地,足以荣汝身。不嫁义即体**[九]**,其住欲何云**[一〇]**？**《列女传》：梁寡高行者,梁之寡妇,早寡,不嫁。梁王使相聘之,高行曰："妾闻妇人之义,一往不改,以全贞信之节。弃义而从利,无以为人。"乃援镜操刀以割其鼻。王高其节,号曰"高行"。案：《列子·黄帝篇》：沤鸟之至者百,住而不止。住,止也,立也,居也。**兰芝仰头答："理实如兄言,**《说文》：仰,举也。《战国策》注：有望于上则仰。**谢家事夫婿,中道还兄门,处分适兄意,那得自任专？**后汉李尤《平城门铭》：平门督师,午位处中。《汉·匡衡传》：上有自专之士。**虽与府吏要,渠会永无缘。**要,约也。《正字通》：俗语谓他人为渠侬。**登即相许和,便可作婚姻。"媒人下床去,诺诺复尔尔。**《广雅》：诺,应也。郑玄《礼记注》：尔,语助也。**还部白府君："下官奉使命,言谈大有缘。"**《汉书》：王阳为益州刺史行部。《广韵》：部,部伍、部曲也。沈约《宋书》：郡县为封国者,内史并于国主称臣,去任便止。世祖孝建中,始改此制为下官,此盖汉末同列称谓也。《韩非子》：上之无度量,言谈之士,皆棘刺之说也。**府君得闻之,心中大欢喜。**《续汉书》：李燮拜京兆吏,民谣曰："我府君,道教举。"后汉马融《与窦伯向书》：赐书见手迹,欢喜何量,次于面也。应璩《与从弟苗君胄书》：间者北游,喜欢无量。《战国策》：秦人欢喜。**视历复开书,便利此月内,**《吕氏春秋》：容成作历。蔡邕《历数议》:案历法、黄帝、颛顼、夏、殷、周、鲁,凡六家。**六合正相应。"良吉三十日**,《蠡海集》:阴阳皆地支。六合者,日月会于子,则斗建丑,日月会于丑,则斗建子,故子丑合也。日月会于寅,则斗建亥,日月会于亥,则斗建寅,故寅与亥合也。日月会于卯,则斗建戌,日月会于戌,则斗建卯,故卯与戌合也。日月会于辰,则斗建酉,日月会于酉,则斗建辰,故辰与酉合也。日月会于巳,则斗建申,日月会于申,则斗建巳,故巳与申合也。日月会于午,则斗建未,日月会于未,则斗建午,故午未合也。屈原《九歌》:吉日兮辰良。王逸曰:日谓甲乙,辰谓寅卯。**今已二十七,卿可去成婚。"交语速装束,骆驿如浮云。**《蜀志·庞统传》:并使装束。《张衡赋》:骆驿缤纷。注:骆驿缤纷,往来众多貌。**青雀白鹄舫,四角龙子幡。**《穆天子传》:天子乘鸟舟、龙舟浮于大沼。注:舟以龙鸟为形,犹今吴之青雀舫。《西京杂记》:太液池中有鸣鹤、容与、清广、采菱等舟。《襄阳乐》:四角龙子幡,环环当江柱。《宋书·臧质传》:六平乘并施龙子幡。考此诗,其制盖起于汉也。案:《庄子》:鹄不浴而白,自然也。《说文》:舫,方舟也。**婀娜随风转,金车玉作轮。**《广韵》:婀娜,美貌。婀,亦作"妸"。金车,见《易》。《周礼》:轮人为轮。案:《拾遗记》:周穆王巡行天下,驭黄金碧玉之车。又《孝经援神契》:金车,王者行仁德则出。舜时金车见帝庭。与此异。**踯躅青骢马,流苏金镂鞍。**《说文》:骢,马青白杂色也。晋挚虞《决疑要注》:天子帐,流苏为饰。案:《西京杂记》:武帝时,身毒国献白光琉璃鞍。自是长安始盛饰鞍马,或加以铃镊,饰以流苏。左思《吴都赋》:张组帐,设流苏。注:流苏者,五色羽饰帷而垂之也。据此,则《丹铅录》载《周礼》金镯节鼓。郑注云:后世合宫悬用之,而有流苏之饰,乐器而用以为帏帐之悬,自晋以后始。殊不知汉时已用以为饰矣。**赍钱三百万,皆用青丝穿,杂彩三百匹,交广市鲑珍。**《广韵》:彩,绞彩也。广,亦作"用"。《说文》:市,买卖之所也。《读书通》：鲑，通作膎，《说文》：膎，脯也。徐曰：古谓脯之属为膎，因通谓储蓄食味为膎。《南史》：孔靖饮宋高祖酒，无膎，取伏鸡卵为肴。又：王俭云：庾郎食膎有二十七种。郑康成《周礼》"膳夫"注：今时美物曰珍。注：指三韭，犹俗言三九二十七。案：《山海经》：敦薨之山，其中多赤鲑。注：今名鳑鲐为鲑鱼，音圭，鱼名。**从人四五百，郁郁登郡门。**《后汉书》：气佳哉！郁郁葱葱然。**阿母谓阿女："适得府君书，明日来迎汝。何不作衣裳？莫令事不举！"**《广韵》：举，擎也。又立也。**阿女默无声，手巾掩口啼，泪落便如泻。**《汉名臣奏》：王莽斥出，太后怜之，伏泣失色，太后亲自以手巾拭泪。《考工记》：以沟泻水。泻，又训倾。**移我琉璃榻**〔一〕，一作"榻"。**出置前窗下。**《南州异物志》：琉璃本质是石，欲作器，以自然灰治之。《同文备考》：塌，床着地而安也。古辞《子夜歌》：约眉出前窗。案：《汉书》：武帝时，使人入海市琉璃。师古注：今俗所用，皆消冶石汁加以众药灌而为之。《说文》：塌，床也。《玉篇》：床狭而长谓之塌。**左手持刀尺，右手执绫罗。**张衡《髑髅赋》：飞锋耀景，秉持刀尺。木华《海赋》：绫罗被光于螺蚌之节。注：螺蚌之节，光若绫罗也。**朝成绣夹裙，晚成单罗衫。**王叡《炙毂子》：汉王与项羽战，汗透中单，改名汗衫。《六书故》：今以单衣为衫。**晻晻日欲暝，愁思出门啼。**《楚辞》：日晻晻而下颓。《说文》：晻，不明也。王逸《楚辞注》：悲歌，言愁思也。**府吏闻此变，因求假暂归。**《初学记》：休假亦曰休沐。汉律吏五日得一下沐，言休息以洗沐也。**未至二三里，摧藏马悲哀。**《琴操》：王昭君歌曰："离宫绝旷，身体摧藏。"**新妇识马声，蹑履相逢迎，**《战国策》：田光造燕太子，跪而逢迎，却行为道。**怅然遥相望，知是故人来。**王粲《登楼赋》：凭轩槛以遥望兮。**举手拍马鞍，嗟叹使心伤。**《说文》：拍，拊也。**"自君别我后，人事不可量。果不如先愿，又非君所详。我有亲父母，逼迫兼弟兄，以**

我应他人,君还何所望!"府吏谓新妇:"贺卿得高迁! 史游《急就章》:纶组缢笈以高迁。注:秩命不同,则彩质各异,故云以高迁。**盘石方可厚**〔一二〕**,可以卒千年。蒲苇一时纫,便作旦夕间。卿当日胜贵,吾独向黄泉。"**《晋·郗超传》:风流胜贵,莫不崇敬。新妇谓府吏:"**何意**案:一作"以"。**出此言! 同是被逼迫,君尔妾亦然。黄泉不相见**〔一三〕**,勿违今日言!"执手分道去,各各还家门。**《魏氏春秋故事》:御史中丞与洛阳令相遇,则分路而行。生人一作"人生"。**作死别,恨恨那可论! 念与世间辞,千万不复全。府吏还家去,上堂拜阿母:"今日大风寒,寒风摧树木,严霜结庭兰。**曹植《闲居赋》:溯寒风而开衿。宋玉《九辨》:冬又申之以严霜。**儿今日冥冥,令母在后单。**张奂《遗令》:地底冥冥,长无晓期。《正字通》:单,复之对也,孤也。**故作不良计,勿复怨鬼神!**《广韵》:良,贤也,善也。**命如南山石,四体康且直。"**陶潜《挽歌》:死去何所道? 托体同山阿。与此义同。**阿母得闻之,零泪应声落:**《鹖冠子》:影之随形,响之应声。**"汝是大家子,仕宦于台阁。**宋何光远《鉴戒录》:汉魏以来,宫中之尊美之呼曰大家子。《论衡》:仕宦无常遇,又使至台阁之下。季历《哀慕歌》:台阁既除。**慎勿为妇死,贵贱情何薄? 东家有贤女,窈窕艳城郭。**《说文》:城,以盛民也。城者,成也,一成而不可毁也。鲧造之。内曰城,外曰郭。**阿母为汝求,便复在旦夕。"府吏再拜还,长叹空房中,作计乃尔立,转头向户里,渐见愁煎迫。**《世说》:魏文帝令陈思王七步成诗,曰:"其在釜底然,豆在釜中泣,本是同根生,相煎何太急!"**其日马牛嘶,新妇入青庐。**《正字通》:嘶,声长而杀也。凡马鸣、蝉鸣,声多嘶。又悲者声亦嘶。《酉阳杂俎》:北朝婚礼,用青布幔为屋,在门内外,谓之青庐。于此交拜迎新妇。《北史·齐幼主纪》:御马将合牝牡,则设青庐,具牢馔,而亲观之。**庵庵黄昏后,寂寂人定初。**《淮南子》:至于虞渊,是谓黄昏。应劭曰:虞泉,日所入也。《后汉·来歙传》:歙自书表曰:"臣夜人定后,为何人所贼。"案:屈原《九章》:昔君与我成言兮,曰黄昏以为期。**"我命绝今日,魂去尸长留。"**《汉·息夫躬传》:自恐遭害,著绝命辞。**揽裙脱丝**案:一作"素"。**履,举身赴清池。**司马相如《子虚赋》:游于清池。**府吏闻此事,心知长别离。徘徊庭**一作"顾"。**树下,自挂东南枝。**《史记》:燕人齐,令王蠋为将,蠋遂经其颈于树枝,自奋,绝脰而死。**两家求合葬,合葬华山傍。**《尔雅》:华山为西岳。《古今乐录》:宋少帝时,南徐一士子,从华山畿往云阳。见客舍有女子,年十八九,悦之,无因,遂感心疾。女闻感之,因脱蔽膝,令母密置其席下卧之,少日见蔽膝,遂吞食而死。葬时车载从华山度。至女门,女出歌曰:"华山畿,君既为侬死,独活为谁施?欢若见怜时,棺木为侬开。"棺应声开,女透入棺,乃合葬,呼曰"神女冢"。考西岳华山相去庐江甚远,合葬事当从《古今乐录》南徐华山畿为是。**东西植松柏,左右种梧桐。**古歌:平陵东,松柏桐,不知何人劫义公?**枝枝相覆盖,叶叶相交通。**宋玉《高唐赋》:葩叶覆盖。《白虎通》:天地交通。**中有双飞鸟,自名为鸳鸯,仰头相向鸣,夜夜达五更。**《论衡》:或问,一夜何故五更?更何所训?答曰:汉魏以来,谓为甲夜、乙夜、丙夜、丁夜、戊夜。又云鼓,一鼓、二鼓、三鼓、四鼓、五鼓。又云一更、二更、三更、四更、五更,皆以五为节。《西都赋》云:"卫以严更之署。"所以尔者,假令正月建寅,斗柄夕则指寅,晓则指午矣。自寅至午,凡历五辰。冬夏之日,虽复长短参差,然辰间辽阔,盈不至六,缩不至四,进退常在五者之间。更,历也,经也。故曰五更尔。**行人驻足听,寡妇起**一作"赴"。**仿徨。**《汉书》:门卒谓韩延寿曰:"明府久驻未出。"《广韵》:驻,止马也。《南都赋》:寡妇悲吟。《列女传》:鲁陶婴妻歌曰:"寡妇念此,泣下数行。"

《文选·寡妇赋》注:少而无夫曰寡。**多谢后世人,戒之慎勿忘!**

齐云:其事其人其诗,亦自千古独绝,可泣可歌。案:古今第一首长诗,凡千七百四十五字。宋刻一卷四十五首,《室思》诗仍作六首也,今仍之。

〔一〕《乐府诗集》卷七三作"时人伤之而为此辞也"。

〔二〕"自生",《艺文类聚》卷三二作"金缕"。

〔三〕《艺文类聚》作"交文象牙簟,宛转素丝绳"。《太平御览》卷七〇五作"交文象牙簟,宛转青丝绳"。

〔四〕以上二句《艺文类聚》无。

〔五〕《艺文类聚》作"鄙贱虽可薄,犹中迎故人"。

〔六〕"遣",五云溪馆本、孟本作"遗"。

〔七〕纪氏《考异》:"'誓违'二字不可通,疑是'眷违'之讹。眷,古恋字。"

〔八〕纪氏《考异》:"'奇'字义不可通,疑为'宜'字之讹。"

〔九〕"即",《乐府诗集》作"郎",是。

〔一〇〕"住",《古乐府》作"往",是。

〔一一〕"塌",《乐府诗集》作"榻",是。

〔一二〕"可",五云溪馆本、《乐府诗集》作"且",是。

〔一三〕"不",五云溪馆本、《乐府诗集》作"下",是。

玉台新咏笺注卷二

魏文帝

《魏志》:文帝姓曹氏,讳丕,字子桓,武帝长子。嗣位为魏王,受汉禅,即帝位。

于一无"于"。清河见挽船士新婚与妻别一首

案:《艺文》作徐干诗。

与君结新婚,宿昔当别离。《古诗》:千里远结婚。凉风动秋草,蟋蟀鸣相随。冽冽寒蝉吟,蝉吟抱枯枝。蔡邕《月令章句》:寒蝉应阴而鸣,鸣则天凉。《后汉·党锢传》:杜密答王昱曰:"刘胜隐情惜己,自同寒蝉。"曹摅《感旧》诗:栖鸟去枯枝。枯枝时飞扬,身体忽迁移。不悲身迁移,但惜岁月驰。岁月无穷极,会合安可知?愿为双黄鹄,比翼戏清池。枚乘《杂诗》:愿为双黄鹄。曹植《释思赋》:羡比翼之共林。

又清河作一首

方舟戏长水,湛澹案:《艺文》作"澹澹"。自浮沉。《吴都赋》:方舟结驷。注:方舟,并舟也。又:湛淡羽仪。《尔雅》:祭川曰浮沉。注:投祭水中,或浮或沉也。《六书故》:重则沉,轻则浮。弦歌发中流,悲响有余音。汉武帝《秋风辞》:横中流兮扬素波,箫鼓鸣兮发棹歌。音声入君怀,凄怆伤人心。心伤安所念?但愿恩情深。愿为鹍风鸟,双飞翔北林。

甄皇后

《邺中故事》:魏文帝甄皇后,中山无极人。袁绍据邺,与中子熙娶后为妻。后太祖破绍,文帝时为太子,遂以后为夫人。后为郭皇后所谮,文帝赐死后宫。临终为诗曰:"蒲生我池中,绿叶何离离。岂无兼葭艾,与君生别离。莫以贤豪故,弃捐素所爱。莫以麻枲贱,弃捐菅与蒯。莫以鱼肉贱,弃捐葱与薤。"案:《魏志》:后为汉太保甄邯后,生明帝及东乡公主,黄初时赐死,葬于邺。

乐府塘上行一首

一作魏武帝辞。《歌录》:《塘上行》,古辞。或云甄皇后造。《乐府解题》前志云:"晋乐奏魏武帝《蒲生篇》,而诸集录皆言其辞文帝甄后所作,叹以谗诉见弃,犹幸得新好,不遗故恶焉。若晋陆机'江蓠生幽渚',言妇人衰老失宠,行于塘上而为此歌,与古辞同意。"案:相和歌辞清调曲。宋刻作文帝诗,叙在《清河作》诗后,杨本作魏武帝诗,叙在文帝诗前,系二卷第一首。又案:茂倩《乐府》:《塘上行》魏武帝二首,一曲本辞,即此诗;一曲晋乐所奏,五解,与此首互有异同,今附注于下。又案:《塘上行》陆机一首,今选入三卷中。宋谢惠连一首,梁刘孝威《塘上行苦辛篇》、魏曹植《蒲生行浮萍篇》、齐谢朓《蒲生行》、梁沈约《江蓠生幽渚》诸题,皆本于此。

蒲生我池中,一此下重一句。**其叶何离离。傍能行仁义,**一作"人仪。"**莫若妾**一作"能缕"。**自知。众口铄黄金,使君生别离。**一作"离别"。一解。《史记·张仪传》:众口铄金,积毁消骨。**念君去我时,**一此下重一句。**独愁常苦悲。想见君颜色,感结伤心脾。**繁钦《与魏文帝笺》:凄入肝脾,哀感顽艳。**念君常苦悲,夜夜不能寐。**念君至此,一作"今悉夜夜愁不寐"。二解。**莫以**一作"用"。**贤豪故**[一],一此下重一句。**弃捐素所爱。莫以**一作"用"。**鱼肉贱,**一作"贵"。**弃捐葱与薤。**案:《礼·内则》:脍春用葱。《清异录》:名之为和事草。《尔雅》:蒮,鸿荟。郭注:即薤菜。邢疏:《本草》谓之菜芝是也。**莫以**一作"用"。**麻枲贱,弃捐菅与蒯。**一作"三解"。《左传》:君子曰:"虽有丝麻,无弃菅蒯。虽有姬姜,无弃蕉萃。"案:注:菅似茅,滑泽无毛,筋宜为索,沤与曝尤善。又:《左传·昭二十七年》:或取一编菅。注:苫也。《毛诗疏》:菅与蒯连,亦菅之类。《西京赋》:草则葳莎菅蒯。注:蒯草中为索。一作"倍恩者苦枯,蹶船常苦没。教君安息定,慎莫致仓卒。念与君一共离别,亦当何时,共坐复相对"。四解。**出亦复苦愁,**一此下重一句。**入亦复苦愁。边地多悲风,树木何修修。**一作"翛翛"。一作"萧萧"。案:《荀子》:炤炤兮其用知之明也,修修兮其用统类之行也。注:修修,整齐之貌。**从**

君致独一作"今日乐相"。乐[二],延年寿千秋。一作"五解"。

〔一〕"贤豪",赵氏覆宋本、《乐府诗集》卷三五作"豪贤",《艺文类聚》卷四一作"豪发"。

〔二〕"君",赵氏覆宋本、《乐府诗集》作"军",当据改。

刘勋妻王宋 一作"氏"。

魏文帝《典论》:帝与平虏将军刘勋、奋威邓展等饮宴。杜氏《新书》:杜畿为河东太守。平虏将军刘勋为太祖所亲,贵震朝廷。常从畿求大枣,畿拒以他故。后勋伏法,太祖得其书,叹曰:"杜畿可谓不媚灶也。"

杂诗二首 并序

第一章,《艺文类聚》作魏文帝《代刘勋出妻王氏》。案:杂曲歌辞。

王宋者,平虏将军刘勋妻也。入门二十余年。后勋悦山阳司马氏女,以宋无子出之。还于道中,作诗二首。

翩翩床前帐,张以蔽光辉。昔将尔同去,今将尔共一作"同"。归。缄藏箧笥里,《说文》:筐,箧笥也。当复何时披?《说文》:旁持曰披。

谁言去妇薄,去妇情更重。《汉·王吉传》:里中为之语曰:"东家有树,王杨妇去。东家枣完,去妇复还。"千里不唾井,况乃昔所奉。李济翁《资暇录》:谚云:"千里井,不反唾。"盖由南朝宋之计吏,泻剡残草于公馆井中,且自言相去千里,岂当重来。及其复至,热汤汲水遽饮，不忆前所弃草也。结于喉而毙。俗因相戒曰："千里井，不反唾。"后讹为唾尔。**远望未为遥，峙崛不得往**〔一〕。一作"并"。

案：徐刻本此二诗列在明帝诗后。

〔一〕"往"，纪氏《考异》作"共"。

曹　植

《魏志》：曹植，字子建，武帝第三子。初封东阿王，改封雍邱王，谥曰思。

杂诗五首

首篇本集及《文选》俱作《七哀诗》。案：《韵语阳秋》云：《七哀诗》起曹子建，其次则王仲宣、张孟阳。释诗者谓病而哀，义而哀，感而哀，悲而哀，耳闻目见而哀，口叹而哀，鼻酸而哀，谓一事而七者具也。子建之《七哀》，在于独栖之思妇。仲宣之《七哀》，在于弃子之妇人。孟阳之《七哀》，在于已毁之园寝。唐陶雍亦有《七哀诗》，所谓"君若无定云，妾作不动山。云行出山易，山逐云去难"。是皆以一哀而七者具也。案：相和歌辞楚调曲。《宋志》：楚调七解。又按：《古今乐录》曰：《怨诗行》歌东阿王"明月照高楼"一篇。茂倩《乐府》作《怨诗行》二首，一首本辞，即此诗；一首晋乐所奏，七解。与此诗互有异，即本集所载《怨歌行》诗是也。又有拟班婕妤《怨歌行》一首，《乐府》所载"为君既不易，为臣良独难"诗是也。

明月照高楼，流光正徘徊。上有愁思妇，悲叹有余哀。善曰：古诗："慷慨有余哀。"**借问叹者谁，言是客**案：本集作"宕"。**子**

妻[一]。《史记·范雎传》：穰侯又谓王稽曰："谒君将无与诸侯客子俱来乎？"**君行逾十年[二]，孤妾常独栖。君若清路尘，妾若浊水泥。**善曰：《汉书》："民歌曰：'泾水一石，其泥五斗。'"子建《九愁赋》云：宁作清水之沉泥，不为浊路之飞尘。词义各别。**浮沉各异势，会合何时谐？**案：《尔雅》曰：谐，和也。**愿为西南风，长逝入君怀。**善曰：古诗："从风入君怀，四坐莫不叹。"**君怀时**案：本集、《文选》作"良"。**不开，妾心**案：本集、《文选》作"贱妾"。**当何依？**善曰：《史记》："骊姬曰：'以贱妾之故，废嫡立庶。'"案旧注：汉末多征役别离，妇人感叹。故子建赋此，起句谓皎月流辉，轮无辍照，以其余光未没，似若徘徊。前觉以为文外傍情，斯言当矣。

〔一〕"言是"，《乐府诗集》卷四一作"自云"。
〔二〕"君行逾十年"，《乐府诗集》作"夫行逾十载"。

西北有织妇，绮缟何缤纷！善曰：《小雅》曰："缯之精者曰缟。古老切。"**明晨秉机杼，日昃不成文[一]。**善曰：言忧甚而志乱。**太息终长夜，悲啸入青云。**济曰：悲愁声哀，故入青云。**妾身守空房，**案：《文选》、本集作"闺"。**良人行从军。**善曰：良人，谓夫也。**自期三年归，今已历九春。**善曰：一岁三春，故以三年为九春，言已过期也。《纂要》：九十日，故九春。**孤**案：《文选》、本集作"飞"。**鸟绕树**一作"林"。**翔，嗷嗷**案：一作"嗸嗸"。**鸣索群。**善曰：《楚辞》："声嗷嗷以寂寥。"**愿为南流景，驰光见我君。**铣曰：南流景，日也。案：本集、《文选》此首与后一首为《杂诗》。旧注谓别京以后，在鄄城思故乡而作。又案：此系《杂诗》之第三首。

〔一〕"昃"，《艺文类聚》作"晏"。

微阴翳阳景，清风飘我衣。游鱼潜绿案：一作"渌"。**水，翔鸟薄**

天飞。眇眇客行士,遥役不得归。案:《选》注:上二句言得所也,此二句言不如鱼鸟也。《大戴礼》曰:鱼游于水,鸟飞于云。《楚辞》:安眇眇兮无所归薄。始出严霜结,今来白露晞。游子案:本集作"者"。叹《黍离》,处者歌《式微》。《诗序》:《黍离》,闵宗周也。周大夫行役,至于宗周,过故宗庙宫室,尽为禾黍,闵周室之颠覆,仿徨不忍去,而作是诗也。又:《式微》,黎侯寓于卫,其臣劝以归也。慷慨对嘉宾,凄怆内伤悲。案:本集、《文选》俱作《情诗》。

揽衣出中闺,逍遥步两楹。《广韵》:擥,手擥取也。揽同。杜预《左传注》:礼授玉两楹之间。闲房何寂寞,绿草被阶庭。司马相如《美人赋》:闲房寂谧,不闻人声。魏文帝《答繁钦书》:谨卜良日,纳之闲房。枚乘诗:秋草凄已绿。空室案:本集作"穴"。自生风,百鸟翔一作"翩"。南征。春思安可忘,忧戚与我案:本集作"君"。并。宋鲍照《采菱歌》:春思乱如麻。盖本此。《广韵》:并,府尹切,合也。佳人在远道,妾身独单一作"单且"。茕。《广韵》:茕,独也。欢会难再遇,案:本集作"逢"。兰芝不重荣。《广韵》:荣,荣华人皆弃旧爱,君岂若平生?寄松为女萝,依水案:宋本作"生"。如浮萍。《淮南子》:夫萍树根于水,木树根于土,天地性也。束案:本集作"赍"。身奉衿带,朝夕不堕倾。晋孙楚《颜回赞》:束身励行。与此意同。《广韵》:堕,徒果切,落也。《说文》:倾,仄也。傥愿案:一作"能"。终顾盼[一],案:本集作"傥终顾盼恩"。永副我中情。《孝经钩命决》:天有顾盼之意,授图于黎元也。《风俗通》:颜色厚取顾盼所以亲密。《离骚》:孰云察余之中情。案:本集作《闺情》二首之一。

〔一〕"顾盼",赵氏覆宋本作"盼盱"。

南国有佳人,荣华若桃李。善曰:《楚辞》:"受命不迁,生南国。"谓江南也。**朝游江北岸,夕宿湘川沚**。善作"日夕宿湘沚"。五臣作"夕宿潇湘沚"。善曰:毛苌《诗传》:"沚,渚也。"《尔雅》:望厓洒而高岸。郭璞曰:厓,水边。洒,谓深也。视厓峻而水深者曰岸。《地理志》:湘水在长沙。**时俗薄朱颜,谁为发皓齿?** 善曰:《楚辞》:"容则秀雅,稚朱颜。"又:"美人皓齿,嫭以姱。"**俛仰岁将暮,荣耀难久**案:一作"永"。**恃**。善曰:边让《章华台赋》:"体迅轻鸿,荣耀春华。"《庄子》:俛仰之间。《汉书·晁错传》注:师古曰:俛即俯。案:此系《杂诗》之第四首。齐云:《文选·杂诗》六首,而又有不同。

美一作"姜"。女篇

善曰:《歌录》:"《美女篇》,《齐瑟行》也。"郭茂倩曰:美女者,以喻君子。言君子有美行,愿得明君而事之。若不遇时,虽见征求,终不屈也。案:魏杂曲歌辞。傅玄、梁简文、萧子显、卢思道有拟诗,北齐魏收有《美女篇》二首,皆本诸此。此首《文选》载。

美一作"姜"。**女妖且闲**,五臣作"西"字,音先,协韵。**采桑岐路间**。善曰:闲,雅也。《上林赋》:妖冶闲都。**长**案:本集作"柔"。**条纷冉冉,落叶何翩翩!** 张协《七命》:柔条夕劲。《淮南子》:使叶落者,风摇之也。《语林》:汉武帝追思李夫人之倩,不可复得,凄然赋落叶哀蝉之曲。**攘袖见素手,皓腕约金环**。善曰:攘袖,卷袂也。环,钏也。《释名》:腕,宛也。钟会《菊花赋》:雪皓腕而露形。案:环臂谓之钏。后汉孙程十九人立顺帝有功,各赐金钏指环,则钏起于后汉矣。**头上金**一作"三"。**爵钗**[一]**,腰佩翠琅玕**。善曰:爵钗,钗头上施爵。琅玕,见《禹贡》。《尔雅》:西北之美者,有昆仑之璆琳琅玕。《山海经》:昆仑山有琅玕树。**明珠交玉体,珊瑚间木难**。案:一作"朱颜"。善曰:《南方草木状》:"珊瑚出大秦国,有洲在涨海中。"《广雅》:

"珊瑚，珠也。"枚乘《七发》：伏闻太子玉体不安。司马相如《美人赋》：花容自献，玉体横陈。**罗衣何飘飘**，五臣作"飘飘"。**轻裾随风还。**《王孙子》：随珠耀日，罗衣从风。《尔雅》：衣眦谓襟，袚谓之裙。**顾盻遗光彩，长啸气若兰。**善曰：《神女赋》："吐芬芳其若兰。"**行徒用息驾，休者以忘餐。**善曰：《慎子》："毛嫱、西施衣以玄锡，则行者止。"杜笃《禊祝》曰："怀秀女使不餐。"**借问女安**案：本集作"何"。**居，乃在城南端。**善曰：安，止也。南端，城之正南门也。**青楼临大路，高门结重关。**善曰：《汉书》："枚叔上书曰：'游曲台，临大路。'"《列子》：虞氏，梁之富人，高楼临大路。案：《南史》：齐武帝兴光楼上施青漆，世人谓之青楼。考此诗，魏时已有此名矣。**容华晖**案：本集作"耀"。**朝日，谁不希令颜？**善曰：《神女赋》："耀乎若白日初出照屋梁。"《诗·东方之日》章。薛君曰：诗人言所悦者，颜色盛也。言美如东方之日出也。向曰：希，慕；令，善也。**媒氏何所营？玉帛不时安。**善曰：《周礼》："有媒氏之职。"《尔雅》："安，定也。"《仪礼·士婚礼》：纳征元纁束帛俪皮如纳吉礼。贾公彦疏：士大夫乃以元纁束帛，天子加以谷圭，诸侯加以大璋。《周礼·玉人》：谷圭，天子以聘女。大璋，诸侯以聘女。**佳人慕高义，求贤良独难。**《后汉·逸民传》：梁鸿妻孟氏，始以装饰入门，七日而鸿不答。妻乃跪床下，请曰："窃闻夫子高义，简斥数妇。"《汉·张耳传》：外黄富人女甚美，庸奴其夫。亡邸父客，父客谓曰："必欲求贤夫，从张耳。"女听，为请决，嫁之。**众人徒善作"何"。嗷嗷，安知彼所欢？**案：本集一作"观"。**盛年处房**一作"幽"。**室，中夜起长叹。**善曰：苏武《答李少卿诗》："低头还自怜，盛年行已衰。"蔡邕《霖雨赋》："中宵夜而叹息。"案：旧注：此以美女喻君子，看"佳人"二语是用意处。

〔一〕"爵"，《太平御览》卷三八一作"雀"。

种一作"穜"。**葛篇**案：魏杂曲歌辞。

种一作"穜"。**葛南山下，葛蔓**案：本集作"藟"。**自成阴。**葛藟，见《诗》。案：《左传》：葛藟犹能庇其本根。《说文》：绤，绤草也。**与君初婚时，**一作"定婚"。**结发恩义**案：本集作"意"。**深。欢爱在枕席，宿昔同衣衾。**徐干《中论》：苟失其心，同衾犹远。**窃慕《棠棣》篇，好乐和**案：本集作"如"。**瑟琴。**常棣，见《诗》。案：《尔雅》：唐棣，栘。郭注：今江东呼夫栘。陆玑云：奥，李也。华或白或赤。**行年将晚暮，佳人怀异心。**《左传》：季孙伏而对曰："敢有异心。"又：史佚之志有之曰："非我族类，其心必异。"**恩绝**一作"纪"。案：本集作"义"。**旷不接，我情遂抑沉。出门当何顾？徘徊步北林。下有交颈兽，仰见双栖禽。**汉司马相如《琴歌》曰：何缘交颈为鸳鸯。**攀枝长叹息，泪下霑**一作"沾"。**罗衿。**一作"襟"。**良鸟**案：本集作"马"。**知我悲，**一作"愁"。**延颈对**一作"代"。**我吟。**《庄子》：列子入，泣涕沾襟。《尸子》：曾子每读丧礼，泣下沾襟。**昔为同池鱼，今若**本集作"为"。**商与参。**《水经注》：濮水北，称成陂。陂方五里，号曰同池陂。子建《释思赋》云：乐鸳鸯之同池，羡比翼之共林。与此义同。《左传》：子产曰："昔高辛氏有子，伯曰阏伯，季曰实沉，居旷林，不相能，日寻干戈，以相征讨。后帝不臧，迁阏伯于商邱，主辰，商人是因，故辰为商星。迁实沉于大夏，主参，唐人是因，以服事夏商。其季世曰唐叔，故参为晋星。"《法言》：吾不睹参辰之相比也。**往古皆欢遇，我独困于今。弃置委天命，愁愁**案《乐府诗集》，应作"悠悠"。又：一本作"悲愁"。**安可任。**《庄子》：圣人知穷之有命，知通之有时。《鹖冠子》：纵躯安命。

浮萍篇

案：相和歌辞清调曲。《乐府》作《蒲生行浮萍篇》。

浮萍寄清水[一]，**随风东西流**。古诗逸句：滔滔江汉萍，飘荡永无根。**结发辞严亲，来为君子仇**。《左传》：师服曰："嘉耦曰妃，怨耦曰仇，古之制也。"**恪勤在朝夕，无端获罪尤**[二]。冯衍《自陈疏》：惶恐自陈，以救罪尤。**在昔蒙恩惠，和乐如瑟琴。何意今摧颓，旷若商与参**。古乐府：羽毛日摧颓。《广雅》：旷，久也。**茱萸自有芳，不若桂与兰**。《说文》：椒，似茱萸，出淮南。《风土记》：茱萸，椒也。九月九日熟，色赤可采时也。《礼·斗威仪》：君乘金而王，其政讼平，芳桂常生。《说文》：兰，香草也。《家语》：芳兰生于深林，不以无人而不芳。**新人虽可爱**[三]，**无若故人**一作"所"。**欢**[四]。**行云有返期，君恩倪中还？慊慊仰天叹，愁愁**案：本集作"心"。**将何愬**[五]？**日月不常**案：本集作"恒"。**处，人生忽若寓**。一作"遇"。魏文帝《善哉行》：人生如寄，多忧何为？《尸子》：老莱子曰："人生天地之间，寄也。"**悲风来入怀**，案：本集作"帷"。**泪下**一作"落"。**如垂露**。古辞《艳歌》：垂露成帷幄。**发箧造裳**案：本集作"新"。**衣，裁缝纨与素**。

〔一〕"清"，《乐府诗集》卷三五作"绿"。

〔二〕"无端获罪尤"，《乐府诗集》作"中年获愆尤"。

〔三〕"新人虽可爱"，《乐府诗集》作"佳人虽成列"。

〔四〕"无"，《乐府诗集》作"不"。

〔五〕"愁愁"，《乐府诗集》作"愁心"。

弃妇诗一首[一]

案：魏杂曲歌辞。此首本集不载。

石榴植前庭，绿叶摇缥青。丹华灼烈烈，帷彩有光荣[二]。《广雅》：若榴，石榴也。陆机《与弟云书》：张骞为汉使外国十八年，得涂林安石榴。晋庾儵《石榴赋》：绿叶翠条，纷乎葱青；丹华照烂，晔晔荧荧。傅玄《安石榴赋》：龙辰升而丹华发。又，《李赋》：房陵缥青。盖俱本此。光好一作"荣"。**晔流离，可以戏**一作"处"。**淑灵**。晋习嘏《长鸣鸡赋》：五色流离。宋傅亮《故安成太守傅君铭》：荡二象之淑灵。盖本此。**有鸟飞来集**，一作"来集树"。树一作"飞"。**翼以悲鸣**[三]。悲鸣复案：一作"夫"。**何为？**一作"夫何为丹华"。**丹华实不成**。《汉书》：成帝童谣曰："桂树华不实。"**拊心长叹息，无子当归宁**。《吕氏春秋》：列子入，其妻望而拊心。**有子月经天，无子若流星**。《后汉书·田邑与冯衍书》：日月之经天，河海之带地。《文子》：百星之明，不如一月之光。《贾子》：主之与臣，若日月之与星也。魏文帝《永思赋》：信无子而应出。**天月相终始，流星没无精。栖迟失所宜，下与瓦石并。忧怀从中来，叹息通鸡鸣**。魏武帝《短歌行》：忧从中来，不可断绝。**反侧不能寐，逍遥于前庭。踟蹰还入房，肃肃帷幕声**。《左传》：晋侯惧而退入于房。晋孙绰《司空庾冰碑》：高揭帷幕。盖本此。**搴帷更摄带，抚节弹素筝**。晋湛方生《七叹》：钟期中曲而抚节。盖本此。又子建诗云：弹琴抚节。《风俗通》：筝，五弦筑身也。今并、凉二州筝形如瑟，不知谁改也。案：《释名》：筝，施弦高急，筝筝然也。《风俗通》谓蒙恬所造。《集韵》谓秦俗薄恶，有父子争瑟者，各入其半，遂名为筝。**慷慨有余音，要妙悲且清**。《汉·景十三王传》：中山靖王胜对曰："每闻幼眇之声，不知涕泣之横集也。"师古曰:幼,音一笑反。眇音妙。幼妙,精微也。**收泪长叹息,何以负神灵。**王延寿《鲁灵光殿赋》曰:神灵扶其栋宇。**招摇待霜露,何必春夏成?**《孝经纬》:白露后十五日,斗指酉为秋分。《礼记》:招摇在上。郑玄曰:招摇星在北斗杓端主指者。《淮南子》:斗指西南维为立秋。**晚获为良实,愿君且安宁。**《说文》:获,刈禾也。

〔一〕"妇",《太平御览》卷九七〇作"妻"。
〔二〕"帷",纪氏《考异》作"璀"。
〔三〕"树",《太平御览》作"拊"。

魏明帝

《魏志》:明帝,讳叡,文帝子。案:帝,字符仲,封武德侯。黄初二年为齐公,又为平原王,以其母甄后诛,故未建为嗣。七年,帝病笃,乃立为太子,即帝位。

乐府诗二首

案:杂曲歌辞。首篇《文选》、郭茂倩《乐府》俱作《伤歌行》,古辞。谓《伤歌行》,侧调曲也。古辞伤日月代谢,年命遒尽,绝离知友,伤而作歌也。次篇一作《种瓜篇》,一作《春游曲》。茂倩《乐府》作《乐府》十首,其一古辞,其二即魏明帝"种瓜东井上"诗。

昭昭素明月〔一〕,案:《文选》作"月明"。**辉光烛我床。**《说文》:昭,日明也。又光也,著也。《礼·斗威仪》:政升平,则月清而明。**忧人不能寐,耿耿夜何长。微风冲**案:《文选》作"吹"。**闺闼,罗帏自飘飖。善曰：毛苌《诗传》："闼，内门也。"应璩《与侍郎曹长思书》："悲风起于闱闼。"**揽衣曳长带，**纵案：《文选》作"屣"。**履下高堂。**善曰：《长门赋》：屣履起而仿徨。**东西安所之，徘徊以仿徨，春鸟向**案：《文选》作"翻"。**南飞，翩翩独翱翔。悲声命俦匹，哀鸣伤我肠。**《楚辞》：孰可与兮匹俦。王逸曰：二人曰匹，四人曰俦。**感物怀所思，泣涕忽沾裳。**枚乘《杂诗》：泪下沾裳衣。**伫立吐高吟，舒愤诉穹苍。**善曰：谷永《与王谭书》："抑于家不得舒愤。"《尔雅》："穹，苍天也。"案：仰视天形，穹隆而高，其色苍苍，故曰穹苍。宋刻无此二句，今依《文选》补入。案：此首《文选》载。

〔一〕"素"，《艺文类聚》卷四二作"清"。

种一作"穜"。**瓜东井上，冉冉自逾垣。**《国语》：有短垣君不逾。案：《大戴礼》：五月乃瓜。《说文》：瓜，象形也。瓣，瓜实也。**与君新为婚，瓜葛相结连。**《晋·王导传》：导常与其子悦弈棋争道。导笑曰："相与有瓜葛，乃得为尔邪！"盖本此。**寄托不肖躯，有如倚太山。**孔融《杂诗》：幸托不肖躯。魏伯阳《参同契》：委时去害，依托太山。**菟丝无根株，蔓延自登缘。**《战国策》：张仪说秦王曰："削株掘根，无与祸邻，祸乃不存。"《左传》：无使滋蔓，蔓难图也。**萍藻托清流，常恐身不全。**《周礼·萍氏注》：萍无根不沉溺，因以名官。案：《毛诗注》：沉曰蘋，浮曰藻。《诗疏》：藻，水草也，生水底。**被蒙邱山惠，贱妾执拳拳。**《葛龚集》：龚以毛羽之身戴邱山之施。**天日照知之，想君亦俱然。**

阮　籍

《晋书》：阮籍，字嗣宗，陈留尉氏人。容貌瑰杰，志气宏放。蒋济辟为掾，谢病去。后为尚书郎，迁步兵校尉。又案：《魏书·王粲传》：瑀子籍，才藻艳逸，而倜傥放宕，行己寡欲，以庄周为模则，官至步兵校尉。

咏怀诗二首

案：《咏怀诗》，此选二首。昭明删去重复，独存十七首。善于剪裁。旧注谓阮公在晋文朝尝虑祸患，故发兹咏。虽志在刺讥，而文多隐避，后世难臆测也。

二妃游江滨，逍遥从案：《文选》作"顺"。**风翔。交甫解**六臣作"怀"。**环佩，婉娈**力转反。**有芬芳。**猗于绮反。**靡情欢爱，千载不相忘。**善曰：《列仙传》："江妃二女出游江滨，交甫遇之。"张平子《南都赋》：游女弄珠于汉皋之曲。《韩诗外传》：郑交甫将南适楚，遵彼汉皋台下，乃遇二女，佩两珠大如荆鸡之卵。毛苌《诗传》："婉娈，少好貌。"《子虚赋》："扶舆猗靡。"**倾城迷下蔡，容**案：一作"客"。**好结中肠。**善曰：《登徒子好色赋》："臣东家之子，嫣然一笑，惑阳城，迷下蔡。"张衡《怨诗》：同心离居，绝我中肠。**感激生忧思，萱草树兰房。**善曰：赵岐《孟子章旨》云："千载闻之，犹有感激。"《楚辞》：心郁郁之忧思兮。宋玉《讽赋》：臣尝行，至主人，独有一女，置臣兰房之中。案：萱草，见《诗》。《说文》：萱，忘忧草也。《述异记》：萱草，一名紫萱，吴中呼为疗愁花。**膏沐为谁施？其雨怨朝阳。**郑玄《诗注》曰：人言其雨其雨，而杲杲然日复出。犹吾言伯且来伯且来，则不复来。**如何金石**一作"磬"。**交，一旦更离伤？**善曰：《汉书》："楚王使武涉说韩信曰：'足下虽自以为与汉王为金石交，然今为汉王所禽矣。'"《广韵》：近曰离，远曰别。《汉·霍去病传》：战士不离伤。师古曰：离，遭也。案：沈约曰：婉娈则千载不忘，金石之交，一旦轻绝，未见好德如好色也。又案：《文选》此篇叙在第二首。

昔日繁华子，安陵与龙阳。善曰：《史记》："不以繁华时树本。"《说苑》："安陵君缠，得宠于楚恭王。江乙谓缠曰：'吾闻以财事人者，财尽则交绝；以色事人者，华落则爱衰。子安得长被幸乎？'会王出猎，江渚有火若云蜺。兕从南方来，正触王骖，善射者射之，兕死于车下。王谓缠曰：'万岁后，子将谁与乐？'缠泣下沾衣，曰：'大王万岁后，臣将殉。'恭王乃封缠车下三百户。故江乙善谋，安陵善知时。""龙阳君钓十余鱼而弃，泣下。王曰：'有所不安乎？'对曰：'无。'王曰：'然则何为涕出？'对曰：'臣始得鱼，甚喜，后得益多，而又欲弃前之所得也。今以臣凶恶而得拂枕席，今爵至人君，走人于庭，辟人于涂，四海之内其美人甚多矣，闻臣之得幸于王，毕骞裳而趋王，臣亦曩之所得鱼也，将弃矣，安得无涕出乎。'王乃布令：敢言美人者族。"**夭夭桃李花，灼灼有辉光。**悦案：一作"恍"。**怿若九春**〔一〕，磬案：一作"声"。**折似秋霜。**善曰：《尚书大传》："诸侯来受命周公，莫不磬折。"傅玄《鹰儿赋》：秋霜一下，兰艾俱落。**流眄发媚姿，言笑吐芬芳。**宋玉《登徒子好色赋》：窃视流眄。繁钦《定情诗》：我既媚君姿。**携手等欢爱，宿昔同衾裳。**善曰：杨修《出征赋》："企欢爱之偏处兮。"《广雅》："宿，夜也。"**愿为双飞鸟，比翼共翱翔。**《尔雅》：南方有比翼鸟，不比不飞，其名曰鹣鹣。**丹青著明誓，永世**五臣作"千载"。**不相忘！**善曰：《东观汉记》："光武诏曰：'明设丹青之信，广开束手之路。'"案：旧注：言以财助人者，财尽则交绝；以色事人者，色尽则爱弛。是以嬖女不弊席，嬖男不弊舆，安陵君所以悲鱼也。亦岂能丹青著誓，永代不忘者哉！盖以俗衰教薄，方直道丧，携手笑言，代之所重者，乃足传之永代，非止际会一时，故托二子以见其意，不在分桃断袖爱嬖之欢，丹青不渝，故以方誓。又案：《文选》此篇叙在第四首。

〔一〕"怿"，《艺文类聚》卷三三作"泽"。

傅　玄

《晋书》：傅玄，字休奕，北地泥阳人。博学，善属文，举秀才，累迁至司隶校尉。案：《诗品》云：长虞父子，繁富可嘉。

青青河边草篇

注见卷一蔡邕。案：相和歌辞瑟调曲。《乐府》作《饮马长城窟行》。

青青河边草，悠悠万里道。草生在春时，远道还有期。春至草不生，期尽叹无声〔一〕。**感物怀思心，梦想发中情。梦君如鸳鸯，比翼云间翔。既觉寂无见，旷如参与商。梦君结同心，比翼游北林。既觉寂无见，旷如商与参。**一本无此四句。案：茂倩《乐府》亦无。**河洛自用固，不如中岳安。**《山海经》：昆仑山，河水出焉。《淮南子》：河水九折注海而流不绝者，有昆仑之输也。《山海经》：洛水出洛西山，东北注河，入成皋之西。《刘根别传》：根弃世学道，入中岳嵩山石室中。**回流不及反，浮云往自还。悲风动思心，悠悠谁知者。**古辞《长歌行》：百川东到海，何日复西归？与此词异意同。陆云《南征赋》：若渠海之引回流。王僧孺《侍宴诗》：回流影遥阜。盖本此。**悬景无停居，忽如驰驷马。**《淮南子》：爰息其乌，是谓悬车。《说文》：日西落，光反照于东，谓之反景。在上曰反景，在下曰倒景。《庄子》：人死者有时，操有时之具而托于无穷之间，忽然无异骐骥之驰过隙也。宋玉《高唐赋》：偈兮若驾驷马。**倾耳怀音响，转目泪双堕。**班婕妤《自伤赋》：双泪下兮横流。**生存无会期，要**

君黄泉下。

〔一〕"期",《诗纪》卷二二注:"一作泣。"

苦相篇　豫章行

一作《豫章行苦相篇》。《乐府解题》:曹植拟《豫章》为"穷达"。案:相和歌辞清调曲。《古今乐录》:《豫章行》,王僧虔云:"《荀录》所载《古白杨》一篇,今不传。"《乐府解题》:陆机"泛舟清川渚",谢灵运"出宿告密亲",皆伤离别,言寿短景驰,容华不久。傅玄《苦相篇》云"苦相身为女",言尽力于人,终以华落见弃。亦题曰《豫章行》也。豫章,汉郡邑地名。又案:傅玄以《苦相篇》当古之《豫章行》,故以旧题注于下方耳。后同。

苦相身为女,卑陋难再陈。男儿一作"儿男"。**当门户,堕地自生神。**伯乐《相马经》:马生下堕地无毛,行千里。**雄心志四海,万里望风尘。**《后汉书·孔融传论》:文举高志直情,其足以动义概而忤雄心。《汉·终军传》:边境时有风尘之警。**女育无欣爱,不为家所珍。**《尔雅》:珍,美也。**长大避**一作"逃"。**深室,藏头羞见人。**《左传》:置诸深室。**垂**一作"无"。**泪适他乡,忽如雨绝云。**张载《述怀诗》:云乖雨绝,心乎怆而。**低头和颜色,素齿**一作"颊"。**结朱唇。**宋玉《神女赋》:朱唇的其若丹。**跪拜无复数,婢妾如严宾。**焦氏《易林》:跪拜请免。《说文》:婢,女之卑者。《广韵》:妾,不聘也。**情合同**一作"双"。**云汉,葵藿仰阳春。**《家语》:孔子曰:"鲍庄子不量主之明暗以受大刑,是智之不如葵,葵犹能卫其足。"注:葵倾叶随日转,故曰能卫足也。《尔雅》:春为青阳。梁元帝《纂要》:春曰青阳,亦曰发生、芳春、青春、阳春、三春、九春。**心乖甚水火,百**

恶集其身。玉颜随年变,丈夫多好新。《飞燕外传》:去故而就新。休奕《扇赋》:君背故而向新。与此意同。**昔为形与影,今为胡与秦**。蔡琰诗:茕茕对孤影。张翰诗:单形依孤影。苏武诗:昔者常相近,邈若胡与秦。善曰:《淮南子》:"肝胆胡越。"许慎曰:胡在北方,越居南方。然胡秦之义,犹胡越也。**胡秦时相见,一绝逾参辰**。

有女篇　艳歌行

一作《艳歌行有女篇》。案:相和歌辞瑟调曲。注见卷一《艳歌行》下。案:傅玄又有《艳歌行》一首,系相和曲,拟《陌上桑》"日出东南隅"篇也。与此异。

有女怀芬芳,提提一作"媞媞"。**步东箱**。一作"厢"。《汉·周昌传》:吕后侧耳于东箱听。案:《尔雅·释训》:媞媞,安也。一曰美好。东方朔《七谏》:西施媞媞而不得见。**蛾眉分翠羽,明目**一作"眸"。**发清扬**。《登徒子好色赋》:眉如翠羽。郑玄《尚书大传注》:翰,毛也。**丹唇翳皓齿,秀色若珪璋**。张衡《七辨》:淑性窈窕,秀色美艳。**巧笑露**一作"云"。**权**一作"颧"。案:《诗纪》作"欢"。**靥,众媚不可详**。张衡《七辨》:靥辅巧笑,清眸流盼。曹植《洛神赋》:靥辅承权。善曰:权,两颊。**容**一作"令"。**仪希世出,无乃古毛嫱**。王延寿《鲁灵光殿赋》:邈世希而特出。《淮南子》:视毛嫱、西施,犹其丑也。**头安**一作"首戴"。**金步摇,耳系明月珰**。刘熙《释名》:步摇上有垂珠,步则摇也。《后汉·舆服志》:长公主见会衣服,加步摇。步摇以黄金为山题,贯白珠为桂枝相纠。《释名》:穿耳施珠曰珰。蛮夷妇女轻淫好走,故以琅珰锤之。今中国人效之。案:《西京杂记》:合德遗飞燕黄金步摇。又案:《二仪实录》:燧人氏,妇人始束发为髻,舜加以首饰,文王又加翠翘步摇也。**珠环约素腕,翠爵垂鲜光**[一]。曹植乐府:腕弱不胜珠环。陆云诗:朱弦绕素腕。**文袍缀藻黼,玉体映罗裳。**曹植《七启》:被文裘。《说文》:袍,襺也。《礼记·玉藻注》谓衣有著之异名,纯著新绵为襺,杂用旧絮为袍。案:《考工记》:白与黑谓之黼。《说文》:白与黑相次文。**容华既以艳**[二]**,志节拟秋霜。**魏刘桢《鲁都赋》:整饰容华。**徽**案:《乐府》作"微"。**音贯青云,声响流四方。**《列子》:秦青拊节悲歌,声震林木,响遏行云。**妙哉英媛德,宜配侯与王。**王粲《公讌诗》:管弦发徽音。《说文》:媛,美女也。人所欲援也。孙楚《胡母夫人诔》:载育英媛。《汉书》有诸侯王表。**灵应万世合,日月时相望。**谢朓诗:何时接灵应?盖本此。《汉书》:圣王必正历以探知五星日月之会。**媒氏陈束帛**[三]**,羔雁鸣前堂。**杜预《左传注》:礼卿执羔,大夫执雁,鲁则同之。今始知执羔之尊也。**百两盈中路,起若鸾凤翔。**百两,见《诗》,嵇康《琴赋》:远而望之,若鸾凤和鸣戏云中。**凡夫徒踊跃,望绝殊参商**[四]。

〔一〕"爵",《乐府诗集》卷三九作"羽"。
〔二〕"以",《乐府诗集》作"已"。
〔三〕"氏",赵氏覆宋本作"人"。
〔四〕"殊",纪氏《考异》作"如"。

朝时篇　怨歌行

一作《怨歌行朝时篇》。《乐府解题》:古辞云:"为君既不易,为臣良独难。"言周公推心辅政,二叔流言,致有雷雨拔木之变。梁简文:"十五颇有余。"自言姝艳,以谗见毁。又曰:"持此倾城貌,翻为不肖躯。"与古文意同而体异。若傅休奕《怨歌行》云"昭昭朝时日,皎皎最明月",盖伤"十五入君门,一别终华发"。

不及偕老,犹望死而同穴也。案:相和歌辞楚调曲。注见卷一班婕妤、卷二曹植。

昭昭朝时日,皎皎晨一作"最"。**明月。十五入君门,一别终华发。**曹植《行女哀辞》:或华发以终年。**同心忽异离,旷如**案:一作"若"。**胡与越。胡越有会时,参辰辽且阔。形影无**一作"虽"。**仿佛,音声寂无达。纤弦感促柱,触之哀声发。**左思《蜀都赋》:起西音于促柱。《燕丹子》:荆卿歌,高渐离击筑和之。为壮声,则士发冲冠;为哀声,则士皆流涕。**情思如循环,忧来不可遏。涂山有余恨,诗人咏采葛。**案:用《尚书》禹娶涂山事。《诗序》:采葛,惧谗也。**蜻蛚吟床下,回风起幽闼。**《论衡》:夏末寒,蜻蛚鸣,将感阴气也。张衡《西京赋》:重闱幽闼。**春荣随露**一作"路"。**落,芙蓉生木末。**曹植《与吴质书》:晔若春荣。潘岳《金谷集诗》:春荣谁不慕?屈原《九歌》:搴芙蓉兮木末。**自伤命不遇,良辰永乖别。**《司马迁集》有《悲不遇赋》。《董仲舒集》有《士不遇赋》。《东征赋》:撰良辰而将行。**已尔可奈何,譬如纨素裂。**《说文》:已,止也,此也,甚也,讫也。《广韵》:尒,义与尔同,辞之必然也。《字书》:尔,辞也。《楚辞》:愁人兮奈何。《汉书》:东方朔曰:"奈何乎陛下。"班婕妤《怨诗》:新裂齐纨素。**孤雌翔故巢,星流光景绝。**王褒《洞箫赋》:孤雌寡鹤,娱优于其下兮。《广韵》:景,大也,明也,像也,光也,照也。陆机《赠弟诗》:生如朝风,死犹绝景。**魂神驰万里,甘心要同穴。**《汉·贾捐之传》:想魂乎万里之外。

明月篇

案:晋杂曲歌辞。《艺文》作《怨诗》,一作《朗月篇》。

皎皎明月光,灼灼朝日晖。昔为春茧一作"蚕"。**丝,今为秋女**

衣。梁元帝《全德志论》：三春捧茧，乍酬蚕妾。意同。《淮南子》：春女悲，秋士哀，而知物化矣。**丹唇列素齿，翠彩发蛾眉。娇子多好言，欢合易为姿。玉颜盛有时，秀色随年衰。常恐新间旧，变故兴**一作"与"。**细微。**《左传》：贱妨贵，少陵长，远间亲，新间旧，小加大，淫破义，所谓六逆也。《汉·高祖纪》：群臣曰："帝起细微。"扬雄《徐州箴》：事犹细微，不虑不图。应璩诗：细微可不慎，堤溃自蚁隙。**浮萍无根本**，一作"本无根"。**非水将何依？**《楚辞》：窃哀兮浮萍，泛泛兮无根。王逸曰：自比萍，随水浮泛，乍东乍西。**忧喜更相接，乐极还自**一作"自还"。**悲。**

秋兰篇

郭茂倩曰：秋兰，本于《楚辞》。《九歌》云："秋兰兮蘼芜，罗生兮堂下，绿叶兮素枝，芳菲菲兮袭予。"兰，香草。言芳香菲菲，上及于我也。傅玄《秋兰篇》云："秋兰荫玉池，池水且芳香。"其旨言妇人之托君子，犹秋兰之荫玉池，与《楚辞》同意。案：晋杂曲歌辞。

秋兰荫玉池[一]**，池水清且芳。**一作"且芳香"。《衡山记》：空青岗有天津玉池。《南都赋》：于陂泽则有绀卢玉池。注：旧说曰：玉池在宛也。**芙蓉随风发，中有双鸳鸯。双鱼自踊跃**，案：《乐府》作"涌濯"。**两鸟时回翔。君期历九秋**[二]**，与妾同衣裳。**古乐府有《历九秋妾薄相行》。

〔一〕"荫"，纪氏《考异》作"映"。
〔二〕"期"，《乐府诗集》卷六四作"其"。

西长安行

　　《乐府解题》:《西长安行》,晋傅休奕云:"所思兮何在?乃在西长安。"其下因叙别离之意也。《三辅旧事》:长安城似北斗。《周地图记》:长安城南为南斗形,北为北斗形。《通典》:汉高帝自栎阳徙都长安,至惠帝,方发人徒筑城,即长安西北古城是也。案:晋杂曲歌辞。

所思兮何在?乃在西长安。何用存问妾?香橙案:一作"橙"。**双珠环。**《史记·孟尝君传》:孟尝君已使使存问。《汉·严助传》:使重臣临存。师古曰:存,谓省问之。《正字通》:橙,都腾切,毛带也。《尔雅》:肉好若一谓之环。注详卷一繁钦。**何用重存问?羽爵翠琅玕。今我兮闻**一作"问"。**君,更有兮异心。香亦不可烧,环亦不可沉。香烧日有歇,环沉日自深。**

和班氏诗一首

　　一作《和秋胡行》。案:《乐府》作《秋胡行》。相和歌辞清调曲。又案:傅玄有二首,此其第二篇也。旧说谓作《秋胡行》者谬,傅休奕别有《秋胡诗》。此题《和班氏诗》,则咏史类也。

秋胡纳令室,三日宦他乡。秋胡,注见卷四颜延之。**皎皎洁妇姿,泠泠守空房。燕婉不终夕,别如参与商。忧来犹四海,易感难可防。人言生日短,愁者苦夜长。百草扬春华,攘腕采柔桑。素手寻繁枝,落叶不盈筐。**枚乘《杂诗》:纤纤出素手。**罗衣翳玉体,回目流彩章。**一作"来车"。**君子倦仕归,车马如龙**

骧。班固《汉书》:韩信述曰:"云起龙骧,化为侯王。"**精诚驰万里,既至**案:一作"去"。**两相忘**。班固《幽通赋》:精诚发于宵寐。**行人悦令颜**,一作"色"。**请**一作"借"。**息此树**一作"路"。**傍。诱以逢郎喻**[一]**,遂下黄金装**。《列女传》:妇人采桑不辍,秋胡子谓曰:力田不如逢少年,力桑不如见公卿,今吾有金,愿与夫人。**烈烈贞女忿,言辞厉秋霜**。《史记·田单传》:王蠋曰:"贞女不更二夫。"高诱《淮南子注》:贞女专一,亦无二心。**长驱及居室,奉金升北堂**。《战国策》:乐毅轻卒锐兵,长驱至齐。**母立呼妇来,欢情乐未央。秋胡见此妇,惕然怀探汤。负心岂不惭,永誓非所望**。嵇康《幽愤诗》:内负宿心。**清浊必**一作"自"。**异源,凫**疑作"枭"。**凤不并翔**[二]。毛苌《诗传》:泾渭相入而清浊异。孙盛《晋阳秋》:夫芝兰之不与茨棘俱植,鸾凤之不与枭鸱同栖,天理固然,易在晓悟也。**引身赴长流,果哉洁妇肠。彼夫既不淑,此妇亦太刚**。《汉·隽不疑传》:凡为吏太刚则折。

〔一〕"郎",《乐府诗集》卷三六作"卿"。
〔二〕纪氏《考异》:"吴氏注本据《晋阳秋》'鸾凤不与枭鸱同栖'语,谓凫当作'枭',然凫凤已自相悬,不必枭也。"

张　华

《晋书》:张华,字茂先,范阳人。少博览文典,为太常博士,转兼中书侍郎。后诏加光禄大夫,封壮武郡公,迁司空。为赵王伦孙秀害,诛死。案:《诗品》云:司空源出于王粲,其体华艳,务为妍冶,疏亮之士犹恨其儿女情多,风云气少。

情诗五首

北方有佳人，端坐鼓鸣琴。终晨抚管弦，日夕不成音。忧来结不解，我思存所钦。陆机《文赋》：固圣贤之所钦。君子寻时役，幽妾怀苦心。案：一作"辛"。初为三载别，于今久滞淫。案：一作"音"。《国语》：底着滞淫。贾逵曰：淫，久也。王粲《七哀诗》：何为久滞淫？昔邪生户牖，庭内自成林。一作"阴"。《酉阳杂俎》：张楫《博雅》云："在屋曰昔邪，在墙曰垣衣。"《广志》谓之兰香，生于久屋之瓦。翔鸟鸣翠隅，草虫相和吟。心悲易感激，俯仰泪流衿。愿托晨风翼，束带侍一作"视"。衣衾。

明月曜清景，胧光照玄墀。《说文》：墀，涂地也。幽人守静夜，回身入空帷。束带俟案：一作"侍"。将朝，廓落晨星稀。《典略》：魏文帝常赐刘桢廓落带。寐案：一作"寝"。假交精案：一作"情"。爽，觌我佳人姿。《左传》：赵宣子盛服将朝，尚蚤，坐而假寐。又：乐祁子曰："心之精爽，是谓魂魄。"巧笑媚权案：一作"欢"。靥，联娟一作"娟"。眸与眉。曹植《洛神赋》：云髻峨峨，修眉联娟。寐言增长叹，凄然心独悲。

清风动帷帘，晨月烛善作"照"。幽房。佳人处遐远，兰室无容光。善曰：曹植《离别诗》："人远精魂近，寤寐梦容光。"《家语》：与善人居，如入芝兰之室，久而不闻其香，与之俱化。善注则引《河中之水歌》"卢家兰室桂为梁"。此歌宋刻作古辞，他本作梁武帝诗，观善注其为古辞无疑也。衿一作"襟"。怀拥虚善作"灵"。景，轻衾覆空床。居欢惜善作"愒"。夜促，在蹙五臣作"戚"。怨宵长。抚善作"拊"。枕独吟六臣作"啸"。叹，绵绵案：《文选》作"感慨"。心内伤。案:此首《文选》载。

君居北海阳,妾在南江一作"江南"。阴。《汉书》:匈奴乃徙苏武北海上无人处。王逸《离骚经章句》:襄王迁屈原于江南。**悬邈修途远,山川阻且深。**曹植《怀亲赋》:赴修涂以寻远。《穆天子传》:王母谣曰:"道里悠远,山川间之。"**承欢注隆爱,结分投所钦。**《说文》:承,奉也,受也。晋刘柔妻王氏《怀思赋》:忆昔之欢侍,奉膝下而怡裕。郑玄《礼记注》:隆,盛也。阮瑀《为魏武与刘备书》:披怀解带,投分寄意。**衔恩**一作"思"。**守笃**一作"笃守"。**义,万里托微心。**江淹《杂体》:衔恩至海滨。盖本此。

游目案:一作"自"。**四野外,逍遥独延伫。**善曰:《楚辞》:"忽反顾以游目。"又:结幽兰而延伫。《汉·息夫躬传》:四野风起。陆机《挽歌诗》:回迟悲野外。**兰蕙缘清渠,繁华荫绿渚。**曹植《节游赋》:临漳滏之清渠。案:《楚辞》:既滋兰之九畹兮,又树蕙之百亩。《埤雅》:蕙,即今零陵香,一名薰。**佳人不在兹,取此欲谁与?巢居觉**一作"知"。**风飘**[一]**,一作"寒"。穴处识阴雨。**善曰:《春秋汉含孳》:"穴藏先知雨,阴曀未集,鱼已噞喁。巢居之鸟先知风,树木摇,鸟已翔。"《韩诗》:"鹳鸣于垤,妇叹于室。"薛君曰:"鹳,水鸟,巢居知风,穴处知雨。天将雨而蚁出拥土,鹳鸟见之,长鸣而喜。"**未**一作"不"。**曾远别离,安知慕俦侣。**《洛神赋》:命俦啸侣。案:此首《文选》载。

〔一〕"飘",唐写本作"飙"。

杂诗二首

案:《文选》亦载张茂先《杂诗》一首。

逍遥游春宫,一作"空"。**容与绿池阿**〔一〕。《离骚》:溘我游此春宫兮。《九歌》:聊逍遥兮容与。《初学记》:魏在邺有绿水池。**白蘋开**案:一作"齐"。**素叶,朱草茂丹花**。屈原《九歌》:登白蘋兮骋望。王逸曰:蘋草,秋生,今南方湖泽皆有之。罗愿《尔雅翼》:萍其大者曰蘋,五月有花,白色,谓之白蘋。《帝王世纪》:帝尧时,朱草生于郊。《抱朴子》:朱草长三尺,枝叶皆赤,茎似珊瑚也。**微风摇茝若,层**一作"增"。**波动芰荷**。《广韵》:茝,香草。《字林》云蘼芜别名。刘安《招隐士》:溪谷崭岩兮水层波。谢灵运诗:芰荷迭映蔚。**荣彩曜中林,流馨入绮罗**。毛苌《诗传》:中林,林中也。晋潘尼《安石榴赋》:馨香流溢。**王孙游不归,修路邈以遐**。《楚辞》:王孙游兮不归,春草生兮萋萋。**谁与玩遗芳,伫立独咨嗟**。《抱朴子》:嵇君道云:"郭有道没,则遗芳永播。"

〔一〕"绿",唐写本作"缘"。

荏苒日月运,寒暑忽流易。茂先《励志诗》云:"日与月与,荏苒代谢。"与此义同。《列子》:寒暑易节。**同好游不存**〔一〕,**苕苕**一作"迢迢"。**远离析**〔二〕。《周书》:太公曰:"同恶相助,同好相趋。"《西京赋》:状亭亭以苕苕。**房栊自来风,户庭无行迹**。《说文》:栊,房室之疏也。班婕妤《自伤赋》:房栊虚兮风泠泠。张景阳诗:房栊无行迹。**蒹葭生床下,蛛蝥网四壁**。《说文》:鼅鼄,蝥也。《汉书》:司马相如家徒四壁立。案:《尔雅》:蒹葭,芦苇也。《埤雅》:幼曰蒹葭,长曰萑苇。苇,即今之芦,一名葭。萑,即今之荻,一名蒹。**怀思岂不隆,感物重郁积**。**游雁比翼翔,归鸿知接翮**。案:一作"翼"。《西都赋》:接翼侧足。案:《周书》:白露之日鸿雁来。《淮南子》:雁从风而飞,以爱气力。**来哉彼**一作"比"。**君子,无愁徒自隔**〔三〕。

〔一〕"游",唐写本作"逝"。

〔二〕"远",唐写本作"久"。
〔三〕"愁",唐写本作"然"。

潘　岳

《晋书》:潘岳,字安仁,荥阳中牟人。弱冠,辟司空太尉府秀才,高步一时。

内顾诗二首〔一〕

张衡《西京赋》:嗟内顾之所观。《三略》:将内顾则士卒慕之也。《内顾诗》,盖本此。

静居怀所欢,登城望四泽。春草郁青青,桑柘何奕奕。《方言》:自关而西,凡美容谓之奕奕。芳林振朱荣〔二〕,绿水激素石。《东京赋》:濯龙芳林。司马相如《上林赋》:发红华,垂朱荣。初征冰未泮,忽焉袗绤绤〔三〕。漫漫三千里,苕苕一作"迢迢"。远行客。驰情恋朱颜,寸阴过盈尺。《楚辞》:美人既醉朱颜酡。《淮南子》:圣人不贵尺之璧,而重寸之阴,时难得而易失也。夜愁极清晨,朝悲终日夕。曹植《名都篇》:清晨复来还。山川信悠永,愿言良弗获。引领讯归云〔四〕,案:一作"期"。沉思不可释。张衡《思玄赋》:望归云而遐逝。

〔一〕纪氏《考异》作"顾内诗二首"。
〔二〕"朱",《艺文类聚》卷三二作"丹"。
〔三〕"袗",赵氏覆宋本作"振",唐写本作"捃"。
〔四〕"讯",唐写本作"诉"。

独悲安所慕？人生若朝露。绵邈寄绝域,眷恋想平素[一]。陆机《遂志赋》:仰前纵之绵邈。李陵《答苏武书》:到身绝域之表。孙楚《屈建论》:夺平素欲,建何忍焉。**尔情既来追,我心亦还顾。形体隔不达,精爽交中路。不见山上**一作"下"。**松,隆冬不易故。不见陵涧**一作"涧边"。**柏**[二],**岁寒守一度。**《庄子》:仲尼曰:"受命于地,惟松柏独也,在冬夏常青青。"《孙卿子》:松柏经隆冬而不雕。**无谓希是疏**[三],**在远分弥固。**

〔一〕"想",唐写本作"相"。

〔二〕"涧",唐写本作"闲"。

〔三〕"是",唐写本、纪氏《考异》均作"见"。

悼亡诗二首

善曰:《风俗通》:"慎终悼亡。"郑玄《诗笺》:"悼,伤也。"铣曰:悼,痛也。安仁痛妻亡,故赋诗以自宽。案:《文选》载三首,此选首及次二篇。

荏苒冬春谢,寒暑忽流易。善曰:荏苒,犹渐也。王逸《楚辞注》曰:"谢,去也。"《列子》:"寒暑易节。"**之子归穷泉,重壤永幽隔。**善曰:之子,谓妻也。《琴赋》:"披重壤以诞载。"向曰:人死曰归。穷,深也。**私怀谁克**五臣作"剋"。**从?淹留亦何益。**善曰:《神女赋》:"情独私怀,谁者可语。"《说文》:"怀,念思也。"《楚辞》:"倚跙蹰以淹留。"《尔雅》:淹留,久也。**僶俛恭朝命**[一],**回心反初役。**善曰:役谓所任也。梁任昉《为百辟劝进梁王笺》:近以朝命蕴崇,冒奏丹诚。盖本此。王充《论衡》:充罢州役。《左传》:孟氏之臣秦堇父辇重如役。**望庐思其人,入室想所历。**善曰:《家语》:"孔子曰:'思其人,爱其树。'"帏屏无仿佛,翰墨有余迹。善曰:《广雅》:"帷,帐也。"《说文》:"仿佛,相似,见不谛也。"《归田赋》:"挥翰墨以奋藻。"铣曰:其妻善属文。流芳未及歇,遗挂犹在壁。善曰:《洛神赋》:"步蘅薄而流芳。"《广雅》:"挂,悬也。"济曰:芳,谓衣余香,今犹未歇。遗挂,谓平生玩用之物尚在于壁。帐幔如或存[二],良曰:怅悦,失志也。回遑五臣作"惶"。忡直中切。惊惕[三]。如彼翰林鸟,双栖五臣作"飞"。一朝只。如彼游川鱼,比目中路析[四]。先历切。善曰:曹植《善哉行》:"如彼翰鸟,或飞戾天。"王弼《周易注》:"翰,鸟飞也。"曹植《种葛篇》"下有交颈禽",即双栖禽也。春风缘隙善作"隟"。来,晨溜力救反。依一作"承"。簷善作"檐"。滴。善曰:《说文》:溜,屋承水也。济曰:隙,门隙也。寝息何时忘?沉五臣作"沈"。忧日盈积。善曰:宋玉《笛赋》:"武毅发,沉忧结。"庶几有时衰,庄缶方有反。犹可击。善曰:郭璞《尔雅注》:"庶几,徼幸也。"《庄子》:"庄子妻死,惠子吊之,方箕踞鼓盆而歌。惠子曰:'与人居,长子老身,死不哭,亦足矣,又鼓而歌,不已甚乎!'庄子曰:'不然。是其始死也,我独何能无慨,察其始,而本无生。非徒无生,而本无形。非徒无形,而本无气。人见偃然寝于巨室,而我噭噭随而哭之,自以为不通乎命,故止。'"

〔一〕"仰",《文选》卷二三作"俛"。

〔二〕"帐幔",误。唐写本作"怅悦"。

〔三〕"回遑",唐写本作"周皇"。

〔四〕"析",唐写本作"隔"。

皎皎窗中月,照我室南端。善曰:室南端,室之南正门。**清商应秋至,溽暑随节阑。**善曰:王逸《楚辞注》:"商风,西风也。秋气起,则西风急疾。"文颖《汉书注》:"阑,希也。"《说文》:"溽暑,湿暑也。"

向曰：清商，凉风也。凛凛凉风升，始觉夏衾单。善曰：毛苌《诗传》："衾，被也。"岂曰无重纩，谁与同岁寒。善曰：孔安国《尚书传》："纩，细绵也。"翰曰：言岂无重绵，人已亡矣，谁同岁寒？案：《说文》：絮也。或从光作絖。《玉篇》：绵也。岁寒无与同，朗月何胧胧。善曰：《埤苍》："胧胧，欲明也。"展五臣作"辗"。转晡枕席，长簟竟床空。良曰：簟，亦席也。案：《说文》：竹席也。《方言》：宋魏间谓之笙，或谓之篷曲。自关之东谓之簟。又案：周公始作簟。床空委清尘，室虚来悲风。善曰：《庄子》："空穴来风。"司马彪曰："门户孔空，风善从之。"《古诗》："白杨多悲风。"独无李氏灵，仿佛睹尔容。善曰：桓子《新论》："武帝所幸李夫人死，方士李少君言能致其神，乃夜设烛张幄，令帝居他帐，遥见好女，似夫人之状，还帐坐也。"抚衿长叹息，不觉涕沾胸。沾胸安能已，悲怀一作"叹"。从中起。善曰：《汉书》："公孙獟曰：'累抚衿。'"魏武帝《苦寒行》："延颈长叹息。"魏文帝《燕歌行》："不觉泪下沾衣裳。"《史记》："文帝意惨凄悲怀。"魏武帝《短歌行》："忧从中来。"寝兴目存形，遗音犹在耳。善曰：杨修《伤夭赋》："悲体貌之潜翳兮，目常存乎遗形。"《左传》："晋穆嬴曰：'今君虽终，言犹在耳。'"孔子《蟋蟀歌》：违山十里，蟋蟀之声，犹尚在耳。上惭东门吴，下愧蒙庄子。善曰：《列子》："魏有东门吴者，死子而不忧。"庄子，蒙县人，故云蒙庄子。妻死不哭。济曰：安仁有哀，故上惭下愧，不如古人。赋诗欲言志，零落六臣作"此志"。难具案：一作"具难"。纪。善曰：贾逵《国语注》："纪，犹录也。"命也可一作"诗"。奈何〔一〕？长戚自令鄙〔二〕。善曰：鱼豢《典略》："赵岐卒，歌曰：'有志无时，命也奈何？'"马融《长笛赋》云："长戚之士能闲居。"

〔一〕"命也"，唐写本作"今世"。

〔二〕"自令",唐写本作"令自"。

石　崇

善曰:臧荣绪《晋书》:"石崇,字季伦,渤海南皮人。早有智慧,稍迁至卫尉卿。初,崇与贾谧善,谧既诛,赵王伦专任孙秀。崇有妓曰绿珠,秀使人求之,崇不许,秀乃劝伦杀崇,遂遇害。"

王昭君辞一首并序

案:相和歌辞吟叹曲。《古今乐录》:《明君》歌舞者,晋太康中季伦所作也。有妓绿珠善舞,以《明君曲》教之,而自制新歌。又案:琴曲有《昭君怨》,王嫱本辞,"秋木萋萋"篇是也。

王明君者,本为一作"本名"。王昭君〔一〕。以触文帝讳,故改。五臣作"改之"。善作"改焉"。善曰:《琴操》:"王昭君者,齐国王襄女也。年十七献元帝。"臧荣绪《晋书》:"文帝讳昭。"匈奴盛,请婚于汉。元帝诏六臣无"诏"。以后宫良家女一无"女"字。子明善作"昭"。君配焉〔二〕。善曰:《琴操》:"单于遣使求一女子,帝以昭君赐单于。"《汉书》:"诏采良家女也。"昔公主嫁乌孙,令琵琶马上作乐,以慰其一无"其"字。道路之思,善曰:《汉书》:"乌孙使使献马,愿得尚公主。乃遣江都王建女为公主,以妻乌孙焉。"《释名》:琵琶,本于胡中,马上所作也。推手前曰琵,引却曰琶。其送明君亦必五臣无"必"。尔也〔三〕。其新造之善无"之"。曲〔四〕,多哀六臣有"怨之"。声,故叙之于纸云尔。

我本汉家子,将适单于庭。善曰:《汉书》:"匈奴岁正月,诸长小会单于庭祠。"向曰:我,为明君称也。单于,匈奴之君号也。**辞决**一作"诀"。**未及终,前驱已抗旌。**善曰:曹子建《应诏》:"前驱举旛,后乘抗旌。"铣曰:决,别也。抗,举也。《汉·刘屈氂传》:与广利辞决。《风俗通》:饮食饱满,辞诀而去。《汉·终军传》:票骑抗旌。**仆御涕流离,辕马为悲**一作"悲且"。**鸣。**善曰:魏文帝《柳赋》:"左右仆御已多亡。"《长门赋》:"涕流离而纵横。"李陵诗:"辕马顾悲鸣。"良曰:辕,车辕也。**哀郁伤五内,泣泪**一作"涕"。**沾**善作"湿"。**珠**一作"朱"。**缨。**一作"瓔"。善曰:李陵诗:"行行且自割,无令五内伤。"《淮南子》:雍门子以哭见孟尝君,流涕沾缨。**行行日已远,乃造匈奴城**〔五〕。善曰:魏文帝《苦哉行》:"行行日已远,人马同时饥。"翰曰:造,至也。**延我于穹庐,加我阏**于延反。**氏支名。**善曰:《汉书》:"乌孙公主作歌曰:'我家嫁我兮天一方,远托异国兮乌孙王,穹庐为室兮旃为墙。'"《音义》:旃,帐也。苏林曰:阏氏,音焉支,如汉皇后。向曰:穹庐,旃帐也。**殊类非所安,虽贵非所荣。**善曰:殊类,异类。李陵《答苏武书》:但见异类。**父子见凌辱,对之惭且惊。**善曰:《汉书》:"呼韩邪死,子彫陶莫皋立,为复系若鞮单于,复妻王昭君,生二女也。"**杀身良未易**〔六〕,**默默以苟生。**善曰:曹子建《三良诗》:"杀身诚独难。"贾谊《吊屈原文》:"吁嗟默默。"《墨子》:"哀公迎孔子,席不端不坐,割不正不食。子路曰:'何与陈蔡异?'孔子曰:'曩与汝为苟生,今与汝为苟义也。'"**苟生亦何聊,积思常愤盈。**善曰:《楚辞》:"蓄怨乎积思。"王逸曰:"结恨在心虑愤郁。"蔡琰诗:"心吐思兮胸愤盈。"翰曰:盈,满也。《汉·吴王濞传》:计乃无聊。**愿假飞鸿翼,弃**一作"乘"。**之以遐征。**善曰:魏文帝《喜霁赋》:"思寄身于鸿鸾,举六翮而轻飞。"高诱《吕氏春秋注》:"征,飞也。"**飞鸿不我顾,伫立以屏营。**善曰:《国语》:"申胥曰:'昔楚灵王独行屏营。'"昔为匣中玉,今为粪土英。刘良曰:玉、英,皆喻明君。匣中,喻汉。粪土,喻匈奴也。英,花也。**朝华不足欢**[七],案:《乐府》作"嘉"。**甘为秋草并**[八]。善曰:《说文》:"木槿,朝华暮落也。"**传语后世人,远嫁难为情**。善曰:《汉书》:"张禹曰:'有爱女,远嫁为张掖太守萧咸妻。'"案:此首《文选》载。

〔一〕"为",《文选》卷二七作"是"。
〔二〕唐写本无"诏"字。
〔三〕唐写本无"必"字。
〔四〕"新造",《文选》作"造新"。
〔五〕"乃造",唐写本作"遂人"。
〔六〕"未",唐写本作"不"。
〔七〕"朝",唐写本作"英"。
〔八〕"为",误。唐写本、《文选》作"与"。

左　思

《晋书》:左思,字太冲,齐国人。征秘书郎。齐王冏请为记室参军,不就。案:《文苑传》:思貌寝口讷,而词藻壮丽。不好交游,惟以闲居为事。作《三都赋》,自以所见不博,求为秘书郎。赋成,张华见而叹赏。

娇女诗一首

案:晋杂曲歌辞。又《乐府》清商曲辞吴声歌曲有《娇女诗》二首。

吾家有娇女,皎皎颇白皙。案:屈原《远游》:精皎皎以往来。**小字**

为纫一作"织"。素,口齿自清历。鬟发覆广额,双耳似连璧。晋孙楚《反金人铭》:时悦广额,下作细眉。《晋书》:夏侯湛与潘岳行止同舆接茵,京都谓之连璧。**明朝弄梳台,黛眉类扫迹**。《正字通》:闹扫,髻名,犹盘雅、堕马之类。唐人诗云:还梳闹扫学宫妆。又:淡扫蛾眉谒至尊。义并同此。**浓朱衍丹唇,黄吻澜漫赤**。《酉阳杂俎》:近代妆尚靥,如射月,曰黄星靥。靥,钿之名。盖自孙吴邓夫人也。曹植《魏德论》:黄吻之龀。《苍颉篇》:吻,唇两边也。《上林赋》:澜漫远迁。《正字通》:澜,音烂。澜漫,淋漓貌。案:《周礼·考工记·梓人》:锐喙,决吻。注:吻,口腃也。《汉·东方朔传》:吐唇吻。**娇语若连琐,忿速乃明憓**。《南史·齐东昏侯纪》:今除金银连琐。嵇康《琴赋》:明嫿睩惠。《说文》:嫿,静好也。一作憓。《广韵》:憓,不慧。又:憓憓,辩快出音谱。**握笔利彤管,篆刻未期益**。扬子《法言》:雕虫篆刻,壮夫不为也。案:彤管,见《诗》。又:《中华古今注》:牛亨问:"彤管何也?"答曰:"彤,赤染。史官载事用赤管。"**执书爱绨素,诵习矜所获**。《说文》:绨,厚缯也。《后汉·杨厚传》:厚祖父春,诫子统曰:"吾绨袭中,有先祖所传秘记。"《纂文》:书缣曰素。扬雄书曰:赍细素数尺。**其姊字惠芳,面**案:一作"两"。**目****曘**一作"灿"。**如画**。《后汉·马援传》:眉目如画。**轻妆**一作"庄"。**喜楼**一作"缕"。**边,临镜忘纺绩**。《国语》:公父文伯之母,纺绩不懈。《汉·张安世传》:夫人自纺绩。**举觯**疑作"觚"。**拟京兆,立的成复易**。《正字通》引《文选》云:操觚进牍。或以觚为笔。《汉·张敞传》:为妇画眉。长安中传张京兆眉怃。孟康曰:怃,音诩。北方人谓眉好为诩。苏林曰:怃,音妩。《释名》:天子诸侯妾以次进御,值月事者不口说,以丹注面的为识,令女史见之。王粲《神女赋》:施面的。案:《礼器》:尊者举觯。凡觞一升曰爵,二升曰觚,三升曰觯。此案:上下文应作觚,从《正字通》解。**玩弄眉颊间,剧兼机杼役**。《广韵》:剧,增也。一曰艰也。又：弄，玩也。又：颊，面也。《说文》：劇，甚也。枚乘《杂诗》：札札弄机杼。**从容好赵舞，延袖像飞翮。**《北堂书钞》：张华曰："妙舞起齐赵。"《韩非子》：长袖善舞。《楚辞》：翮飞兮翠曾。注：曾，舞也。言舞工之巧，似翠鸟之举。**上下弦柱际，文史辄卷襞。**桓谭《新论》：削桐为琴，丝绳为弦。《傅子》：筝者，弦柱十二，拟十二月。《汉书》：东方朔曰："臣朔年十二学书，三冬文史足用。"梁简文帝《答湘东王书》：纸札无情，任其摇襞。与此义同。**顾眄屏风画，如见已指摘。**《东观记》：宋弘尝燕见，御坐新施屏风，画列女传，帝数顾视之。《楚辞》：意恣睢以指摘。**丹青日尘暗，明义为隐赜。**《扬子》：炳若丹青。**驰骛翔园林，果下皆生摘。**《说文》：骛，乱驰也。直骋曰驰，乱骋曰骛。司马相如《上林赋》：驰骛往来。陶潜诗：林园无世情。《魏志》：秽国出果下马，汉时恒献之。《说文》：摘，拓果树实也。谢灵运《永嘉记》：百卉正发时，聊以小摘供日。《广韵》：摘，陟草切，手取。**红葩掇紫蒂**[一]**，萍实骤抵掷。**《家语》：楚昭王渡江，中有一物，大如斗，圆而赤，直触王舟，舟人取之。王使使问于孔子。孔子曰："此萍实也。惟伯者为能获焉。"《广韵》：抵，挤也，掷也。又：掷，投也，搔也，振也。案：《西京赋》：披红葩之狎猎。《说文》：葩，华也。又：蒂倒茄于藻井。《说文》：蒂，瓜当也。**贪华风雨中，倏忽**一作"眒"。**数百适。**《广韵》：适，乐也，善也，悟也，往也。郭璞《江赋》：倏忽数百。**务蹑霜雪戏，重綦常累积。**《晏子春秋》：景公为履，黄金之綦，饰以银，连以珠。良玉之钩，其长尺许。案：《仪礼·士丧礼》：綦系于踵。注：屦，系也。所以拘止屦也。**并心注肴馔，端坐理盘槅。**曹植《七启》：此肴馔之妙也。《左传》：乃馈盘飧。《广韵》：槅，桅也。出《仪礼》。**翰墨戢闲**一作"函"。**案，相与数离逖。**《魏志》：曹公作敧案卧视书。《左传》：戎子驹支曰："犹骰志也，岂敢离逖。"**动为垆鉦屈，屣履任之适。**《考工记》：凫氏为钟鼓，上谓之钲。注：钟腰之上，居钟体之正处曰钲。**止为荼菽据**[二]**，吹嘘对鼎鏕**。案：采荼菽，见《诗》。又：《尔雅》：荼，苦菜。疏：味苦，可食之菜也。一名荼草。又：菽者，众豆之总名。《管子》：威公北伐山戎，以戎菽遍布天下。《后汉·郑太传》：太对董卓曰："孔公绪清言高论，嘘枯吹生。"《说文》：鼎三足两耳，和五味之蓥器也。孙愐《广韵》曰：镉，鎗也。鏕、镉通。案：《吴越春秋》：见尔鏕蒸而不炊。又：《抱朴子·黄白卷》：于鏕中加微火。**脂腻漫白袖，烟熏**一作"勋"。**染阿**一作"珂"。**锡**。《六书故》：腻，脂凝着也。《玉篇》：腻，垢腻也。《广韵》：袖，衣袂也。《韩非子》：百尺之室，以突隙之烟焚。《汉·景十三王传》：屋鼠不熏。司马相如《子虚赋》：被阿锡。张揖曰：阿，细缯也。锡，细布也。《列子》：郑卫之处子衣阿锡。锡与锡，古字通。**衣被案**：一作"破"。**皆重地**，宋本作"池"，又一作"施"。**难与沉**一作"次"。**水碧**。《山海经》：耿山多水碧。郭璞曰：亦水玉类也。**任其孺子意，羞受长者责**。《韩非子》：重厚自尊谓之长者。**瞥闻当与杖，掩泪**一作"泪眼"。**俱向壁**。张衡《舞赋》：瞥若电灭。《说文》：瞥，见也。《妒记》：有人姓荀，妇庾氏，大妒忌。兄称父命，与杖数百，亦无改悔。《汉旧仪》：侍中左右近臣见婕妤，行则对壁，坐则伏茵也。《汉书》：李夫人遂转面向壁歔欷。

案：齐云：以上二卷，词皆古意，即有为《文选》所不取，取之，亦妙于存古。案：阮籍至左思诸诗，徐刻本列在第三卷中。宋刻二卷三十九首，今同。

〔一〕"掇"，纪氏《考异》作"缀"。
〔二〕"止为荼菽据"，《太平御览》卷八六七作"心为荼荓剧"。

玉台新咏笺注卷三

陆　机

　　《晋书》：陆机，字士衡，吴人。年二十，闭门勤学，流誉京邑，为吴牙门将军。吴平，杨骏辟太子洗马，后为成都王颖司马，被害。案：《文选》载士衡《拟古诗》十二首。此选七首，俱拟枚乘《杂诗》，而次序亦异。前辈言，拟古自士衡始，句仿字效，如临帖然。

拟古七首

拟西北有高楼

高楼一何峻，苕苕峻而安。绮窗出尘冥，飞阶案：《文选》作"陛"。蹑云端。鲍照《登新亭诗》：附骥绝尘冥。佳人抚琴瑟[一]，纤手清且闲。芳草案：《文选》作"气"。随风结，哀响馥若兰。玉容谁能案：《文选》作"得"。顾？倾城在一弹。曹植《罢朝表》：觐玉容而庆荐。伫立望日昃，踯躅再三叹。不怨伫立久，但愿歌者欢。思驾归鸿羽,比翼双飞翰。案:《文选》叙系第十首。

〔一〕"琴",《艺文类聚》卷六二作"瑶"。

拟东城一何高

翰曰:言高城常存而人易老,不如早为行乐。案:一本作《拟东城高且长》。

西山何其峻,层曲郁崔嵬。零露弥天坠,蕙叶凭林衰。善曰:《尚书·五行传》:"云起于山,弥于天。"屈原《离骚》:朝饮木兰之坠露兮。夏侯湛《释抵疑》:燎原之烟,弥天之云。盖本此。**寒暑相因袭,时逝忽如遗**〔一〕。**三闾结飞辔,**大一作"太"。**蠡**大结反。悲一作"嗟"。**落晖。**善曰:《离骚》:"饮余马乎咸池,总余辔乎扶桑。"《史记·屈原传》:渔父见而问之曰:"子非三闾大夫与?何故而至此?"大蠡,见《易》。**曷为牵世务,中心怅**一作"若"。**有违。**善曰:《汉书》:"严安徐乐上书言世务。"**京洛多妖丽,玉颜侔琼蕤。**铣曰:琼蕤,玉花也。言妖丽之颜,齐于玉华。曹植《名都篇》:京洛出少年。**闲夜抚鸣琴,惠音**案:一作"专言"。**清且悲。长歌赴促节,哀响逐高徽。**相如《上林赋》:然后侵淫促节。《正字通》:琴节曰徽,徽十三,象十二月,其一象闰,用螺蚌为之。近代用金玉水晶。**一唱万夫欢**〔二〕,**再唱梁尘飞。**善曰:《七略》:汉兴,鲁人虞公善雅歌,发声尽动梁上尘。相如《上林赋》:奏陶唐氏之舞,听葛天氏之歌,千人唱,万人和。案:《宋书·武帝纪》:顺声一唱。**思为河曲鸟,双游丰**五臣作"澧"。**水湄。**良曰:河曲鸟为鸳鸯,此鸟常双游。案:《前汉·地理志》:武陵郡充县历山,澧水所出。又《山海经》:雅山,澧水出焉。案:《文选》叙系第九首。

〔一〕"遗",《文选》卷三〇作"颓"。

〔二〕"欢",《文选》作"叹"。

拟兰若生春阳

铣曰:兰、若,皆香草。古诗取兴闺中守芳香之气以待远人。机以松柏坚贞取之为比。案:一本作"朝阳",《文选》同。**嘉树生朝阳,凝霜封其条。执心守时信,岁寒不敢雕**。一作"终不凋"。《左传》:韩宣子来聘,公享之。韩子赋《角弓》。既享,宴于季氏,有嘉树焉,宣子誉之。武子曰:"宿敢不封殖此树以无忘《角弓》。"遂赋《甘棠》。毛苌《诗传》:梧桐,柔木也。山东曰朝阳。梧桐不生山冈,太平而后生朝阳。《楚辞》:激凝霜之纷纷。《文选注》:曾子曰:"阴气腾则凝为霜。"**美人何其旷,灼灼在云霄**。《广韵》:灼灼,明也。**隆想弥年时**〔一〕,**长啸入风飘**。案:《文选》作"飞飙"。飙,音勲,风貌。或作飆。潘岳《河阳县作》:长啸归东山。**引领望天末,譬彼向阳翘**。善曰:《东京赋》:"眇天末以远期。"士衡《叹逝赋》云:玩春翘而有思。注:春翘,草木方春发英也。案:《文选》叙系第七首。

〔一〕"时",《文选》卷三〇作"月"。

拟苕苕牵牛星

济曰:此述思妇之情,托牵牛以明之也。案:一本作"迢迢",《文选》同。**昭昭**一作"炤炤"。**天**一作"清"。**汉晖,粲粲光天步**。善曰:《晏子春秋》:"星之昭昭,不如月之曖曖。"毛苌《诗传》:"粲粲,鲜盛也。"《蜀志·秦宓传》：吴遣使张温来聘，温问曰："天有足乎？"宓曰："有。诗云：'天步艰难，之子不犹。'若其无足，何以步之？"毛苌传：步，行。犹，可也。**牵牛西北回，织女东南顾。**善曰：《大戴礼》："夏小正曰：'七月初昏，织女正东而向。'"**华容一何冶，**一作"绮"。案：《文选注》：冶，或为绮，非也。**挥手如振素。**向曰：冶，媚也。素，练也。华态既多姿媚，奋举其手，如练之白。**怨彼河无梁，悲此年岁暮。跂彼无良缘，睆**户板反，一作"睨"。**焉不得度。**《淮南子》：乌鹊七月七日填河成桥而渡织女。跂彼、睆焉，见《毛诗》。**引领望大川，双涕如沾露。**翰曰：大川，天河也。案：《文选》叙系第三首。

拟青青河畔草

"青青河畔草"，注见卷一蔡邕。案：此拟枚乘《杂诗》"青青河畔草"篇，非拟蔡邕诗也。陆机另有拟邕诗，题曰《饮马长城窟行》，即"驱马陟阴山，山高马不前"诗是也。

靡靡江蓠五臣作"离"。**草，熠耀生河侧。**善曰：郭璞曰："江蓠似水荠。"**皎皎彼姝女，阿**上声。**那当轩织。粲粲妖容姿，灼灼华美**案：《文选》作"美颜"。**色。良人游不归，偏栖独**案：一作"常"。**只翼。空房**案：一作"室"。**来悲风，中夜起叹息。**案：《文选》叙系第五首。

拟庭中有奇树

铣曰：此言友朋离索相思之情。

欢友兰时往，迢迢善作"苕苕"。**匿音徽。虞渊引绝景，四节游若飞〔一〕。善曰:应劭曰:"虞泉,日所入也。"《淮南子》:至于虞渊,是谓黄昏。芳草久已茂,佳人竟不归。踯躅遵林渚,惠风入我怀。崔骃《扇铭》:惠风时披。感物恋所欢,采此欲贻谁?案:《文选》叙系十一首。

〔一〕"游",五云溪馆本、《文选》卷三〇作"逝"。

拟涉江采芙蓉

良曰:芙蓉,水草,其华美。此言思妇盛年,其夫远游,采此以自伤也。

上山采琼蕊,穹一作"穷"。谷饶芳兰。《楚辞》:屑琼蕊以为粮。魏文帝《典论》:饥飡琼蕊,渴饮飞泉。案:《西都赋》:其阳则崇山隐天,幽林穹谷。又《左传》:深山穷谷,固阴沍寒。采采不盈掬,悠悠怀所欢。故乡一何旷,山川阻且难。沉思锺一作"钟"。万里,踯躅独吟叹。案:《汉志》:黄锺,《周礼》作锺。古二字通用。《汉书》:扬雄默而好深湛之思。湛音同沉。枚乘《杂诗》:相去万余里。案:《文选》叙系第四首。

案:徐刻本载《拟古诗》八首,第一首《拟行行重行行》,第二首《拟迢迢牵牛星》,第三首《拟明月何皎皎》,第四首《拟兰若生春阳》,第五首《拟东城一何高》,第六首《拟庭中有奇树》,第七首《拟青青河畔草》,第八首《拟涉江采芙蓉》,不载《西北有高楼》一篇,与宋刻异。

为顾彦先赠妇二首

善曰:集云"为全彦先作",今云"顾彦先",误也。且此上篇赠妇,下篇答,而俱云赠妇,又误也。案:《晋书》:顾荣,字彦先,吴人也,为尚书郎。又案:二首《文选》俱载。

辞家远行游,按:一作"役"。**悠悠三千里**。善曰:《鹦鹉赋》:"女辞家而适人。"蔡琰诗:"悠悠三千里,何时复来会?"**京洛多风尘,素衣化为缁**。善曰:毛苌《诗传》:"缁,黑色。"士衡《答张士然诗》:飘飘冒风尘。修案:一作"循"。**身悼忧苦,感念同怀子**。善曰:《列子》:"卑辱则忧苦。"《说文》:怀,思念也。**隆思乱心曲,沉欢滞不起**。善曰:薛君《韩诗章句》:"时风又且暴,使己思益隆。"《广韵》:沉,直深切,没也。**欢沉难克兴,心乱谁为理?愿假归鸿翼,翻飞浙**一作"游"。**江氾**。善曰:晋牵秀《王乔赤松颂》:"翻飞而征。"案:《尔雅·释水》:水决复入为氾。《说文》:一曰氾,穷渎也。见《毛诗》。

东南有思妇,长叹充幽闼。善曰:曹子建《七哀诗》:"上有愁思妇,悲叹有余哀。"**借问叹何为?佳人眇天末。游宦久不归,山川修且阔**。善曰:《淮南王书》:"游宦事人。"《褚先生集》:深惟士之游宦。**形影参商乖,音息旷不达**。善曰:《广雅》:"旷,久也。"《月令》"消息"注:阳生为消,阴死为息。俗谓音信为消息。**离合非有常,譬彼弦与筈**。音括。善曰:《吕氏春秋》:"夫万物成则毁,合则离,离则复合,合则复离。"刘熙《释名》:矢末曰筈,括会也。与弦会同。案:《广韵》:箭筈,受弦处。又与括同。**愿保金石志**,一作"躯"。**慰妾长饥渴**。善曰:李陵《答苏武诗》:"思得琼树枝,以解长饥渴。"

为一无"为"字。周夫人赠车骑一首

碎碎织细练,为君作裤襦。一作"当为君作襦"。《汉书·王莽传》:太后旦旦衣缯练。师古曰:缯练,谓帛无文者。案:《释名》:裤,襌衣之无褾者。《后汉·马皇后纪》：仓头衣绿褠。注：臂衣。**君行岂有顾，**一作"故"。**忆君是妾夫。昔者得君书，闻君在高平。**《魏·地形志》：原州领郡二：高平、长城。**今时得君书，闻君在京城。**《春秋》：纪季姜归于京师。《公羊传》：师，众也。天子之居，必以众大言之。《左传》：公叔段请京，使居之，谓之京城大叔。**京城华丽**所，一作"乡"。**璀璨**一作"粲"。**多异端。**按：一作"人"。魏曹植《槐树赋》：羡良于之华丽。《广雅》：璨，美玉。又：璀璨。曹植《洛神赋》：披罗衣之璀璨兮。**男儿多远志，岂知妾念君。**《世说》：郝隆答桓公曰："处则为远志，出则为小草。"《楚辞》：眇远志之所及兮。**昔者与君别，岁聿**一作"律"。**薄将暮。日月一何速，素秋坠湛露。**古诗：日月一何速。刘桢《与临淄侯书》：肃以素秋则落也。**湛露何冉冉，思君随岁晚。对食不能飡，临觞不能饭。**士衡《赠弟士龙诗》：临觞欢不足。

乐府三首

艳歌行

六臣作《日出东南隅行》。或曰《罗敷艳歌》。案：相和歌辞相和曲。注见卷一《日出东南隅行》。此首《文选》载。**扶**一作"榑"。**桑升**一作"生"。**朝晖，照此**一作"我"。**高台端。**善曰：《山海经》："汤谷上有扶木。扶木者，扶桑也，十日所浴。"宋颜延之《归鸿诗》：沾露践朝晖。盖本此。《新语》：高台百仞。《吕氏春秋》：禹东至榑木之地。高诱曰：榑木，大木之津崖也。**高台**一作"台端"。**多妖**一作"艳"。**丽，洞**一作"浚"。**房出清颜。淑貌曜皎**

日,惠心清且闲。善曰:《吕氏春秋》:"列精子高谓侍者曰:'我奚若?'侍者曰:'公妖且丽。'"王逸《楚辞注》:"妖,好也。"《琴道》:"雍门周曰:'广厦邃房。'"齐谢朓《酬德赋》:苦清颜之倏忽。盖本此。薛君《诗传》曰:颜色盛美,如东方之日。惠心,见《易》。《广雅》:闲,正也。士衡《七征》:名倡陈于璇房。美目扬玉泽,蛾眉象翠翰。善曰:《楚辞》:"蛾眉曼睩目腾光。"王逸曰:曼,泽也。睩,视貌也。鲜肤一何润,彩一作"秀"。色若可餐。窈窕多容仪,婉媚案:一作"美"。巧笑言。善曰:《子夜夏歌》:"郎君未可前,待我整容仪。"暮春春服成,粲粲绮与纨。金雀垂藻翘,琼佩结瑶璠。善曰:《楚辞》:"砥室翠翘。"王逸曰:"翘,羽名也。"杜预《左传注》:"玙璠,美玉也。"案:《西都赋》:上觚棱而栖金雀。方驾扬清尘,濯足洛水澜。善曰:《西京赋》:"方驾受绥。"郑玄《仪礼注》:"方,并也。"扬雄《太玄赋》:"踞弱水而濯足。"蔼蔼风云会,佳人一何繁。善曰:风云,言多也。《过秦论》:天下云会响应。南崖充罗幕,北渚盈帟蒲田反。轩。善曰:《仓颉篇》:"帟,衣车也。"《楚辞》:帝子降兮北渚。《南都赋》:乱北渚兮揭南崖。清川含藻景,高岸善作"崖"。被华丹。《水经注》:共北山,其水三川南合谓之清川。又:南径凡城东。向曰:藻景,日光有文也。华丹,月华也。士衡乐府:泛舟清川渚。馥馥芳袖挥,泠泠纤指弹。善曰:苏武诗:"馥馥我兰芳。"又:"谁为游子吟,泠泠一何悲。"悲歌吐清音,六臣作"响"。雅舞一作"韵"。播幽兰。善曰:《列子》:"秦青抚节悲歌。"《韩诗》:"舞则莫兮。"薛君曰:"言其舞则应雅乐也。"杜预《左传注》:"播,扬也。"宋玉《讽赋》:"臣援琴而鼓之,为《幽兰》、《白雪》之曲。"左思《招隐诗》:非必丝与竹,山水有清音。丹唇含九秋,妍迹凌七盘。善曰:《神女赋》:"丹唇外朗。"《广雅》:"陵,乘也。"《南都赋》:"结《九秋》之增伤,怨西荆之折盘。"张衡《舞赋》:"历《七盘》而屣蹑。"铣曰:九秋,曲名。七盘,楚舞。《说文》曰：迹，步处也。**赴曲迅惊鸿，蹈节如集鸾**。善曰：卞兰《七牧》："翻放袂而赴节，若游鸿之翔天。"边让《章华台赋》："忽飘然以轻逝，似鸾飞于天汉。"《淮南子》："龙兴鸾集。"**绮态随颜变，澄姿无定**善作"乏"。**源**[一]。**俯仰纷阿那，顾步咸可欢**。善曰：张衡《七辨》："蟪蛴之领，阿那宜顾。"《仓颉篇》："顾，视也。"王逸《楚辞注》：步，徐行也。**遗芳结飞飙**，一作"猋"。**浮景映清湍**。《楚辞》：谁可与玩斯遗芳兮。善曰：《尔雅》："扶摇谓之飙。"《说文》："湍，水疾也。"**冶容不足咏，春游良可叹**！

〔一〕"澄"，赵氏覆宋本作"沉"。

前缓声歌

案：汉杂曲歌辞。古辞"水中之马"一首，陆机拟之。郭茂倩《乐府》曰：晋陆机《前缓声歌》："游仙聚灵族，高会层城阿。"言将前慕仙游，冀命长缓，故流声于歌曲也。宋谢惠连又有《后缓声歌》，大略戒居高位而为谗谄所蔽，与前歌之意异矣。又案：缓声，本谓歌声之缓，非言命也。又有《缓歌行》，亦出于此。又案：此首《文选》载。

游仙聚灵族，高会层城一作"曾山"。**阿**。善曰：《淮南子》："掘昆仑墟以下地，下有层城九重，其高万一千里一十四步二尺六寸。"郭璞有《游仙诗》。梁张缵《南征赋》：慕游仙之灵族。《汉书》：汉王置酒高会。**长风万里举，庆云郁嵯峨**。善曰：《史记》："若烟非烟，若云非云，郁郁纷纷，萧索轮囷，是谓庆云。"夏侯湛《观飞鸟赋》：弄长风以抑扬。**宓妃兴洛浦，王韩起泰华**。善曰：《楚辞》："迎宓妃于伊洛。"魏文帝诗："王韩独何人，翱翔随天涂。"《神仙传》："卫叔卿归华山，汉武帝令叔卿子度求之，见其父与数人博，度曰：'与博者为谁？'叔卿曰：

'是洪崖先生、王子晋、薛容也。'"又:"刘根初学道,到华阴,见一人乘白鹿,从十余玉女。根顿首乞一言,神人乃住曰:'尔闻有韩众不?'答曰:'实闻有之。'神人曰:'即我是也。'"**北征瑶台女,南要湘川娥。**善曰:《尔雅》:"征,召也。"《楚辞》:"望瑶台之偃蹇兮,见有娀之佚女。"《西京赋》:"怀湘娥。"王逸《楚辞注》:"尧二女娥皇、女英堕湘水中,为湘夫人也。"**肃肃宵**善作"宵"。**驾动,翩翩翠盖罗。**善曰:曹植《飞龙篇》:"芝盖翩翩。"《甘泉赋》:"咸翠盖而鸾旗。"**羽旗棲**五臣作"栖"。**琐**一作"琼"。**鸾,玉衡吐鸣和。**善曰:《琴道》:"雍门周曰:'水嬉则建羽旗。'"《楚辞》:"鸣玉鸾之啾啾。"又:"枉玉衡于炎火。"王逸曰:"衡,车衡也。"郑玄《周礼注》:"鸾、和,皆以金为铃也。"应劭《汉书注》:"鸾在轼,和在衡。"**太容挥高弦,洪崖发清歌。**善曰:《思玄赋》:"太容吟兮念哉。"注:"太容,黄帝乐师。"《广雅》:"挥,动也。"《西京赋》:"洪崖立而指麾。"薛综曰:"三皇时伎人也。"《篡要》云:有清歌、商歌、变歌、缓歌、长歌、短歌、雅歌、酣歌、怨歌、劳歌。**献酬既已周,轻轩垂**一作"举乘"。**紫霞。**善曰:《汉书》:"谷永曰:'遥兴轻举,登霞倒景。'"良曰:众仙会毕,乘霞而去。**总辔扶**一作"榑"。**桑枝,**五臣作"底"。**濯足旸**善作"汤"。**谷波。**善曰:《楚辞》:"朝濯发乎汤谷。"济曰:扶桑、旸谷,皆日出处。孔安国《书传》:旸,明也。日出于谷而天下明,故称旸谷。**清晖溢天门,垂庆惠皇家。**善曰:《淮南子》:"冯夷,大禹之御也。乘云车,排阊阖,沦天门。"高诱曰:"天门,上帝所居紫宫门也。"蔡邕《述征赋》:"皇家赫而天居,万方徂而星集。"翰曰:群仙飞举,溢满天门,垂降庆福,惠赐吾皇家。汉王褒《九怀》云:天门兮地户。

塘上行

案:相和歌辞清调曲。注详见卷二《塘上行》。案:此首《文选》载。

江蓠生幽渚,微芳不足宣。善曰:《释名》:"小洲曰渚。"张楫《汉书注》:"江蓠,香草也。"注:详上文。**被蒙风雨**一作"云"。**会,移君**一作"居"。**华池边。**善曰:《楚辞》:"蛙黾游乎华池。"**发藻玉台下,垂影沧浪**平声。**渊。**案:一作"泉"。善曰:《西京赋》:"西有玉台,连以昆德。"班固《答宾戏》:"董生下帷,发藻儒林。"屈原《渔父歌》曰:"沧浪之水清兮,可以濯吾缨。沧浪之水浊兮,可以濯吾足。"**沾润既已渥,结根奥且坚。**善曰:毛苌《诗传》曰:"渥,厚也。"**四节游不处**[一],**繁华**善作"华繁"。**难久鲜。**刘桢诗:四节相推斥。**淑气与时殒,**五臣作"陨"。**余芳随风捐。**《悲哉行》:蕙草饶淑气。**天道有迁易,人理无常全。**善曰:司马迁《悲士不遇赋》:"天道悠昧,人理促兮。"**男欢智倾愚,女爱衰避妍。**善曰:《庄子》:"喜怒相疑,愚智相欺。"仲长子《昌言》:"强者胜弱,智者欺愚也。"向曰:妍,美也。《诗序》:"华落色衰,复相弃背。"《后汉书》赵壹《刺世嫉邪》曰:"孰知其妍媸。"《广雅》:妍,好也。《说文》:妍,慧也。按:男,旧本作"南"。《家语》:郑伯男,南也。王肃注云:左辅作"南",古字。**不惜微躯退,但惧苍蝇前。**善曰:郑玄曰:"蝇之为虫,污白使黑,污黑使白,喻佞人变乱善恶也。"**愿君广末光,照妾薄暮年。**善曰:《封禅书》:"使获耀日月之末光。"魏文帝《善哉行》:"上山采薇,薄暮苦饥。"善曰:《楚辞》:"薄暮雷电归何处。"

〔一〕"游",《文选》卷二八作"逝"。

陆 云

《晋书》:陆云,字士龙,少与兄机齐名,号"二陆"。为吴郎中令,出宰浚仪,有惠政,为颖所害。

为顾彦先赠妇往返案:《文选》无"往返"二字。四首

顾彦先,注见上文。按:《文选》注:本集亦云"为彦先",然此二篇并是妇答,而云"赠妇",误也。考《文选》只取二首,故云。

我在三川阳,子居五湖阴。《周诰》:西周三川皆震。韦昭曰:三川,泾、渭、汭,出于岐山也。《战国策》:张仪曰:"今三川,周室之朝市。"韦昭曰:有河、洛、伊,故曰三川。《艺文类聚》:《说文》曰:"湖,大陂也。"扬州浸有五湖。张渤《吴录》:五湖者,太湖之别名,以其周行五百里,故以五湖名。**山海一何旷,譬彼飞与沉。**荀爽《与季膺书》:任其飞沉,与时抑扬。**目想清惠姿,耳存淑媚音。**夏侯湛《玄鸟赋》:吐清惠之泠音。**独寐多远念,寤言抚空衿。彼美同怀子,非尔谁为心?**

悠悠君行迈,茕茕妾独止。行迈、茕茕,俱见《诗》。**山河安可逾?永隔路**一作"路隔"。**万里。**《左传》:子犯曰:"表里山河,必无害也。"**京室多妖冶,粲粲都人子。**善曰:《上林赋》:"妖冶闲都。"郑玄《仪礼注》:"女子。子者,女子也,别于男也。"**雅步袅**一作"擢"。**纤腰,巧笑发皓齿。**陆机《百年歌》:高谈雅步何盈盈。《墨子》:楚灵王好细腰,国多饿死人。张衡《舞赋》:搦纤腰而互折。**佳丽良可羡,**案:《文选》作"美"。**衰贱**一作"颜"。**焉足纪。**善曰:《战国策》:"司马喜曰:'赵,佳丽之所出。'"高诱曰:"佳,大也。丽,美也。"**远蒙眷顾言,衔恩非望始。**善曰:郑玄《诗注》曰:"顾,念也。"《左传》:"郑伯曰:'非所敢望。'"魏文帝《哀己赋》:"蒙君子之博爱,垂过望之渥恩。"案:此首与末一首《文选》载。

翩翩飞蓬征，郁郁寒木荣。陆机《演连珠》：劲阴杀节，不凋寒木之心。案：《淮南子》：见飞蓬转而知为车。《诗经注》：蓬华如柳絮，聚而飞如乱发。游止固殊性，浮沉岂一情。宋谢灵运《武帝诔》：颇预游止。盖本此。案：《关尹子》：故能制一情者，可以成德。隆爱结在昔，信誓贯三灵。《春秋元命苞》：造起天地，铸演人君，通三灵之贶。秉心金石固，岂从时俗倾。《楚辞》：世从俗而变化，随风靡而成行。美目逝不顾，纤腰徒盈盈。何用结中款，仰指北辰星。繁钦《定情诗》：中情既款款。

浮海难为水，游林难为观。容色贵及时，朝华忌日晏。皎皎彼姝子，灼灼怀春粲。毛苌《诗传》曰：怀，思也。《国语》：女三为粲。西城善雅舞，总章饶清弹。善曰：陆机《洛阳记》："金墉城在宫之西北角，魏故宫人皆在其中。"崔豹《古今注》："魏文帝宫人尚衣，能歌舞，一时冠绝。"孙盛《晋阳秋》："傅隆议曰：'其总章技，即古女乐。'"鸣簧发丹唇，朱弦绕素腕。善曰：《洛神赋》："攘皓腕。"晋张骏《薤露》：义士扼素腕。案：《汉武内传》：许飞琼鼓震灵之簧。又：邢疏：簧者，笙中金薄叶也。笙必有簧，故或谓笙为簧。《乐记》郑注：朱弦，练朱弦也。不练则体劲而声清，练则丝熟而声浊。轻裾犹电挥，双袂如霞案：《文选》作"雾"。散。傅毅《舞赋》：霆骇电灭。《汉·匈奴传》：瓦解云散。张衡《舞赋》：裾若飞燕，袖如回雪，徘徊相佯，瞥若电伐。韩康伯《周易注》：挥，散也。华容溢藻幄，哀响五臣作"音"。入云汉。《洛神赋》：华容阿那。杜预《左传注》：幄，帐也。《列子》：薛谭学讴于秦青，辞归。青饯于郊衢，抚节悲歌，声振林木，响遏行云。张湛曰：二人薛秦之善歌者。按：《汉旧仪》：祭天有绀幄帐。《释名》：幄，屋也。以帛依板施之，形如屋也。知音世所希，非君谁能赞？善曰：《释名》："称人之美，曰赞也。"弃置北辰星，问此玄龙焕。善曰：《石氏星赞》："轩辕，龙体，主后妃。"向曰：北辰星不移动，喻己也。玄龙,喻美色。按:《河图》:玄金千岁生玄龙,余亦然。张衡赋:玄龙迎夏则陵云而奋鳞,乐时也。**时暮勿复**一作"复何"。**言**,华落理必贱。

张　协

《晋书》:张协,字景阳。少辟公府,后为黄门侍郎。按:协,载之弟,兄弟并守道不竞,以属咏自娱。

杂诗一首

按:《文选》杂诗十首,此其首篇也。

秋夜凉风起,清气荡暄浊。梁刘缓《奉和纳凉诗》:清气流暄浊。刘孝威《望雨诗》:清阴荡暄浊。盖俱本此。《汉·天文志》:其国大荡。注:荡,涤也。**蜻蛚吟阶下,飞蛾拂明烛。**善曰:《易通卦验》:"立秋蜻蛚鸣。"崔豹《古今注》:"飞蛾,善拂灯火。"按:《拾遗记》:燕昭王取绿桂之膏,然以照夜。忽有飞蛾衔火,状如丹雀。**君子从远役,佳人守茕独。离居几何时?钻燧忽改木。**善曰:《礼含文嘉》:"燧人始钻木取火,炮生为熟。"邹子曰:"春取榆柳之火,夏取枣杏之火,季夏取桑柘之火,秋取柞楢之火,冬取槐檀之火。"屈原《九歌》:折疏麻兮瑶华,将以遗兮离居。**房栊无行迹,庭草萋已**善作"以"。**绿。**善曰:《古诗》:"秋草萋以绿。"**青落**一作"苔"。**依空墙,蜘蛛网四屋。**善曰:《淮南子》:"穷谷之污,生以苍苔。"魏文帝诗:"蜘蛛绕户牖,野草当阶生。"《论衡》:"蜘蛛结丝以网飞虫,人之用计安能过之。"**感物多所怀,沉忧结心曲。**善曰:古诗:"感物怀所思。"子建

《杂诗》:"沉忧令人老。"

杨　方

《晋书》:杨方,字公回。有异才,为高梁太守。案:贺循称方于京师,王导辟为掾,转东安太守。后补高梁,以年老弃郡归。

合欢诗五首

后三首一作《杂诗》。末一章《艺文类聚》作《合欢树诗》。注见卷九湘东王。《乐府解题》:《合欢诗》,晋杨方所作也。言妇人谓虎啸风起,龙跃云浮,磁石引针,阳燧取火,皆以同声相应,同气相求。我与君情,亦犹形影宫商之不离也。常愿食共并根穗,饮共连理杯,衣共双丝绢,寝共无缝裯,坐必接席,行必携手。如鸟同翼,如鱼比目,利断金石,密逾胶漆也。按:晋杂曲歌辞。茂倩《乐府》俱作《合欢诗》五首。

虎啸谷风起,龙跃景云浮。同声好相应,同气自相求。《春秋元命苞》:猛虎啸,谷风起。《淮南子》:龙举而景云属。《孝经援神契》:天子孝则景云出游。**我情与子亲,譬如影**一作"形"。**追躯。食共并**一作"同"。**根穗,饮共连理杯。**《东观汉记》:济阳县嘉禾生一茎九穗。案:《淮南子》:孔子见禾之三变。注:三变,始于粟,粟生苗,苗成于穗。《孝经援神契》:德至草木则木连理。又:《方言》:盁、㼟、㼽、㼿,皆杯也。杯其通语也。**衣用**一作"共"。**双丝绢,寝共**按:一作"用"。**无缝裯。**一作"绹"。梁元帝《答齐饷双马诗》:色丽双丝。《子夜四时歌》:俱作双丝引,共奏同心曲。《说文》:缝,以针紩衣也。《广韵》：裯，襌被。**居愿接膝坐，行愿携手趋**。一作"游"。《妒记》：有人姓荀，妇庾氏大妒忌，邻近有年少，径突首诣荀，接膝共坐，庾闻大骂。王僧孺《与何炯书》：岂复得与二三士友抱接膝之欢。盖本此。**子静我不**一作"求"。**动，子游我无**一作"不"。**留。齐彼同心鸟，譬此**一作"彼"。**比目鱼**。《宋书》：同心鸟，王者德及遐方则至。梁元帝《鸳鸯赋》：胜林鸟之同心。即指此。**情至断金石，胶漆未为牢。但愿长无别，合形作一躯。生为并身物，死为同棺**一作"椁"。**灰**。《广韵》：并，合和也。《淮南子》：彼并身而立节，我诞漫而悠忽。《说文》：棺，关也，所以掩尸。黄帝始造棺椁。**秦氏自言至，我情不可俦**。

磁石招一作"引"。**长针，阳燧下炎烟**。《三辅黄图》：阿房宫以磁石为门，怀刃者，止之。《南州异物志》：涨海崎头水浅而多磁石，外徼人乘舟，皆以铁锢锢之，至此关以磁石不得过。《蜀本草》：吸铁虚运十数针，乃至一二斤刀器，回转不落。《周礼》：司烜氏掌以夫遂，取明火于日。注：夫遂，阳遂也。疏释曰：云"夫遂，阳遂也"者，以其日者，太阳之精，取火于日，故名阳遂。**宫商声相和，心同自相亲**。郑玄《乐记注》：宫商角征羽，杂比曰声，单出曰音。魏徐干《中论》：苟得其心，万里犹近。**我情与子合，亦如影追身。寝共织成被，絮用**一作"共"。**同功绵**。魏武帝《与太尉杨文先书》曰：并遗足下贵室错彩罗縠裘一领，织成鞾一量也。《正字通》引《说文》：絮，敝绵也。一曰缫余为絮，不缫为绵。徐曰：精者曰绵，茧内衣护蛹者，与其外膜绪杂为之曰絮。晋嵇含《伉俪诗》：裁彼双丝绢，著于同功绵。与此义同。《通雅》高诱注引《海阳异名记》云：八蚕共为一大茧，同功绵当即此。按：戏瑕《古乐府》有"终用同功绵"。今吴兴养蚕家，以两蚕共作茧者，谓之同功绵，价倍于常。其丝以三茧抽者为合罗丝，岁以充造御服，山龙华虫粉米藻火，并出于此，士庶家不得滥用也。谢肇淛著《西吴枝乘》载之。**暑摇比翼扇,寒坐併肩毡**[一]。《北堂书钞》载陆机《芙蓉诗》曰:夏摇比翼扇。今集无。《史记·田儋传》:与其弟并肩而事其主。《周礼》:秋敛皮,冬敛草,供其羺皮为毡。《集韵》曰:毡,细罽也。**子笑我必哂,子戚我无欢。来与子共迹,去与子同尘。**晋陆机《吴贞献处士陆君诔》:行焉比迹,诵必共响。《老子》:和其光,同其尘。**齐彼蛩蛩兽,举动不相捐。**《孔丛子》:北方有兽名蹷,食得甘草,必啮以遗蛩蛩、駏驉,二兽见人来,必负蹷以走,二兽非爱蹷也,为其得甘草以遗之也。蹷非爱二兽,为假足也。司马相如《子虚赋》:蹵蛩蛩,辚距虚。注:蛩蛩,兽状如野人。《尔雅·释地》:西方有比肩兽,与蛩蛩、距虚比,为蛩蛩、距虚啮甘草,即有难,蛩蛩、距虚负而走,其名谓之蹷。郭璞曰:今雁门广武县夏屋山中有兽,形如兔而大,负共行,土俗名之为蹷鼠。**惟愿长无别,合形作一身。生有同室好,死成并棺民。徐氏自言至,我情不可陈。**篇末言"秦氏自言至","徐氏自言至",似借秦嘉夫妇为喻也。注见卷一。

〔一〕"併",纪氏《考异》作"並"。

独坐空室中,愁有数千端。《史记》:魏公子宾客辨士说王万端。魏文帝《折杨柳行》:愤愤千万端。**悲响答愁叹,哀涕应苦言。**一作"心"。**彷徨四顾望,白日入西山。**《楚辞》:日杳杳以西颓。**不睹佳人来,但见飞鸟还。**晋陶潜《归去来辞》:鸟倦飞而知还。**飞鸟亦何乐?夕宿自作群。**《禽经》:陆鸟曰栖,水鸟曰宿,独鸟曰止,众鸟曰集。

飞黄衔长辔,翼翼回轻轮。《淮南子》:黄帝治天下,于是飞黄服皂。高诱曰:飞黄,狐背上有角,乘之寿三千岁也。《正字通》:辔,御马索也。俗曰马缰。陆佃曰:御者驽马以鞭为主,驭马以辔为主。《说文》:有辐曰轮,无辐曰辁。《考功记》:察车自轮始。**俯涉绿水涧,仰**

过九层山。《吴都赋》:亘以绿水。《汉书》:王阳为益州刺史,至邛崃九折坂。**修途曲且险,秋草生两边。黄华如沓金,白花如散银。**张翰《杂诗》:黄华如散金。**青敷罗翠彩,绛葩象赤云。**《广韵》:敷,施也。《说文》:葩,古花字,本伪作藟,音为讹切。按:《周礼·保章氏注》:云色赤为兵荒。又:《左传》:有云如众赤鸟,夹日以飞三日。**爰有承露枝,紫荣合素芬。扶疏垂清藻,布翘芳且鲜。**《上林赋》:垂条扶疏。《说文》:扶疏,四布也。**目为艳彩回,心为奇色旋。**晋蔡洪《斗凫赋》:备艳彩之翠英。陈江总《云堂赋》:吐触石之奇色。**抚心悼孤客,俯仰还自怜。**曹植《九咏》:何孤客之可悲。《列子》:师襄抚心高蹈。**峕崛向壁叹,揽笔作此文。**《后汉书》:黄祖长子射为章陵太守,有献鹦鹉者,射举札于祢衡前,衡揽笔而作,辞彩甚丽。

南邻按:一作"林"。**有奇树,承春挺素华。**张衡《思玄赋》:存重华乎南邻。束晳《补亡诗》:亦挺其秀。屈原《九歌》:绿叶兮素华。**丰翘被长条,绿叶蔽朱柯。**《西京赋》:擢灵芝于朱柯。**因风吐微**一作"徽"。**音,芳气入紫霞。我心羡此木,愿徙着余**按:《乐府》作"予",下"余"字亦作"予"。**家。夕得游其下,朝得弄其葩。尔根深且坚,**按:《艺文》作"固"。**余宅浅且洿。移植良无**一作"无良"。**期,叹息将如何?**一作"何如"。

王 鉴

《晋书》:王鉴,字茂高,堂邑人。少以文笔著称。初为琅琊侍郎,后拜驸马都尉,出补永兴令。

七夕观织女一首

牵牛悲殊馆,织女悼按:一作"怨"。**离家。**曹植《九咏》注:织女牵牛之星,各处河之旁。**一稔期一宵,此期良可嘉。**《左传》:叔向曰:"所谓不及五稔者。"杜预曰:稔,年也。**赫奕玄门开,飞阁郁嵯峨。**魏陈琳《武军赋》:光赫奕以烛华。高允《鹿苑赋》:涉玄门之幽奥。盖本此。《西都赋》:修涂飞阁。秦嘉诗:盘石郁嵯峨。**隐隐驱千乘,阗阗越星河。**阗阗,见《诗》。**六龙奋瑶辔,文螭负琼车。**《说文》:螭,若龙而黄,北方谓之地蝼。或曰:龙无角曰螭。郭璞《游仙诗》:云螭非我驾。**火丹秉瑰烛,素女执琼华。**晋傅咸《烛赋》:扬丹辉之炜烨。《说文》:瑰,玫瑰也。一曰圆好。徐曰:火齐象珠,赤色起之,层层各异。琼华,见《诗》。按:火丹,仙女名。**绛旗若吐电,朱盖如振霞。**班固《封燕然山铭》:朱旗绛天。军令:闻九鼓音举绛旗。按:《周礼·冬官》:轮人为盖。**云韶何嘈嘈,灵鼓鸣相和。**晋王珣《孝武帝哀策文》:云韶候奏。陆云诗:鸾栖高岗,耳想云韶。云,为《云门》,黄帝乐也。韶,九《韶》,舜乐也。潘岳《金谷集诗》:扬枹抚灵鼓。**亭轩纡**一作"伫"。**高盼**[一]**,眷余在岌峨。泽因芳露沾,恩附兰风加。**《晋康帝哀策文》:兰风载芳。**明发相从游,翩翩鸾鷟罗。**《决疑注》:凡象凤者有五,多赤色者凤,多青色者鸾,多黄色者鹓鶵,多紫色者鷟鷟,多白色者鹄。**同游不同观,念子忧怨多。敬因三祝末,以尔属皇娥。**《庄子》:尧观乎华。华封人曰:"嘻!圣人,请祝圣人,使圣人寿。"尧曰:"辞。""使圣人富。"尧曰:"辞。""使圣人多男子。"尧曰:"辞。"

〔一〕"亭",纪氏《考异》作"停"。

李　充

　　《晋书》:李充,字弘度,江夏郢人。辟丞相王导掾,转记室参军。以贫求剡县。迁大著作中书郎。

嘲友人一首

同好齐欢爱,缠绵一何深。成公绥《啸赋》:奋久结之缠绵。**子既识我情,我亦知子心。嬿婉历年岁,和乐如瑟琴。**《韩诗》:岁聿其暮。薛君曰:言年岁已晚也。**良辰不我俱,中阔似商参。尔隔北山阳,我分南川阴。**《说文》:阴,暗也。水之南,山之北也。**嘉会罔克从,积思安可任。目想妍丽姿,耳存清媚音。**晋杨泉《织机赋》:丽姿妍雅。"耳存"、"目想"句,本上文陆云。**修昼兴永念,遥夜独悲吟。**《楚辞》:觊杪秋之遥夜。**逝将寻行役,言别涕沾襟。**按:一作"衿"。**愿尔降玉趾,一顾重千金。**《左传》:展喜从齐侯曰:"闻君亲举玉趾。"曹植诗:一顾千金重,何必珠玉贱。

曹　毗

　　《晋书》:曹毗,字辅佐,谯国人。少好文籍,善属辞赋。除郎中,累迁至光禄勋。案:毗有《续神女杜兰香歌》十首,甚有文彩。

夜听捣衣一首

按:《乐府》有无名氏《捣衣曲》一首。注:言捣素裁衣缄封寄远也。

寒兴御纨素,佳人理衣襟。一作"衾"。冬夜清且永,皓月照堂阴[一]。纤手叠轻素,朗杵叩鸣砧。《广韵》:碪,捣衣石也。砧同。《子夜歌》:佳人理寒服,万结杵砧劳。清风流繁节,回飙洒微吟。《易通卦验》:立夏清风至而鹤鸣。嗟此往一作"嘉"。运速,悼彼幽滞心。二物感余怀,岂但声与音。晋鲁褒《钱神论》:孤弱幽滞,非钱不拔。

〔一〕"皓",纪氏《考异》作"皎"。

陶　潜

《晋书》:陶潜,字元亮,一字渊明,入宋名潜,浔阳柴桑人。少有高趣。隆安中,为镇军参军,迁建威参军。未几,求为彭泽令。解绶归,终其身不仕。宋颜延年诔之,谥曰靖节先生。

拟古诗一首

良曰:此言荣乐不常。按:此首《文选》载。

日暮天无云,春风扇微和。佳人美清夜,达曙酣且歌。歌竟长叹息,持此感人多。明明云间月,灼灼叶中华。按:本集作

"皎皎"。岂无一时好,不久当如何?

荀 昶

《南史·荀伯子传》:伯子,颍川颍阴人。族弟昶字茂组,与伯子绝服。元嘉初,以文义至中书侍郎。《隋书·艺文志》:宋中书郎荀昶集十四卷。

拟相逢狭路间按:相和歌辞清调曲。茂倩《乐府》作《长安有狭邪行》。注见卷一古乐府。

朝发邯郸邑,暮宿井陉间。《汉·地理志》:赵国领邯郸县。张晏曰:邯郸山在东城下。单,尽也。城郭从邑,故加邑云。师古曰:邯,音寒。邯郸,今属广平府。又:常山郡领井陉县。应劭曰:井陉山在南。音刑。**井陉一何狭,车马不得旋。**《汉·韩信传》:广武君李左车说安成君曰:"今井陉之道,车不得方轨,骑不得成列。"**邂逅相逢值,崎岖交一言。**《南都赋》:下蒙茏而崎岖。《广雅》:崎岖,倾侧也。按:《史记·陈杞世家》:楚庄王轻千乘之国而重一言。**一言不容多,伏轼问君家。**《庄子》:宣尼伏轼而叹。**君家诚难知,难知复易博**[一]**。南面平原居,北趣相如阁。飞楼临名都,通门枕华郭。**《史记·平原君传》:平原君家楼临民家。又:廉颇至相如门谢罪。《吴越春秋》:范蠡为勾践立飞翼楼,以象天门。又:公仲谓韩王曰:"一如和秦,赂以一名都。"《西都赋》:立十二之通门。《吴都赋》:通门二八。晋庾阐《闲居赋》:宇接华郭。**入门无所见,但见双栖鹤。**《禽经》:鹤以怨望以洁唳。又:鹤以声交而孕。**栖鹤数十双,鸳鸯群相追。**

一作"逐"。**大兄珥金珰**,按:一作"铛"。**中兄振缨綏**[二]。董巴《舆服志》:侍中冠弁大冠,加金珰,附蝉为文。束晳《玄居释》:背缨綏而长逸。**伏腊**一作"二"。**来归,邻里生光辉。**杨恽《报孙会宗书》:岁时伏腊,烹羊炰羔。《周礼·遂人》:五家为邻,五邻为里。**小弟无所作**[三],**斗鸡东陌逵。**《汉书》:眭弘少好斗鸡走马。《风俗通》:里语云:"越陌度阡,更为客主。"**大妇织纨绮,中妇缝罗衣,**陆机《罗敷歌》:粲粲绮与纨。**小妇无所作,挟瑟弄音徽。**陆机乐府:音徽日夜离。**丈人且却坐,**一作"步"。**梁尘将欲飞。**

〔一〕二"难"字《乐府诗集》卷三五均作"易",可从。纪氏《考异》:"博者,寻觅之意。释宝月《估客乐》曰'五两如竹林,何处相寻博',盖六朝有此方言。或疑为误字,非也。"

〔二〕"振缨綏",《乐府诗集》作"缨珠綏",注:"一作'缨玉蕤'。"

〔三〕"作",《乐府诗集》作"为"。

拟青青河边草

注见卷一蔡邕。按:相和歌辞瑟调曲。此与卷二傅玄作,俱拟《饮马长城窟行》,与卷中陆机诗异。

荧荧山上火,茗茗隔陇左。《说文》:天水大坂,亦州,汉汧县。后魏置东秦州,又改为陇州,因山名之。**陇左不可至,精爽通寤寐。寤寐衾帱**按:一作"帏"。**同,忽觉在他邦。**曹植《赠白马王彪诗》:何必同衾帱,然后展殷勤?《说文》:衾,大被。《六书故》:衾,寝所覆也。**他邦各异邑,相逐不相及。迷墟在望烟,木落知冰坚。**《说文》:墟,大邱也。《淮南子》:木叶落,长年悲。**升朝各自进,谁肯相攀牵?**谢灵运诗:质弱易扳缠。注:扳缠,犹牵引也。**客从北**

方来，遗我端弋绨。《汉·文帝纪》：赞曰："身衣弋绨。"师古曰：弋，黑色也。绨，厚缯。绨，音大奚反。**命仆开弋绨，中有隐起珪。**陶弘景《刀剑录》：董卓少时耕野得一刀，无文字，四面隐起作山云文。《说文》：圭，瑞玉也。上圆下方。圭，与"珪"同。**长跪读隐珪，辞苦声亦凄。上言各努力，下言长相怀。**

王　微—作"徽"。

沈约《宋书》：王微，字景玄，少好学，无不通览。年十六，举秀才。除南平王铄右军咨议。微素无宦情，并称疾不就。江湛举为吏部郎中。按：《宋书》无王徽字景玄者，作"徽"误。又按：江淹拟古诗《王征君微养疾》，亦作"微"。

杂诗二首

桑妾独何怀？倾筐未盈把。《左传》：晋公子将行，谋于桑下，蚕妾在其上。**自言悲苦多，排却不肯舍。**《庄子》：造适不及笑，献笑不及排，安排而去化。《广韵》：却，节也，又去。**妾悲叵陈诉，填忧不销冶。**《字书》：叵，不可也。郑玄《礼记注》：填，满也。江淹《恨赋》：悲来填膺。**寒雁归所从，半途失凭假。**《广韵》：凭，托也。又：假，且也，借也，非真也。**壮情抃驱驰，猛气捍朝社。**陆机《吊魏武帝文》：雄心摧于弱情，壮图终于哀志。《汉书》：吏士曰："军中不得驱驰。"于是天子乃按辔徐行。《广韵》：驱，驰也。应璩《与许子俊书》：猛气畜勇，其毒如何？按：《书·盘庚》：乃正厥位。疏：礼郊在国外，左祖右社，面朝后市，正厥位谓正。此郊庙朝社之位也。**常怀雪**一作

"云"。**汉惭,常欲复周雅**。《诗序》:《云汉》,仍叔美宣王也。宣王承厉王之烈,内有拨乱之志,遇灾而惧,侧身修行,欲销去之。天下喜于王化复行,百姓见忧,故作是诗也。**重名好铭勒,轻躯愿图写**。冯衍《奏记》:邓禹曰:"铭勒金石。"梁沈约《内典序》:图容写状。义同。范晔《后汉书》:显宗追感前世功臣,乃图画二十八将于南宫云台。**万里度沙漠,悬师蹈朔野**。《说文》:漠,北方流沙。《汉书》:李陵歌曰:"径万里兮度沙漠。"《史记·齐世家》:桓公西伐大夏,涉流沙,束马悬车。登太行,至卑耳山。《后汉·皇甫规传》:成功悬师之赏。晋袁宏《丞相桓温碑文》:悬军轻进。《晋书·载记》姚德方言于硕德曰:"今悬师三千,后无继援。"陆机《辨亡论》:冲棚息于朔野。钟嵘《诗品》:或骨横朔野。**传闻兵失利,不见来归者**。魏武帝《严败军令》:其令诸将出征,败军者抵罪,失利者免官爵。**奚处埋旍麾?何处丧车马?** 魏明帝《善哉行》:旍旟指麾。**拊心悼恭人,零泪覆面下**。按:恭人,见《诗》。《吕氏春秋》:夫差以冒面死。高诱注曰:冒,覆面也。《后汉书》:臧洪《报袁绍书》曰:"不觉涕流之覆面也。"**徒谓久别离,不见长孤寡**。宋玉《高唐赋》:孤子寡妇,寒心酸鼻。**寂寂掩高门,寥寥空广厦**。左思《咏史诗》:寂寂杨子宅,门无卿相舆。李颙《离思篇》:寥寥天宇阔。**待君竟不归,收颜今就槚**。《左传》:则就木焉。又:子胥曰:"树吾墓槚,槚可材也。"

思妇临高台,长想凭华轩。善曰:《舞赋》:"远思长想。"《登楼赋》:"凭轩槛以遥望。"潘岳《为贾谧赠陆机诗》:"珥笔华轩。"韦昭《汉书注》:"轩,槛上板也。"**弄弦不成曲,哀歌若送言**[一]。善曰:左太冲《咏史诗》:"哀歌和渐离。"《张平子书》:"酸者不能不苦于言也。"**箕帚留江介,良人处雁门**。善曰:箕帚,妇人所执也。《国语》:吴王夫差伐越。越王勾践乃命诸稽郢行成于吴,曰:"勾践请盟,一介适女,执箕帚以备姓于王宫。"《说文》:"箕,簸也。帚,粪也。"《楚辞》:"哀江介之悲风。"《汉·地理志》:雁门郡,秦置。**讵忆无衣苦,但知狐白温。**善曰:曹植《赠丁仪诗》:"狐白足御冬,焉念无衣客?"《晏子春秋》:景公被白狐之裘,坐于堂侧。**日暗牛羊下,野雀满空园。**善曰:古《猛虎行》:"日暮不从野雀栖。"**孟冬寒风起,东壁正中昏。**善曰:东壁,星名。十月则日昏时见于南。故《礼》云:"仲冬之月中昏,伤岁暮也。"古诗:孟冬寒气发,北风何惨栗。**朱火独照人,抱景自愁怨**〔二〕。平声。善曰:《楚辞》:"廊抱景而独倚。"**谁知心曲乱?所思不可论。**按:此首《文选》载。

〔一〕"若送",《文选》卷三〇作"送苦",可从。
〔二〕"朱火独照人,抱景自愁怨",《文选》作"抱影自愁怨,朱火独照人"。

谢惠连

《宋书》:谢惠连,陈郡阳夏人。谢方明子。幼聪敏,十岁能属文,族兄灵运深嘉之。本州岛辟主簿,不就。后为彭城王法曹参军。

七月七日咏牛女

善曰:《齐谐记》:"桂阳成武丁有仙道,常在人间。忽谓其弟曰:'七月七日织女渡河,诸仙悉还宫,吾向已被召,不得停,与尔别矣。'弟问:'织女何事渡河?兄何当还?'答曰:'织女暂诣牵牛。吾去后三千年当还耳。'明旦,失武丁所在,世人至今犹云:七月七日织女嫁牵牛。"按:《文选》"咏"字上有"夜"字。此首《文选》载。

落日隐榈一作"檐"。**楹,升月照房**六臣作"帘"。**栊。团团满叶露,析析**先历反。一作"浙浙"。**振条风。**善曰:《楚辞》:"秋风兮萧萧,舒芳兮振条。"蹀一作"牒"。**足循广涂**〔一〕**,瞬**一作"舜"。**目矆**力帝反。**层穹。**善曰:《吕氏春秋》:"惠盎见宋康王,康王蹀足謦欬。"《声类》:"蹀,蹋也。"《登楼赋》:"循阶除而下降。"《说文》:"除,殿阶也。"又:"瞬,开合目也。"《苍颉篇》:"矆,索视之貌也。""穹,天也。"又按:《蜀都赋》:画方轨之广涂。**云汉有灵匹,弥年阙相从**〔二〕。善曰:曹植《九咏》注:"牛女为夫妇,七月七日得一会同也。"毛苌《诗传》:"弥,终也。"**遐川阻昵**善作"昵"。**爱,修渚旷清容。**善曰:曹植《九咏》注:"织女牵牛之星,各处河之旁。"《尔雅》:"昵,近也。"孙炎曰:"亲之,近也。"《苍颉篇》:"旷,疏旷也。"**弄杼不成彩,**一作"藻"。**耸辔惊**按:一作"鹜"。**前踪。**善曰:王逸《楚辞注》:"踪,轨也。"枚乘《杂诗》:"札札弄机杼。"**昔离秋已两,今聚夕无双。**按:《文选注》:言昔离迄今会而秋已两,今聚便别,故夕无双也。**倾河易回斡,款颜**五臣作"情"。**难久惊**〔三〕。音琮。善曰:倾河,天汉也。陆机《拟古诗》:"天汉东南倾。"边让《章华台赋》:"天河既回,欢乐未终。"如淳《汉书注》:"斡,转也。"《字林》:"款,诚也,意有所欲。"《广雅》:"惊,乐也。"**沃若灵驾旋,寂寥云幄空**〔四〕。善曰:沃若,见《毛诗》。陆机《云赋》:"藻帶高舒,长帷虹绕。"谢朓《七夕赋》:云幄静兮香风浮。《路史·禅通纪》:女娲氏乃设云幄而致神明。**留情顾华寝,遥心逐奔龙。**善曰:龙,仙者所驾,故遥心以逐之。《庄子》:"神人乘云气,御飞龙也。"**沉吟为尔感,情深意弥重。**善曰:《广雅》:"感,伤也。"郑玄《仪礼注》:"弥,尽也。"

〔一〕"涂",《文选》卷三〇作"除",可从。
〔二〕"弥",《太平御览》作"终"。

〔三〕"款颜",《太平御览》作"凝情"。

〔四〕"寥",《太平御览》作"寂"。

捣　衣

良曰：妇人捣帛裁衣，将以寄远也。按：此首《文选》载。

衡纪无淹度，晷运倏如摧。善曰：《汉书》："用昏建者杓，夜半建者衡。"晋灼曰："衡，斗之中央也。"《尔雅》："星纪，斗牵牛也。"《汉书音义》："二十八舍列在四方，日月行焉，起于星纪也。"《说文》："晷，日影也。"**白露滋园菊，秋风落庭槐。**魏王粲《大暑赋》：仰庭槐而啸风。按：《尔雅》：菊，治蘠也。《山海经》：女儿之山，其草多菊。《管子》：五沃之土，其木宜槐。曹植《魏德论》：武帝执政日，白雀立于庭槐。**肃肃莎**按：一作"沙"。**鸡羽，烈烈寒螀**于良反。**啼**〔一〕。善曰：莎鸡，见《毛诗》。一名促织，一名络纬，一名蟋蟀。《论衡》："夏末寒，蜻蛚鸣，将感阴气也。"许慎《淮南子注》："寒螀，蝉属也。"**夕阴结空幕，霄**五臣作"宵"。**月皓中闺。美人戒裳**一作"常"。**服，端饬相招携**〔二〕。善曰：《左传》："招携以礼。"何休《公羊传注》：携，持将也。**簪玉出北房，鸣金步南阶。**善曰：《魏台访议》："以玉为笄也。古曰笄，今曰簪。"繁钦《定情诗》："何以致拳拳？绾臂双金环。"**櫩**一作"栏"。**高砧响发，楹长杵声哀。**善曰：郭璞曰："砧，木质也。"然此砧为捣帛之质也。《文字集略》："砧，杵之质也。猪金切。"《尔雅》："砧，谓之虡。"**微芳起两袖**〔三〕，**轻汗染双题。**善曰：《说文》："题，额也。"陆机《塘上行》：微芳不足宣。**纨素既已成，君子行不**按：一作"未"。**归。裁用笥**一作"四"。**中刀，缝为万里衣。**善曰：《说文》："箧，笥也。"又："緘，束箧也。古咸切。"《古诗》：相去万余里。**盈箧**按：一作"筐"。**自予手，幽緘俟**善作"候"。**君开。腰带准畴**

昔,不知今是非。善曰:《左传》:"羊斟曰:'畴昔之羊子为政。'"按:《古今注》:汉中兴,每以端午赐百僚鸟犀腰带。

按:齐云:情致缠绵,已为齐梁艳体之先声矣。

〔一〕"烈烈",《艺文类聚》卷六七作"洌洌",可从。

〔二〕"饬",《文选》卷三〇作"饰",可从。

〔三〕"起",《艺文类聚》作"发"。

代　古

按:乐府《客从远方来》,相和歌辞瑟调曲。鲍照、鲍令晖各有一首。令晖诗,见第四卷。

客从远方来,赠我鹄文绫。《晋·卢志传》:帝赐志鹤绫袍一领。鹄、鹤通用。按:《说文》:东齐谓布帛之细者为绫。《西京杂记》:霍光妻遗淳于衍散花绫。据此,则汉时已有绫矣。世传唐褚遂良九世孙造绫之始,误。《事物原始》谓褚公所造,疑今之花绫耳。亦误。**贮以相思箧,缄以同心绳。裁为亲身服,着以俱寝兴。别来经年岁,欢心不可凌。**泻按:一作"写"。**酒置井中,谁能辨斗升?** 刘向《政理篇》:合升斗者寔仓廪。**合如杯中水,谁能判淄渑?**《列子》:孔子曰:"淄渑之合,易牙尝而知之。"

刘　铄

善曰:沈约《宋书》:南平穆王铄,字休玄,文帝第四子也。少好学,有文才。元凶弑立,以为中军将军。世祖入讨,归世祖。进侍中、司空。后以药纳食中毒杀之,时年二十三。

代一作"拟"。下同。行行重行行

铣曰:此篇叙闺人思远之意。按:三首俱拟枚乘诗。"孟冬寒气至"为古诗。

眇眇凌羡道[一],**遥遥行远之**。一作"岐"。善曰:《楚辞》:"路眇眇之默默。"《广雅》:"眇眇,远也。"向曰:摇摇,心不安貌。**回车背京里**,一作"邑"。**挥手于**一作"从"。**此辞**。善曰:古诗:"回车驾言迈。"刘越石《扶风歌》:"挥手长相谢。"《说文》:"挥,奋也。"谢朓诗:徘徊恋京邑。**堂上流尘生,庭中绿草滋**。善曰:曹植《曹仲雍诔》:"流尘飘荡魂安归。"**寒螀翔水曲,秋兔依山基**。善曰:《淮南子》:"兔走归窟,寒螀翔水,各哀其所生。"高诱曰:"寒螀,水鸟。哀,犹爱也。"《风土记》:七月而蟋蟀鸣于朝,寒螀鸣于夕。**芳年有华月,佳人无还期**。**日夕凉风起,对酒长相思**。善曰:魏文帝《秋胡行》:"朝与佳人期,日夕殊不来。"李陵《答苏武书》:"远望悲风至,对酒不能酬。"**悲发江南调,忧委《子衿》诗**。善曰:梁昭明太子《芙蓉赋》:"结江南之流调。"盖本此。古乐府《江南》辞:"江南可采莲。"《子衿》,见《毛诗》。向曰:江南调,采莲曲也。《子衿》诗,叹无音信也。**卧看**按:《文选》作"觉"。**明镫晦,坐见轻纨缁**。铣曰:晦,暗也。夜久则镫暗。纨缁,帛之黑色。言昼夜坐卧,惟见此而已。刘桢《赠五官中郎将诗》:明镫耀闺中。**泪容旷不饬**,一作"不可饰"。**幽镜难复治**。善曰:曹植《七哀诗》:"膏沐谁为容,明镜暗不治。"**愿垂薄暮景,照妾桑榆时**。《后汉·冯异传》注引《前书》谷子云曰:"太白出西方,六十日法当参天,今已过期,尚在桑榆间。"桑榆,谓晚也。按:《淮南子》:日入崦嵫,经于细柳,入虞渊之池,曙于蒙谷之浦。日西垂,景在于树端,谓之桑榆。又按:此首《文选》载。

〔一〕"羡",《文选》卷三一作"长",可从。

代明月何皎皎

良曰:此篇为远人未还,中闺见月而叹。

落宿半遥城,浮云蔼层一作"曾"。阙。玉宇来清风,罗帐延秋月。善曰:郑玄《诗笺》:"层,重也。"曹植《芙蓉赋》:"退润玉宇,进文帝庭。"罗帐,罗帏也。桓子《新论》:"雍门周说孟尝君曰:'今君下罗帐来清风。'"结思想伊人,沉忧怀明发。伊人,见《毛诗》。谁谓一作"为"。行客游,一作"客行久"。屡见流芳歇。河广川无梁,山高路难越。善曰:《楚辞》:"江河广而无梁。"秦嘉妻徐氏《答嘉书》:"高山嵩嵩,而君是越,斯亦难矣。"按:此首《文选》载。

代孟冬寒气至

白露秋风始,秋风明月初。明月照高楼,白露皎玄除。《汉·苏武传》:扶辇下除。师古曰:除,谓门屏之间。迢及凉云一作"风"。起,行见寒林疏。陆机《叹逝赋》:步寒林以凄恻。客从远方至,赠我千里书。先叙怀旧爱,末陈久离居。一章意不尽,三复情有余。愿遂平生眷,一作"志"。无使甘言虚。《史记·商君传》:商君曰:"苦言,药也。甘言,疾也。"

代青青河畔草

按:此拟枚乘《杂诗》,与陆机诗同。

凄凄含露台，肃肃迎风馆。 潘岳《关中记》：桂宫，一名甘泉。又作迎风馆、寒露台以避暑。曹植诗：迎风高中天。《地理书》：迎风馆在邺。**思女御棂轩，哀心彻云汉。** 李尤《高安馆铭》：棂槛相承。曹植《杂诗》：临庸御棂轩。**端抚悲弦泣，独对明镫叹。** 嵇康《琴赋》：拊弦安歌。**良人久繇** 按：一作"遥"。**役，耿介终昏旦。** 冯衍《显志赋》：独耿介而慕古兮。谢灵运诗：昏旦变气候。**楚楚秋** 疑作"湫"。**水歌，依依采菱弹。** 《续博物志》：孔子临湫水而歌曰："湫水衍兮风扬波。"《襄阳耆旧传》：宋玉对楚王曰："中而曰《阳阿》、《采菱》，国中和而知之数百人。"《淮南子》：歌《采菱》，发《阳阿》，鄙人听之，不若《延露》、《阳局》。非歌拙也，听各异也。按：楚楚，见《诗》。又：《晋书·孙绰传》：绰所居斋前种一株松，人谓之曰："树子非不楚楚可怜，但恐永无栋梁日耳。"

咏牛女

秋动清氛扇[一]**，火移炎气歇。** 《尔雅》：大火谓之大辰。郭璞曰：大火，心也。在中最明，故时候主焉。**广栏含夜阴，高轩通夕月。** 《蜀都赋》：开高轩以临山。**安步巡** 一作"寻"。**芳林，倾望极云阙。** 《战国策》：颜斶曰："安步以当车。"刘歆《甘泉赋》：云阙郁之岩岩。**组幕萦汉陈，龙驾凌霄发。** 《正字通》引《内则》：组，紃。注：组，亦织也。又曰：组、紃皆为绦。阔博者为组，似绳者为紃。《左传》：子产相郑伯以会，以幄幕九张行。杜预曰：幄幕，军旅之帐。屈原《九歌》：龙驾兮帝服。郭璞《泰华山图赞》：其谁游之，龙驾云裳。《淮南子》：大丈夫乘云凌霄，与造化逍遥。《晋书·载记》：慕容垂请至邺拜墓，苻坚许之。翼犍谏曰："垂，犹鹰也，若遇风云之会，必有凌霄之志。"郦炎诗：舒我凌霄羽。**谁云长河遥，颇觉促筵越**[二]**。** 魏文帝《永思赋》：

痛长河之无梁。晋潘岳《笙赋》：尔乃促中筵。**沉情未申写，飞光已飘忽**。沈约《宿东园诗》：飞光忽我遒。盖本此。**来**按：一作"未"。**对眄难期，今欢自兹没**。

按：荀昶至刘铄诸诗，徐刻列在第四卷中。

〔一〕"氛"，《艺文类聚》卷四作"风"，可从。
〔二〕"觉"，赵氏覆宋本作"剧"。"越"，《诗纪》作"悦"。

陆　机 宋刻不收，今附于后。

拟行行重行行

济曰：此明闺妇之思。按：二首俱拟枚乘《杂诗》，《文选》叙系第一首。

悠悠行迈远，戚戚忧思深。行迈，见《毛诗》。《楚辞》：君戚戚而不可解。**此思亦何思？思君徽与音。音徽日夜离，缅邈若飞沉**。《悲哉行》：瘴寐多远念，缅然若飞沉。善曰：飞沉，言殊隔也。**王鲔怀河岫，晨风悲**按：一作"思"。**北林**。善曰：《周礼》："春献鲔。"郑玄曰："王鲔，鱼之大者。"综曰：山有穴曰岫也。王鲔，鱼名也，居山穴中。长老言：王岫之鱼，由南方来，出此穴中，入河水，见日目眩，浮水上，流行七八十里，钓人见之，取之以献天子用祭。其穴在河南小平山。**游子眇天末，还期不可寻。惊飙褰反信，归云难寄音**。善曰：《楚辞》："愿寄音于浮云兮，遇丰隆而不将。"张衡《南都赋》："足逸惊飙。"王粲《思亲诗》："仰瞻归云。"**伫立想万里，沉忧萃我心。揽衣有余带，循形不盈襟**。六臣作"衿"。曹植诗：揽衣出中闺。**去去遗情累，安处抚清琴**。苏武《留别》：去去从此辞。魏文帝《善哉行》：

为我弹清琴。晋湛方生《秋夜赋》:情累豁而都忘。士衡《凌霄赋》云:凯情累以遂济。

拟明月何皎皎

李周翰曰:此谓闺人对月思行人之意。按:《文选》叙系第六首。

安寝北堂上,明月入我牖。毛苌《诗传》:背,北堂也。**照之有余辉,揽之不盈手。**善曰:《淮南子》:"天地之间,巧历不能举其数,手微惚恍,不能揽其光也。"高诱曰:"天道广大,手虽能微,其惚恍无形者,不能揽得日月之光也。"**凉风绕曲房,寒蝉鸣高柳。**枚乘《七发》:纵恣于曲房隐闲之中。**踟蹰感节物,我行永已久。游宦会无成,离思难独**按:一作"常"。**守。**

按:齐云:此卷诗艳体,犹与古调相间。宋刻三卷三十九首,今增后二首,共四十一首。

玉台新咏笺注卷四

王僧达

《宋书》:王僧达,琅琊人。初为始兴王参军,稍迁至中书令。屡犯上颜,以狂逆下狱,赐死。

七夕月下一首

远山敛雾祲〔一〕,广庭扬月波。《晋·范隆传》:知并州有氛祲之祥。北齐邢子才《文宣帝哀策文》:氛祲日下。《说文》:雾,亦氛字也。祲,精气感祥。颜师古《汉书注》:祲,谓阴阳气相浸,渐以成灾祥也。《东京赋》:储乎广庭。《汉·郊祀志》:月穆穆以金波。气往风集隙,秋还露泫柯。桓谭《新论》:春葩含日似笑,秋叶泫露如泣。节期一作"气"。既已屡,中宵一作"终宵"。振绮罗。来欢讵终夕,收泪泣分河。晋傅玄《秦女休行》:观者收泪并慷慨。宋谢灵运《武帝诔》:收泪即路。

〔一〕"雾",《艺文类聚》卷四、《初学记》卷四作"氛"。

颜延之

《宋书》：颜延之，字延年，琅琊临沂人。补太子舍人，出为始安太守。元嘉中，征为中书侍郎，复出守永嘉。后为金紫光禄大夫。按：延之好读书，无所不览，文章之美，冠绝当时。

为织女赠牵牛

婺女俪经星，嫦一作"姮"。**娥栖飞月。**《史记·天官书》：牵牛为牺牲。其北河鼓。河鼓大星，上将；左右，左右将。婺女。《竹书纪年》：周景王十三年，有星出婺女，二十八宿为经，七曜为纬。《周礼·冯相氏》疏：二十八星，若指星体言，谓之星，日月会于其星，即名宿，亦名辰，亦名次。《淮南子》：羿请不死之药于西王母，嫦娥窃而奔月。注：嫦娥，羿妻也。**惭无二媛灵，托身侍天阙。**崔骃《反都赋》：徘徊天阙。山谦之《丹阳记》：王茂弘出宣阳门，望牛头山两峰，曰："天阙也。"**闾阖殊未**一作"朱"。**晖，咸池岂沐发。**屈原《离骚》：倚阊阖而望予。王逸曰：阊阖，天门也。《九歌》：与女沐兮咸池，晞女发兮阳之阿。王逸曰：咸池，星名，盖天池也。晞，干也。**汉阴不久张**[一]**，长河为谁越？虽有促谦期，方须凉风发。**宋贺道庆《离合诗》：促席宴闲夜。**虚计双曜周，空迟三星没。**《广雅》：日月谓之双曜。**非怨杼轴劳，但念芳菲歇。**杼轴，见《毛诗》。《楚辞》：芳菲菲兮袭予。谢朓诗：含景望芳菲。

〔一〕"汉"，赵氏覆宋本作"隆"。"久"，《艺文类聚》卷四作"夕"，可从。

秋胡诗一首

善曰:《列女传》:"鲁秋胡洁妇者,鲁秋胡子之妻。秋胡子既纳之,五日,去而宦于陈,五年乃归。未至其家,见路旁有美妇人方采桑。秋胡子悦之,下车谓曰:'今吾有金,愿以与夫人。'妇人曰:'嘻!妾采桑奉二亲,不愿人之金。'秋胡子遂去。归至家,奉金遗其母。其母使人呼其妇,妇至,乃向采桑者也。秋胡子见之而惭,妇曰:'束发修身,辞亲往仕,五年乃得还,当见亲戚,今也乃悦路旁妇人,而下子之装,以金予之,是忘母不孝也。妾不忍见不孝之人!'遂去而走,自投河而死。"良曰:延年咏此,以刺为君之义不固也。按:相和歌辞清调曲。《乐府解题》曰:后人哀而赋之为《秋胡行》。若魏文帝辞云"尧任舜禹,当复何为",亦题曰《秋胡行》。《广题》曰:曹植《秋胡行》,但歌魏德而不取秋胡事,与文帝之辞同,与颜作异。按:此首《文选》载。

椅梧倾高凤,寒谷待鸣律。善曰:凤皇椅桐,见《毛诗》。司马绍统《赠山涛诗》:"昔也植朝阳,倾枝佽鸾鹭。"刘向《别录》:"邹衍在燕,有谷寒不生五谷。邹子吹律而温至生黍也。"按:旧注:"言椅梧伫凤皇之来仪,寒谷资吹律而成煦,类乎影响,岂不相思,故夫妇之仪,自远相匹。"**影响岂不怀,自远每相匹。**善曰:影响,见《尚书》。《鹖冠子》:"影则随形,响即应声。"**婉彼幽闲女,作嫔君子室。**善曰:毛苌《诗传》:"婉然,美貌。"又:"窈窕,幽闲也。"《尔雅》:"嫔,妇也。"**峻节贯秋霜,明艳侔朝日。**善曰:贯,犹连也。郑玄《周礼注》:"侔,等也。"**嘉运既我从,欣愿自此毕。**其一。善曰:陆机《从梁陈诗》:"在昔蒙嘉运。"**燕居未及好**[一]**,良人顾有违。**善曰:郑玄《毛诗笺》:"顾,念也。"**脱巾千里外,结绶登王畿。**善曰:巾,处士所服。

绶,仕者所佩。今欲宦于陈,故脱巾而结绶也。《东观汉记》:"江革养母,幅巾屦履。"《汉书》:"萧育与朱博为友,长安谚曰:'萧朱结绶。'言其相荐达也。"秋胡仕陈,而曰王畿。《诗纬》:"陈,王者所起也。"**戒徒**一作"途"。**在昧旦,左右来相依。**善曰:戒徒,见《易》。《左传》:"谗鼎之铭曰:'昧旦丕显。'"李陵《答苏武书》:左右之人,见陵如此,以为不入耳之欢来相劝勉。**驱车出郊郭,行路正威迟。**善曰:古诗:"驱车策驽马。"毛苌《诗传》曰:"倭迟,历远貌。"《韩诗》"周道威夷",其义同。**存为久离别,没为长不归。**其二。**嗟余怨行役,**三按:一作"尽"。**陟穷晨暮。**三陟,《诗》"陟彼崔嵬","陟彼高冈","陟彼砠矣"是也。**严驾越风寒,解鞍犯霜露。**善曰:《楚辞》:"严车驾兮游戏。"郑玄《礼记注》:"越,蹳也。"《汉书》:"李广令曰:'下马解鞍。'"《左传》:"太叔曰:'跋涉山川,蒙犯霜露。'"《蜀志》:羽檄交驰,严驾已讫。**原隰多悲凉,回飙卷高树。**善曰:宋均《春秋纬注》:"凉,愁也。"原隰,见《诗》。《公羊传》:上平曰原,下湿曰隰。谢灵运诗:运开申悲凉。**离兽起荒蹊,惊鸟纵**一作"从"。**横去。**善曰:阮籍《咏怀诗》:离兽东南下。**悲哉游宦子**[二],**劳此山川路。**其三。**迢遥行人远**[三],**婉转年运徂。良时**五臣作"人"。**为此别,日月方向除。**善曰:《楚辞》:"超迢遥兮今焉薄。"又:"愁秋夜而宛转。"《庄子》:"老聃曰:'予年运而往矣,将何以戒我哉!'"李陵诗:"良时不再至,离别在须臾。"毛苌《诗传》曰:"除陈生新曰除。"郑玄曰:"四月为除。"《广雅》:"方,始也。"**孰知寒暑积,俛偄见荣枯。**善曰:俛偄,犹俯仰也。程晓《女典》:"春荣冬枯,自然之理。"**岁暮临空房,凉风起座隅。寝兴日已寒,白露生庭芜。**其四。善曰:《鹏鸟赋》:"止于坐隅。"宋玉《讽赋》:"主人女歌曰:'岁已暮兮日已寒。'"《尔雅》:"芜,草也。"**勤役从归顾**[四],**反路遵山河。昔辞**善作"醉"。**秋未素,今也岁载华。**《楚辞》:岁既晏兮孰华。陆机《上留田行》:岁华冉冉方除。蚕月观时暇[五],桑野多经过。善曰:蚕月,见《诗》。阮籍《咏怀诗》:"赵李相经过。"佳人从所善作"此"。务,窈窕援高柯。善曰:薛君《韩诗章句》:"窈窕,贞专貌。"《说文》:"援,引也。"倾城谁不顾? 弭节停中阿。其五。善曰:《楚辞》:"吾令羲和弭节兮。"郑玄《毛诗笺》:"中阿,阿中也。大陵曰阿。"王逸曰:"弭,安也。"年往诚思劳,事一作"路"。远阔音形。虽为五载别,相与昧平生。善曰:《楚辞》:"年洋洋而日往。"曹子建《答杨德祖书》:"思子为劳。"陆机《赠顾彦先诗》:"形影旷不接,所说声与音。音声日夜阔,何以慰吾心?"《广雅》:"昧,暗也。"孔安国《论语注》:"平生,犹少年也。"按:旧注言五载之别虽久,论情无容不识,直为先昧平生,所以致谬。舍车遵往路,凫藻驰目成。善曰:舍车,见《易》。李陵诗:"行人怀往路。"班彪《冀州赋》:"感凫藻以进乐兮。"《楚辞》:"满堂兮美人,忽独与予兮目成。"王逸曰:"独与我睨而相视,成为亲亲也。"南金岂不重,聊自意所轻。善曰:南金,见《毛诗》。郑玄《毛诗笺》:"聊,且略之辞也。"义心多苦调,密此金玉声[六]。其六。善曰:潘岳《从姊诔》:"义心清尚,莫之与邻。"高节难久淹,揭绮列反。来空复辞。迟迟前途尽,依依造门基。善曰:刘向《七言》:"揭来归耕永自疏。"王逸《楚辞注》:"揭,去也。"上堂拜嘉庆,入室问何按:一作"所"。之。善曰:《闲居赋》:"太夫人在堂。"苏玄《织女诗》:"时来嘉庆集,室妻之所居。"《女史箴》:"正位居室。"《楚辞》:"浮云兮容与,导予兮何之。"日暮行采一作"来"。归,物色桑榆时。善曰:物色桑榆,言日晚也。《东观汉记》:"光武曰:'失之东隅,收之桑榆。'"《后汉·逸民传》:严光隐身不见,帝思其贤,乃令以物色访之。美人望昏至,惭一作"暂"。叹前相持。其七。有怀谁能已? 聊用申苦难。郑玄《毛诗笺》:已,止也。离居殊年载,按:一作"岁"。一别阻河关。春来无时豫,秋至应一作"恒"。早寒。善曰:《史记》:"魏王豹至国,即绝河关。"《尔雅》:"豫,乐也。"**明发动愁心,闺中起长叹**[七]。**惨凄岁方晏,日落游子颜**。其八。善曰:郑玄《毛诗笺》:"方,向也。"按:旧注:言情之惨凄,在岁之方晏。日之将落,愈思游子之颜。**高张生绝弦,声急由调起**。善曰:扬雄《解难》:"弦者,高张急徽。"《物理论》:"琴欲高张,瑟欲下声。"《演连珠》:"繁会之音,生乎绝弦。"《说苑》:"应侯与贾子坐,闻有琴声,应侯曰:'今日琴一何悲!'贾子曰:'夫张急调下,故使悲矣。'"调,犹韵也,为音声之和。《汉·礼乐志》:高张四县。按:高张生于绝弦,以喻立节期于效命。声急由乎调起,以喻辞切兴于恨深。**自昔枉光尘,结言固终始。如何久为别,百行愆**善作"諐"。**诸己**。善曰:繁钦《与魏文帝笺》:"冀事速讫,旋待光尘。"《公羊传》:"结言而退。"《楚辞》:"解佩纕以结言。"按:孔臧《与从弟书》:夫学者,所以饰百行也。晋杜预《左传注》:諐,失也。**君子失明**一作"时"。**义,谁与偕没齿**?善曰:《家语》:"孔子曰:'淫乱者,生于男女。男女无别,则夫妇失义。昏礼聘享者,所以别男女明夫妇之义也。'"**愧彼《行露》诗,甘之长川汜**。其九。善曰:《行露》,见《诗》。郑玄曰:"岂不知当早夜成昏礼,谓道中之露太多,故不行耳。"按:旧注:言贞女不犯霜露而违礼,而我贪生以弃义,比之为劣哉,有愧焉。

〔一〕"好",五云溪馆本作"欢"。

〔二〕"游宦",纪氏《考异》作"宦游"。

〔三〕"迢",《文选》卷二一作"超"。

〔四〕"顾",五云溪馆本、《文选》作"愿",可从。

〔五〕"观",五云溪馆本作"欢",可从。

〔六〕"此",《文选》作"比"。

〔七〕"起",《乐府诗集》卷三六作"夜"。

鲍　照

《宋书》：鲍照，字明远，上党人。世祖时，为中书舍人。上好为文章，自谓莫及。照悟其旨，为文多鄙言累句。后为临海王前军参军。王败，为乱兵所杀。

玩月城西门

按：《文选》作《玩月城西门廨中》。翰曰：廨，公府也。时照为秣陵令。又按：《文选》此首载。

始见西南楼，纤纤如玉钩。善曰：《西京杂记》："公孙乘《月赋》曰：'值圆岩而似钩，薆修堞如分镜。'"王逸《楚辞注》："曲琼，玉钩也。"**末映东北墀，娟娟似蛾眉。**善曰：《说文》："墀，涂地也。"《礼》："天子赤墀。"《上林赋》："长眉连娟。"**蛾眉蔽珠栊**[一]，一作"朱栊"。**玉钩隔琦**按：一作"琐"。**窗。**善曰：珠栊，以珠饰疏也。琐窗，窗为琐文也。范晔《后汉书》："梁冀第舍，窗牖皆有绮疏青锁也。"**三五二八时，千里与君同。**善曰：二八十六日也。《释名》："望，满之名。月大十六日，月小十五日。"《淮南子》："道德之论，譬如日月，驰骛千里，不能改其处。"**夜移衡汉落，徘徊帷幌**一作"横"。又一作"户"。**中。**善曰：《汉书》："用昏建者杓，夜半见者衡。"《文字集略》：幌以帛，明窗也。**归华先委露，别叶早辞风。**善曰：言归华先委，为露所堕。别叶早辞，为风所陨。华落向木，故曰归华。叶下离枝，故云别叶。王逸《楚辞注》："委，弃也。"《翼氏风角》："木落归本，水流归末。"**客游厌辛苦，**按：一作"苦辛"。**仕子倦飘尘**[二]。古诗：辗轲长辛苦。**休浣自公日**,晏按:一作"宴"。**慰及私晨**。一作"辰"。善曰:《字林》:"醖,私宴饮也。"《方言》:"慰,居也。"《初学记》:急、告、宁,皆休假名也。书记所称曰督休,亦曰吉休、休浣、取急、请急,又有长假、并假。**蜀琴抽**一作"擂"。**《白雪》,郢曲绕**善作"发"。**《阳春》**。善曰:相如工琴而处蜀,故曰蜀琴。客歌郢中,故称郢曲也。宋玉《笛赋》:"师旷将为《白雪》之曲也。"又:《对问》:"客有歌于郢中者,其为《阳春》、《白雪》,国中属而和者,不过数人。"**肴干酒未缺**,五臣作"阕"。**金壶**善作"台"。**启夕轮**[三]。一作"沦"。善曰:《左传注》:"肴干而不食。"《尔雅》:"小波为沦。"**回轩驻轻盖,留酌待情人**。良曰:轩,车也。情人,友人之别离者。

〔一〕"笼",《文选》卷三〇作"栊"。
〔二〕"飘",《文选》作"风"。
〔三〕纪氏《考异》:"宋刻作'夕轮',不可解。《文选》作'夕沦',李善注谓:'肴虽干而酒未止,金壶之漏,已起夕波。'义尚可通。"

代京洛篇

　　一作《煌煌京洛行》。《古今乐录》:王僧虔《技录》云:"《煌煌京洛行》,歌文帝'园桃'一篇。"《乐府解题》曰:晋乐奏文帝"夭夭园桃,无子空长",言虚美者多败。又有韩信高鸟尽,良弓藏,子房保身全名,苏秦倾侧卖主,陈轸忠而有谋,楚怀不纳,郭生古之雅人,燕昭臣之,吴起知小谋大,及鲁连高士,不受千金等语。若宋鲍照"凤楼十二重",梁戴暠"欲知佳丽地",始则称京洛之美,终言君恩歇薄,有怨旷沉沦之叹。按:相和歌辞瑟调曲,五解。照有二首,此其首篇也。

凤楼十二重[一],**四户八绮窗**。《太平御览》:晋宫关名。洛阳有凤凰楼。张璠《汉记》:山阳都督张俭奏中常侍侯览起第十六区,皆高楼,四周连阁,洞门之井莲华壁桂彩画,鱼池台苑,拟诸宫阙。《大戴礼》:明堂者凡九室,一室而有四户八牖。《吴越春秋》:子胥为吴造大城,水门八,法地八窗。**绣楣金莲华,桂柱玉盘龙。**江淹《倡妇自悲赋》:出桂柱而敛眉。盖本此。按:《尔雅》:楣谓之梁。疏:楣,屋橑也。《国语》:丹桓公之楹,而刻其楣。《三辅黄图》:甘泉宫、灵波殿,皆以桂为柱,风来自香。**珠帘无隔露,罗幌**一作"襥"。**不胜风。**《拾遗记》:石虎殿前,结珠为帘,垂五色玉佩。**宝帐三千万,**一作"所"。**为尔一朝容。**《西京杂记》:帝为宝帐,设于后宫。《战国策》:女为悦己者容。**扬芬紫烟上,垂彩绿云中。**《古白鸿颂》:兹亦耿介,矫翮紫烟。**春吹回白日,霜歌落塞鸿。但惧秋尘起,盛爱逐衰蓬。坐视青苔满,卧对锦筵空。**《古今注》:苔,或紫或青,一名员藓,一名绿钱,一名绿藓。梁简文帝《烛赋》:茱萸帐里铺锦筵。盖本此。**琴筑**一作"瑟"。**纵横散,舞衣不复缝。**《采兰杂志》:越寯国有吸华丝,凡华着之,不即堕落,用以织锦。汉时国人奉贡,武帝赐丽娟二两,命作舞衣。春暮宴于花下,舞时故以袖拂落花,满身都着,舞态愈媚,谓之百花之舞。按:《释名》:筑,以竹鼓之也,如筝细项。《史记》:高渐离击筑。《西京杂记》:戚夫人善击筑。**古来皆**一作"共"。**歇薄,君意岂独浓?惟见双黄鹄,千里一相从。**枚乘《杂诗》:愿为双黄鹄,奋翅起高飞。

〔一〕"楼",《艺文类聚》卷四二作"台"。

拟乐府白头吟

沈约《宋书》:古辞《白头吟》曰:"凄凄重凄凄,嫁娶不须啼。

愿得一心人，白头不相离。"详见卷一"皑如山上雪"。按：相和歌辞楚调曲。《文选》亦载。

直如朱丝绳，清如玉壶冰。善曰：朱丝，朱弦也。桓子《新论》："神农始削桐为琴，绳丝为弦。"《秦子》："玉壶必求以盛，干将必求以断。"应劭《风俗通》曰："言人清高，如冰之洁。"**何惭宿昔意，猜恨坐相仍。**善曰：冯衍《答任武达书》："敢不露陈宿昔之意。"《东观汉记》："段颎曰：'张奂事势相反，遂怀猜恨。'"《方言》："猜，疑也。"《尔雅》："仍，因也。"**人情贱恩旧，世义逐衰兴**[一]。善曰：《诗序》："朋友道绝。"郑玄曰："道绝者，弃恩旧也。"**毫发一为瑕，丘山不可胜。**善曰：李尤《戟铭》："山陵之祸，起于毫芒。"仲长子《昌言》："事求丝发之衅。"孙盛曰："刘琨、王浚，睚眦起于丝发，衅败成乎丘海。"《文子》："祸福之至，虽丘山，无由识之矣。"**食苗实硕鼠，**点按：一作"玷"。**白信苍蝇。**硕鼠、苍蝇，见《毛诗》。**凫鹄远成美，薪刍前见凌。**善曰：《韩诗外传》："田饶事鲁哀公而不见察，谓哀公曰：'夫鸡头戴冠，文也。足有距，武也。见敌敢斗，勇也。有食相呼，仁也。夜不失时，信也。鸡有五德，君犹日瀹而食之者，以其所从来近也。夫黄鹄一举千里，出君园池，食君鱼鳖，啄君稻粱，无此五者而贵之，以其所从来远也。故臣将去君黄鹄举矣。'公曰：'吾书子之言。'"《尔雅》：鹄，沉凫。注：状似鸭而小。《庄子》：鹄不日浴而白。《文子》：虚无因循，常后而不先，譬若积薪，后者处上也。《仓颉篇》：陵，侵也。《史记》：汲黯谓武帝曰："陛下用群臣如积薪，后来者居上。"**申黜褒女进，班去赵姬升。周王日沦惑，汉帝益嗟称。**善曰：《诗序》："幽王娶申女以为后，得褒姒而黜申后。"孔安国《尚书传》："沦，没也。"《史记》：褒姒不好笑，幽王欲其笑，万方，故不笑。幽王为烽燧大鼓，有寇至则举烽火。诸侯悉至，至而无寇，褒姒乃大笑。故曰"周王日沦惑"。《飞燕外传》：帝尝私语樊嬺曰："后虽有异香，不若婕妤体自香也。"故曰"汉帝益嗟称"。**心赏犹难恃,貌恭岂易凭?** 善曰:《吕氏春秋》:"所恃者心也,而犹不足恃。"**古来共如此,非君独抚膺。** 善曰:《列子》:"昔人有知不死之道者,齐子欲学其道,闻言者已死,乃抚膺而叹。"

按:前辈言:明远乐府俊爽绝伦。少陵云"俊逸鲍参军",真知言也。士衡乐府丰赡自佳,而去古益远。明远意自疏落,而反近建安。此骨胜与肉胜之别也。按:徐刻本有《朗月行》、《东门行》二首,列在《采桑诗》前,今附后。

〔一〕"义",《文选》卷二八作"议",可从。

采桑诗

郭茂倩曰:《乐苑》:"《采桑》,羽调曲。又有《杨下采桑》。"考《采桑》,本清商西曲也。详见卷一古乐府。按:相和歌辞相和曲。乐府又有《采桑度》,亦曰《采桑》,与此异。

季春梅始落,女工事蚕作。《汉书》:宣帝曰:"辞赋譬如女工有绮縠也。"扬雄《元后诔》:分茧理丝,女工是勤。按:《风俗通》:五月有落梅花。**采桑淇洧间,还戏上宫阁。早蒲时结阴,晚箨初解箨。**《续述征记》:乌常沉湖中,有九十台,皆生结蒲。云秦始皇游此台,结蒲系马,自此蒲生则结。毛苌《诗传》:箨,槁也。郑玄笺:槁,谓木叶也。木叶槁,待风乃落。疏:毛以为落叶谓之箨。按:《战国策》:蓟邱之植,植于汶篁。注:竹田曰篁。半笋谓之初箨。谢灵运诗:初篁苞绿箨。**蔼蔼雾满闱,融融景盈幕。**蔼蔼,见《毛诗》。《左传》:其乐也融融。**乳燕逐草虫,巢蜂拾花萼。** 一作"药"。草虫、华鄂,见《毛诗》。郑玄笺:承华者曰鄂。是一作"景"。**节最暄妍,佳服又新烁。敛叹对回** 一作"迥"。**涂,扬歌弄场藿。**场藿,见《毛诗》。**抽** 一作"擂"。**琴试伫** 一作"抒"。**思**〔一〕**,荐佩果成托。承君郢中**

美,服义久心诺。宋玉《招魂》:身服义而未沫。**卫风古愉艳,郑俗旧浮薄。虚**按:一作"灵"。**愿悲渡湘,空**一作"宓"。**赋笑潝洛**。宋颜延之《蜀葵赞》:渝艳众葩。曹植《洛神赋序》:余朝京师,还济洛川。古人有言,斯水之神,名曰宓妃。渡湘,疑即神女事也。注见卷五江淹。**盛明难重来,渊意为谁涸?君其且调弦,桂酒妾行酌**。屈原《九歌》:桂酒兮兰浆。

〔一〕"伫",赵氏覆宋本作"纡"。

梦还诗

按:一作《梦归乡》。

衔泪出郭门,抚剑无人逮。刘铄《寿阳乐》:衔泪出伤门。古诗:出郭门直视。《左传》:子朱怒,抚剑从之。按:《左传》:宋人以诸侯伐郑,焚渠门入,及大逵。《说文》:逵,九达道也。**沙风暗塞起,离心眷乡畿。夜分就孤枕,梦想暂言归**。《后汉·光武纪》:讲论经理,夜分乃寐。**媚妇当户笑**[一],缫一作"搔"。**丝复鸣机**。《春秋繁露》:茧待缫而为丝。**慊款论久别,相将还绮帷**。一作"帏"。曹植《仲雍哀辞》:罗帱绮帐。《说文》:在房曰帷,在上曰幕。《广雅》:帷,幕帐也。靡靡一作"历历"。**檐下凉,胧胧窗里辉。刘兰争芬芳,采菊竞葳蕤**。《左传》:刘兰而卒。陶潜《杂诗》:采菊东篱下。王粲《公䜩诗》:百卉挺葳蕤。**开衾集香苏,探袖解缨徽**。《方言》:苏、芬、芥,草也。江淮南楚之间曰苏,自关而西曰草。嵇康《琴赋》:新衣翠粲,缨徽流芳。束晳《玄居释》:背缨绥而长逸。枚乘《七发》:秋黄之苏。**寐中长路近,觉后大江违**。《楚辞》:横大江兮扬灵。王粲《赠蔡子笃诗》:舫舟翩翩,以沂大江。**惊起空叹息,恍惚神魂**

飞。司马相如《上林赋》：芒芒恍忽。傅玄《朝时篇》：魂神驰万里。**白水漫浩浩，高山壮巍巍。**按：《左传》：公子重耳曰："所不与舅氏同心者，有如白水。"《楚辞》：朝吾将济于白水兮。注：白水，出昆仑之山，饮之不死。**波潮**按：一作"澜"。**异往复，风霜**一作"云"。**改荣衰。**郭璞《江赋》：自然往复，或夕或朝。《抱朴子》：朝者，据朝来也。言夕者，据夕至也。《汉书》：韩安国曰："夫盛之有衰，犹朝之必暮。"**此土非吾土，慷慨当诉谁？**按：王粲《登楼赋》：虽信美而非吾土兮。

〔一〕"笑"，五云溪馆本作"叹"。

拟　古

河畔草未黄，胡雁已矫翼。扬雄《解嘲》：矫翼厉翮。**秋蛩扶户吟**〔一〕**，寒妇晨**一作"成"。**夜织。**按：《古今注》：蟋蟀，一名吟蛩。《诗疏》：幽州人谓之趣织。里语曰："趋织鸣，懒妇惊。"**去岁征人还，流传旧相识。闻君上陇时，东望久叹息。**《史记索隐》：薄太后陵曰南陵，在长安东浐水东原上，在灞陵西南。故曰"东望吾子，西望吾夫"。按：《说文》：陇，天水大坂也。《前汉·地理志》：天水郡，陇县。**宿昔衣带改，**一作"改衣带"。**旦暮异容色。**《庄子》：旦暮遇之也。《史记·淮阴侯传》：忧喜在于容色。郭璞《游仙诗》：容色更相鲜。**念此忧如何？夜长忧向**按：一作"愁更"。**多。明镜尘匣中，宝瑟生网罗。**一作"丝"。《汉书》：莽何罗触宝瑟僵。

〔一〕"扶"，五云溪馆本作"挟"，可从。

咏双—无"双"字。燕

双燕戏云崖,羽翮—作"翰"。始差池。左思《杂诗》:明月出云崖。出入南闺里,经过北堂陲。意欲巢君幕,层槛不可窥。沉吟芳岁晚,徘徊韶景移。梁元帝《纂要》:正月孟春,亦曰芳岁。又:景曰韶景。悲歌辞旧爱,衔泥觅新知[一]。

〔一〕"泥",《艺文类聚》卷九二作"泪"。

赠故人—有"马子乔"三字。二首

寒灰灭更燃,夕华晨更鲜。《汉·韩安国传》:狱吏田甲辱安国,安国曰:"死灰独不复燃乎?"春冰虽暂解,冬冰复还按:一作"还复"。坚。春冰,见《尚书》。解冻、冰坚,见《礼记》。佳人舍我去,赏爱长绝缘。欢至不留时,一作"日"。每感按:一作"感物"。辄伤年。双剑将别离,一作"离别"。先在匣中鸣。烟雨交将夕,从此遂分形。雌沉吴江水,雄飞入楚城。吴江深无底,楚城有崇扃。《列子》:夏革曰:"渤海之东有大壑焉,实惟无底之谷。"《说文》:扃,门之关也。一为天地别,岂直阻一作"限"。幽明。神物终不隔,千祀傥还并。《晋·张华传》:斗牛之间,常有紫气,豫章人雷焕,妙达纬象,以为宝剑之精,上彻于天。华即补焕为丰城令。焕到县,掘狱屋基,入地四丈余,得一石函,中有双剑,并刻题,一曰"龙泉",一曰"太阿"。送一剑与华,一剑自佩。华报焕书曰:"详观剑文,乃干将也,莫邪何复不至?虽然天生神物,终当合耳。"华诛,失剑所在。焕卒,子华为州从事。持剑行经延平津,剑忽于腰间跃出堕水,使人没水取之,不见剑,但见两龙,各长数丈,蟠萦有文章。没者惧而反,于是失剑。

王　素

《宋书》:王素,字休业。琅琊临沂人,屡征不仕。按:素少有志行。初为庐陵侍郎,母忧去职,乃往东阳隐居不仕,声誉甚高。山中有蚿虫,声清长,听之使人不厌,而其形甚丑,乃为《蚿赋》以自况,卒时年五十四。

学阮步兵体

沉情发遐虑,纡郁怀所思。仿佛闻箫管,鸣凤接赢姬。《列仙传》:箫史教弄玉吹箫作凤声,凤凰来止其屋。秦穆公为作凤台。一旦,皆随凤飞去。钟会《菊花赋》:荆姬秦赢。连绵共云翼,嬿婉相携持。王褒《洞箫赋》:翩连绵以牢落。郭璞《江赋》:眇若云翼绝岭。《诗序》:百姓莫不相携持而去焉。寄言芳华士,宠利不常期。宋玉《登徒子好色赋》:赠以芳华辞甚妙。宠利,见《尚书》。泾渭分清浊,视彼《谷风》诗。泾渭,见《诗·谷风》章。

吴迈远

《南史·文学传》:吴迈远好为篇章,每作诗得称意语,辄掷地呼曰:"曹子建何足数哉!"《隋书·艺文志》:宋江州从事吴迈远集一卷。按宋明帝闻而召之,及见,曰:"此人连绝之外,无所复有。"

拟乐府四首

飞来双白鹄

注见卷一古乐府《双白鹄》。按：相和歌辞瑟调曲。

可怜双白鹄，双双绝尘氛。潘岳《笙赋》：双鸿翔，白鹤飞。善曰：古乐府有《飞来双白鹤》篇。景差《小言赋》：戴氛埃兮垂测尘。按：鹄，即是鹤音之转。后人以鹄名颇著，谓鹤之外别有鹄。故《埤雅》既有鹤，又有鹄。**连翩弄光景，交颈游青云。**张衡《观舞赋》：连翩骆驿，乍续乍绝。谢灵运《初发石首城诗》：日月垂光景。**逢罗复逢缴，雌雄一旦分。**《史记》：楚人以弱弓微缴加归雁之上。**哀声流海曲，孤叫出**一作"去"。又一作"绝"。**江渍。**孔安国《尚书传》：海曲谓之岛。陆云《答吴王上将顾处微诗》：虎啸江渍。**岂不慕前侣？为尔不及群。步步一零泪，千里犹待君。乐哉新相知，悲来生别离**[一]**。恃此百年命**[二]**，共逐**一作"付"。**寸阴移。**古诗：人生不满百，长怀千岁忧。鲍照诗：各事百年身。**譬如空山草，零落心自知。**《楚辞》：惟草木之零落。

〔一〕"来"，赵氏覆宋本作"矣"。
〔二〕"恃"，《乐府诗集》卷三九作"持"，可从。

阳春曲

刘向《新序》：宋玉对楚威王问曰："客有歌于郢中者，其始曰《下里》、《巴人》，国中属而和者千人。其《阳阿》、《薤露》，国中属而和者数百人。其为《阳春》、《白雪》,国中属而和者不过数十人。然则《阳春》所从来亦远矣。"《乐府解题》:《阳春》,伤也。一作伤时也。按:清商曲辞江南弄。《乐府》作《阳春歌》。又:无名氏有《阳春曲》。

百里望咸阳,知是帝京域。一作"邑"。《史记》:孝公十二年,作为咸阳,筑冀阙,秦徙都之。**绿树摇云光,春城起风色。**齐陆晓《游仙诗》:神转云光移。晋袁宏《三国名臣赞》:崔生义形风色。**佳人爱景华,**一作"华景"。**流靡园塘侧。**《说文》:树果曰园,树菜曰圃。《广韵》:塘,陂塘也。**妍姿艳月映,罗衣飘蝉翼。**魏文帝《善哉行》:妍姿巧笑。《钟会集·菊花赋》云:妍姿妖艳。《白帖》:凤文、蝉翼,并罗名。《海物异名记》:泉女织纱,轻如蝉翼,名蝉纱。**宋玉歌《阳春》,巴人长叹息。雅郑不同赏,那令君怆恻。**《文选注》:孙绰曰:"泾渭殊流,雅郑异调。"潘岳《寡妇赋》:心摧伤以怆恻。**生平重爱惠,**按:一作"生重受惠轻"。**私自怜何极。**曹植《出妇赋》:哀爱惠之中零。宋玉《九辩》:私自怜兮何极。

长别离

郭茂倩曰:《楚辞》曰:"悲莫悲兮生别离。"古诗曰:"行行重行行,与君生别离。"后苏武使匈奴,李陵与之诗曰:"良时不可再,离别在须臾。"故后人拟之为《古别离》。梁简文帝又有《生别离》,吴迈远有《长别离》,唐李白有《远别离》,亦皆类此。按:宋杂曲歌辞。后又有《古离别》、《久别离》、《新别离》、《今别离》、《暗别离》、《潜别离》、《别离曲》诸题,亦皆本此。

生离不可闻,况复长相思。如何与君别,当我盛一作"少"。**年时。蕙华每摇荡,妾心空**一作"长"。**自持。**司马相如《上林赋》:

与波摇荡。荣乏草木欢,瘁极霜露悲。富贵身一作"貌"。难老,一作"变"。贫贱年一作"颜"。易衰。持此断君肠,君亦宜按:一作"且"。自疑。淮阴有逸将,折翻一作"羽"。谢翻一作"不曾"。飞。《史记》:淮阴侯韩信者,淮阴人也。汉王以为大将,定三秦,将兵会垓下。项羽已破,斩之长乐钟室。楚亦一作"有"。扛鼎士,出门不得归。《史记》:项籍长八尺余,力能扛鼎。与汉王战,败死乌江。韦昭曰:扛,举也。正为隆准公,仗剑入紫微。《汉书》:高祖为人隆准而龙颜。又:高祖曰:"吾以布衣,提三尺剑取天下,此非天命乎?"《七略》:王者师天地,体天而行,是以明堂之制,内有太室,象紫微宫。《春秋合诚图》:北辰其星七,在紫微之中也。君才定何如?白日下一作"不"。争晖。崔寔《政论》:使贤不肖,相去如日月与萤火。

长相思

郭茂倩曰:古诗曰:"客从远方来,遗我一书札。上言长相思,下言久离别。"李陵诗曰:"行人难久留,各言长相思。"苏武诗曰:"生当复来归,死当长相思。"长者,久远之辞,言行人久戍,寄书以遗所思也。古诗又曰:"客从远方来,遗我一端绮。文彩双鸳鸯,裁为合欢被。著以长相思,缘以结不解。"谓被中著绵以致相思绵绵之意,故曰长相思也。又有《千里思》,与此相类。按:宋杂曲歌辞。

晨有行路客,依依造门端。《汉书》:班彪与从兄嗣共游学,家有赐书,扬子云以下莫不造门。**人马风尘色,知从河塞还**。《东观汉记》:祭肜为辽东太守,野无风尘。《史记·项羽纪》:关中阻山河四塞,可都以霸。**时我有同栖,结宦游邯郸**。郭璞《山海经注》:山居为栖。**将不异客子,分饥复共寒。**曹植《杂诗》:言是客子妻。《晏子春秋》:贤君饱知人饥,温知人寒。**烦君尺帛书,寸心从此殚。**一作"单"。《汉书》:常惠教汉使者谓单于,言天子射上林中,得雁,足有系帛书,言苏武等在某泽中。《列子》:文挚谓叔龙曰:"吾见子之心矣,方寸之地虚矣。"陆机《文赋》:吐滂沛乎寸心。《说文》:殚,同尽也。《增韵》:竭也。**遣**一作"道"。**妾长憔悴,岂复歌笑颜。檐隐千霜树,庭枯十载兰。**《乐苑》:古歌曰:"延年寿千霜。"梁沈约《高松赋》:经千霜而得拱。义同。梁江淹《王子乔赞》:山无一春草,谷有千年兰。意盖本此。**经春不举袖,秋落宁复看。一见愿道意,君门已九关。**宋玉《招魂》:君无上天些,虎豹九关,啄害下人些。又按:《九辩》:愿一见兮道余意,君之心兮与余异。**虞卿弃相印,担簦**一作"笠"。**为同欢。**《史记》:虞卿蹑屩担簦,说孝成王。再见为赵上卿,故号为虞卿。徐广曰:笠有柄者谓之簦。又:虞卿既以魏齐之故,不重万户卿相之印,与魏齐间行,卒去赵,困于梁。**闺阴欲早霜,何事空盘桓?**

鲍令晖

照之妹。《小名录》:鲍照,字明远,妹字令晖,有才思,亚于明远,著《香茗赋集》,行于世。《乐苑》:《诗品》曰:"齐鲍令晖歌诗,往往崭绝清巧,拟古尤胜,唯百愿淫矣。照尝答孝武云:'臣妹才自亚于左芬,臣才不及太冲尔。'"

拟青青河畔草

注见卷一蔡邕。按:此亦拟枚乘《杂诗》,非拟邕作也。注见卷三陆机、荀昶诗。

袅袅临窗竹，蔼蔼垂门桐。谢灵运《拟古》：白杨信袅袅。善曰：袅袅，风摇木貌。**灼灼青轩女，泠泠高台**按：一作"堂"。**中。**宋颜测《山石榴赋》：环青轩而爔列。何尚之《华林清暑殿赋》：青轩丹墀。宋玉《风赋》：清清泠泠。**明志逸秋霜，玉颜艳**按：一作"掩"。**春红。**诸葛亮《诫子》：非淡泊无以明志。梁徐悱妻刘氏《祭夫文》：雹碎春红，霜凋夏绿。盖本此。**人生谁不别，恨君早从戎。**曹植《杂诗》：捐躯远从戎。**鸣弦惭夜月，绀黛羞春风。**陶潜《闲情赋》：愿在眉而为黛。周萧㧑《媚妇吟》：悲生聚绀黛。义同。《释名》：绀，含也。谓青而含丹色也。

拟客从远方来

按：相和歌辞瑟调曲。鲍照亦有一首。

客从远方来，赠我漆鸣琴。木有相思文，弦有别离音。《吴都赋》：楠榴之木，相思之树。注：相思，大木也。《述异记》：昔战国时，魏国苦秦之难，有以民从征戍秦，久不返，妻思而卒。既葬，冢上生大木，枝叶皆向夫所在而倾，因谓之相思木。今秦赵间有相思草，如石竹而节节相续。一名断肠草，一名愁妇草。**终身执此调，岁寒不改心。愿作阳春曲，宫商长相寻。**《汉书》：音者，宫、商、角、徵、羽也。

题书后寄行人

一作《寄行人》。按：《乐府》作《自君之出矣》。杂曲歌辞。

自君之出矣，临轩不解颜。《汉·史丹传》：天子自临轩槛上，隤铜丸以挝鼓,声中严鼓之节。《列子》:列子师老商氏,五年之后,夫子始一解颜而笑也。**砧杵夜不发,高门昼常关**〔一〕。陶潜《归去来辞》:门虽设而常关。**帐中流熠耀**〔二〕,**庭前华紫兰**。毛苌《诗传》曰:熠耀,磷也。磷,萤火也。《楚辞》:秋兰兮青青,绿叶兮紫茎。**物**一作"杨"。**枯识**一作"谢"。**节异,鸿来知客寒**。按:《周书》:白露之日鸿雁来。**游用暮冬尽**〔三〕,**除春待君还**。按:一作"游暮冬尽月"。一作"游取暮春尽,余思待君还"。

〔一〕"昼常",《文苑英华》卷二〇二作"恒昼",注:"一作'昼恒'。"
〔二〕"帐",《文苑英华》作"帏",注:"一作'帷'。"
〔三〕"冬",《文苑英华》作"秋"。

古意赠今人

寒乡无异服,衣毡按:一作"毡褐"。**代文练**。刘琨《与丞相笺》:焦求虽出寒乡,有文武胆干。**月月望君归,年年不解绽**。《左传注》:绽,冠上前后垂覆。**荆扬春早和,幽冀犹霜霰。北寒妾已知,南心君不见**。荆、扬二州在南。幽、冀二州在北。**谁为道辛苦,寄情双飞燕。形迫杼煎**按:旧作"前"。**丝,颜落风催电**。北齐邢子才《景明寺碑文》:风电讵可为言。**容华一朝尽**,一作"改"。**惟余心不变**。陆机《拟古》:容华一何冶。

代葛沙门妻郭小玉诗二首

按:"诗",一本改作"字"。

明月何皎皎,垂横一作"幌"。**照罗茵**。《说文》:横,帷屏属。横与幌音义同。又：茵，车重席也。**若共相思夜，知同忧怨晨。芳华岂矜貌，霜露不怜人。君非青云逝，飘迹事咸秦。**《琴操》：许由曰："吾志在青云，何乃劣劣为九州岛伍长乎。"**妾持一生泪，经秋复度春。**按：《晋书·阮孚传》：未知一生着几量屐。

君子将遥一作"徭"。**役，遗我双题锦。**蔡邕《京兆尹樊德云铭》：徭役永息，道路孔夷。晋宋齐辞《子夜歌》曰：绿揽连题锦。**临当欲去时，复留相思枕。**《洛神赋》注：魏东阿王，汉末求甄逸女，既不遂。太祖回与五官中郎将。植殊不平，昼思夜想，废寝与食。黄初中入朝，帝示植甄后玉镂金带枕，植见之不觉泣，时已为郭后谗死，帝意亦寻悟，因令太子留饮，仍以枕赉植。**题用常著心，枕以忆同寝。行行日已远，转觉心**按：一作"思"。**弥甚。**潘岳《寡妇赋》：情恻恻而弥甚。

丘巨源

《南齐书》：巨源，兰陵人。少举孝廉，为宋孝武所知。明帝使参诏诰。桂阳事起，齐高帝使撰符檄。事平，以为余杭令。明帝为吴兴，巨源常作秋胡诗，有讥刺语，以事见杀。

咏七宝扇

妙缟贵东夏，巧媛出吴阃。一作"阑"。《尔雅》：缯之细者曰缟。《左传》：闻君将靖东夏。《尔雅》：美女为媛。毛苌《诗传》：阃，城曲也。**裁状**一作"如"。**白玉璧，缝似明月轮。**谢惠连《雪赋》：亦遇圆而成璧。班婕妤《怨诗》：裁为合欢扇，团团似明月。**表里镂七宝，**

中衔骇鸡珍。何承天《又答宗居士书》：更生七宝之土。《战国策》：楚王献骇鸡之犀、夜光之璧于秦王。《抱朴子》：通天犀角有白理如线，置犀粟中，鸡见辄惊，南人呼为骇鸡犀。画作景山树，图为河洛神。景山，见《商颂》。来延挥握玩，入与镮钏亲。生风长袖际，晞华红粉津。周达观《成斋杂记》：吴故宫有香水溪，乃西施浴处，人呼为脂粉塘。拂昈迎娇意，隐映含歌人。时移务忘故，节改竞存新。刘向《新序》：徐人歌曰："延陵季子不忘故。"卷情随象簟，舒心谢锦茵。《吴都赋》：桃笙象簟，韬于筒中。潘岳《寡妇赋》：易锦茵以苦席兮。《汉·南粤传》：尉陀卧象床锦茵。厌歜何足道，敬哉先后晨。

听邻妓

披袿乏游术，凭轼寡文才。《汉·蒯通传》：郦生一士，伏轼掉三寸舌，下齐七十余城。《左传》：君凭轼而观之。《后汉·应奉传》：弟子玚、璩，并以文才称。按：《方言》：褛谓之袿。《释名》：袿，襟也。在旁襟襟如也。通作裾。蓬门长自寂，虚席视生埃。谢庄《怀园引》：宿草塞蓬门。贵里临妆一作"倡"。馆，东邻鼓吹台。杨衒之《伽蓝记》：清阳门内御道北，有永和里，里中太傅录尚书长孙稚等六宅，皆高门华屋，当世名为"贵里"。《陈留风俗传》：浚仪有师旷仓颉城，城上有列仙吹台。云间娇响彻，风末艳声来。飞华瑶翠幄，扬芬金碧杯。宋汤惠休《怨歌行》：悲风荡帷帐，瑶翠坐自伤。晋陆机《招隐诗》：密叶成翠幄。江淹《北思赋》：愧金碧之琳琅。张率乐府：金碧既簪珥。久绝中州美，从念尸一作"今户"。乡灰。《楚辞》：蹇谁留兮中州。相如《大人赋》：世有大人兮，在乎中州。师古曰：中州，中国也。《汉·田儋传》：至尸乡厩置。师古曰：尸乡，在偃师城西。遗情悲近世，中山安在哉！按：《史记》：赵中山鼓鸣瑟，趾跃躩。

王 融

《南齐书》:王融,字元长,琅邪人。少而神明警慧,博涉有文才,举秀才,历中书郎。按:融以才辨兼主客,接虏使。后赐死于狱,年二十七卒。

古意二首[一]

游禽暮知反,行人独不归。坐销芳草气,空度明月辉。《西京赋》:嘉木树庭,芳草如积。**颦容入朝镜,思泪点春衣。**《庄子》:西施病心而颦,其里人见而效之。《山堂肆考》:愁容曰颦容。《广韵》:颦,眉蹙也。**巫山彩**按:一作"绣"。**云没**[二],**淇上绿条**按:一作"杨"。**稀。**《高唐赋》:妾巫山之女也,为高唐之客。闻君游高唐,愿荐枕席。又:旦为朝云,暮为行雨。盛弘之《荆州记》:缘城堤边,悉植细柳,丝条散风,清阴交陌。**待君竟不至,秋雁双双飞。**《会稽典录》:虞国少有孝行,为日南太守,常有双雁,宿止厅上。

〔一〕《古文苑》卷九作《和王友德元古意二首》。
〔二〕"没",《古文苑》作"合"。

霜气下孟津,秋风度函谷。孟津,见《尚书》。《汉书》:弘农悬,故秦函谷关。《初学记》:关东有函谷关。《后汉·隗嚣传》:王元谓嚣曰:"元请以一丸泥,为大王东封函谷关。"**念君凄已寒,当轩卷罗縠。**相如《子虚赋》:雍纤罗,垂雾縠。**纤手废裁缝,曲鬓罢膏沐。千里不相闻,寸心郁氤氲**[一]。《蜀都赋》:郁氤氲以翠微。**况复飞萤夜,木叶乱纷纷。**

〔一〕"氛氲",《古文苑》作"纷蕴"。

咏琵琶

按：亦见《谢朓集》。

抱月如可明，怀风殊复清。 晋夏侯湛《禊赋》：夕霞抱月。成公绥《琵琶赋》：回窗华表，日月星也。北齐萧放《咏竹诗》：怀风枝转弱。**丝中传意绪，花里寄春情。掩抑有奇态，凄怆多好声。** 顾野王《筝赋》：如掩抑于纨扇。**芳袖幸时拂，龙门空自生。** 枚乘《七发》：龙门之桐，高百尺而无枝，其根半死半生。冬则烈风漂霰飞雪之所激也，夏则雷霆霹雳之所感也。

咏 幔

按：《古文苑》作谢朓诗。又按：《山堂肆考》：幔围似城，故曰幔城。又：幔，漫也，漫相连缀也。周制。

幸得与珠缀，羃䍥君之楹。《楚辞》：网扇珠缀刻方连。《吴都赋》：羃䍥江汉之流。**月映不辞卷，风来辄自轻。每聚金炉气，时驻玉琴声。** 魏武《上杂物疏》：御物三十种，有纯金香炉一枚。相如《美人赋》：金炉香熏。嵇康《琴赋》：徽以钟山之玉。江淹《扇上彩画赋》：玉琴兮珠徽。**俱愿致尊酒**〔一〕**，兰釭当夜明。** 苏武诗：我有一尊酒。《说文》：俗谓镫为釭。夏侯湛有《金釭镫赋》。按：班固《西都赋》：金釭衔壁。又：银釭、金釭、星釭、兰釭，俱灯盏也。

按：诸咏已开唐律之先，不待徐、庾具体也。

〔一〕《古文苑》卷九"俱"作"但"，"致"作"置"，可从。

巫山高

　　《乐府解题》:古辞言江淮水深而无梁可度,临水远望,思归而已。若齐王融"想象巫山高",梁范云"巫山高不极",杂以阳台神女之事,无复远望思归之意也。又有《演巫山高》,不详所起。按:鼓吹曲辞汉铙歌,古辞一首,融乃拟之。

想一作"响"。**象巫山高,薄暮阳台曲。烟霞**按:一作"华"。**乍舒卷**[一]**,蘅**按:一作"行"。**芳时**一作"自"。**断续**[二]。按:一作"烟云乍卷舒,猿鸟时断续"。《南史·沈炯传》:表曰:"瞻仰烟霞,伏增凄恋。"《淮南子》:阴阳、盈缩、卷舒,沦于不测。《离骚》:杂杜蘅与芳芷。邢劭《三日华林园公宴》:歌声断以续,舞袖合还离。**彼美如可期,寤言纷在属。**一作"瞩"。郦道元《水经注》:梗柯参连,女宿相属。**怃然坐相思,**按:一作"望"。**秋风下庭绿。**枚乘《杂诗》:秋草凄以绿。

　　按:徐刻以下有《芳树》、《回文诗》、《萧咨议西上夜禁诗》三首,今附于后。

〔一〕"霞",《乐府诗集》卷一七作"云"。
〔二〕"蘅芳",《乐府诗集》作"猿鸟"。

谢　朓

　　《南齐书》:谢朓,字玄晖,陈郡人。少有美名。解褐豫章王行参军,累迁至尚书吏部郎兼知卫尉事。下狱死。按:江祐等谋立始安王遥光,朓不肯,祐白遥光,收朓下狱。

赠王主簿二首

王主簿,注见下文。

日落窗中坐,红妆好颜色。舞衣襞未缝,流黄覆不织。《说文》:襞,韏衣也。徐铉曰:韏,革中辨也。衣襞积如辨也。《礼记注》:谓幜折为襞积。通辟。**蜻蛉草际飞,游蜂花上食。**《尔雅》:虹蛵、负劳,即蜻蛉别名。翼薄轻如蝉,露目,短颈,长腰,身绿色。雄者腰间碧色。昼取蚊虻食,遇雨集水上,款款飞。俗呼为纱芊。王僧孺诗:绿草闲游蜂。**一遇长相思,愿寄连翩翼。**

清吹要碧玉,调弦命绿珠。杜氏《通典》:碧玉歌者,晋汝南王妾名,宠好,故作歌之。《韩诗外传》:孔子南游适楚,至于阿谷之隧,有处女佩瑱而浣,孔子适琴去其轸,以授子贡,曰:"善为之辞。"子贡曰:"于此有琴而无轸,愿借子以调其音。"妇人对曰:"吾鄙野之人,五音不知,安能调琴?"《晋·石崇传》:崇有妓曰绿珠,美而艳,善吹笛。**轻歌急绮带,含笑解罗襦。**《子夜夏歌》:动依含笑容。《史记·滑稽传》:淳于髡曰:"罗襦襟解,微闻芗泽。"**余曲讵几许?高驾且讵踟蹰。徘徊韶景暮,**一作"怜暮景"。**惟有洛城隅。**

同一作"和"。王主簿怨情

翰曰:王主簿,名季哲。此诗言妇人怨旷,以自托也。

掖庭聘绝国,长门失欢谦。善曰:《汉·元帝纪》:"赐单于待诏掖庭,王嫱为阏氏。"《琴道》:雍门周曰:"远赴绝国。"掖庭,王昭君所居也。长门,陈皇后所居也。《南都赋》:接欢宴于日夜。《汉·武帝纪》:元封五年,诏察可为将相及使绝国者。司马相如有《长门赋》。

相逢咏蘼芜,辞宠悲团扇。花丛乱数蝶,风帘入双五臣作"飞"。燕。《古今注》:蛱蝶翅多粉,以芳时飞集花间。徒使春带赊,坐惜红颜一作"妆"。变。善曰:赊,缓也。何承天《将进酒》篇云:缓春带,命朋僚。平生善作"生平"。一顾重,夙六臣作"宿"。昔千金贱。善曰:郑玄《诗笺》:"顾,回首也。"《列女传》:"楚成郑子瞀者,楚成王之夫人也。初,成王登台,子瞀不顾,王曰:'顾我,与汝千金。'子瞀遂行不顾。"曹植诗:"一顾千金重,何必珠玉贱。"故人心尚永,一作"尔"。故心人不见。按:旧本作"故人心不见",今从五臣本,较有致。古诗:相去万余里,故人心尚尔。按:此首《文选》载。比茂先《情诗》态更妍,语更丽,但渐趋纤巧,古意稍渝矣。

夜听妓二首

琼闺钏响闻,瑶席芳尘满。晋陆机《浮云赋》:构琼闼之离娄。梁王僧孺《中寺碑文》:模丽琼阁。义并同。屈原《九歌》:瑶席兮玉瑱。谢庄《月赋》:芳尘凝榭。要取洛阳人,共命江南管。《汉·地理志》"河南郡"注:故秦三川郡,高祖更名雒阳。宋玉《招魂》:魂兮归来哀江南。情多舞态迟,意倾歌弄缓。边让《章华台赋》:舞无常态。谢灵运诗:江南歌人缓。闵鸿《琴赋》:嗟雅弄之神妙。知君密见亲,寸心传玉腕。按:《释名》:腕,宛也。言可宛屈也。上客光四座,佳丽直千金。相如《美人赋》:上客何国之公子。陆机《吴趋行》:四坐并清听。挂钗报缨绝,堕珥答琴心。宋玉《讽赋》:主人之女,以翡翠之钗挂臣冠缨。《说苑》:楚庄王赐群臣酒。日暮烛灭,有引美人之衣者。美人援绝其冠缨,告王趣火来视绝缨者。王曰:"赐人酒,使醉失礼,奈何显妇人之节而辱士乎?"乃命皆绝去其冠缨,然后举火。《史记·滑稽传》:淳于髡曰:"前者堕珥,后有遗簪。"《相如传》：是时卓王孙有女文君新寡,好音,故相如缪与令相重,而以琴心挑之。《列仙传》：涓子作《琴心》三篇。**蛾眉已共笑,清香复入袊。**一作"衿"。**欢乐夜方静,翠帐垂沉沉。**玄晖《拟风赋》：开翠帐之影蔼。

按：徐刻下有《铜雀台妓》一首,今附后。

咏——无"咏"。邯郸故才人嫁为厮养卒妇

《汉书》：有厮养卒。如淳曰：厮,贱也。按：杂曲歌辞。**生平宫阃里,出入侍丹墀。**《读曲歌》：闺阁信使断,的的两相忆。班婕妤《自伤赋》：俯仰兮丹墀。**开筥方罗縠,窥镜比蛾眉。初别意未解,去久日生悲。憔悴不自识,娇羞余故姿。梦中忽仿佛,犹言承谦私。**

秋 夜

秋夜促织鸣,南邻捣衣急。思君隔九重,夜夜空伫立。宋玉《九辩》：君之门以九重。**北窗轻幔垂,西户月光入。**《晋·隐逸传》：陶潜常言,夏月虚闲,高卧北窗之下,清风飒至,自谓羲皇上人。晋宋齐辞《子夜歌》曰：擎枕北窗卧。按：《东京赋》：西南其户,匪雕匪刻。《魏都赋》：西南其户,成之匪日。**何知白露下,坐视前阶湿。谁能长分居,秋尽冬复及？**江淹《倡妇自悲赋》：度九冬而廓处,遥十秋以分居。

按：徐刻以下有《赠故人》、《别江水曹》、《离夜诗》三首,今附后。

杂咏五首

按：徐刻无此四字。

灯

发翠斜汉里[一]，蓄宝宕山峰。抽一作"擂"。茎类一作"数"。仙掌，衔光似烛龙。张衡《西京赋》：立修茎之仙掌。《汉书》：孝武作柏梁铜柱承露仙人掌之属。谢惠连《雪赋》：烂兮若烛龙，衔耀照昆山。《山海经》：赤水之北，有章尾山，有神人面蛇身。其瞑乃晦，其视乃明，是烛九阴，是谓烛龙。《楚辞》：日安不到，烛龙何照？按：《列仙传》：主柱与道士共上宕山，言此有丹砂，可得数万斤。宕山长吏知而上山封之。砂流出，飞如火，乃听柱取焉。飞蛾再三绕，轻花四五重。《西京杂记》：陆贾曰："灯火花，得钱财。"孤对相思夕，空照舞衣缝。

〔一〕"汉"，《艺文类聚》卷八〇、《初学记》卷二五作"溪"。

烛

杏梁宾未散，桂宫明欲沉。相如《长门赋》：饰文杏以为梁。《三秦记》：未央宫渐台西有桂宫，中有明光殿，皆金玉珠玑以为帘箔，处处明月珠，金阶玉陛，昼夜光明。暧色轻帏里，低光照宝琴。《南史》：武帝赐齐江夏王宝装琴。徘徊云鬓影，灼烁绮疏金。张衡《观舞赋》：光灼烁以发扬。恨君秋夜月，按：一作"月夜"。遗我洞房阴。

相如《长门赋》：悬明月以自照兮，徂清夜于洞房。

席

本生朝夕池，落景照参差。《汉书》：贾山奏事，吴王曰："游曲台，临上路，不如朝夕之池。"苏林曰：以海水朝夕为池。**汀洲蔽杜若，幽渚夺江蓠。**《尔雅》：杜，土卤。注：杜蘅也，似葵而香。《山海经》：天帝山有草状如葵，其臭如蘪芜，名曰杜蘅。可以走马，食之已瘿。郭璞曰：带之令人便马。屈原《九歌》：搴汀洲兮杜若。**遇君时采撷，玉座奉金卮。**采襭，见《毛诗》。《易》：是类谋曰："假威出，座玉床。"郑玄曰：坐玉床，处天之位也。邢劭诗：激水漾金卮。《梦华录》：御宴酒盂皆金屈卮，如菜碗而有手把子。**但愿罗衣拂，无使素尘弥。**相如《美人赋》：玉钗挂臣冠，罗袖拂臣衣。宋孝武《拟汉武帝李夫人赋》：彤殿闭兮素尘积。《尔雅》：弥，终也。

镜 台

按：魏武《杂物疏》：镜台，出魏宫中，有纯银参带镜台一。《世说》：温峤娶姑女，下玉镜台一枚。又：镜台，始皇作。**玲珑类丹槛，苕亭似玄阙**[一]。扬雄《甘泉赋》：和氏玲珑。左思《吴都赋》：珊瑚幽茂而玲珑。晋灼曰：明貌。任昉《静思堂秋竹赋》：绿条发丹槛。盖本此。陆机《大暮赋》：诉玄阙而长辞。**对凤悬清冰，垂龙挂明月。**龙辅《女红余志》：淑文所宝，有对凤垂龙玉镜台。淑文，名婉，姓李氏。贾充妻孙承《镜赋序》：余昔于吴市得镜，见即异之。及晞日映水，清朗明莹，异光采流，有殊众鉴。王子年《拾遗记》：周穆王时，有如石之镜。此石色白如月，照面如雪，谓之月镜。**照粉拂红**

妆,插花埋一作"理"。云发。枚乘《杂诗》:娥娥红粉妆。云发,见《毛诗》。玉颜徒自见,常畏君情歇[二]。

按:徐刻以下有《竹火笼》一首,今附后。

〔一〕"苕亭",《太平御览》卷七一七作"孤高"。
〔二〕"常畏",《太平御览》作"畏见"。

落　梅

新叶初一作"何"。冉冉,初蕊新霏霏。逢君后园谯,相随巧笑归。魏文帝《与吴质书》:同乘并载,以游后园,舆轮徐动,参从无声。《中华古今注》:段巧笑,魏文帝宫人,始作紫粉拂面。亲劳君玉一作"王"。指,摘以赠南威。《战国策》:晋文公得南威,三日不朝,遂推南威而远之,曰:"后代必有以色亡国者。"用持插云髻,翡翠比光辉。日暮长零落,君恩不可追。

按:齐云:小谢已为宫体滥觞。

陆　厥

《南齐书》:陆厥,字韩卿,吴郡吴人。官后军行参军。按:厥父被诛,坐系尚方。寻有令赦,厥恨父不及,感恸而卒。

中山王孺子妾歌

善曰:如淳曰:"孺子,幼少称也。"孺子,宫人也。翰曰:《汉书》:"诏赐中山靖王哙及孺子妾冰、未央才人歌四篇。厥作是诗,以刺人情变移也。"郭茂倩《乐府》:颜师古曰:"孺子,王妾之有品号者。妾,王之众妾也。冰,其名。才人,天子内官。考此,谓以歌诗赐中山王及孺子妾、未央才人等尔,累言之,故云及也,而陆厥作歌,乃谓之中山王孺子妾,失之远矣。"《艺文志》又曰:临江王及愁思节士歌诗四篇,李夫人及幸贵人歌诗三篇,亦皆累辞也。按:杂曲歌辞。《乐府》载二首,此其第二篇也。又按:《乐府》本题无"王"字。

如姬寝卧一作"卧寝"。**内,班妾**按:《乐府》作"婕"。**坐同车。**善曰:《史记》:"侯嬴谓公子无忌曰:'嬴闻晋鄙之兵符在魏王卧内,而如姬出入王卧内,力能窃之。'"**洪波陪饮帐,林光宴秦余。**善曰:《韩诗外传》:"赵简子与诸大夫饮于洪波之台。"《西京赋》:视往者之遗馆,获林光于秦余。然秦余汉帝所幸,洪波非魏王所游,疑陆误也。**岁暮寒飙及,秋水落芙蕖。**《尔雅》:扶摇谓之猋。郭璞曰:暴风从上下者。猋,与飙同。**子瑕矫后驾,安陵泣前鱼。**善曰:《韩子》:"昔者弥子瑕有宠于卫君。卫国之法,窃驾君车罪刖。弥子母病,人闻夜告弥子。弥子矫驾君车以出于门。君闻贤之,曰:'孝哉!为母之故犯刖罪。'"刖,古剕字也。《说文》:矫,擅也。泣鱼是龙阳君,非安陵,疑陆误也。注见卷二阮籍。**贱妾终**一作"恩"。**已矣,**五臣作"毕"。**君子定焉如。**善曰:《楚辞》:"已矣哉。"王逸曰:"已矣,绝望之辞也。"《思玄赋》:樛天道其焉如。按:此首《文选》载。

按:徐刻以下有《邯郸行》一首,今附后。

施荣泰

杂　诗

赵女修丽姿,燕姬正容饰。杨恽《报孙会宗书》:妇,赵女也。鲍照

《舞鹤赋》:燕姬色沮,巴童心耻。《左传》:齐侯北伐燕,燕人归燕姬。巴童,巴渝之童也。魏杨修《神女赋》:盛容饰之本艳。**妆成桃毁红,黛起草惭色**。《古今注》:纣以红蓝花汁凝作燕脂。以燕国所生,故曰燕脂,涂之作桃花妆。**罗幭数十重,犹轻一蝉翼**。江淹《别赋》:送爱子兮沾罗幭。**不言縠袖轻,专叹风多力**。**锵佩玉池边,弄笑银台侧**。傅玄《秋兰篇》:秋兰映玉池。《思玄赋》:聘王母于银台兮。注:银台,王母所居。**折柳贻目成,插蒲赠心识**[一]。插,当作"拔"。折柳,见《毛诗》。古辞《拔蒲曲》:与君同拔蒲,竟日不盈把。**来时娇未按**:一作"不"。**尽,还去媚何极**。

按:徐刻无施荣泰诗,有虞羲诗一首,虞诗今附后。

〔一〕"插",五云溪馆本作"采"。

鲍　照

朗月行

已下诸诗,宋刻不收,今附于后。按:杂曲歌辞。又有《明月篇》、《明月子》诸题,意同。注见卷二傅玄。

朗月出东山,照我绮窗前。窗中多佳人,被服妖且妍。靓妆坐帷里,一作"袖"。**当户弄清弦**。相如《上林赋》:靓妆刻饰。郭璞曰:靓妆,粉白黛黑也。刻饰,画髯鬓也。枚乘《杂诗》:当窗理清曲。**鬟奋**一作"夺"。**卫女迅,体绝飞燕先**。《太平御览》:史记曰:"卫皇后,字子夫,与武帝侍衣得幸。头解,上见其发鬟,悦之,因立为后。"今本《史记》无。又《汉武故事》:子夫遂得幸,头解,上见其发美,悦之,纳于宫中。张衡《西京赋》所云"卫后兴于鬓发"是也。《汉·外戚传》:孝成赵皇后学歌舞,号曰飞燕。师古曰:以其体轻也。《西京杂记》:赵后体轻腰弱,善行步进退。**为君歌一曲,当作**一作"堂上"。**朗月篇。酒至颜自解,声和心亦宣。**王赞《杂诗》:谁能宣我心。**千金何足重,所存意气间。**古乐府:男儿重意气。

东门行

善曰:《歌录》:"《日出东门行》,古辞也。"良曰:"东都门,长安城门名,别离之地,故叙去留之情焉。按:相和歌辞瑟调曲。《古今乐录》:王僧虔《技录》云:"《东门行》歌古东门一篇,今不歌。"《乐府解题》:古辞云:"出东门,不顾归。"言士有贫不安其居者,拔剑将去,妻子牵衣留之,愿共铺糜,不求富贵。且曰:"今时清,不可为非也。"若宋鲍照"伤禽恶弦惊",但伤离别而已。古辞《东门行》四解,二首。

伤禽恶弦惊,倦客恶离声。善曰:《战国策》:"魏加对春申君曰:'臣少之时好射,愿以射譬,可乎?'春申君曰:'可。'加曰:'异日者,更羸与魏王处京台之下,更羸谓魏王曰:"臣能虚发而下鸟。"魏王曰:"然则射可至此乎?"更羸曰:"可。"有鸿鹄从东方来,更羸以虚弓发而下之。王曰:"射之精可至此乎?"更羸曰:"此孽也。"王曰:"先生何以知之?"对曰:"其飞徐者,其创痛也。悲鸣久,失群也。故创未息而惊心未忘,闻弦音引而高飞,故创陨。今临武君常为秦孽,不可为拒秦之将也。"'"**离声断客情,宾御皆涕零。**明远《咏史诗》:宾御纷飒沓。**涕零心断绝,将去复还诀。一息不相知,何况异乡别。**善曰:《说文》:"息,喘也。"**遥遥征驾远,杳杳白**按:一作"落"。**日晚。**善曰:《左传》:"童谣曰:'鹳鹆之巢,远哉遥遥。'"《楚辞》:日杳杳以西颓。**居人掩闺卧,行子夜中**按:一作"中夜"。**饭。野风吹草木,**

行子心肠断。蔡琰《胡笳》:不得相随兮空断肠。**食梅常苦酸,衣葛常苦寒。**善曰:《淮南子》:"百梅足以为百人酸。"**丝竹徒满座,忧人不解颜。**善曰:丝竹,乐之器也。**长歌欲自慰,弥起长恨端。**善曰:郑玄《礼记注》:"弥,益也。"按:此首《文选》载。

王　融

芳　树

《宋书·乐志》:鼓吹铙歌十五篇。何承天晋义熙末私造。一曰《朱鹭》,二曰《思悲公》,三曰《雍离》,四曰《战城南》,五曰《巫山高》,六曰《上陵者》,七曰《将进酒》,八曰《君马黄》,九曰《芳树》,十曰《有所思》,十一曰《雉子游原泽》,十二曰《上邪》,十三曰《临高台》,十四曰《远期》,十五曰《石流》。考此诸曲,皆承天私作,疑未尝被于歌也。虽有汉曲旧名,大抵别增新意,故其辞与古辞考之,多不合云。悲公,一作"裴公"。《乐府解题》:古辞中有云:"妒人之子愁杀人,君有他心,乐不可禁。"若齐王融"相思早春日",谢朓"早玩华池阴",但言时暮,众芳歇绝而已。又按:鼓吹曲辞汉铙歌十八首其十一首曰《芳树》,古辞一首,融乃拟之也。

相思一作"望"。**早春日,烟华杂如雾**。沈约《伤春赋》:烟华以层曲。盖本此。鲍照《舞鹤赋》:顶凝紫而烟华。**复此佳丽人,含情结芳树**。王粲《公䜩诗》:今日不尽欢,含情欲待谁?**绮罗已自怜,萱风多有趣**[一]。王延寿《鲁灵光殿赋》:纵横络绎,各有所趣。**去来徘徊者,佳人不可遇**。

〔一〕"萱",《全齐诗》卷二注:"一作'暄'。"

回文诗[一]

《乐府古题要解》:回文诗,回复读之,皆歌而成文也。枝大柳塞北[二],叶暗榆关东。按:《史记·楚世家》:悼王十一年,三晋伐楚,败我大梁、榆关。注:榆关,当在大梁之西。垂条逐絮转,落蕊散花丛。池莲照晓月,幔锦披按:一作"拂"。朝风。低吹杂纶羽,薄粉艳妆红。离情隔远道,叹结深闺中。

〔一〕《全齐诗》卷二作《春游回文诗》。
〔二〕"大",《全齐诗》作"分"。

萧咨议西上夜集[一]

徘徊将所爱,惜别在河梁。李陵诗:携手上河梁,游子暮何之?衿袖三春隔,江山千里长。寸心无远近,边地有风霜。勉哉勤岁暮,敬矣慎容光[二]。鲍照《秋夜》:非直惜容光。山中殊未怿,杜若空自芳。《楚辞》:山中人兮芳杜若。

〔一〕《古文苑》卷九作《别萧咨议》。"集",《全齐诗》卷二作"集"。
〔二〕"慎",《全齐诗》作"事"。

谢 朓

铜雀台妓

六臣:"铜雀"上有"同谢咨议"。善曰:集曰"谢咨议璟"。

《魏志》:建安十五年冬,作铜雀台。魏武遗令曰:"吾伎人皆著铜爵台,于台上施六尺床,穗帐,朝晡,上脯糒之属。月朝十五日,辄向帐作伎。汝等时时登铜爵台,望吾西陵墓田。"按:相和歌辞平调曲。乐府《铜雀台》,一曰《铜雀妓》。《乐府解题》:"后人悲武帝意,而为之咏也。"又按:台在邺城,最高,上有屋一百二十间,连接榱栋,侵彻云汉。铸大铜雀置于楼颠,舒翼奋尾,势若飞动,因名为铜雀台。

穗帷飘井干,樽酒若平生。善曰:郑玄《礼记注》:"凡布细而疏者谓之穗。今南阳有邓穗。"《淮南子》:"大构架,兴宫室,有鸡栖井干。"许慎曰:"皆屋构饰也。"司马彪《庄子注》:"干,井栏。然井干,台之通称也。"**郁郁西陵树,讵闻鼓吹声**[一]。《汉·霍光传》:击鼓歌吹作俳倡。**芳襟染泪迹,婵娟**按:一作"媛"。**空复情。**善曰:《楚辞》:"心婵娟而伤怀兮。"王逸曰:"婵娟,牵引也。"**玉座犹寂寞,况乃妾身轻。**善曰:《寡妇赋》:"惧身轻而施重。"《汉·扬雄传》:惟寂寞,自投阁。按:此首《文选》载。

〔一〕"鼓",《全齐诗》卷三作"歌"。

赠故人[一]

芳洲有杜若,可以慰佳期。《楚辞》:采芳洲兮杜若。又:与佳期兮夕张。**望望忽超远,何由见所思?**《楚辞》:平原忽兮路超远。**我行未千里**[二]**,山川已间之。离居方岁月,佳人不在兹**[三]**。清风动帘夜,孤月照窗时。安得同携手,酌酒赋新诗。**蔡邕《瞽师赋》:咏新诗以悲歌。

〔一〕《全齐诗》卷三作《怀故人》。

〔二〕"我",《全齐诗》作"行"。

〔三〕"佳",《全齐诗》作"故"。

别江水曹[一]

山中上芳月,故人清樽赏。梁沈约《反舌赋》:对芳辰于此月。古歌:清尊发朱颜。《隋·五行志》:武平末童谣云:"清尊但满酌。"意义并同。远山翠百一作"不"。重,回流映千丈。《西京杂记》:文君姣好,眉色若望远山。《吕氏春秋》:若决积水于千仞之溪。花枝聚如雪,垂藤散似网[二]。按:《宋书·符瑞志》:大明五年正月元日,花雪降殿庭,于是公卿作花雪诗。又:杜芳藤,形不能自立,根本缘绕他木作房,藤连结如罗网相胃。本《南州异物志》。别后能相思,何嗟异风一作"封"。壤。《黄宪外史》:昔我先王建国,伯、子、男皆无封壤。

〔一〕《全齐诗》卷三作《与江水曹至于滨戏》。

〔二〕"垂藤散似网",《全齐诗》作"芜丝散犹网"。

离夜诗

玉绳隐高树,斜汉映层台[一]。《春秋元命苞》:玉衡北两星为玉绳。李尤《高安馆铭》:层台显敞,禁室静幽。离堂华烛尽,别幌清琴哀。《西都赋》:精曜华烛。魏韦诞《景福殿赋》:若乃离殿别馆。义同。翻潮尚知恨,客思眇难裁。山川不可尽,况乃故人杯。

〔一〕"映",《全齐诗》卷三作"耿"。

咏竹火笼

按:《说文》云:熏衣竹笼也,一曰熏笼。《方言》谓之焙笼。《西京杂记》:汉制:天子以象牙为火笼。

庭雪乱如花,井冰粲成玉。《韩诗外传》:凡草木花多五出,雪花独六出。**因炎入貂袖,怀温奉芳褥。**沈约《伤美人赋》:空合欢之芳褥。**体密用宜通,文斜性非曲。暂承君王旨[一],请谢阳春旭。**《广雅》:日初出为旭。

〔一〕《全齐诗》卷三此句上有"本自江南墟,婵娟修且绿"二句。

陆 厥

邯郸行

《通典》:邯郸,战国时赵国所都,自敬侯始都之,有丛台、洪波台在焉。邯,山名。郸,尽也。《乐府广题》:邯郸,舞曲也。按:杂曲歌辞。梁武帝又有《邯郸歌》。

赵女撅鸣琴,邯郸纷躩步。《南都赋》:齐僮唱兮列赵女。又:张琴撅籥。《魏都赋》:邯郸躩步。《汉·班固传》:有学步于邯郸者,未得仿佛,失其故步。**长袖曳三街,兼金轻一顾。**《释名》:道四通曰街。**有美独临风,佳人在遐路。**《楚辞》:临风唱兮浩歌。魏王粲诗:从军征遐路。**相思欲褰衽,丛台日已暮。**《汉·地理志》:丛台,在邯郸,赵武灵王筑。

虞羲

《南史》：虞羲，字士光，会稽余姚人。盛有才艺，卒于晋安王侍郎。见《王僧孺传》。《隋书·艺文志》：齐前军参军虞羲集九卷。

自君之出矣

郭茂倩曰：汉徐干有《室思诗》五章，其第三章曰："自君之出矣，明镜暗不治。"题盖本此。齐虞羲亦谓之《思君去时行》。按：杂曲歌辞。

自君之出矣，杨柳正依依。君出按：一作"去"。**无消息，惟见黄鹤飞。**枚乘《七发》：消息阴阳。**关山多险阻，士马少光辉。**《古乐府》相和歌有《度关山曲》。江淹《恨赋》：关山无极。《汉·胡建传》：于是当选士马日。**流年无止极，君去何时归？**

按：宋刻四卷五十二首，《秋胡诗》作九首也。今增十二首，共六十四首。

玉台新咏笺注卷五

江 淹

《梁书》:江淹,字文通,济阳考城人。少孤贫好学,起家南徐州从事,寻举秀才。入齐,兼御史中丞。天监中,迁金紫光禄大夫,改封醴陵侯。

古体四首

古离别

五臣作"别离"。按:杂曲歌辞。注见卷四吴迈远。

远与君别者,乃至雁门关。善曰:《汉书》:"雁门郡有楼烦县边塞,故曰关。"济曰:雁门,山名。其上置关。**黄云蔽千里,游子何时还?** 善曰:《淮南子》:"黄泉之埃,上为黄云。"古诗:"浮云蔽白日,游子不顾返。"**送君如昨日,簷**一作"檐"。**前露已团。**善曰:张景阳《杂诗》:"下车如昨日,望舒四五圆。"**不惜蕙草晚,所悲道里**一作"路"。**寒。**善曰:古诗:"香风难久居,空令蕙草残。"**君子**五臣本作

"行"。在天涯,一作"君在天一涯"。妾心久按:一作"身常"。别离。愿一见颜色,不异琼树枝。《庄子》:南方生树名琼枝。兔丝及水萍,五臣作"荓"。所寄终不移。善曰:《尔雅》:"女萝,兔丝也。"《淮南子》:"夫萍树根于水,木树根于土,天地性也。"

　　按:徐刻有《征怨》、《咏美人春游》、《西洲曲》三首,在此诗前,今附后。

班婕妤

　　一有"咏扇"二字。良曰:此拟"新裂齐纨素"。按:相和歌辞楚调曲。《乐府》作《怨歌行》。注见卷一班婕妤。乐府题又有《班婕妤》,一曰《婕妤怨》。

绫一作"纨"。扇如团一作"圆"。月,出自机中素。画作秦王女,乘鸾向烟雾。善曰:《楚辞》:"驾鸾凤而上游。"陆机《列仙赋》:"腾烟雾之霏霏。"彩色世所重,虽新不代故。《说文》:彩,色也。窃悲按:一作"恐"。凉风至,吹我玉阶树。善曰:班婕妤《自伤赋》:"华殿尘兮玉阶苔。"君子恩未毕,零落在中路[一]。末二句即《怨诗》"恩情中道绝"意。

〔一〕"在",《艺文类聚》卷四一作"委"。

张司空离情

　　按:张华《情诗》五首,见卷二。

秋月映善作"照"。帘栊,悬光入丹墀。善曰:此拟华诗"清风"二句。佳人抚鸣琴,清夜守空帷。兰径少行迹,玉台生网丝。善曰:陆机《拟古诗》:"佳人抚琴瑟。"又:"闲夜抚鸣琴。"曹子建《杂诗》:"妾身守空闺。"《楚辞》:"兰皋被径斯路渐。"张景阳《杂诗》:"房栊无行迹。"《西京赋》:"西有玉台。"**夜树发红彩**[一]**,闺草含碧滋**。善曰:张景阳《杂诗》:"寒花发黄彩,秋草含绿滋。"**罗绮为君整**,六臣作"延伫整罗绮"。**万里赠所思**。善曰:《楚辞》:"结幽兰而延伫。"《东京赋》:"似不任乎罗绮。"**愿垂湛露惠,信我皎日期**。湛露,皎日,俱见《毛诗》。

〔一〕"夜",五云溪馆本作"庭",可从。

休上人怨别

善曰:沈约《宋书》:"沙门惠休善属文,徐湛之与之甚厚。世祖命使还俗。本姓汤,位至扬州从事。"向曰:上人,沙门之尊称。按:上人存诗多七言,皆过于绮靡,惟《怨歌行》五言清俊有骨力。此作与之相似,而腴净更过之。

西北秋风至,楚客心悠哉。铣曰:西北曰不周风。**日暮碧云合,佳人殊未来。露彩方泛艳,月华始徘徊**。木华《海赋》:溰溰澪艳。宋谢灵运《怨晓月赋》:浮云褰兮收泛艳。善曰:曹子建《七哀》诗:"明月照高楼,流光正徘徊。"**宝书为君掩,瑶琴**按:一作"瑟"。**讵能开?** 善曰:《道学传》:"夏禹撰真灵之玄要,集天官之宝书,书以南和丹缯,封以金英之函,检以玄都之印。"按:《琴苑》:邹屠氏,帝喾之妃,以碧瑶之梓为琴。又鲍照诗:瑶琴生网罗。**相思巫山渚,怅望云阳**一作"阳云"。**台**。善曰:蔡邕《诗序》:"暮宿河南怅望。"《子虚赋》:楚王乃登云阳之台。金按:一作"膏"。**炉绝沉燎,绮席遍**按:一作"生"。**浮埃**。善曰:炉,熏炉也。取其芳香,故加之膏,烟而无焰,故谓之沉。《西京杂记》:"邹阳《酒赋》曰:'绡绮为席,犀璩为镇。'"桂水日千里,因之平生怀。善曰:《楚辞》:"桂水兮潺湲。"李陵诗:"浮云日千里。"《洛神赋》:"托微波而通辞。"钟会《怀士赋》:"托远念于兴波。"

按:江淹《杂体诗序》曰:关西邺下,既已罕同,河外江南,颇为异法。今作三十首诗,敩其文体,虽不足品藻渊流,庶亦无乖商榷。《文选》全载,此只选四首。徐刻作五首,《休上人》前有《潘黄门述哀》一首,今增于后。

丘　迟

《梁书》:迟,字希范,吴兴乌程人。州辟从事,高祖践祚,拜中书郎,迁司徒从事中郎。

敬酬柳仆射征怨

按:杂曲歌辞。

清歌自言一作"信"。**妍,雅舞空仙仙**。陆机《七征》:新妆起艳,丽舞仙仙。**耳中解明月,头上落金钿**。傅玄《有女篇》:耳系明月珰。魏丁廙《蔡伯喈女赋》:戴金翠之华钿。《说文》:钿,金华也。《六书故》:金华为饰,田田然。又:螺钿,妇人首饰,作翡翠丹粉为之。**雀飞且近远**[一],**暮入绮窗前。鱼戏虽南北,终还荷叶边**。古辞:江南可采莲,莲叶何田田。又:鱼戏莲叶东,鱼戏莲叶西,鱼戏莲叶南,鱼戏莲叶北。**惟见君行久,新年非故年**。

〔一〕"且",纪氏《考异》作"旦"。

答徐侍中为人赠妇

丈夫吐然诺，受命本遗家。《汉书》：廷尉以贯高辞闻，中大夫泄公曰："臣素知之。此固赵国立名义不轻为然诺者也。"《史记·司马穰苴传》：将受命之日，则忘其家。**糟糠且弃置，蓬首乱如麻。**《后汉书·宋弘传》：弘曰："臣闻贫贱之交不可忘，糟糠之妻不下堂。"《列女传》：及文姬进，蓬首徒行，叩头请罪。**侧闻洛阳客，金盖翼高车。**司马迁《报任少卿书》：仆虽疲驽，亦常侧闻长者之遗风矣。《列子》：吾侧闻之。桓谭《新论》：乘舆凤凰盖，饰以金玉。宋谢庄《孝武宣贵妃诔》：晓盖俄金。《汉·于定国传》：少高大闾门，令容驷马高盖车。**谒帝时来下，光景不可奢。**曹植《赠白马王彪》诗：谒帝承明庐。**幽房一洞启，二八尽芳**一作"芬"。**华。**《楚辞》：二八齐容起郑舞。**罗裾**一作"裙"。**有长短，翠鬓无低斜。**齐王融《法寿乐》：翠鬓佩晨光。**长眉横玉脸，皓腕卷轻纱。**崔豹《古今注》：魏宫人好画长眉，今多作翠眉警鹤髻。何逊《七召》：呈皓腕于轻纱。《拾遗记》：汉武帝作李夫人形，或置于轻纱幕里，婉若生时。**俱看依井蝶，共取落檐花。**《杂五行书》：宋武帝女寿阳公主，人日卧于含章殿檐下，梅花落公主额上，自后遂有梅花妆。**何言征戍苦？抱膝空咨嗟。**颜延之诗：憔悴征戍勤。刘琨《扶风歌》：抱膝独摧藏。

沈　约

《梁书》：沈约，字休文，吴兴武康人。少为蔡兴宗所知，引为安西记室。入齐，累迁吏部郎。明帝征为五兵尚书。武帝受禅,以佐命功,历尚书令、侍中,封建昌侯,加特进,谥曰隐。

登高望春

登高眺京洛,街巷纷漠漠。按:一作"何纷纷"。陆机《乐府》:街巷纷漠漠。回首望长安,城阙郁盘桓。王粲《七哀》诗:南登灞陵岸,回首望长安。日出照钿黛,风过动罗纨。《东观汉记》:马皇后眉施黛,左眉小缺,补之如粟。《淮南子》:齐俗有诡文繁绣、弱锡罗纨。《盐铁论》:妇女被罗纨。齐僮蹑朱履,赵女扬翠翰。《南都赋》齐僮唱兮列赵女。陆机《艳歌行》:蛾眉象翠翰。按:江淹《无为论》:有弈叶公子者,乃动朱履,而驰宝马。春风摇杂树,葳蕤绿且丹。曹植《七启》:绿叶朱荣。宝瑟玫瑰柱,金羁瑇瑁鞍。《子虚赋》:其石则赤玉玫瑰。晋灼曰:玫瑰,火齐珠也。《说文》:羁,马络头也。有衔曰勒,无衔曰羁。曹植《游侠篇》:白马饰金羁。《岭表录异》:蟕蠵,俗谓之兹夷,乃山龟之巨者。广州有巧匠,取其甲黄明无日脚者,煮而拍之,陷黑瑇瑁花,以为梳篦杯器之属,状甚明媚。应劭曰:雄曰瑇瑁,雌曰蟕蠵。《说文》:鞍,马鞍具也。淹留宿下蔡,置酒过上兰。《三辅黄图》:上林苑有上兰馆。解眉还复敛,方知巧笑难。江淹《倡妇自悲赋》:出桂苑以敛眉。梁元帝《荡妇秋思赋》:愁萦翠眉敛。佳期空靡靡,含睇未成欢。《说文》:睇,目小视也。嘉客不可见,因君寄长叹。

按:徐刻以下有《春思》、《初春》诗二首,今俱见后。《春思》作《春咏》。

昭君辞[一]

注见卷二石崇。按:相和歌辞吟叹曲。

朝发披香殿,夕济汾阴河。《三辅黄图》:武帝时,后宫八区中有披香殿。《汉·地理志》:河东郡领汾阴县。**于兹怀九逝,自此敛双蛾。**屈原《九章》:魂一夕而九逝。**沾妆**一作"庄"。**疑湛露**[二]**,绕臆状流波**[三]。汉武帝《伤悼李夫人赋》:思若流波。何逊《为衡山侯与妇书》:思等流波,终朝不息。**日见奔沙起,稍觉转蓬多。**张协《七命》:越奔沙,转流霜。曹植《吁嗟篇》:吁嗟此转蓬,居世亦然之。**胡风犯肌骨,非直伤绮罗。**蔡琰《胡笳》:胡风夜夜吹边月。**衔涕试南望,关山郁嵯峨。**江淹《别赋》:造分手而衔涕。**始作阳春曲,终成苦寒歌。**《歌录》:《苦寒行》,古辞。魏武帝有《苦寒行》。**惟有三五夜,明月暂经过。**阮籍《咏怀诗》:赵李相经过。

按:徐刻以下有《塘上行》一首,今附后。又:以下诸诗,与徐刻前后次序互异。

〔一〕《文苑英华》卷二〇四作《昭君怨》。
〔二〕"疑",《文苑英华》作"如"。
〔三〕"臆",《文苑英华》作"睑"。

少年新婚为之咏

山阴柳家女,莫一作"薄"。**言出田墅。**施宿《会稽志》:柳姑庙,在山阴县西一十里,湖桑埭之东,前临镜湖,盖湖山胜绝处也。乡人旧传以为罗江东隐尝题诗,今不存。又:明初李助教昱宗表《草阁集》有《题徐原父画梅歌》,中云:"寻常更有梅花船,系在鉴湖柳姑之庙边。"当即此女也。**丰容好姿颜,便辟工—作"巧"。言语**。谢灵运诗:升长皆丰容。注:丰容,悦怿貌。**腰肢既软弱,衣服亦华楚**。刘琨《答卢谌诗》:咨余软弱。《汉书》:王尊之子伯为京兆,软弱不胜任。**红轮映早寒,画扇迎初暑**。龙辅《女红余志》:燕昭王赐旋娟以金梁却月之钗,玉角红轮之帔。杨慎《韵藻》:齐国有吹纶絮。注:纶似絮而细,名吹者,言可吹嘘也。或云美人衣饰,或云妇人所执纨扇。**锦履并花纹,绣带同心苣**。谢氏《诗源》:轻云鬓发甚长,每梳头,立于榻上,犹拂地。已绾髻,左右余发,各粗一指,结束作同心带,垂于两肩,以翡翠饰之,谓之流苏髻。于是,富家女子各以青丝效其制。见《琅嬛记》。《炙毂子》:汉名同心髻为芙蓉髻。按:《说文》:苣,束苇烧也。《后汉·皇甫规传》:束苣乘城。又段成式诗:愁机懒织同心苣。盖本此。**罗襦金薄厕,云鬟花钗举**。张华《轻薄篇》:足下金薄履。《南史·宗室及诸子传》:贵人以花钗厨子并剪刻锦绣中倒炬凤凰莲芝星月之属赐钧。乐府《读曲歌》云:花钗芙蓉髻,双鬟如浮云。**我情已郁纡,何用表崎岖**?冯衍《显志赋》:心拂郁而迂结兮。**托意眉间黛,申心口上朱。莫争三春价,坐丧千金躯**。《汉书》:鄙谚曰:"家累千金,坐不垂堂。"**盈尺青铜镜,径寸合浦珠**。萧方等《十六国春秋》:慕容垂攻邺,苻丕遣其从弟就请救,乃遗谢玄青铜镜、黄金婉转绳等,以之为信。刘敬叔《异苑》:山阴刘琦每出门,见一女子貌极艳丽,琦便解银铃赠之。女曰:"感君佳贶。"以青铜镜与琦,便结为伉俪。《搜神记》:随珠盈径寸,夜有光明,可以烛室。《后汉·循吏传》:孟尝为合浦太守,海出珠宝。先时守宰,并多贪秽,珠遂渐徙于交址郡界。尝到官,去珠复还。**无因达往意,欲寄双飞凫**。《风俗通》:王乔为叶县令,月朔常诣台朝。临至时,常有双凫从东南飞来。候伺,举罗,得一双舄。**裾开见玉趾,衫薄映凝肤**。肤凝,见《诗》。**羞言赵飞燕,**

笑杀秦罗敷。自顾虽悴薄,**冠盖曜城隅**。《西都赋》:冠盖如云。**高门列驷驾,广路从骊驹**。《淮南子》:季秋杀旌田猎以习五戎,命仆及七驺咸驾载旗。魏应场撰《征赋》:披广路而北巡。《古诗》:松柏夹广路。古乐府:白马从骊驹。**何惭鹿卢剑,讵减府中趋?还家问乡里,讵堪持**一作"特"。**作夫**。姚宽《西溪丛话》:乡里,谓妻也。《南史·张彪传》呼妻为乡里,云:我不忍令乡里落他处。今会稽人言家里。

杂曲三首

携手曲

郭茂倩曰:《携手曲》,梁沈约所制也。《乐府解题》:《携手曲》,言携手行乐,恐芳时不留,君恩将歇也。按:杂曲歌辞。

舍辔下雕辂,更衣奉玉床。陆云《九思》:陪湘妃于雕辂。《汉书》:孝武卫皇后,字子夫。子夫为平阳主讴者。帝过平阳主,既饮,讴者进,帝独悦子夫。帝起更衣,子夫侍尚衣轩中,得幸,因送入宫。**斜簪映秋水,开镜比春妆**。《通俗文》:帻道曰簪。《仓颉篇》:簪,笄也,所以持冠也。《庄子》:秋水时至,百川灌河,河伯欣然自喜。吴均《楚妃曲》:春妆约春黛。**所畏红颜促,君恩不可长**。夏侯湛《雀钗赋》收红颜而发色。**駿冠**一作"鸡冠"。**且容裔,岂吝桂枝亡**。《汉·佞幸传》:孝惠时,郎、侍中皆冠鵔鸃,贝带,傅脂粉。按:《汉书》注:以鵔鸃毛羽饰冠也。《楚辞》:倏忽兮容裔。《东京赋》:纷焱悠以容裔。《汉书》:李夫人卒,武帝作赋曰:"秋气憯以凄泪兮,桂枝落而销亡。"

有所思

《乐府解题》：古辞言："有所思，乃在大海南。何用问遗君？双珠瑇瑁簪。闻君有他心，烧之当风扬其灰。从今已往，勿复相思而与君绝也。"《古今乐录》：汉太乐食举第七曲亦用之，不知与此同否。若齐王融"如何有所思"、梁刘绘"别离安可再"，但言离思而已。宋何承天《有所思篇》曰："有所思，思昔人，曾、闵二子善养亲。"则言生罹荼苦，哀慈亲之不得见也。按：鼓吹曲辞汉铙歌十八首，其第十二首题曰《有所思》。

西征登陇首，东望不见家。《晋书》：潘岳为长安令，作《西征赋》，述所经人物、山水。《舆地志》：陕西陇城县有大陇山，亦曰陇首。**关树抽**一作"搯"。**紫叶，塞草发青芽。昆明当**一作"池"。**欲满，葡萄应作花。**《三秦记》：昆明池中有神池，通白鹿原。《汉书》：李广利为贰师将军，破大宛，得葡萄种归汉。**流泪对汉使**〔一〕，**因书寄狭斜**〔二〕。张协《七命》：挥危弦则涕流。宋玉《高唐赋》：叹息垂泪。陆机乐府有《长安有狭邪行》。狭斜，秦中路名。

〔一〕"流"，《乐府诗集》卷一七作"垂"。
〔二〕"斜"，赵氏覆宋本作"邪"。

夜夜曲

郭茂倩曰：《夜夜曲》，梁沈约所作也。《乐府解题》曰：《夜夜曲》，伤独处也。按：杂曲歌辞，约有二首，此其第二篇也。

河汉纵且按：《乐府》作"复"。**横，北斗横复直。**毛苌《诗传》：河汉,天汉也。古乐府:北斗阑干。注:阑干,横斜貌。**星汉空如此,宁知心有忆**〔一〕。潘岳《寡妇赋》:夜既分兮星汉回。**孤镫暧不明,寒机晓犹织**〔二〕。谢惠连《秋怀诗》:孤灯暧幽幔。**零泪向谁道?鸡鸣徒**按:一作"长"。**叹息。**

〔一〕"有",《艺文类聚》卷四二作"所"。
〔二〕"晓犹",《艺文类聚》作"犹更"。

杂咏五首

春 咏

按:徐刻作《春思》。

杨柳乱如丝,绮罗不自持。枚乘《柳赋》曰:吁嗟细柳,流乱轻丝。**春草青**一作"黄"。**复绿,客心伤此时。**左思《杂诗》:绿叶日夜黄。**翠苔已结洧,碧水复盈淇。**按:昭明太子诗:桂楫兰桡浮碧水。**日华照赵瑟,风色**按:一作"心"。**动燕姬。**《汉书》:日华曜鲜明。谢朓诗:日华承露掌。晋卢谌《感莲赋》:霜微微而日华。**衿中**一作"前"。**万行泪,故是一相思。**

咏 桃

风来吹叶动,风去畏花伤。红英按:一作"映"。**已照灼,况复含日光。**鲍照《行药至城东桥》诗:尊贤永照灼。按:约《郊居赋》:抽红英于紫蒂。**歌童暗理曲,游女夜缝裳。**《汉书》:泛乡侯何武为童子,选在歌中。枚乘《杂诗》:当户理清曲。**讵减当春泪,能断思人肠。**

咏　月

《文选》作《应王中丞思远咏月》。善曰:萧子显《齐书》:"王思远为御史中丞。"良曰:王思远《咏月》之作,约和之。

月华临静夜,夜静灭氛埃。 善曰:魏明帝诗:"静夜不能寐。"《楚辞》:"辟氛埃而清凉。"翰曰:氛,埃尘也。**方晖竟户入,圆影隙中来。** 善曰:《淮南子》:"受光于隙,照一隅。受光于室,照室中无遗物。况受光于宇宙乎!"《说文》:"隙,空际也。"**高楼切思妇,西园游上才。** 善曰:曹子建《杂诗》:"明月照高楼,流光正徘徊。上有愁思妇,悲叹有余哀。"魏文帝《芙蓉城诗》:"乘辇夜行游,逍遥步西园。"《后汉·列女传》:皇甫规妻立骂卓曰:"皇甫氏文武上才,为汉忠臣。"**网轩映珠**一作"朱"。**缀,应门照绿苔。** 善曰:《楚辞》:"网户朱缀刻方连。"下云"绿苔",此当为"朱缀",今并为"珠",疑传写之误。《汉书》:班婕妤《自伤赋》云:"潜玄宫兮幽以清,应门闭兮禁闼扃。华殿尘兮玉阶苔,中庭萋兮绿草生。"**洞房殊未晓,清光信悠哉。** 善曰:毛苌《诗传》:"悠,远貌也。"按:齐云:已近阴、何一派,于静细中见之。此首《文选》载。

咏　柳

轻阴拂建章,夹道连未央。 梁武帝诗:舒芳曜绿垂轻阴。《汉书·郊祀志》:作建章宫,为千门万户。鲍照乐府:夹道列王侯。《汉书》:萧何作未央宫。**因风结复解,沾露柔且长。楚妃思欲绝,班女泪成行。**《歌录》:石崇《楚妃叹》曰:"歌辞《楚妃叹》,莫知其所由,楚之贤妃,能立德著勋垂名于后,惟樊姬焉。故今叹咏之声,永世不绝。"《汉书》:班婕妤《自伤赋》云:仰视兮云屋,双涕兮横流。**游**按:一作"流"。**人未应去,为此归故乡。**

咏　篪

按:《尔雅》:大篪谓之沂。郭注:篪以竹为之,长尺四寸,围三寸,一孔上出一寸三分,名翘。横吹之小者,尺二寸。又按:邢疏谓:苏成公作篪。谯周《古史》云:古有埙篪,尚矣。周幽王时,暴公善埙,苏公善篪,记者因以为作,谬矣。

江南箫管地,妙响发孙枝。张衡《应间》:可剖其孙枝。按:《吕氏春秋》:黄帝命伶伦为律,伶伦著十二箫。又《风俗通》:舜亦作箫。《周礼》:孤竹之管,孙竹之管,阴竹之管。郑玄注:孤竹,竹特生者。孙竹,竹枝根之末生者也。《尔雅》:大管谓之簥,其中谓之篞,小者谓之篎。**殷勤寄玉指,含情举复垂。**张萧远诗:玉指休匀八字眉。盖本此。**雕梁再三绕,轻尘四五移。**后魏温子升《闾阖门上梁文》:雕梁乃架。梁任昉《静思堂竹应诏》:翠叶映雕梁。刘孝绰《古意》:上下傍雕梁。杜氏《通典》:周衰,有韩娥东之齐,至雍门,匮粮,鬻歌假食,既而去,余响绕梁,三日不绝。**曲中有深意,丹诚君讵知**[一]**?**曹植《表》:乃臣丹诚之至愿。

按:齐云:休文诗已骎骎乎为宫体先声矣。

〔一〕"诚",《古文苑》卷九作"心"。

六忆诗四首

三言、五言。按:杂曲歌辞。

忆来时,的的一作"灼灼"。上阶墀。按:《淮南子》:的的者获,提提者射。注:的的,明也。**勤勤聚离别**[一]**,慊慊道相思**。按:《汉书·王莽传》:晨夜屑屑,寒暑勤勤。**相看常不足,相见乃忘饥**。

忆坐时,点点罗帐前。刘铄《杂诗》:罗帐延秋月。**或歌四五曲,或弄两三弦。笑时应无比,嚑时更可怜**。《韵会》:《说文》云:"嚑,恚也。"《妒记》:桓大司马以李势女为妾。桓妻南郡主抱之曰:"阿姊,我见汝犹怜,何况老奴。"古辞《捉搦歌》:可怜女子能照影,不见其余见斜领。

忆食时,临盘动容色。欲坐复羞坐,欲食复羞食。含哺按:一作"唯"。如不饥,擎瓯似无力。《庄子》:赫胥氏之时,民含哺而熙,鼓腹而游。《方言》:瓯、瓾,陈、魏、宋、楚之间谓之题。自关而西谓之瓾。其大者谓之瓯。瓯与𡎺通。《说文》:瓯,小盆也。从瓦,区声。

忆眠时,人眠强未眠。解罗不待劝,就枕更须牵。复恐傍人见,娇羞在烛前。谢朓诗:娇羞余故姿。

〔一〕"聚",赵氏覆宋本作"叙"。

十咏二首

领边绣

领边绣,即方领绣也。《汉书》:广川王去姬,为去刺方领绣。晋灼曰:今之妇人直领也,绣为方领,上刺作黼黻文。

纤手制新奇,刺作可怜仪。刘孝仪《谢晋安王赐银装丝带启》:雕缕新奇。按:《广韵》:针,刺也。以针黹物曰刺。**紫丝飞凤子,结缕**一作"伴"。**坐花儿**。崔豹《古今注》:蛱蝶有大似蝙蝠者,或黑色,或青斑,名曰凤子。一名凤车,一名鬼车,生江南橘树间。鲍照《药奁铭》:凤子藏花。宋梅尧臣《领边绣》诗云:"愿作花工儿,长年承素颈。"则花儿是领上所绣歌童也。观下"不声"句可见。**不声如动吹,无风自移枝**[一]。**丽色傥未歇,聊承云鬓垂**。江淹著《丽色赋》。魏程晓《女典》:若夫丽色妖容。

〔一〕"移",赵氏覆宋本作"袅",可从。

脚下履

古辞《河中之水歌》曰:足下丝履五文章。义盖本此。**丹墀上飒沓,玉殿下趋锵**[一]。曹植《当车以驾行》:欢坐玉殿。**逆转珠佩响,先表绣袿香**。《释名》:妇人上服谓之袿。《广韵》:袿,长襦也。**裾开临舞席,袖拂**一作"拂袖"。**绕歌堂**。齐谢朓《鼓吹曲》:绮席舞衣散。鲍照《芜城赋》:歌堂舞阁之基。**所叹忘怀妾**,一作"切"。**见委人罗床**。

〔一〕"锵",纪氏《考异》作"跄"。

拟青青河边草

注见卷一蔡邕。按:相和歌辞瑟调曲。此拟《饮马长城窟行》。

漠漠床上尘,中心按:《乐府》作"心中"。**忆故人。故人不可忆,中夜长叹息**。《南史》:褚彦回诣虞愿,不在,床上积尘,有书数帙。彦回叹曰:"虞君之清,一至于此。"拂尘而去。**叹息想容仪,不欲**一作"言"。**长别离。别离稍已久,空床寄杯酒**。枚乘《杂诗》:空床难独守。

拟三妇[一]

郭茂倩曰：《三妇艳诗》，相和歌辞清调曲也。古辞云："长安有狭邪，狭邪不容车。适逢两少年，挟毂问君家。君家新市旁，易知复难忘。大子二千石，中子孝廉郎。小子无官职，衣冠仕洛阳。三子俱入室，室中自生光。大妇织绮罗，中妇织流黄，少妇无所为，挟瑟上高堂。丈夫且徐徐，调丝未渠央。"按：《乐府》作《三妇艳》，无"拟"字。

大妇扫玉墀[二]，中妇结罗按：一作"珠"。帷[三]。《说文》：墀，涂地也。徐曰：阶上地也。小妇独无事，对镜画蛾眉[四]。良人且安卧，夜长方自私。《汉·黥布传》：陛下安枕而卧矣。相如《美人赋》：敢托身兮长自私。

[一] 纪氏《考异》："宋刻无'艳'字，然诸本皆有之。诸家所拟亦皆作《三妇艳》，盖宋刻误脱。"
[二] "扫玉墀"，《乐府诗集》卷三五作"拂玉匣"，可从。
[三] "帷"，五云溪馆本作"帏"。
[四] "画"，《乐府诗集》作"理"。

古 意

挟瑟丛台下，徙倚爱容光。古乐府：挟瑟上高堂。伫立日已暮，戚戚苦人肠。露葵已堪摘，淇水未沾裳。宋玉《讽赋》：主人之女答臣，炊雕胡之饭，烹露葵之羹。锦衾无独暖，罗衣空自香。明月虽外照，宁知心内伤？《楚辞》：永怀内伤。

梦见美人

夜闻长叹息,知君心有忆。《楚辞》:长太息以掩涕。果自闾阖开,魂交睹容一作"颜"。色。《庄子》:子綦曰:"其寐也魂交,其觉也形开。"《说文》:交,会也。既荐巫山枕,又奉齐眉食。《后汉·逸民传》:梁鸿妻孟光,鸿每归,妻为具食,不敢于鸿前仰视,举案齐眉。立望复横陈,忽觉非在侧。《汉书》:孝武李夫人卒,悲感作诗曰:"是邪?非耶?立而望之,偏何姗姗其来迟!"那知一作"恶"。神伤者,潺湲泪沾臆。《魏志》:荀粲妻亡,不哭而神伤。屈原《九歌》:横流涕兮潺湲。北魏乐府《杨白花》:拾得杨花泪沾臆。

效 古

可怜桂树枝,单雄忆故雌。《说文》:雄雉之鸣为鸐。《列女传》:鲁陶隐妻歌曰:"夜半悲鸣,想其故雄。"岁暮异栖宿,春至犹别离。《吴都赋》:穷飞走之栖宿。山河隔长路,路远绝容仪。《左传》:子犯曰:"表里山河,必无害也。"岂云无我匹,寸心终不移。

初 春

扶一作"夹"。道觅阳春,佳人共携手。佳人,按:《初学记》作"相将"。草色犹一作"独"。自菲,一作"非"。按:《艺文》作"腓"。林中都未有。无事逐梅花,空中信杨柳[一]。且复归去一作"共归"。来,含情寄杯酒。陶潜者《归去来辞》。

〔一〕"中",《初学记》作"教",可从。

悼　往_{按:一作《悼亡》。}

去秋三五月,今秋还照房。今春兰蕙草,来春一作"春来"。复吐芳。相如《子虚赋》:下靡兰蕙。后汉崔琦《七蠲》:流曜吐芳。悲哉人道异,一谢永销亡。屏筵空有设,按:一作"帘屏既毁撤"。帷席更施张。休文《齐太尉王俭碑文》云:风云溢乎帷席。谢惠连《雪赋》:末縈盈于帷席。施张,见《礼记》。游尘掩虚座,孤帐覆空床。《洞冥记》:西王母驾玄鸾之舆至,坛所四面列软条桂,风至自拂阶上游尘。张衡《思玄赋》:游尘外而瞥天兮。《吴志》:魏文帝常为虞翻设虚座。万事无不尽,徒令存者伤。任昉《哭范仆射诗》:一朝万化尽。北齐邢子才《文宣帝哀策文》:万事同尽。

按:徐刻此诗前有《秋夜》一首,今附后。

柳　恽

《宋书》:柳恽,字文畅,河东解人。好学,善尺牍。齐竟陵王以为法曹参军,累迁太子洗马。梁天监初除长史,累迁广州刺史,复为吴兴太守。

捣衣诗一首

注见卷三曹毗、谢惠连。

孤衾引思绪,独枕怆忧端。孙乃寿诗:心绪乱如丝。梁简文《乌夜啼》：羞言独眠枕下流。义同。**深庭秋草绿，高门白露寒。思君起清夜，促柱奏幽兰**。魏曹植诗：清夜游西园。**不怨飞蓬苦，徒**一作"持"**伤蕙草残**。其一。古诗：空令蕙草残。**行役滞风波，游人淹不归**。《家语》：不观巨海，何以知风波之患。李陵《与苏武诗》：风波一失所。**亭皋木叶下，陇首秋云飞**。相如《上林赋》：亭皋千里。屈原《九歌》：洞庭波兮木叶下。汉武帝《秋风辞》：秋风起兮白云飞。按：《艺文》作"秋蓬"。《南史》本传亦作"秋云"。二句王融见而嗟赏，因书斋壁及白团扇。**寒园夕鸟集，思牖草虫悲**。牖，一作"牗"。草虫，见《诗》。《禽经》：独鸟曰止，众鸟曰集。**嗟兮当春服，安见御冬衣**。其二。《楚辞》：无衣裳以御冬，恐死不得见乎阳春。**鹤**疑作"鹳"。**鸣劳永叹，采绿伤时暮**。鹳鸣，见《毛诗》。《诗序》：采绿，刺怨旷也。幽王之时，多怨旷者也。**念君方远徭**，按：《艺文》作"游"。**望**按：《艺文》作"贱"。**妾理纨素**。**秋风吹绿潭，明月悬高树**。宋谢灵运《长溪赋》：潭结绿而澄清。**佳人饰净容，招携从所务**。其三。步榈一作"栏"。杳不极，离家一作"堂"。肃已扃。相如《上林赋》：步榈周流。注：步榈，步廊也。榈，古檐字。班婕妤《自伤赋》：应门闲兮禁门扃。**轩高夕杼散，气爽夜砧鸣**。王洵《秋怀》：风辽气爽。**瑶华随步响，幽兰逐袂生**。**峕崛理金翠，容与纳宵清**。其四。**泛艳回烟彩，渊旋龟鹤文**。**凄凄合欢袖，冉冉**一作"苒苒"。**兰麝芬**。《说文》：麝如小麇，脐有香。干宝《晋纪》：石崇出妓妾数十人，皆蕴兰麝而被罗縠。鲍照《中兴歌》：绿墀散兰麝。**不怨杼轴苦，所悲千里分**。杼轴，见《毛诗》。**垂泣送行李，倾首迟归云**。其五。《左传》：烛之武曰："行李之往来，供其乏困。"《汉书》：翟义曰："天下倾首服从。"

鼓吹曲[一]

《荆州先贤传》:罗献以太始三年进位冠军,假节,给大车,增鼓吹桼戟。按:鼓吹,一曰短箫铙歌。刘瓛定军礼云:鼓吹,未知其始也。汉世有黄门鼓吹。《东观汉记》:班超拜长史,假鼓吹麾幢。崔豹《古今注》:汉乐黄门鼓吹,天子所以宴乐群臣也。亦以赐有功诸侯。魏晋之世,给鼓吹甚轻,牙门督将五校悉有鼓吹。宋齐以后,则甚重矣。

独不见

《乐府解题》:独不见,伤思而不得见也。按:杂曲歌辞。

别岛望风按:一作"云"。台,天渊临水殿。《西京赋》:长风激于别岛。沈约《郊居赋》:风台累翼,月榭重栭。《初学记》:汉上林有池十五所,一曰天泉池,上有连楼阁道,中有紫宫。《述异记》:汉武帝立豫樟宫于昆明池中,作豫樟水殿。唐避讳,渊改泉。芳草生未积,春花落如霰。出从张公子,还过赵飞燕。奉帚长信宫,谁知独不见。《汉书》:童谣云:"燕燕尾涎涎。张公子,时相见。"

度关山

《乐府解题》:魏乐奏武帝辞。言人君当自勤苦,省方黜陟,省刑薄赋也。若梁戴暠云"昔听陇头吟,平居已流涕",但叙征人离别之思焉。按:相和歌辞相和曲。又有《关山曲》,盖本此。注见下《江南曲》。

少长一作"信",非。**倡家女**〔二〕**,出入燕南陲**。《西都赋》:汉之西都,在于雍州,实曰长安。《后汉·公孙瓒传》:童谣云:"燕南垂,赵北际,中央不合大如砺,惟有此中可避世。"惟一作"与"。**持德自美,本以容见知**。《汉书》:李夫人曰:"我以容貌之故,得从微贱受幸于上。"旧闻关山远,一作"道"。**何事总金羁。妾心日已乱,秋风鸣细枝**。

〔一〕赵氏覆宋本作《鼓吹曲二首》。
〔二〕"少长",《乐府诗集》卷二七作"长安"。

杂　诗

云轻色转暖,一作"暮色转"。**草绿晨芳归。山墟罢**一作"薄"。**寒晦,园泽润朝晖**。宋吴处厚《青箱杂记》:岭南谓村市为墟。谢混《逆皇后在领军府集诗》:明窗通朝晖。**春心多感动,睹物情复悲**。枚乘《七发》:陶阳气,荡春心。晋石崇《答枣腆诗》:睹物伤情。**自君之出矣,兰堂罢鸣机**。张衡《南都赋》:宴于兰堂。《汉书》:祓兰堂。谢朓《同王主簿有所思》:望望下鸣机。**徒知游宦是,不念别离非**。

长门怨

《汉武故事》:武帝为胶东王时,长公主嫖有女,欲与王婚,景帝未许。后长主还宫,胶东王数岁,长主抱置膝上,问曰:"儿欲得妇否?"长主指左右长御百余人,皆云"不用"。指其女问曰:"阿娇好否?"对曰:"好!若得阿娇作妇,当作金屋贮之。"长主乃苦要帝,遂成昏焉。《汉书》:孝武陈皇后,长公主嫖女也。擅宠娇贵,十余年而无子,闻卫子夫得幸,几死者数焉。元光五年,废居长门宫。《乐府解题》:《长门怨》者,为陈皇后作也。后退居长门宫,愁闷悲思,闻司马相如工文章,奉黄金百斤,令为解愁之辞。相如为作《长门赋》,帝见而伤之,复得亲幸。后人因其赋而为之《长门怨》也。按:相和歌辞楚调曲。

玉壶一作"户"。**夜悄悄,应门重且深。**相如《长门赋》:挤玉户而撼金铺兮。按:《左传》:祈招之愔愔。注:安和貌。又《吴都赋》:禽习容窡,靡靡愔愔。**秋风动桂树,流月摇轻阴。**谢庄《月赋》:素月流天。齐王俭《饯从兄豫章诗》:流月泛虚园。**绮檐清露滴,**一作"溽"。**网户思虫吟。**梁简文帝《玄圃纳凉诗》:思虫引秋凉。盖本此。王褒《圣主贤臣颂》:蟋蟀候秋吟。**叹息下兰阁,含愁奏雅琴。**曹植《白鹤赋》:聆雅琴之清韵。刘向有《雅琴赋》。**何由鸣晓佩,复得抱宵衾。**《列女传》:后妃进退,必鸣玉佩环。抱衾,见《毛诗》。**无复金屋念,岂照长门心。**

江南曲

杜氏《通典》:梁有吴安泰善歌,后为乐令,精解声律。初改西曲,别江南《上云乐》。内人王金珠善歌吴声、西曲,又制江南歌,当时绝妙。今斯宣达选乐府少年好手,进内习学。吴弟安泰之子又善歌。次有韩法秀又能妙歌吴声、《读曲》等,古今独绝。按:相和歌辞相和曲。《古今乐录》曰:张永《元嘉技录》:"相和有十五曲:一曰《气出唱》,二曰《精列》,三曰《江南》,四曰《度关山》,五曰《东光》,六曰《十五》,七曰《薤露》,八曰《蒿里》,九曰《觐歌》,十曰《对酒》,十一曰《鸡鸣》,十二曰《乌生》,十三曰《平陵东》，十四曰《东门》，十五曰《陌上桑》。《乐府解题》：江南古辞，盖美芳辰丽景，嬉游得时。若简文"桂楫晚应旋"惟歌游戏也。梁武帝作《江南弄》以代西曲，有《采菱》、《采莲》，盖出于此。唐陆龟蒙又广古辞为五解云。

汀洲采白蘋，日落一作"暖"。**江南春。洞庭有归客，潇湘逢故人。**《荆州记》：青草湖，一名洞庭湖。又：洞庭，亦谓之太湖，在巴陵县。《楚地记》：巴陵，潇湘之渊，在九江之间，今岳州巴陵县，即楚之巴陵，汉之下隽也。《图经》：湘水自阳海发源，至零陵北而紫水会之，二水合流谓之潇湘。潇者，水清深之名也。**故人何**《艺文》作"久"。**不返？春华复应**一作"将"。**晚。**边让《章华台赋》：荣若春华。**不道新知乐，且**一作"只"。**言行路远**[一]。《家语》：子游见行路之人云："鲁司铎人也。"

〔一〕"且"，《艺文类聚》卷四二作"空"。

起夜来

《乐府解题》：起夜来，其词意犹念畴昔思君之来也。唐聂夷中有《起夜半》。按：杂曲歌辞。

城南断车按：一作"兵"。**骑，阁道覆清**一作"青"。**埃。**古乐府：采桑城南隅。《后汉·何进传》：尚书卢植执戈于阁道窗下，仰数段珪。李尤《武功歌》：清埃飞，连日月。**露华光翠网，月影入兰台。**《西京赋》：外有兰台金马。注：兰台，台名。**洞房且暮掩，应门或复开。飒飒**一作"人"。**秋桂响，悲**一作"非"。**君起夜来。**

七夕穿针

《荆楚岁时记》：七夕，妇人结彩缕，穿七孔针，或以金银鍮石为针。

代一作"黛"。马秋不归,缁纨无复绪。《后汉·班超传》疏曰:代马依风。刘铄诗:坐见轻纨缁。**迎寒理夜**一作"衣"。**缝,映月抽**一作"摺"。**纤缕。**《周礼·春官》:中秋夜,击土鼓,吹豳诗,以迎寒。梁陶隐居《寻山志》:庭虚月映。按:《考工记》:鞄人察其线,欲其藏也。注:谓缝革之缕也。**的皪愁睇光,连娟思眉聚。**相如《上林赋》:皓齿灿烂,宜笑的皪。**清露下罗衣,秋风吹玉柱。**袁淑《正情赋》:陈玉柱之鸣筝。**流阴稍已多,余光欲难取**[一]。按:一作"谁与"。谢庄《怀园引》:流阴逝景不可追。宋辞《读曲歌》:余光照已藩。

〔一〕"欲",《文苑英华》卷一五八作"亦",可从。

咏 席

照日汀洲际,摇风绿潭侧。虽无独茧轻,幸有青袍色。《上林赋》:曳独茧之褕袘。《神异经》:东方有桑树焉,高八十丈。其叶长一丈,广六七尺。其上自有蚕作茧,长三尺,缲一茧,得丝一斤。古诗:青袍似春草。**罗袖少轻尘,象床多丽饰。**《洞冥记》:上起神明台,有金床象席。刘桢《瓜赋》:布象牙之席,熏玳瑁之筵。《东都赋》:去后宫之丽饰。按:《战国策》:孟尝出行五国,至楚,献象牙床。**愿君兰夜**一作"夜阑"。**饮**[一]**,佳人时宴息。**宴息,见《周易》。

〔一〕"兰夜",纪氏《考异》作"阑夜",可从。

江 洪

《梁书》:江洪,济阳人。《文学传》:工属文,为建阳令,坐事死。按：《梁书·吴均传》：先是有广陵高爽、济阳江洪、会稽虞骞，并工属文。

咏歌姬

宝镊间珠花，分明靓妆点。孔儒《七别》：紫镊承鬓而骋辉。《南齐书》：文安皇后为皇太子妃，无宠。太子为宫人制新丽衣裳及首饰，而后妆惟陈古旧钗镊数枚。《史记·始皇纪》：贵贱分明。《汉书》：董仲舒对策曰："臣前所上对，辞不别白，指不分明。"薄鬓约微黄，轻红淡铅脸。梁简文帝《咏梁尘诗》：带日聚轻红。《抱朴子》：民不信黄丹及胡粉是化铅所作。发言芳已驰，复加兰蕙染。浮声易伤叹，沉唱安而险。班婕妤《捣素赋》：柱由贞而响沉。孤转忽徘徊，双蛾乍舒敛。不持全示人，半用轻纱掩。

咏—无"咏"字。舞女

腰纤蔑楚媛，体轻非赵姬。映袿一作"襟"。阗宝粟，缘肘挂珠丝。龙辅《女红余志》：李听姬紫云，有金虫宝粟之钿，其制盖自六朝始也。谢承《后汉书》：汝南李敬，少时迁赵相，奴于鼠穴中得系珠及铛珥。《列女传》：珠崖令卒官，妻息送丧还。汉法内珠入关者死，妻弃其系臂珠。前妻子年九岁，取而好之，置其母镜奁中。关吏索得，劾问，子母争当坐，吏乃弃珠遣之。发袖已成态，动足复含姿。杨恽《报孙会宗书》：顿足起舞。斜精若不眄〔一〕，当一作"娇"。转复迟疑。何惭云鹤起，讵减凤鸾一作"惊"。时？

〔一〕"精"，五云溪馆本作"睛"，可从。

咏红笺

按：梁简文帝启：谨奉红笺二十幅。又按：晋桓玄作桃花笺，有缥绿青赤等色，嗣后有浮碧、殷红、鸦青、鹄白异名。

杂彩何足奇，惟红偏作可。灼烁类蕖开，轻明似霞破。《魏都赋》：丹藕凌波而的烁。晋庾肃之《山赞》：轻霞下拂。方回《游南岳赞》：珠尘圆洁轻且明。《三元经》：元始天王于明霞之观大霄云户，以上真玉检，下授三天玉童。**镂质卷芳脂，裁花承百和。**《盐铁论》：内无其质，而外学其文，若画脂镂冰，费日损功。汉王褒《责髯奴文》：润之以芳脂。《汉武内传》：帝七月七日扫除宫掖之内，设座火殿之上，以紫罗荐地，燔百和香，燃九微灯，以待王母。**且传别离心，复是相思裹。不值情幸**一作"牵"。**人，岂识风流座。**

按：徐刻以下有《咏鹤》一首，今附后。

咏蔷薇

《本草经》：蔷薇，一名牛棘，一名牛勒，一名山枣，一名蔷蘼。

按：诸本俱作柳恽诗，徐刻亦作柳诗，叙在《咏席》诗后。

当户种一作"穜"。**蔷薇，枝叶太葳蕤。不摇香已乱，无风花自飞。春闺不能静，开匣对**一作"理"。**明妃。**王筠《楚妃吟》：庭前日暖。春闺、明君，注见卷二石崇。**曲池浮采采，斜岸列依依。**宋玉《招魂》：坐堂伏槛临曲池。嵇康《琴赋》：采采粲粲。王僧孺《侍宴诗》：落光渐斜岸。**或闻好音度，时见衔泥归。**枚乘《杂诗》：思为双飞燕，衔泥巢君室。**且对清觞湛，其余任是非。**《蜀都赋》：觞以清醇。

高爽

《梁书》:高爽,广陵人。齐永明中,举孝廉。天监中,历官临川王参军,出为晋陵令。按:《南史·文学传》:广陵高爽,博学多材。刘瑱为晋陵令,爽经途诣之,了不相接。俄代瑱为县,瑱遣迎赠甚厚,爽受饷答书云:"高晋陵自答。"人问其所以,答云:"瑱饷晋陵令耳,何关爽事。"后坐事,被系,作《镬鱼赋》以自况,其文甚工。后遇赦免,卒。

咏镜

初上凤皇墀,此镜照蛾眉。《晋中兴书》:荀勖徙中书监,为尚书令。人贺之,乃发恚云:"夺我凤皇池,卿诸人何贺我耶!"宋孝武《拟汉武帝李夫人赋》:思玉步于凤墀。言照常相守,不照常相思[一]。虚心会不采,贞明空自欺[二]。晋傅咸《镜赋》:不有心于好丑,而众形其必详。无言故此一作"此故"。物,更复对一作"照"。新期。

〔一〕以上二句两"常"字,赵氏覆宋本均作"长"。
〔二〕纪氏《考异》:"'欺'字未详,疑为'持'字之讹。"

鲍子卿

咏画扇

一作高爽。按:徐刻无鲍子卿名。又按:《南史》:齐主颇好画扇。宋孝武赐何戢蝉雀扇,善画者顾景秀所画,献之齐主。细一作"新"。丝本自轻,弱彩何足昒。直为发红颜,谬成握中扇。乍奉长门泣,时承柏梁宴。《北堂书钞》:汉武帝元封三年作柏梁台,诏群臣能为七言诗者,乃得上坐。《汉武故事》:柏梁台,高二十丈,悉以柏,香闻数十里。思妆一作"庄"。开已掩,歌容隐而见。《汉书》:乐有歌舞之容。但画双黄鹤,一作"鹄"。莫作孤飞燕。按:《艺文》作"雁"。苏武诗:愿为双黄鹄,送子俱远飞。

咏玉阶

按:一作何子朗诗,误。

玉阶已夸丽,复得临紫微。《西都赋》:玉阶彤庭。《吴都赋》:虽兹宅之夸丽。北户接翠幄,南路低一作"抵"。金扉。《吴都赋》:开北户以向日。潘岳《河阳县诗》:南路在伐柯。沈约《拟风赋》:若夫摇玉树,响金扉。重叠通日影,参差藏月辉。宋玉《高唐赋》:交加累积,重迭增益。向秀《思旧赋序》:顾视日影。轻苔染朱按:一作"珠"。履,微淀一作"澱"。拂罗衣。阮籍《清思赋》:释安朝之朱履兮。《尔雅》:淀谓之垽。《说文》:滓,淀也。独笑昆山曲,空见青鸟飞。沈约《和刘中书仙诗》:昆山西北映。《汉武故事》:七月七日,上于承华殿斋,忽青鸟从西来,上问东方朔,朔曰:"西王母欲来。"有顷,王母至。

何子朗

《南史·文学传》:何思澄,东海郯人。子子朗,字世明,早有才思，卒于国山令。初，何思澄与宗人逊及子朗俱擅文名，时人语曰："东海三何，子朗最多。"思澄闻之曰："此言误耳。如其不然，故当归逊。"思澄意谓宜在己也。按：周舍每与朗谈，服其精理。尝为《败冢赋》，拟庄周马倕，其文甚工。世人语曰："人中爽爽有子朗。"

学谢体

桂台清露拂，铜陛落花沾。《汉·郊祀志》：公孙卿曰："仙人好楼居。"于是，上令长安创作飞廉、桂馆。师古曰：飞廉馆及桂馆二名也。刘桢《鲁都赋》：丹陛玉砌。《汉书音义》：如淳曰："刻殿基以为陛，以有两旁上下安也。"孟康曰：谓凿殿基际为陛，不使露也。**美人红妆罢，攀钩卷细帘。**《拾遗记》：越有美女夷光以贡于吴，吴处以椒华之房，贯细珠为帘幌，朝下以蔽景，夕卷以待月。梁简文帝《苦热诗》：细帘时半卷。**思君击**一作"暂"。**促柱，玉指何纤纤。未应为此别，无故坐相嫌。**

和虞记室骞古意

《梁书·文学传》：虞骞，会稽人。工为五言诗，名与何逊相埒，官至王国侍郎。

美人弄白日，灼灼当春牖。曹植《杂诗》：临牖御棂轩。晋张协《玄武馆赋》：春牖左开，秋窗右豁。按：《楚辞·招魂》：晋制犀比，费白日些。**清镜对蛾眉，新花映**一作"弄"。**玉手。**曹植《妾薄命篇》：携玉手，喜同车。**燕下拾池泥，风来吹细柳。君子何时归？与我**

酌尊酒。

和缪郎视月

按:《艺文》作虞骞诗,徐刻同。

清夜未云疲,细一作"珠"。帘聊可发。曹植《公谯诗》:公子敬爱客,终宴不知疲。清夜游西园,飞盖相追随。泠泠一作"玲玲"。玉潭水,映见蛾眉月。王褒《洞箫赋》:玉液浸潭而承其根。鲍照《玩月诗》:末映东北墀,娟娟似蛾眉。靡靡露方垂,辉辉光稍没。《高唐赋》:薄草靡靡。佳人复千里,余影徒挥忽。谢庄《月赋》:美人迈兮音尘阙,隔千里兮共明月。伏知道《为王宽与妇义安主书》:虽见妖淫,终成挥忽。

范靖—作"静"。妇

《隋·艺文志》:梁征西记室范靖妻沈满愿集三卷。按:沈约孙女也。

咏步摇花

"步摇",注见卷二傅玄。

珠华紫翡翠,宝叶间金琼。《异物志》:赤而雄者曰翡,青而雌者曰翠。梁武帝《谢东宫赉花钿启》:田文之珥,惭于宝叶。龙辅《女红余志》:观美女诗序云:"及桃李之芳年,轻金琼之重体。"剪荷不似制,为花如自生。低枝拂绣领,微步动瑶瑛。孔稚圭《北山移文》:乍低枝以扫迹。曹植《洛神赋》:凌波微步,罗袜生尘。张协《七命》:错以瑶英。**但令云髻插,蛾眉本易成。**按:一本作"谅非桃李节,弥令蜂蝶惊"。

戏萧—作"绣"。娘

明珠翠羽帐,金薄绿绡帷。《尔雅》:翠,鹬。注:似燕,绀色。疏:鹬,一名为翠。许氏《说文》:帐,张也。一曰帱谓之帐。《礼记》:绡,幕也。郑玄曰:绡,缣也。**因风时暂举,想像见芳姿。清晨插步摇,向晚解罗衣。托意风流子,佳情讵肯**—作"可"。**私。**阮瑀《为魏武帝与刘备书》:披怀解带,投分寄意。谢庄《怀园引》:试托意兮向芳荪。《晋·王忱传》:范宁谓忱曰:"卿风流隽望,真后来之秀。"

咏五彩竹火笼

按:《西京杂记》:汉制:天子以象牙为火笼。又《说文》云:熏衣竹笼也。

可怜润霜质,纤剖复毫分。鲍照《梅花落》:徒有霜花无霜质。《芜城赋》:竟瓜剖而豆分。《吴都赋》:竹则冒霜停雪。**织作回风苣,**《艺文类聚》作"缕"。**制为萦绮文。**《西京杂记》:赵飞燕为皇后,其女弟上遗回风席、七华扇。**含芳出珠被,曜彩接缃裙。**魏文帝《善哉行》曰:清气含芳。宋玉《招魂》:翡翠珠被,烂齐光些。魏繁钦《柳赋》:耀华采之猗猗。**徒嗟今丽饰,岂念昔凌云。**何晏《景福殿赋》:建凌云之层盘。

咏 灯

绮筵日已暮,罗帏月未归[一]。**开花散鹄彩**[二]**,含光出九微。** 王筠《灯檠诗》:鸣鹤映冰池。《汉武内传》:七月七日,乃扫除宫掖之内,张云锦之帏,然九微之灯,夜二唱后,西王母驾五色之班龙上殿。**风轩动丹焰,冰宇淡清晖**[三]。谢庄《月赋》:周除冰净。宋谢灵运《苦寒行》:浮阳减清晖。**不吝**一作"畏"。**轻蛾绕,惟恐晓蝇飞。**

〔一〕"帏",《初学记》卷二五作"帷",《艺文类聚》作"帐"。
〔二〕"鹄",《初学记》作"鹤"。
〔三〕"清",《初学记》作"青"。

何 逊

《梁书》:何逊,字仲言,东海郯人。天监中,尚书水部郎。按:《南史》:逊,何承天之曾孙,八岁能赋诗,弱冠州举秀才。范云见其对策,大相称赏。南平王引为宾客,掌记室事,后荐之武帝。初,逊文章与刘孝绰并见重,时谓之"何、刘"。

日夕望江赠鱼司马

按:鱼司马,襄阳鱼宏也。累从征讨,常为军锋,历南谯、盱眙、竟陵太守。

湓城带湓水,湓水萦如带。《南齐·州郡志》:庾亮表江州宜治寻阳,以州督豫州新蔡、西阳二郡,治湓城。《浔阳记》:湓水出清盆山,因以为名。带山双流而右灌浔阳,东北流入江。《庐山记》:江州有青盆山,故其城曰溢城,浦曰溢浦。《一统志》:溢浦,在今九江府城西。《汉书》:封爵之誓曰:"使黄河如带,泰山如砺。"**日夕望高城,耿耿**一作"眇眇"。**青云外。城中多宴赏,丝竹常繁会。**屈原《九歌》:五音纷兮繁会。**管声已流悦,弦声复凄切。**《汉书音义》:丝曰弦,竹曰管。古歌辞《白帝子歌》曰:清歌流畅乐难极。嵇康《与山巨源绝交书》曰:意常凄切。**歌黛惨如愁,舞腰疑欲绝。**梁简文帝《九日赋韵诗》:远烛承歌黛。**仲秋黄叶下,长风正骚屑。**《高唐赋》:长风至而波起兮。谢灵运《折杨柳行》:骚屑出穴风。江淹《思北归赋》:风摇木而骚屑。刘歆《九叹》:风骚屑而摇木兮。**早雁出云归,故燕辞檐别。**鸿雁来,玄鸟归。见《礼记》。**昼悲在异县,夜梦还洛汭。**蔡邕乐府:他乡各异县。洛汭,见《尚书》。**洛汭何悠悠,起望登西**一作"西南"。**楼。的的帆向浦,团团日隐州**[一]。《世说》:顾长康作殷荆州佐,请假还东,尔时例不给布帆,顾苦求之,发至蟠冢,便遭风大败。作笺与殷云:行人安稳,布帆无恙。鲍照《棹歌行》:遥曳高帆举。《说文》:浦,水滨也。《风土记》:大水有小口别通曰浦。《说文》:洲,本作州,水中可居曰州。后人加水以别州县字。**谁能一羽化,轻举逐飞浮。**《训解故事》:道士亡曰羽化。汉东方朔《与友人书》:相期拾瑶草,吞日月之光华,共轻举耳。晋庾阐《游仙诗》:轻举观沧海。

按:徐刻以下诸诗前后叙次互异。

〔一〕"日",纪氏《考异》作"月"。

轻薄篇[一]

《乐府解题》:《轻薄篇》言乘肥马,衣轻裘,驰逐经过为乐。

与《少年行》同意。何逊云"城东美少年",张正见云"洛阳美少年"是也。按:杂曲歌辞。又有《轻薄行》、《灞上轻薄行》,题皆本此。

城东一作"长安"。**美少年,重身轻万亿。柘弹随珠丸,白马黄金勒。**一作"饰"。《古史考》:柘树枝长而劲,乌集之。将飞,柘起弹乌,乌乃呼号,因名乌号弓。《吕氏春秋》:以随侯之珠,弹千仞之雀,世必笑之。《述异记》:乾罗,慕容廆十世祖也,见神着金银襦铠,乘白马,金银鞍勒,自天而降。**长安九逵上,青槐荫道植。**《尔雅》:九达谓之逵。《魏都赋》:槐以荫道。**毂击晨已喧,肩排暗**一作"暝"。**不息。**《史记·苏秦传》:临淄之途,车毂击,人肩摩,连衽成帷,举袂成幕。**走狗通西**按:一作"东西"。**望,牵牛亘**一作"向"。**南直。**《三辅故事》:桂宫周匝十里,内有明光殿、走狗台。《三辅黄图》:秦始皇兼天下,都咸阳。渭水贯都以象天汉,横桥南渡以法牵牛。**相期百戏傍,去来三市侧。**张衡《南都赋》:都卢寻橦。注:都卢,山名。其人善缘竿百戏。梁元帝《纂要》:百戏起于秦汉。按:《周礼》:大市日昃而市,朝市朝时而市,夕市日夕而市,此三市之谓也。**象床沓绣被,玉盘传绮食。**《说苑》:鄂君乘青翰之舟,张翠羽之盖,越人拥楫而歌。于是鄂君揄袂而拥之,举绣被而覆之。古诗:委身玉盘中,历年冀见食。**娼女**一作"大妇"。一作"大姊"。**掩扇歌,小妇**一作"妹"。**开帘织。**庾信《春赋》:月入歌扇。杜诗注:以扇自障而歌,谓之歌扇。**相看独隐笑,见人还敛色。**《艺文类聚·荀采传》:荀采,爽女。夫亡,爽逼嫁与太原郭奕,采敛色正坐,郭氏不敢逼。**黄鹄悲故群,山枝咏初**按:一作"新"。**识。**《列女传》:鲁陶婴,陶明之女,少寡,养姑,纺绩为产。鲁人欲求之,女乃歌曰:"黄鹄早寡,七年不双。宛颈独宿,不与众同。夜半悲鸣,想其故雄。飞鸟尚然,况于贞良。"鲁人闻之,遂不复求。《说苑》:越人歌曰:"山有木兮木有枝,心悦君兮君不知。"**鸟飞过客尽,雀聚行龙匿**。《韩诗外传》:枯鱼衔索,几何不蠹。二亲之寿,忽如过客。行龙匿,谓薄暮也。晋傅玄《日升歌》:六龙并腾骧,逸景何晃晃。《后汉书》:马援奏曰:"行天者莫如龙。"**酌羽前**一作"方"。**厌厌**[二],**此时欢未极**。沈约《率尔成篇》:金瓶泛羽卮。善曰:羽卮,即羽觞也。厌厌,见《毛诗》。

〔一〕赵氏覆宋本作《拟轻薄篇》。
〔二〕"前",五云溪馆本作"方",可从。

咏照镜

珠帘旦初卷,绮罗按:一作"机"。**朝未织。玉匣开鉴形,宝台临净饰**。《广雅》:鉴,谓之镜。《文子》:夫镜不说形,故能有形。庾信《镜赋》:不能片时藏匣里。又《咏镜诗》曰:玉匣聊开镜。《三国典略》:胡太后使沙门灵昭造七宝镜台,合有三十六户。每户有一妇人执锁,才下一关,三十六户一时自蔽,若抽此关,诸门皆启,妇人各出户前。**对影独含笑,看花空转侧**。宋玉《登徒子好色赋》:含喜微笑。繁钦《愁思赋》:时瞭眇以含笑。《子夜夏歌》:动侬含笑容。《地驱乐歌》:枕郎左臂,随郎转侧。**聊为出茧眉,试染夭桃色**。《大戴礼》:食桑者有丝而蛾。郭璞《尔雅注》:蚕,蛾也。**羽钗如可间,金钿长相逼**[一]。江淹《丽色赋》:翠蕤羽钗。**荡子行未归,啼妆坐沾臆**。《后汉·梁冀传》:冀妻孙寿作愁眉啼妆、堕马髻、折腰舞、龋齿笑,以为媚惑。

〔一〕"长",五云溪馆本作"畏",可从。

闺 怨

按:杂曲歌辞。《乐府》作《离闺怨》。

晓河没高栋,斜月半空庭。窗中度落叶,帘外隔飞萤。《尔雅》:萤火,一名即照。含情下翠帐,掩涕闭金屏。潘岳《笙赋》:独向隅以掩泪。伏知道《为王宽与妇义安主书》:广摄金屏,莫令愁拥。昔期今未反,春草寒复青。思君无转易,何异北辰星。

咏七夕

仙车驻七襄,一作"骧"。凤驾出天潢。七襄,见《诗》。齐孔稚珪《玄馆碑文》:关山驾凤之英。又仲言《侍宴乐游苑诗》云:凤驾起千群。《史记·天官书》曰:西宫咸池曰天五潢。月映一作"照"。九微火,风吹百和香。来欢暂巧笑,还泪已啼妆〔一〕。依稀犹洛汭,倏忽似高唐。江淹《赤虹赋》:依稀不常。《楚辞》:倏而来兮忽而逝。别离不得语〔二〕,河汉渐汤汤。按:汤汤,水盛貌。《释名》:汤,热汤汤也。

〔一〕"啼",《文苑英华》作"沾"。
〔二〕"语",赵氏覆宋本作"见"。

咏舞—无"舞"字。妓

管清罗荐合,弦惊雪按:一作"云"。袖迟。《汉武故事》:帝斋于寻真台,设紫罗荐。夜二更后,西王母至。张衡《观舞赋》:裾似飞鸾,袖如回雪。逐唱回纤手,听曲动按:一作"转"。蛾眉。凝情眄堕珥〔一〕,微睇托含辞。《广雅》:凝,定也。宋玉《神女赋》:目略微眄。《说文》:睇,目小视也。《洛神赋》:含辞未吐,气若幽兰。日暮留嘉客,相看爱此时。

〔一〕"情",纪氏《考异》作"睛"。"眄",赵氏覆宋本作"盼"。

看新妇

按:一作"婚"。

雾夕莲出水,霞朝日照梁。《洛神赋》:远而望之,皎若太阳升朝霞。迫而察之,灼若芙蕖出绿波。何如花烛夜,轻扇掩红妆。《世说》:温峤娶姑女,既婚交礼,女以手披纱扇,抚掌而言曰:"我嫌是。"峤曰:"诚如所疑。"良人复灼灼,席上自生光。所悲高驾动,掩袖出长廊。《西京赋》:长廊广庑。

咏倡家

皎皎高楼暮[二],华烛帐前明。古诗:盈盈楼上女,皎皎当窗牖。罗帷雀钗影,宝瑟凤雏声。夏侯湛《雀钗赋》:特精思于雀钗。杜氏《通典》:《凤将雏》,汉代旧歌曲也。夜花枝上发,新月雾中生。谁念当窗牖,相望独盈盈。

〔一〕"家",《艺文类聚》卷三二作"妇"。
〔二〕"皎皎",《艺文类聚》作"暧暧"。

咏白鸥嘲别者[一]

可怜双白鸥,朝夕水上游。一作"浮"。《南越志》:江鸥,一名海鸥,涨海中随潮上下。何言异栖息,雌往雄不留。古歌辞《白帝子歌》曰:沧湄海浦未栖息。相如《上林赋》:栖息乎其间。孤飞出屿浦,独宿下沧洲。《说文》:屿,岛也,海中洲上石山。谢朓诗:复协沧洲趣。扬雄《橄灵赋》:世有黄公者,起于沧州,精神养性,与道浮游。**东西从此去,影响绝无由。**

〔一〕《艺文类聚》卷九二无"嘲别者"三字。

学青青河边草

注见卷一蔡邕。按:相和歌辞瑟调曲。

春园日按:乐府作"兰已"。**应好,折花望远道。**庾信《咏园花诗》:暂往春园傍。**秋夜苦复长,抱枕向空床**〔一〕。**吹楼**按:《乐府》作"台"。**下促节,不言于此别。**《相冢书》:山有重叠,望之如鼓吹楼,葬之出连州二千石。《陈留风俗传》:县有苍颉、师旷,城上有列仙之吹台。梁王增筑,以为吹台。《元和郡县志》:吹台,在开封县东南六里。**歌筵掩团扇,何时一相见。弦绝犹依轸,叶落裁下枝。**《吕氏春秋》:钟子期死,伯牙擗琴绝弦,终身不复鼓琴。《正字通》:琴下转弦者,谓之轸。**即此虽云别,方我未成离。**

〔一〕"抱枕向空床",纪氏《考异》作"抱衾面空床"。

嘲刘咨议一无"咨议"。孝绰

房栊灭夜火,窗户映朝光。鲍照《中兴歌》:紫殿争朝光。**妖女搴帷出,蹀躞初下床。**魏刘劭《赵都赋》:襄国妖女。后汉张衡《定情赋》:夫何妖女之淋丽。魏应玚《公䜩诗》:促坐褰重帷。《后汉·贾琮传》:旧典:传车骖驾垂赤帷裳,琮为冀州刺史,命褰之。古乐府:蹀躞御沟上。**雀钗横晓鬓,蛾眉艳宿妆。**刘缓《镜赋》:讶宿妆之犹调。**稍闻玉钏远,犹怜翠被香。**何偃与谢尚书珍玉名钏,因物寄情。

《左传》:王皮弁,秦复陶,翠被,豹舄。班固《汉书·赞》:孝武造甲乙之帐,袭翠被,凭玉几。宁知早朝客,差池已雁行。成公绥《天地赋》:三台差池而雁行。《白虎通》:雁飞则行成。

王 枢

古意应萧信武教

《梁书》:萧昌,字子建,高祖从父弟也。天监九年,分湘州置衡州,以昌为信武将军、衡州刺史,坐免。蔡邕《独断》:诸侯言曰教。

朝取饥蚕食,夜缝千里衣。枚乘《兔园赋》:桑萎蚕饥,中人望奈何。谢惠连《捣衣诗》:裁用笥中刀,缝为万里衣。**复闻南陌上,日暮采莲归。**古乐府:江南可采莲。**青苔覆寒井,红药间青薇。**一作"微"。谢朓《直中书省》诗:红药当阶翻。**人生乐自极,良时徒见违。**杨恽《报孙会宗书》:人生行乐耳。李陵《与苏武诗》:良时不再至。**何由及新燕,双双还共飞。**

至乌林村见采桑者聊以一作"因有"。赠之一无"之"字。

遥见提筐下,翩妍实端妙。《说文》:提,挈也。吕氏曰:挈,以一手也。吴均《行路难》:今日翩妍少年子。《汉·外戚传》:安子容貌端正。**将去复回身,欲语先为笑。闺中初别离,不许觅新知。空结茱萸带,敢报木兰枝。**陆刿《邺中记》:锦有大茱萸、小茱萸。陈张正见《艳歌行》:并卷茱萸帐。与此意同。《楚辞》:朝搴阰之木兰。

徐尚书座赋得可—作"阿"。怜

红莲披早露,玉貌映朝霞。鲍照《芜城赋》:玉貌绛唇。《史记》:新垣衍谓鲁连曰:"观先生之玉貌。"《杂事秘辛》:时日曷薄辰,穿照蠡窗,光送著莹,面如朝霞。**飞燕啼妆罢,顾插步摇花。**按:一作"顾步插余花"。**溘帀**一作"匝"。**金钿满**[一]**,参差绣领斜。**汉羊胜《屏风赋》:屏风鞈帀,蔽我君王。江淹《江上之山赋》:鼋鼍兮匼帀。**暮还垂瑶帐,香灯照九华。**《洞冥记》:帝起甘泉望风台,台上得白珠如花一枝,帝以饰九华之盖,望之若照月。沈约《伤美人赋》:陈九枝之华烛。

　　按:徐刻江淹至王枢诸诗,列在第六卷。又:江淹前有范云诗四首,今附后。

〔一〕"溘",纪氏《考异》作"匼"。

庾　丹

《吟窗杂咏》:庾丹少有隽才,为桂州刺史萧望记室。

秋闺有望

耿耿按:一作"眇眇"。**横天汉,飘飘出岫云。**陶潜《归去来辞》:云无心以出岫。**月斜树倒影,风至水回文。已泣机中妇,复悲堂上君。**刘滔《圣贤本纪》:子产治郑二十年,卒。国人哭于巷,妇人哭于机。潘岳《闲居赋》:太夫人在堂。**罗襦晓长襞,翠被夜徒熏。**

按:《汉·司马相如传》:襞绩寒绉。又:扬雄《反离骚》注:襞,叠衣也。**空汲银床井,谁缝金缕裙。**《初学记》:古舞歌诗曰:"淮南王,自言尊,百尺高楼与天连,后园作井银作床,金瓶素绠汲寒浆。"《魏略》:大秦国有金缕杂色绫,其国利得中国丝素,解以为胡绫。案:《方言》:陈魏之间谓裙为帔,绕衿谓之裙。**所思竟不至,空持**一作"持酒"。**清夜分。**《韩非子》:卫灵公泊濮水,夜分而闻有鼓瑟者。

夜梦还家

归飞梦所忆,共子汲寒浆。铜瓶素丝绠,绮井白银床。雀出丰茸树,虫飞瑇瑁梁。相如《长门赋》:罗丰茸之游树兮。离人不相见,难一作"争"。忍对春光。

按:庾诗二首,徐刻列在卷七吴筠诗后。

范 云

《宋书》:云,字彦龙,南乡舞阴人。起家郢州西曹书佐,累迁广州刺史。至梁,为散骑常侍、吏部尚书。

巫山高

注见卷四王融。按:鼓吹曲辞汉铙歌。已下诸诗,宋刻不收,今附于后。

巫山高不极,白日隐光辉。霭霭朝云去,冥冥暮雨归[一]。岩悬兽无迹,林暗鸟疑飞[二]。枕席竟谁荐?相望徒依依[三]。

〔一〕"冥冥",《乐府诗集》卷一七作"溟溟"。
〔二〕"疑",《全梁诗》卷六注:"一作'惊'。"
〔三〕"徒",《乐府诗集》作"空"。

望织女〔一〕

盈盈一水边,夜夜空自怜。不辞精卫苦,河流未可填。《述异记》:昔炎帝女溺死东海中,化为精卫,其名自呼。每衔西山木石填东海。一名鸟市,一名冤禽,一名志鸟,俗呼帝女雀。寸情百重结,一心万处悬。《战国策》:楚王曰:"寡人之心,摇摇然如悬旌,终无所薄。"愿作双青鸟,共舒明镜前。范泰《鸾鸟诗序》:昔罽宾王结罝峻卵之山,获一鸾鸟,王甚爱之。三年不鸣,其夫人曰:"常闻鸟见其类而后鸣,何不照镜以映之?"鸾睹影悲鸣而绝。

〔一〕《文苑英华》卷一五八作梁武帝诗。

思 归

按:徐刻作《闺思》。

春草醉春烟,春按:一作"深"。闺人独眠。积恨颜将老,相思心欲然。几回明月夜,飞梦到郎边。

送 别

东风柳线长,送郎上河梁。《三齐略纪》:刘俊之为益州刺史,献蜀柳数枝,条甚长,状若丝缕。武帝植于太昌灵和殿前。未尽樽前酒,妾泪已千行。《吕氏春秋》：吴起至于岸门，止车而望西河，泣数行而下。不愁书难寄，但恐鬓将霜。《子夜四时歌》：霜鬓不可视。空怀白首约，江上早归航。嵇康有《白首赋》。扬雄《法言》：舍舟航而济乎渎者，末也。

江　淹

征　怨

荡子从征久，凤楼箫管闲。独枕凋云鬓，孤灯损玉颜。何日边尘静，庭前征马还。《汉·终军传》云：边境时有风尘之警。刘孝威《从军行》：气秋征马肥。

咏美人春游

江南二月春，东风转绿蘋。《尔雅》：苹，萍也。无根，浮水而生，其大者曰蘋。不知谁家子，看花桃李津。《汉·李广传赞》引谚曰：桃李不言，下自成蹊。白雪一作"云"。凝琼貌，问珠点绛唇。《庄子》：藐姑射之山有神人焉，肌肤若冰雪，绰约若处子。《采兰余志》：黄帝炼成金丹，炼余之药，汞红于赤霞，铅白于素雪。宫人以汞点唇则唇朱，以铅傅面则面白。见《娜嬛记》。王褒《洞箫赋》：绛唇错杂。行人咸息驾，争拟洛川神。曹植《美女篇》：行徒用息驾。

西洲曲

按：杂曲歌辞。《乐府》作古辞，非江淹诗。

忆梅下西洲，折梅寄江北。范晔诗：折梅逢驿使，寄与陇头人。江南无所有，聊赠一枝春。**单衫杏子红，双鬟鸦雏色。**祖台之《志怪》：建康小吏曹著，为庐山使君所迎，配以女婉。著形意不安，屡求去，婉潸然流涕，赋诗序别，并赠织成单衫也。梁简文帝《答新渝侯和诗书》：双鬟向光，风流已绝。《玉海》引"五入为緅"注：緅，今《礼俗文》作爵，言如爵头色也。鸦、鵶义同。按：《庄子·秋水篇》：南方有鸟，其名鹓雏。鵶鸟子初生能啄食。一作雏。**西洲在何处？两桨桥头渡。**乐府《莫愁乐》：莫愁在何处？莫愁石城西。艇子打两桨，催送莫愁来。**日暮伯劳飞，风吹乌桕树。**古辞：东飞伯劳西飞燕。《本草》：伯劳，《夏小正》注作百鹩。《诗》疏作博劳。《左传》作伯赵。曹植《恶鸟论》：世传尹吉甫信后妻之谗，杀子伯奇，后化为此鸟。故所鸣之家以为凶。又：乌臼，时珍曰："乌臼，乌喜食其子，因以名之。"或云其木老则根下黑烂成臼，故得此名。南方平泽甚多，今江西人种植，采子蒸煮取脂，浇烛货之。**树下即门前，门中**一作"前"。**露翠钿。开门郎不至，出门采红莲。采莲南塘秋，莲花过人头。**《世说》：祖车骑过江时，衣服鲜丽，器皿备具。人问之，曰："昨夜复南塘一出。"**低头弄莲子，莲子清如水。**《子夜歌》：乘月采芙蓉，夜夜得莲子。**置莲怀袖中，莲心彻底红。**班婕妤《怨诗》：出入君怀袖。**忆郎郎不至，仰首望飞鸿。**《史记·孔子世家》：卫灵公与孔子语，见蜚鸿，仰视之，色不在孔子，孔子遂行。**鸿飞满西洲，望郎上青楼。**曹植《美女篇》：青楼临大路。**楼高望不见，尽日栏杆头。栏杆十二曲，垂手明如玉。卷帘天自高，海水摇空绿。**张景阳《杂诗》：天高万物肃。《淮南子》：海水大出。**海水梦悠悠，君愁我亦愁。南风知我意，吹梦到西洲。**

潘黄门六臣有"岳"。述哀[一]

良曰：谓悼妇诗。

青春速天机，素秋驰白日。善曰：《悼亡诗》云："曜灵运天机，四节代迁逝。"《楚辞》：青春爱谢复。《庄子》：其嗜欲深者，其天机浅也。**美人归重泉，凄怆无终毕。**善曰：此拟岳诗"之子"二句。宋伍缉之《劳歌》：幽生重泉下。《汉·鲍鲜传》"三泉"注：师古曰："三重之泉言其深也。"**殡宫已肃清，松柏转萧瑟。**善曰：陆机《挽诗》："殡宫何嘈嘈。"《寡妇赋》："虚坐兮肃清。"仲长子《昌言》："古之葬者，松柏梧桐以识其坟。"《楚辞》："萧瑟兮草木摇落而变衰。"**俯仰未能弭，寻念非但一。**善曰：《楚辞》："聊抑志而自弭。"贾逵《国语注》："弭，忘也。"魏文帝诗："所忧非但一。"**拊衿悼寂寞，恍**一作"怳"。**然若有失。**善曰：此拟岳诗"抚襟"句。王逸《楚辞注》："恍，失意也。"《后汉书》："戴良见黄宪，及归，罔然若有失。"《汉·扬雄传》：惟寂寞，自投阁。**明月入绮窗，仿佛想蕙质。**善曰：此拟岳诗"岁寒"以下八句。古诗："交疏结绮窗。"左九嫔《武帝纳皇后颂》："如兰之茂。"蕙，兰类，故变之耳。**销忧非萱草，永怀寄梦寐。**善曰：毛苌《诗传》曰："谖草令人忘忧。"《寡妇赋》："愿假寐以通灵。"**梦寐复冥冥，何由觌尔形。**善曰：潘岳《哀永逝赋》："既目遇兮无兆，曾寤寐兮不梦。"《文子》："虑患于冥冥之外。"**我惭北海术，尔无帝女灵。**善曰：《列异传》："北海营陵有道人，能使人与死人相见。同郡人妇死已数年，闻而往见之，曰：'愿令我一见死人，不恨。'遂教其见之。于是与妇人相见，言语悲喜，恩情如生。良久，乃闻鼓声恨恨，不能出户，掩门乃走。其裾为户所闭，掣绝而去。后岁余，此人死，家葬之，开见妇棺，盖下有衣裾。"《宋玉集》："楚襄王与宋玉游于云梦之野，望朝云之馆，有气焉,须臾之间,变化无穷。王问:'此是何气也?'玉对曰:'昔先王游于高唐,怠而昼寝,梦见一妇人,自云:"我帝之季女,名曰瑶姬,未行而亡,封于巫山之台。"'"骘按:一作"愿"。**言出远山,徘徊泣松铭。雨绝无还云,花落岂留英。**善曰:《鹦鹉赋》:"何今日之雨绝。"《蜀都赋》:落英飘飖。**日月方代序,寝兴何时平?**善曰:此拟岳诗"四节代迁逝,寝兴自存形"两句。按:此首《文选》载。

〔一〕"述哀",《文选》卷三一作"悼亡"。

沈 约

塘上行

按:相和歌辞清调曲。《乐府》作《江蓠生幽渚》,盖以陆机《塘上行》首句为题也。注详见卷二《塘上行》。

泽兰被荒径,孤芳岂自通。陶潜《归去来辞》云:三径就荒。休文《谢齐竟陵王教撰高士传启》云:孤芳随山壑共远。**幸逢瑶池旷,得与金芝丛。**《穆天子传》:天子觞西王母于瑶池之上。《抱朴子》:金芝生于金石之中,无盖,青茎,味甘辛。以秋取,阴干治食,令人身有光,寿万岁。谢朓《杜若赋》:厕金芝于芳丛。**朝承紫台露,夕润渌池风。**江淹《恨赋》:紫台稍远。注:紫台,犹紫宫也。谢庄《北宅秘园诗》:绿池翻素景。**既美修娉女,复悦繁华童。**《楚辞》:美人皓齿娉以姱。张衡《七辨》:西施之徒,姿容修娉。阮籍《咏怀》诗:昔日繁华子,安陵与龙阳。**夙昔玉霜满,旦暮翠条空。**梁简文帝《与刘孝绰书》:玉霜夜下。齐谢朓《泛水曲》:玉露沾翠条。晋夏侯湛《苦寒谣》:松阴叶于翠条。王胄诗:御柳长条翠。**叶飘储胥右,**

芳歇露寒东。《汉书》:武帝因秦林光宫,元狩二年,增通天、迎风、储胥、露寒。纪化尚盈昃,俗志信颓隆。木华《海赋》:郁坳迭而隆颓。财殚交易绝,华落爱难终。后汉张奂《诫兄子书》:财单艺尽。《战国策》:乐毅报燕惠王书曰:"古之君子,交绝不出恶声。"焦赣《易林》:秋风生哀,华落悲心。所惜改欢昒,岂恨逐征蓬。宋鲍照《秋日》诗:卷蓬息复征。愿回朝按:一作"照"。阳景,持按:一作"时"。照长门宫。《西京杂记》:赵飞燕女弟居朝阳殿,中庭彤朱而殿上丹漆。

秋 夜

月落宵向分,紫烟郁氛氲。曀曀萤入雾,离离雁度云。曀曀,毛苌《诗传》曰:如长阴曀然。巴童暗理瑟,汉女夜缝裙。新知乐如是,久要讵相闻〔一〕?

〔一〕"讵",《全梁诗》卷四注:"或作'岂'。"

咏 鹤

按:徐刻作江洪诗。

闲园有孤鹤,摧藏信可怜。晋湛方生《吊鹤文》:余以元冬修夜,忽闻阶前有孤鹤鸣。鲍照《与妹书》:孤鹤寒肃。宁望春皋下,刷羽玩花钿。休文《咏湖中雁》诗云:刷羽同摇漾。何时秋海上,照影弄长川。晓鸣动遥怨,夕唳感孀眠。谢朓诗:孤鹤方朝唳。谢庄《月赋》:临浚壑而遥怨。孔稚珪《北山移文》:蕙帐空兮夜鹤怨。哀咽芳林右,悯默华池边。《江表传》:潘浚哀咽,不能自胜。曹植《蝉赋》:

始游豫乎芳林。张衡《灵宪》注：寂寞瞑默。梁宗夬诗：悠默瞻华池。刘勰《新论》：两叶蔽目，则冥默无睹。**犹冀凌霄志，万里共翩翩。**魏文帝《与吴质书》：元瑜书记翩翩。

齐云：此卷艳体已成矣。按：宋刻五卷七十四首，《捣衣诗》仍作五首，今少一首，后增十一首，共八十四首。

玉台新咏笺注卷六

吴　均

《梁书》：吴均，字叔庠，吴兴故鄣人。建安王伟为扬州，引兼记室。王迁江州，补国侍郎。按：《南史·文学传》：均好学，有俊才。梁天监初，柳恽为吴兴，召补主簿。后荐之临川靖惠王，王称之于武帝，待诏制作，累迁奉朝请。以私撰《齐春秋》坐免职。后奉敕撰通史，未就，卒。

和萧洗马子显古意六首〔一〕

萧子显，注见卷八。

贱妾思不堪，采桑渭城南。《汉·地理志》：右扶风，领渭城县。注：故咸阳，武帝元鼎三年更名渭城，有兰池宫。**带减连枝绣，发乱凤凰篸。**龙辅《女红余志》：荀奉倩将别其妻，曹洪女割连枝带以相赠。后人分钗，即此意。司马彪《续汉书》：皇太后入庙，先为花胜。上为凤凰，以翡翠为毛。**花舞衣裳薄**〔二〕，**蛾**按：一作"鹅"。**飞爱绿潭。无由报君此**〔三〕，**流涕向春蚕。**其一。梁简文帝《临雍州革贪惰教》:春蚕不暖。按:徐刻以此首为《采桑》,系第七卷第一首,下有《梅花落》一首。

妾本倡家女,出入魏王宫。《史记·外戚世家》:魏媪内其女于魏宫。**既得承雕辇,亦在更衣中。**《东京赋》:下雕辇于东厢。**莲花衔青雀,宝粟钿金虫。**古乐府:何用通音信?莲花瑇瑁簪。《益部方物略记》:金虫,出利州山中,蜂体,绿色,光若金,里人取以佐妇钗钏之饰。**犹言不得意,流涕忆辽东。**其二。《汉·地理志》"辽东郡"注:秦置,属幽州。按:此首徐刻不载。

春草拢可一作"可揽"。**结,妾心正断绝。**《晋·五行志》:《懊侬歌》曰:"草生可揽结,女儿可揽撷。"古诗:枝叶可揽结。无名氏《懊侬歌》:揽裳未结带。**绿鬓愁中改,红颜啼里灭。**《子夜冬歌》:感时为欢叹,白发绿鬓生。**非独泪成珠,**一作"如丝"。**亦见珠成血。**无名氏古诗:泪落连珠子。《拾遗记》:薛灵芸,常山人也。谷习出守常山郡,得以献文帝。灵芸别父母就道之时,以玉唾壶承泪,壶则红色,及至京师,壶中凝泪如血。**愿为飞鹊**一作"双鹊"。**镜**[四]**,翩翩照离别。**其三。《神异传》:昔有夫妇将别,破镜,人执其半,以为信。其妻忽与人通,镜化鹊,飞至夫前,其夫乃知之。后人因铸镜为鹊安背上也。按:此首徐刻作《闺怨》之第二首。

何处报君书,陇右五岐路。《盐铁论》:秦右陇厄。《初学记》:陇右道者,禹贡雍州之域,自陇而西,尽其地也。《尔雅》:二达谓之岐旁。郭璞曰:岐,道旁出也。**泪研兔枝**疑作"皮"。**墨,笔染鹅毛素。**晁氏《墨经》:凡事治墨以水、以兔皮、以滑石、以莱州石、以钱、以铧头、以墨,以墨最不佳,余错用之皆良。《梁书·诸夷传》:林邑国吉贝者,树名也。其花成时如鹅毳,抽其绪,纺之以作布,洁白与纻布不殊。**碧浮孟渚**一作"诸"。**水,香下洞庭路。**《吕氏春秋》:宋之孟诸,在梁国睢南之东南。**应归遂不归,芳草空掷度**[五]。其四。按:此首徐刻不载。

妾家横塘北，发艳小长干。一作"安"。《金陵览古》：自江口沿淮筑堤，谓之横塘。张协《七命》：浮彩艳发。《吴都赋》：长干连属。注：江东谓山冈间为干。建业之南有山，其间平地，吏民居之，号为干。中有大长干、小长干，皆相属。《图经》：长干里，去上元县五里。**花钗玉腕转，珠绳金络丸**[六]。《正字通》：璎珞，颈饰也。《瑞应经》：天衣璎珞。《广韵》作瓔珞。晋枣腆《赠石季伦诗》：执手携玉腕。无名氏《双行缠》：朱丝系腕绳，真如白雪凝。《扬叛儿》：七宝珠络鼓，教郎拍复拍。**羃䍥悬青**一作"丹"。**凤，透迤摇白团。**《楚辞》：载云旗之透迤。《晋·乐志》：《团扇歌》者，中书令王珉与嫂婢有情，爱好甚笃，嫂捶过苦，婢数善歌，而珉好捉白团扇，故制此歌。**谁堪久**一作"能分"。**见此，含恨不相看。**一作"能言"。其五。

匈奴数欲尽，仆在玉门关。《史记》：匈奴，其先祖，夏后氏之苗裔也，曰淳维。《汉·西域传》：陀以玉门、阳关。孟康曰：二关俱在燉煌西界。**莲花穿剑锷，秋月掩刀环。**《吴越春秋》：越王允常聘区子作名剑五，秦客薛烛善相剑，王取纯钩示之薛烛曰："沉沉如芙蓉，始生于湖。"《尔雅》：荷，芙蕖。其茎茄，其叶蕸，其本蔤，其华菡萏，其实莲，其根藕，其中的，的中薏。《初学记·释名》：刀，到也。以斩伐，到其所乃击之也。其末曰锋，言若锋刺之毒利，其本曰环，形似环也。**春机鸣窈窕**[七]，**夏鸟思绵蛮**[八]。**中人坐相望，狂夫终未还**[九]。其六。按：徐刻作《古意》二首，"匈奴"为其一，"妾家"为其二。

　　按：齐云：吴朝请清才绮思，犹带古音。然在当时，已称"吴均体"矣。又按：旧本以"匈奴"为第一，"贱妾"为第二，《梅花落》为第三，无"妾本"、"春草"、"何处"、"妾家"四首。今《梅花落》一首，附增于后。

[一]其一，五云溪馆本、《乐府诗集》卷二八题为《采桑》。

〔二〕"衣裳",《艺文类聚》卷八六作"依长"。
〔三〕"此",《乐府诗集》作"信",《文苑英华》卷二四〇作"德"。
〔四〕"飞鹊",冯氏校本作"双鹊"。
〔五〕"草",赵氏覆宋本、纪氏《考异》、冯氏校本均作"芬"。
〔六〕"丸",《艺文类聚》卷一八作"纨"。
〔七〕"鸣",《艺文类聚》卷五九作"思"。
〔八〕"夏鸟思绵蛮",《艺文类聚》作"夏木鸣绵蛮"。
〔九〕"未",《文苑英华》卷二〇五作"不"。

与柳恽相赠答六首

柳恽注见卷五。

黄鹂飞上苑,绿芷按:一作"蕊"。**出汀**一作"河"。**洲。**《毛诗》注:仓庚,黄鹂也。《本草经》:白芷,一名蓠。**日映昆明水,春生鵁**按:一作"乾"。**鹡楼。**《三辅黄图》:汉昆明池,武帝元狩四年穿,在长安西南,周回十里。又:武帝起鵁鹡观。谢朓诗:金波丽鵁鹡。张楫《汉书》注:鵁鹡观,在云阳甘泉宫外。**飘飏白花舞,澜漫紫萍流。**何晏《景福殿赋》:从风飘扬。《诗序》:白华,孝子之洁白也。晋张协《七命》:澜漫狼藉。《释名》:澜,连也。言波体转流相连及也。《庄子》:澶漫为乐。崔注云:淫,衍也。《白帖》:紫萍。**书织回文锦,无因寄陇头。**臧荣绪《晋书》:秦州刺史窦滔妻苏氏,善属文。苻坚时,滔被徙流沙,苏氏思之,织锦为回文诗寄滔,辞甚凄切。**思君甚琼树,不见方离忧。**其一。屈原《九歌》:思公子兮徒离忧。

鸣鞭适大阿,联翩渡漳河。《初学记》:鞭、策、棰,皆马挝之名。《汉·地理志》:魏郡武始县。注:漳水东至邯郸入漳。按:《山海经》:帝俊生晏龙,晏龙生司幽,司幽生思士,不妻;思女,不夫。食黍,食兽,是使四鸟。有大阿之山者。**燕姬及赵女，挟瑟夜经过。**宋子侯《董娇娆》诗：挟瑟上高堂。**纤腰曳广袖，半额画长蛾。客本倦游者，箕帚在江沱。**《汉·司马相如传》：长卿故倦游。文颖曰：倦，疲也。**故人不可弃，新知空复何？**其二。古诗：新人虽言好，未若故人姝。

离君一作"居"。**苦无乐，向暮**一作"回慕"。**心凄凄。**《汉书·广陵厉王传》：王自歌曰："出人无惊为乐亟。"注：韦氏曰：惊，乐也。**要途访赵使，闻君仕执珪。**卢谌《览古诗》：赵使和璧前。《吕氏春秋》：荆有佽飞者，入江刺蛟，杀之。荆王闻之，仕以执珪。**杜蘅色已发，菖蒲叶未齐。**《吴氏本草》：菖蒲，一名尧韭，一名昌阳。**羃䍥蚕饵茧，差池燕吐泥。**《续汉书》：建武二年，野蚕成茧，野民收其絮。**愿逐春**按：一作"东"。**风去，飘荡至辽西。**其三。古诗逸句：泛泛江汉萍，飘荡永无根。《汉·地理志》"辽西郡"注：秦置，有小水四十八，并行三千四十六里，属幽州。

白日隐城楼，劲风扫寒木。刘琨诗：朱实陨劲风。**离析隔东西**[一]**，执手异凉燠。**谢朓诗：凉雨销炎燠。**相思咽不言，洞房清且肃。**毛苌《诗传》：咽，气不能息也。**《楚辞》：姱容修态亘洞房。**岁去甚流烟，年**按：一作"时"。**来如转轴。**鲍照《登大雷岸与妹书》：轻烟不流。《水经注》：云中坞，迢遰层峻，流烟半垂，缨带山阜。晋张翰《周小史》诗：飞雾流烟。《浑天仪》：天转如车毂之运。《淮南子》：通于学者，若车轴，转毂之中，不运于已，与之致千里，终而复始。**别鹤千里飞，孤雌夜未宿。**其四。嵇康《琴赋》：千里别鹤。蔡邕《琴操》：商陵牧子娶妻五年，无子，父兄欲为改娶，牧子援琴鼓之，叹别鹤以舒其愤懑。故曰《别鹤操》。鹤一举千里，故云千里别鹤也。

闺一作"闲"。**房宿已静**[二]**，落泪有余辉**[三]**。**古诗：照之有余辉。

寒虫隐壁思，秋蛾绕烛飞。柳恽《长门怨》：当户思虫吟。**绝云断更合，离禽**按：一作"鸿"。**去复归。**江淹诗：雨绝无还云。**佳人今何在？迢递江之沂。**郦道元《水经注》：沂水，一出尼邱西北，径鲁之雩门。一出泰山武阳之冠石山，一曰沂过临沂之东，承县之西，下邳县入泗。**一为别鹤弄，千里泪沾衣。**其五。**秋云静晚天，寒夜方绵绵。闻君吹急管，相思杂采莲。**谢灵运诗：慷慨命促管。注：促管，谓笛也。**别离未几日，高月三成弦。**《释名》：弦，月半之名也。其形一旁曲，一旁直，若张弓弛弦也。望，月满之名也。月大十六日，月小十五日，日在东，月在西，遥相望也。**蹀叠黄河浪**[四]**，嘶喝**一作"唱"。**陇头蝉。**一作"弦"。向秀《思旧赋》：济黄河以泛舟兮。辛氏《三秦记》：俗歌曰："陇头流水，鸣声幽噎。"梁褚云《蝉诗》：天寒响屡嘶。**寄君**按：一作"书"。**蘼芜叶，插着丛台边。**其六。

〔一〕"东西"，赵氏覆宋本作"西东"。
〔二〕"静"，纪氏《考异》作"清"。
〔三〕"泪"，赵氏覆宋本、五云溪馆本、纪氏《考异》均作"月"，是。
〔四〕"蹀叠"，《全梁诗》卷八作"蹀躞"。

拟古四首

陌上桑

注见卷一古乐府。按：相和歌辞相和曲。

袅袅陌上桑，荫陌复垂塘。长条映白日，细叶隐鹂黄[一]。宋玉《高唐赋》：王睢鹂黄。**蚕饥妾复思**[二]**，拭泪且提筐。故人宁知此，**按：一作"故人去如此"。**离恨煎人肠。**无名氏乐府：逆以煎我怀。

〔一〕"隐",《文苑英华》卷二〇八作"影"。

〔二〕"饥",赵氏覆宋本作"饱"。

秦王卷衣

《晋·乐志》:成帝咸康七年,用顾臻表除《高緺》、《紫鹿》、《跂行》、《鳖食》及《秦王卷衣》、《笮儿》等乐。《乐府解题》:《秦王卷衣》,言咸阳春景及宫阙之美。秦王卷衣以赠所欢也。唐李白有《秦女卷衣》,本此。按:杂曲歌辞。

咸阳春草芳,秦帝按一作"女"。卷衣裳。玉检茱萸匣〔一〕,金泥苏合香。《论语比考谶》:五老曰:"河图将浮,龙衔玉苞,刻版题命可卷,金泥玉检封书成,知我者重瞳。"唐诗:惆怅金泥簇蝶裙。盖本此。《梁书》:中天竺国出苏合,苏合是诸香汁煎之,非自然一物也。又:大秦人采苏合来,煎其汁,以为香膏,乃卖滓与诸人。是以展转来达中国,不大香也。《本草》:苏合香。注:《唐本草》云:"此香从西域及昆仑来,紫赤色,与紫真檀相似,坚实,极芳香,惟重如石,烧之灰白者好,云是狮子粪,此是胡人诳言。"初芳熏复帐,余辉曜玉床〔二〕。一作"堂"。齐谢朓《咏鸂鶒》诗:蕙草含初芳,瑶池暖晚色。《邺中记》:石季龙冬月为复帐,四角安纯金银凿镂香炉。当须晏朝罢〔三〕,持此赠华一作"龙"。阳。《史记·吕不韦传》:安国君有所甚爱姬,立以为正夫人,号曰华阳夫人。

〔一〕"匣",《文苑英华》卷二二作"带"。

〔二〕"玉",《文苑英华》作"宝"。

〔三〕"晏",《文苑英华》注:"又作早。"又注:"此句一作'须臾朝晏罢'。"

采 莲

《古今乐录》:梁天监十一年冬,武帝改西曲,制《江南上云乐》十四曲,《江南弄》七曲:一曰《江南弄》,二曰《龙笛曲》,三曰《采莲曲》,四曰《凤笙曲》,五曰《采菱曲》,六曰《游女曲》,七曰《朝云曲》。又沈约作四曲:一曰《赵瑟曲》,二曰《秦筝曲》,三曰《阳春曲》,四曰《朝云曲》,亦谓之《江南弄》云。按:清商曲辞江南弄。《古今乐录》:武帝《采莲曲》和云:"采莲渚,窈窕舞佳人。"后又有《采莲女》、《湖边采莲妇》,题盖本此。又按:均《采莲》二首,此其第二篇也。

锦带杂花钿,罗衣垂绿川。 沈约《丽人赋》:杂错花钿。梁王瞁《咏舞诗》:映日转花钿。**问子今何去?出采江南莲。辽西三千里,欲寄无因缘。愿君早旋反,及此荷花** 按:一作"叶"。**鲜。**

携 手

注见卷五沈约。按:杂曲歌辞。

艳裔阳之春,携手清洛滨。 鲍照《学刘公干体》:当避艳阳年。善曰:《神农本草》:"春夏为阳。" **鸡鸣上林苑,薄暮小平津。**《三辅故事》:上林连绵四百余里。《广雅》:日将落曰薄暮。《后汉·董卓传》:中常侍段珪等劫少帝及陈留王,夜走小平津。**长裾藻白日,广袖带芳尘。** 邹阳《酒赋》:曳长裾,飞广袖。《拾遗记》:石虎春杂实异香为屑,使数百人于楼上吹散之,名曰芳尘台。**故交一如此,新知讵忆人?**

赠杜容成一首

一作《咏双燕》。

一燕海上来,一燕高堂一作"台"。息。古诗:翩翩堂前燕。一朝所逢遇,依然旧所识〔一〕。《左传》:吴公子札聘于郑,见子产,如旧相识。问我来何迟?关山一作"山川"。几迂直,答言海路长,风多飞无力〔二〕。昔别缝罗衣,春风初入帷。今来夏欲晚,桑按:一作"柔"。蛾薄树飞。按:徐刻以下诸诗,叙次互异。此首叙在《春咏》后,下叙《春怨》一首,《闺怨》二首,《去妾赠前夫》、《妾安所居》、《三妇艳》三首,《咏少年》一首。今本《春怨》作王僧孺,至《闺怨》诗其二见前,其第一首与《妾安所居》、《三妇艳》诗三首附后。

〔一〕以上二句中二"所"字,《艺文类聚》卷九二均作"相"。
〔二〕"多",《艺文类聚》作"驶"。

春 咏一作"怨"。

按:一作"春日"。

春从何处来?拂衣复惊梅〔一〕。云障青琐闼,风吹承露台。范云《古意》:摄官青琐闼。美人隔千里,罗帏闭不开。无由得共语,空对相思杯。

〔一〕"衣",《艺文类聚》卷三作"水",可从。

去妾赠前夫

弃妾在河桥,相思复相辽。《晋书》:杜预以孟津渡险,请建河桥于富平津。《说文》:辽,远也。**凤凰簪落鬓**,一作"发"。**莲华带缓腰**。龙辅《女红余志》:吴绛仙有夜明珠,赤如丹砂,恒系于莲花带上,着胸前。夜行,他人远望,但见赤光如初出日轮,不辨人也。考此诗,则莲花带之制,已肇于隋前矣。宋辞《读曲歌》:欲知相忆时,但看裙带缓几许?王逸《九思》:摄衣兮缓带。**肠从别处断,貌在泪中销。愿君忆畴昔,片言时见饶**。《说文》:饶,余也。

咏少年

按:杂曲歌辞。《乐府》作《少年子》。

董生惟按:一作"能"。**巧笑,子都信美目**。《拾遗记》:哀帝幸爱之臣,竞以妆饰妖丽,巧言取容,董贤以雾绡单衣,飘若蝉翼。子都,见《诗》。**百万市一言,千金买相逐**。崔骃《七依》:回头百万,一笑千金。《史记》:田忌与王及诸公子逐射千金。**不道参差菜,谁论窈窕淑?愿君奉绣被,来就越人宿**。

王僧孺

《梁书》:王僧孺,字僧孺,东海郯人。迁少府卿,累迁南康王咨议参军,入直西省。按:《南史》:僧孺五岁便机警,七岁能读十万言,及长,笃爱坟籍,仕齐为太学博士。梁天监初,除临川王后军记室,历少府卿,尚书吏部郎。后以王典签、汤道愍所纠,坐免官。按:旧本无王僧孺三字,活本亦无,作吴均三十四首。今按:增《梅花落》一首,去"妾本"、"春草"、"何处"、"妾家"四首,其数正合也。

春　怨

按：杂曲歌辞。《乐府》作吴均。吴集亦载。

四时如湍水，飞奔一作"奔飞"。竞回复。夜鸟响嘤嘤，朝光按：一作"花"。照煜煜。《抱朴子》：项曼都言，到天上，先过紫府，金床玉几，晃晃昱昱。厌见花成子，多看笋为一作"成"。竹。万里断音书，十载异栖宿。《读曲歌》：见花多忆子。《字书》：陆佃云："笋，从个，从日，包之日为笋，解之日为竹。"《读曲歌》：音书了不通，故使风往尔。积愁按：一作"怨"。落芳鬓，长啼坏美目。乐毅《报燕惠王书》：先王命之曰："我有积怨，深怒于齐。"君去在按：一作"住"。榆关，妾留住函谷。《汉书》：伍被曰："广长榆。"师古曰：长榆在朔方，即《卫青传》所云"榆溪旧塞"是。帷对昔邪房，如见一作"愧"。蜘蛛屋。独与一作"唤"。响相酬，还将影自逐。象床易一作"异"。毡簟，罗衣变单复。《释名》：簟者，布之簟然平也。《汉书》：衣襌复为袭。杨泉《蚕赋》：作四时之单复。又：《盖宽饶传》：断其襌衣。襌衣，无里也。《魏志》：管宁族人管贡说："宁着皂帽，布襦袴，布裙，随时单复。"几过度按：一作"度过"。风霜，犹能保茕独。王隐《晋书》：应瞻为太守，人歌之曰："威若风霜，恩如父母。"

月夜咏陈南康新有所纳

二八人如花，三五月如镜。开帘一种一作"穜"。色，当户两相映。重价出秦韩，高名入燕郑。十城屡请易，千金几争聘。龙辅《女红余志》：秦韩出异姝，娇妍委靡，消魂夺目。邻国觌之千金，不许。

《战国策》：秦，大国也。韩，小国也。韩甚疏秦，而见亲秦，韩计之，非金无以也，故卖美人。美人之贾贵，诸侯不能买，故秦买之三千金。韩因以其金事秦。**君意自能专，妾心本无竞。**无竞，见《毛诗》。

见贵者初迎盛姬聊为之咏

久想专房丽，未见倾城者。《汉·外戚传》：孝宣霍皇后，上亦宠之，颛房燕。师古曰：颛与专同。**千金访繁华，一朝遇容冶。**宋玉《登徒子好色赋》：体貌容冶。**家本蓟门外，来戏丛台下。**鲍照《出自蓟门行》。《汉书》：蓟，故燕国也。**长卿幸未匹，文君复新寡。**

与司马治书同闻邻妇夜织

洞房风已激，长廊月复清。蔼蔼夜庭广，飘飘晓帐轻。杂闻百虫思，偏伤一息声[一]。《水经注》：百称山又有百虫将军显灵碑，碑云："将军姓伊氏，讳益，字隤凯。帝高阳之第二子伯益者也。"鲍照《东门行》：一息不相知。《说文》：息，喘也。**鸟声长不息，妾心复何极？犹恐君无衣，夜夜当窗织。**

　　按：徐刻以下诸诗，叙次互异。

〔一〕"息"，纪氏《考异》作"鸟"。

夜　愁

　　按：一本作《夜愁示诸宾》。

榴露滴为珠，池冰一作"水"。**合成璧。**江淹《别赋》：秋露如珠。

万行朝泪泻,千里夜愁极。一作"积"。孤帐闭不开,寒膏尽复益。《汉书》:膏以明自销。谁知心眼乱,看朱忽成碧。

春闺有一无"有"字。怨

按:杂曲歌辞。《乐府》作《春闺怨》。

愁来不理鬓,春至更攒眉。沈约《丽人赋》:理鬓清渠。《仓颉篇》曰:攒,聚之也。蔡琰《胡笳》:攒眉向月兮抚雅琴。《莲社高贤传》:远法师与诸贤结莲社,以书招渊明,遂造焉。忽攒眉而去。悲看蛱蝶粉,泣望蜘蛛丝。《道书》:蝶交则粉退。月映寒蛩褥,风吹翡翠帷。龙辅《女红余志》:翔风因季伦见弃,听寒蛩心悲,因织寒蛩之褥以献之。梁简文帝《筝赋》:出翡翠之香帷。飞鳞难托意,驶翼不衔辞。一作"缀思"。曹植《七启》:脍西海之飞鳞。《广韵》:驶,疾也。潘岳《在怀县作》:叹彼年往驶。

捣　衣

注见卷三谢惠连。

足伤金管处,一作"遽"。多怆缇光促。《玉泉记》:取宜阳金门竹为管,河内葭草为灰,吹之以候阳气。刘桢《赠五官中郎将诗》:明月照缇幕。李善《文选》注:缇,丹色也。露团池上紫,风飘庭里绿[一]。下机骛西眺,鸣砧遽东旭。《汉书》:郦食其曰:"红女下机。"芳汗似兰汤,雕金辟龙烛。刘义庆《幽明录》:庙道广四尺,夹树兰香,斋者因煮以沐浴,然后亲祭,所谓浴兰汤也。梁简文帝《对烛赋》:施雕金之丽盘。《吴都赋》:寻木龙烛。注:龙烛,钟山神也。庾信《象戏赋》:

乃有龙烛衔花。**散度广陵音，掺**一作"操"。**写渔阳曲。**应璩《与刘劭书》：听广陵之清散。《后汉书》：祢衡，字正平，善击鼓。曹操召为鼓吏，着岑牟单绞之衣，为渔阳掺挝。**别鹤悲不已，离鸾断更**一作"还"。**续。**《西京杂记》：庆安世，年十五为成帝侍中，善鼓琴，能为《双凤离鸾曲》。**尺素在鱼肠，寸心凭雁足。**蔡邕诗：呼儿烹鲤鱼，中有尺素书。《汉书》：常惠教汉使者谓单于，言天子射上林中，得雁足系帛书。

〔一〕以上二句赵氏覆宋本无。

为人述梦

工知想成梦，未信梦如此。皎皎无片非，的的一皆是。以亲芙蓉褥，方开合欢被。《楚辞》：集芙蓉以为裳。古诗：文彩双鸳鸯，裁为合欢被。**雅步极嫣妍，含辞恣委**按：一作"柔"。**靡。**宋玉《登徒子好色赋》：嫣然一笑。《方言》：自关以西，秦晋之故郡，谓好曰妍。**如言非倏忽，不意成俄尔。**《公羊传》注：俄者，须臾之间。**及寤尽空无，方知悉虚诡。**东方朔《十洲记序》：摈虚诡之迹。按：此首徐刻不录。

为人伤近而一无"而"。不见

嬴女凤凰楼，汉姬柏梁殿。讵胜仙将死〔一〕**，音容犹可见。**谢灵运《酬从弟惠连》诗：欢爱隔音容。**我有一心人**〔二〕**，同乡不异县。**古乐府：愿得一心人，白头不相离。孔融《临终诗》：人有两三心，安能合为一。蔡邕《饮马长城窟行》：他乡各异县。**异县不成隔，同乡更**

脉脉。脉脉如牛女,无妨年一作"何由得"。一语[三]。

〔一〕"胜",《艺文类聚》卷三二作"过"。
〔二〕"我有",《艺文类聚》作"独我"。
〔三〕"妨",《艺文类聚》作"由"。

为何库部旧姬拟蘼芜之句

《梁书》:何炯,字主光,庐江灊人也。累迁王府行参军,尚书兵库部工曹郎。父卒,以毁卒。

出户望兰熏,褰帘正逢君。刘谦《晋纪》:应詹表曰:"寻文谨案,目以兰熏之器。"杜预《左传注》:熏,香草也。敛容才一访,新知讵可闻[一]?宋玉《神女赋》:整衣服,敛容颜。新人含笑近,故人含泪隐。无名氏乐府:阿女含泪答。妾意在寒松,君心逐朝槿。

〔一〕"知",《艺文类聚》卷三二作"人"。

在王晋安酒席数韵

《梁书》:王份,字季文,琅邪人也。迁太子中舍人,太尉属。出为晋安内史。按:《艺文》作《咏姬人》。

窈窕宋容华,但歌有清曲。《晋·乐志》:但歌,四曲。自汉世,无弦节,作伎最先唱,一人唱,三人和。魏武帝尤好之。有宋容华者,清彻好声,善唱此曲,当时之特妙。转眄非无以,斜扇还一作"眉幸"。相瞩。晋潘岳《悼亡赋》:目眷恋以相瞩。讵一作"不"。减许飞琼,多按:一作"绝"。胜刘碧玉。《汉武内传》:因王母乘紫云之辇,履元琼之舄,下辇上殿。帝呼共坐,命侍女许飞琼,鼓云和之笙。何因送款款？伴饮杯中醳〔一〕。繁钦《定情诗》：中情既款款。《吴都赋》：飞轻轩而酌绿醽。注：绿醽，酒名。《南岳夫人传》：夫人设王子乔璃苏绿酒。

〔一〕"伴"，《艺文类聚》卷三二作"半"。

为人有赠

碧玉与绿珠，张卢复双女。宋汤惠休《怨诗行》：愿作张女引，流悲绕君堂。《博物志》：卢女，年七岁入汉宫。曼声古难匹，长袂世无侣。杜氏《通典》：周衰，有韩娥过逆旅人，逆旅人辱之。韩娥因曼声哀歌，一里老幼悲愁垂涕，相对三日不食。遽而追之，韩娥还，复为曼声长歌，众皆喜跃忭舞，不能自禁。景差《大招》：长袖拂面，善留容只。似出凤凰楼，言发潇湘渚。幸有褰裳便，含情寄一语。

何生姬人有怨

按：一本无"人"字。

寒树栖羁雌，按：一作"此"。月映风复吹。枚乘《七发》：暮则羁雌迷鸟宿焉。逐臣与弃妾，零落心可知。《鹦鹉赋》：放臣为之屡叹，弃妻为之歔欷。注：放臣、弃妻、屈原、哀姜之徒。《楚辞》：惟草木之零落。谢灵运诗：万事俱零落。宝琴徒七弦，兰灯空百枝。《广雅》：神农氏琴上有五弦，曰宫、商、角、徵、羽。文王增二弦，曰少宫、少商。释智匠《乐录》：文王、武王各加一，以为文弦、武弦，是为七弦。《读曲歌》：兰灯倾壶尽。王朗《三秦故事》：百华灯树，正月朔，朝贺殿下，设于玉阶之间。傅玄《朝会赋》：华灯若乎火树，炽百枝之煌煌。颦容不足效,啼妆拭复垂。同衾成楚越,异国非此离[一]。《庄子》:仲尼曰:"自其异者视之,肝胆楚越也。"李陵《答苏武书》:远托异国,昔人所悲。仳离,见《诗》。

〔一〕"此",孟本作"仳",可从。

鼓瑟曲　有所思

按:鼓吹曲辞汉铙歌。注见卷五沈约。

夜风吹熠耀,朝光照昔邪。几销蘼芜叶,空落蒲萄花。不堪长织素,谁能独浣纱。《会稽记》:成山边有石云"西施浣纱石"。光阴复何极,望促反成赊。江淹《别赋》:明月白露,光阴往来。《正字通》:悬买未偿直曰赊,又远也。知君自荡子,奈妾亦倡家。

为人宠妾 按:一作"姬"。 有怨

可怜独立树,枝轻根易 一作"亦"。 摇。班固《达旨》:独木不林。已为露所浥,复为风所飘。锦衾襞不卧,一作"开"。端坐夜及朝。是妾愁成瘦,非君重细腰。按:徐刻下有《咏宠姬》一首,今附后。

为姬 一无"姬"。 人自伤[一]

自知心里恨,还向影中羞。回持昔慊慊,变作今悠悠。还君与妾珥,一作"扇"。归妾奉君裘。龙辅《女红余志》:东阳尝赠所欢二扇,一曰银花,一曰寄情。后复归之,有诗云:"还君与妾扇。"宋玉

《讽赋》:主人之女,披翠云之裘。弦断犹可续,心去最难留。《博物志》:汉武时,西海国有献胶五两者,弓弦断,以口濡香胶续之以射,终日不断,因名曰续弦胶。

〔一〕《艺文类聚》卷三二作《为姬人怨诗》。

秋闺怨

按:杂曲歌辞。

斜光隐西壁,暮雀上南枝。枚乘《杂诗》:越鸟巢南枝。风来秋扇屏,月出夜灯吹。深心起百际,遥泪非一垂。无名氏《懊侬歌》:内心百际起,外形空殷勤。徒劳妾辛苦,终言君不知。

张　率

《梁书》:张率,字士简,吴郡吴人。历黄门侍郎,出为新安太守。按:率尝侍宴赋诗,高祖乃别赐率诗曰:"东南有才子,故能服官政。余虽惭古昔,得人今为盛。"率奉诏往返数首。

相逢行

按:相和歌辞清调曲。注见卷一《相逢狭路间》。

相逢夕阴街,一作"阶"。独趋尚冠里。《三辅黄图》:长安八街,有香室街、夕阴街、尚冠前街。《汉书·宣帝纪》:时会朝请,舍长安尚冠里。师古曰:舍,止也。尚冠者,长安中里名。《霍光传》:光兄孙云尚冠里宅中门亦坏。**高门既如一，甲第复相似。**《汉书》：张放取皇后弟平恩侯许嘉女，上为放供帐，赐甲第。**凭轼日欲昏，何处访公子？**《史记·韩信传》"王孙"注：苏林曰："如言公子也。"《博物志》：王孙、公子，皆相推敬之辞。**公子之所在，所在良易知。青楼出上路，渐台临曲池。**《汉书》：成帝微行出，过曲阳侯第，见园中土山渐台似类白虎殿，乃使尚书责问。**堂上抚流徵，**雷一作"曡"。**樽朝夕施。**郑玄《礼记注》：抚，以手按之也。高诱《淮南子注》：鼓琴循弦谓之徵也。《汉·文三王传》：梁孝王有曡尊，直千金。**橘柚芬华食**〔一〕**，朱火燎金枝。**古诗：橘柚垂华实，乃在深山侧。《蜀都赋》：户有橘柚之园。《吴都赋》：简其华实。**兄弟两三人，裾佩纷陆离**〔二〕**。**《楚辞》：玉佩兮陆离。《广雅》：陆离，参差也。**朝从禁中**一作"门"。**出，车骑并驱驰。**《东观汉记》：杜诗曰："伏湛出入禁门，补阙拾遗。"《子虚赋》：仆乐齐王之欲夸仆以车骑之众。**金鞍玛瑙勒，聚观路傍儿。**《西京杂记》：武帝时，身毒国献连环羁，皆以白玉作之，玛瑙石为勒，白光琉璃为鞍。古乐府曰：观者满路旁。**入门一顾望，鸟鹄有雄雌。雄雌各数千，相鸣戏羽仪。并在东西立，群次何离离。**《广韵》：次，次第也。**大妇刺方领，中妇抱婴儿。**《说文》：人初生曰婴儿。《战国策》：王乃曰："单单且婴儿之计不为此。"**小妇尚娇稚，端坐吹参差。**《汉·外戚传》：以其年稚母少。《楚辞》：吹参差兮谁思。按：注：参差，洞箫也。**丈人无遽起，神凤且来仪。**《说文》：凤，神鸟也。

〔一〕"食"，赵氏覆宋本作"实"。"芬华食"，五云溪馆本作"分宝叶"。
〔二〕"裾"，五云溪馆本作"冠"，可从。

对　酒

　　《乐府解题》：魏乐奏武帝所赋《对酒歌》，太平其旨，言王者德泽广被，政理人和，万物咸遂。若梁范云"对酒心自足"，则言但当为乐，勿徇名自欺也。按：相和歌辞相和曲。

对酒诚可乐，此酒复能一作"芳"。**醇。**《史记·曹参世家》：日夜饮醇酒。**如华良可贵，如**一作"非"。按：《乐府》作"似"。**乳更非**一作"甘"。**珍。**《北堂书钞·乐夜歌》曰：春酒甘如乳，秋醴清如华。**何以**一作"当"。**留上客？为寄掌中人。**《白帖》：赵飞燕体轻，能为掌上舞。**金尊清复满，玉碗亟来亲。**江淹《望荆山》诗：金尊坐含霜。又《学梁王兔园赋》：碧玉作碗银作盘。**谁能共迟暮？对酒及**一作"惜"。**芳辰。**一作"晨"。《离骚》：恐美人之迟暮。梁元帝《纂要》：辰曰芳辰。**君歌当来**一作"尚未"。**罢，却坐避梁尘。**

远　期

　　《宋书·乐志》有《晚芝曲》，沈约言讹不可解，疑是汉《远期曲》也。《古今乐录》：汉太乐食举曲有《远期》，至魏省之。按：鼓吹曲辞汉铙歌。一作《远如期》。

远期终不归，节物坐将按：一作"迁"。**变。**《西京赋》：眇天末以远期。陆机诗：踟蹰感节物。**白露怆**一作"湿"。**单栖**[一]，一作"衣"。**秋风息团扇。**《易通卦验》：伯劳性好单栖。**谁能久离别？**按：一作"别离"。**他乡且异县。浮云蔽重山，相望何时见**[二]**？**蔡琰《胡笳》：云山万重兮归路遐。刘绘诗：山没万重山。**寄言远行**

者[三],空闺泪如霰。沈约《游沈道士馆》诗:寄言赏心客。江淹《杂体》:握手泪如霰。

〔一〕"栖",《乐府诗集》卷一八作"衫"。

〔二〕"何时",《艺文类聚》卷四二作"不可"。

〔三〕"行",《乐府诗集》作"期"。

徐 悱

《梁书》:悱,字敬业,幼聪敏,能属文。起家著作佐郎,转太子舍人,掌书记之任。累迁洗马中舍人,犹掌书记,出入宫坊者历载,以足疾迁晋安内史。沈之元《梁典》:徐勉第三息悱,字敬业,晋安内史,有学业,最知名,卒于郡府。

赠 内

日暮想青阳[一],蹑履出椒房。《西都赋》:后宫则有椒庭椒房后妃之室。网虫生锦荐,游尘掩玉床。不见可怜影,空余按:一作"闻"。黼帐香。司马相如《美人赋》:芳香芬烈,黼帐高张。有女独处,宛若在床。彼美情多乐,挟瑟坐高堂。宋子侯《董娇娆》诗:挟瑟上高堂。岂忘离忧者?向隅心独伤。《韩诗外传》:众或满堂而饮酒,有人向隅悲泣,则一堂为之不乐。聊因一书札,以代九回肠。古诗:遗我一书札。司马迁《报任安书》:是以肠一日而九回。

〔一〕"青阳",冯氏校本作"清扬"。

对房前桃树咏佳期赠内

相思上北阁,徙倚望东家。梁简文帝《晚春赋》:待余香于北阁。忽有当轩一作"窗"。树,兼含映日花。齐谢朓《墙北栀子树》诗:映日以离离。方鲜类红粉,比素若铅华。张衡《定情赋》:思在面而为铅华兮。《博物志》:烧铅成胡粉。更使按:一作"始"。增心意,按:一作"心增意"。弥令想狭邪。释宝月《估客乐》:无信心相忆。无如一路阻,脉脉似云霞。晋戴逵《闲游赞》:岩岭高则云霞之气鲜。严城不可越,言折代疏麻。谢朓诗:严城乱芸草。

费昶

《南史·文学传》:费昶,江夏人,善为乐府,常作鼓吹曲,武帝重之。敕曰:"才意新拔,有足嘉异,赐绢十匹。"《隋·经籍志》:梁新田令费昶集三卷。又按:《南史》:昶善为乐府,与王子云并为闾里才子。

华观《艺文类聚》作"光"。省中夜闻城外捣衣

《洛阳宫殿簿》有华光殿。齐谢朓有《为皇太子侍华光殿曲水宴》诗,则六朝亦有此殿矣。

阊阖下重关,丹墀吐明月。秋气城中冷[一],秋砧城外发。浮声绕雀台。飘响度龙阙。魏文帝《校猎赋》:望雀台而增举,涉幽堙之花梁。《后汉·百官志》:北宫门苍龙司马,主东门。注:洛阳宫门名

为苍龙阙门。**婉转何藏摧,当从上路来。**蔡邕《琴赋》:抑案藏摧。**藏摧意未已**[二],**定自乘轩里。**《左传》:晋侯入曹数之,以其不用僖负羁而乘轩者三百人也。**乘轩尽世家,佳丽似朝霞。**《史记》:太史公作世家三十。**圆珰耳上照,方绣领间斜。衣熏百和屑,鬓摇**按:一作"插"。**九枝花。**魏缪袭《神芝赞》:别为三干,分为九芝。王筠《灯檠诗》:百花耀九枝。《丹阳孟珠歌》:龙头衔九花,玉钗明月珰。**昨暮庭槐落,今朝罗绮薄。拂席卷鸳鸯,开缦舒龟鹤**[三]。古诗:文彩双鸳鸯,裁为合欢被。《说文》:缦,缯无文也。引汉律:赐衣者,缦表白里。《养生要论》:龟鹤寿有千百之岁。**金波正容与,玉步依砧杵。**《国语》:改玉改步。**红袖往还萦,素腕参差举。**张华《晋白纻舞歌诗》:罗袿徐动红袖扬。**徒闻不得见,独夜空愁伫**[四]。其一。独夜何穷极,怀之在心侧。一作"恻"。**阶垂玉衡露,庭舞**相一作"松"。**风翼。**《春秋元命苞》:玉衡北四星为玉绳。又:玉衡北两星为玉绳。《述异记》:长安宫南有灵台,有相风铜乌。或云:此"乌遇千里风乃动"。**沥滴流星辉,灿烂长河色。**木华《海赋》:沥滴漪淫。《说文》:滴沥,水下滴沥也。王延寿《鲁灵光殿赋》:俯视流星。《东京赋》:灿烂炳焕。**三冬诚足用,五日无粮食。**谢承《汉书》:沈景为河间太守,拜为二千石。妻子不历官舍,五日一炊。**杨云已寂寥,今君复弦直。**其二。左思《咏史》诗:寂寂扬子宅。《后汉·五行志》:顺帝末,京都童谣曰:"直如弦,死道边。曲如钩,反封侯。"

〔一〕"气",赵氏覆宋本作"夜"。

〔二〕"意",《艺文类聚》卷六七作"方"。

〔三〕"缦",五云溪馆本作"幔"。

〔四〕纪氏《考异》:"吴氏本此句下注'其一'二字。按'独夜'以下文意相属,不得断为二章,今从宋刻削去。"

和萧记室春旦有所思

《有所思》,注见卷五沈约。按:昶又有拟汉铙歌《有所思》一首,与此异。《梁书》:萧子范,字景则,天监初,除后军记室参军。子云第二子特,字世远,历宫中记室。子晖,字景光,子云弟也。迁南中郎记室,未详孰是。

芳树发春晖,蔡子望青衣。阮籍《咏怀》诗:芳树垂绿叶。梁元帝《纂要》:木曰芳林芳树。蔡邕《青衣赋》:嗷嗷青衣,我思远逝,尔思来追。**水逐桃花去,春随杨柳归。**《韩诗章句》:三月则桃花水下。《大戴礼》:正月柳稊稊者,发叶也。《世说》:晋王恭,字孝伯,美姿容,或目之濯濯如春月之柳。**杨柳何时归?袅袅复依依。已映章台陌,复扫长门扉。**《汉·张敞传》:时罢朝会,走马章台街。**独知离心者,坐惜春光违。洛阳远如日,何由见宓妃?**《世说》:晋明帝数岁,在元帝处坐。时有人从长安来,帝谓曰:"尔言长安远?日远?"明帝曰:"只闻人从长安来,不闻从日边来,日固宜远。"

春郊望按:一作"见"。美人

芳郊拾翠人,回袖掩一作"卷"。**芳春**[一]。《洛神赋》:或采明珠,或拾翠羽。**金辉起步摇,红彩发吹纶。**一作"轮"。《汉郊祀歌》:汾之阿,扬金光。曹植《车渠碗赋》:采金光以定色。周萧扔诗:金辉碧海桃。**汤汤**一作"扬扬"。**盖顶**一作"项"。**日,飘飘马足尘。**《西京赋》注:华盖星覆北斗,王者法而作盖。崔豹《古今注》:黄帝与蚩尤战,常有五色云气、金枝玉叶止于帝上,有花葩之象,因而作华盖。《东京赋》:马足未极。**薄暮高楼下,当知妾姓秦。**古乐府:秦氏有好女。

〔一〕"掩",《艺文类聚》卷一八作"探",五云溪馆本作"捲"。

咏照镜

晨晖照杏梁,飞燕起朝妆。宋谢混《秋夜长》:送晨晖于西岭。庾信《七夕赋》:嫌朝妆之半故。《长门赋》:饰文杏以为梁。**留心散广黛,轻手约花黄。正钗时念影,拂絮且怜香。**庾信《镜赋》:拭钗梁于粉絮。**方嫌翠色故,乍道玉无光。**江淹《伤友人赋》:带瑶玉而争光。**城中皆半额,非妾画眉长。**《后汉书》:童谣云:"城中好广眉,四方且半额。"

和萧洗马画屏风二首

即萧子显也。注见卷八。

阳春发和气

日净一作"静"。**班姬门,风轻董贤馆。**《汉·佞幸传》:董贤,字圣卿,云阳人也。哀帝悦其仪貌,常与上卧起。尝昼寝,偏籍上袖,上欲起,贤未觉,不欲动贤,乃断袖而起。**卷耳缘阶**一作"家"。**出,反舌登墙唤。**卷耳,见《诗》。《易纬通卦》:百舌者,反舌鸟也,能反复其舌,随百鸟之音。**蚕女桂枝钩,游童苏合弹。**古乐府:桂枝为笼钩。《西都赋》:采游童之歌谣。古辞:乌生八九子,工用睢阳强,苏合弹。

《庄子》:羌郎之智在于转丸,而笑之者乃以苏合为贵。**拂袖当留客,相逢**一作"相迟"。**莫相难。**

秋夜凉风起

佳人在河内,征夫镇马邑。《汉书·地理志》"河内郡"注:高帝元年为殷国,二年更名。又:汉使马邑人聂翁壹阳为卖马邑城以诱单于,而汉伏兵三十余万马邑旁。**零露一朝团,中夜两垂泣。气爽床帐冷,天寒针缕涩。**《管子》:先针而后缕,可以成帷,先缕而后针,不可以成衣。《论衡》:施针缕之饰。**红颜本暂时,君还**一作"随"。**讵相及!**

采 菱

按:清商曲辞江南弄。《古今乐录》曰《采菱曲》,和云:"菱歌女,解佩戏江阳。"又有《采菱歌》、《采菱行》,意同。详见上文吴均《采莲》。

妾家五湖口,采菱五湖侧。玉面不关妆,双眉本翠色。阮籍《清思赋》:厌白玉以为面兮。《新序》:郑伯迎楚庄王曰:"是以使寡人得见君之玉面也。"**日斜天欲暮,风生浪未息。宛在水中央,空作两相忆。**

按:徐刻下有《芳树》一首,今附后。

长门后怨

按:相和歌辞楚调曲。《乐府》作《长门怨》。注见卷五柳恽。

向夕千愁起,自悔何嗟及。晋杨方《合欢诗》:愁有数千端。愁思且归床,罗襦方掩泣。《长门赋》:无面目之可显兮,遂颓思而就床。绛树摇风软,黄鸟弄声急。金屋贮娇时,不言君不入。

鼓吹曲二首

鼓吹,注见卷五柳恽。

巫山高

注见卷四王融。

巫山光欲晚,按,一作"晓"。阳台色依依。彼美岩之曲,宁知心是非。《洛神赋》:睹一丽人,于岩之畔。《孙卿子》:是是非非谓之智也。阮籍《止欲赋》:意谓是而复非。朝云触石起,暮雨润罗衣。《公羊传》:触石而出,肤寸而合,崇朝而遍雨天下者,惟太山云尔。愿解千金佩,请逐大王归。《洛神赋》:解玉佩以要之。宋玉《风赋》:王曰:"快哉!此风寡人所与庶人共者耶。"宋玉对曰:"此特大王之风耳。"

有所思

注见卷五沈约。

上林乌欲栖,长安日行暮。所思郁不见[一],空想丹墀步。帘动忆君来,雷声似车度。《长门赋》:雷隐隐而响起兮,声象君之车音。北方佳丽子,窈窕能回顾。李延年歌:北方有佳人。夫君自迷惑,非为妾妒媚[二]。屈原《九歌》:思夫君兮太息。宋玉《九辩》:中瞀乱兮迷惑。《吕氏春秋》:使人大迷惑者,物之相似者也。《颜氏家训》:五宗世家常山宪王后妒媚。王充《论衡》云:妒夫媚妇,生则忿怒斗讼。益知媚是妒之别名。

〔一〕"见",《文苑英华》卷二〇二作"已"。
〔二〕"妒媚",赵氏覆宋本作"心妒"。

姚 翻

同郭侍郎按:一无上四字。**采桑一首**

按:相和歌辞相和曲。注见卷一古乐府。

雁还高柳北,春归洛水南。《后汉·灵帝纪》:护乌丸校尉出高柳。日照茱萸领,风摇翡翠篸。桑间视欲暮,闰按:一作"盆"。里遽饥按:一作"浴新"。蚕。相思君助取,按:一作"耿耿"。相望妾那堪。《续汉书》:贵人助蚕,玳瑁钗,加簪珥。

孔翁归

《梁书·文学传》:孔翁归,会稽人,工为诗,为南平王大司马府记室。

奉和湘东王教 按：一本无"教"字。班婕妤一首

按：相和歌辞楚调曲。注见卷一班婕妤，卷五江淹。又按：一作《班婕妤怨》，无"奉和"六字。

长门与长信，日暮九重空。雷声听隐隐，车响绝珑珑。恩光随妙舞，团扇逐秋风。江淹《诣建平王上书》：大王惠以恩光。铅华谁不慕？人意自难 一作"艰"。终。

徐悱妻刘令娴

《南史·刘孝绰传》：其三妹，一适琅邪王叔英，一适吴郡张嵊，一适东海徐悱，并有才学。悱妻文尤清拔，所谓刘三娘者也。悱为晋安郡，卒，丧还建业，妻为祭文，辞甚凄怆。悱父勉，本欲为哀辞，及见此文，乃阁笔。《隋书·艺文志》：梁太子洗马徐悱妻刘令娴集二卷。

答外诗二首

第一首一作《春闺怨》，第二首一作《咏佳人》。

花庭丽景斜，兰牖轻风度。萧子范《家园三日赋》：庭散花蕊。梁简文帝《玄圃园讲颂》：丽景好晨。江淹《铜雀妓》：孤烛映兰幕。宋范泰《鸾鸟诗》：轩翼飏轻风。落日更新妆，开帘对春树。鸣鹂叶中响，一作"舞"。戏蝶花间 一作"蜨枝边"。鹜。调瑟 一作"琴"。本要欢，心愁不成趣。扬雄《甘泉赋》：若夔牙之调琴。陶潜《归去

来辞》:园日涉以成趣。**良会诚非远,佳期今不遇。**《洛神赋》:悼良会之永绝兮。**欲知幽怨多,春闺深且暮。**

东家挺奇丽,南国擅容辉。《东都赋》:贱奇丽而不珍。古诗:美人出南国,灼灼芙蓉姿。又:梦想见容辉。**夜月方神女,朝霞喻洛妃。**宋玉《神女赋》:其少进也,皎若明月舒其光。**还看镜中色,比艳自**一作"似"。**知非。摛辞徒妙好,连类顿乖违。**《世说》:魏武尝过曹娥碑下,杨修从碑背上见题作"黄绢幼妇外孙齑臼"八字。修曰:"黄绢,色丝也,于字为绝。幼妇,少女也,于字为妙。外孙,女子也,于字为好。齑臼,受辛也,于字为辞。所谓绝妙好辞也。"《韩非子》:多言繁棘,连类比物也。**智夫**疑作"琼"。**虽已丽,倾城未敢希。**《搜神记》:魏济北郡从事弦超,字义起,熹平中,夜梦神女从之,自称天上玉女,东郡人,姓成公,字智琼,蚤失母,天帝哀其孤苦,今得下嫁从夫。如此三四夕,显然来游,遂为夫妇。

按:徐刻令娴诗,叙在徐悱诗后,共五首。今连下《答唐娘诗》共三首,其《百舌诗》附后,《婕妤怨》见第八卷。

何思澄

《梁书》:何思澄,字符静,东海郯人。为安成王记室,累迁侍御史,除武陵王中录事参军。按:《南史·文学传》:思澄少勤学工文,为《游庐山》诗,沈约见之大相称赏。自廷尉正迁书侍御史,后除安西湘东王录事参军,卒于宣惠武陵王中录事参军。文集十五卷。又按:思澄、子朗父子,朗列五卷中,思澄列六卷中,前后似倒置。

奉和湘东王教班婕妤

注见上。

寂寂长信晚,雀声哦按:一作"愁",亦作"喧"。洞房。江淹《杂体》:雀声愁北林。蜘蛛网高阁,驳藓被长廊。张衡《思玄赋》:逾高阁之将将。《古今注》:苔,一名员藓,一名绿藓。梁裴子野《游华林园赋》:草石苔藓,驳荦丛攒。虚殿帘帷静,闲阶花蕊香。《广韵》:花外曰萼,花内曰蕊。详见上文徐悱妻。悠悠视日暮[一],还复拂按:一作"蔽"。空床[二]。

[一]"悠悠",《艺文类聚》卷三〇作"愁愁"。
[二]"拂",《艺文类聚》作"守"。

拟 古

故交不可忘,犹如兰桂芳。吴均《拟古》:故交一如此。嵇康《高士传》:老子曰:"非为不忘故邪。"挚虞《思游赋》:兰桂背时而独荣。新知虽可悦,不异茱萸香。史游《急就章》:芸蒜荠芥茱萸香。注:茱萸,似椒而大,食者贵其馨烈,故曰茱萸香。妾有《凤雏曲》,非为一作"无"。《陌上桑》。荐君君不御,抱瑟自悲按:一作"凄"。凉。

南苑逢美人

《南史·宋明帝纪》:常以南苑借张永。据此,则自宋以后,遂为都人游集之所也。

洛浦疑回雪，巫山似旦云。《洛神赋》:飘飖兮若流风之回雪。倾城今始见，倾国昔曾闻。媚眼一作"服"。随娇合[一]，丹唇逐笑分。风卷葡萄带，日照石榴裙。陆翙《邺中记》:锦有葡萄文锦。《乐苑·黄门倡歌》:缝裙学石榴。唐万楚《五日观妓诗》云:红裙妒杀石榴花。与此义同。自有狂夫在，空持劳使君。

　　按:徐刻下有汤僧济一首，徐杨诗二首，今附后。汤诗载在卷八。

[一]"娇"，《艺文类聚》作"羞"，可从。

徐悱妻刘氏

　　一无"刘氏"，一作"徐悱"。按:徐悱及妻令娴诗，俱见前。此首疑后人所傻入，或"悱"字误。第八卷又有徐悱妻《和婕妤怨》一首，下接王叔英妻《昭君怨》。考《乐府》俱作王叔英妻，疑皆英妻诗，《艺文》改之耳。

答唐娘七夕所穿针

倡人助汉女，靓妆临月华。江淹《古体》:月华始徘徊。连针学并蒂，萦缕作开花。嬬闺绝绮罗，揽赠自伤嗟。虽言未相识，闻道出良家。《汉书》:诏采良家女。曾停霍君骑，经过柳惠车。《汉·霍光传》:每出入，下殿门，止进有常处。郎仆射窃识视之，不失尺寸，其资性端正如此。高诱《淮南子注》:展禽之家树柳，行惠德，因号柳下惠。《家语》:鲁人有独处室者，邻之嫠妇室坏，趋而托焉。鲁人闭户而不纳，妇人曰:"子何不如柳下惠然，妪不建门之女。"鲁人曰:"柳下惠则可，吾固不可,我将以吾之不可,学柳下惠之可。"考张华《轻薄篇》云:墨翟且停车,展季犹咨嗟。与此意同。**无由一共语,暂看日升霞。**

吴　均

梅花落

　　《乐府解题》:汉横吹曲,二十八解,李延年造。魏、晋以来惟传十曲:一曰《黄鹄》,二曰《陇头》,三曰《出关》,四曰《入关》,五曰《出塞》,六曰《入塞》,七曰《折杨柳》,八曰《黄覃子》,九曰《赤之扬》,十曰《望行人》。后又有《关山月》、《洛阳道》、《长安道》、《梅花落》、《紫骝马》、《骢马》、《雨雪》、《刘生》八曲,合十八曲。郭茂倩曰:《梅花落》本笛中曲也。唐大角曲亦有《大单于》、《小单于》、《大梅花》、《小梅花》等曲,今其声犹有存者。以下诸诗,宋刻不收,今附于后。

隆一作"终"。**冬十二月,寒风西北吹。**《蜀都赋》:迎隆冬而不凋。《吕氏春秋》:西方风曰飂风,西北曰厉风,北方曰寒风。**独有梅花落,飘荡不依枝。**《乐记》:天地相荡。注:荡,犹动也。**流连逐霜彩,**按:一作"影"。**散漫下冰澌。**傅亮教:亦流连于随会。梁吴均《周承未还重赠》诗:蓬姿浮霜采。晋王淑之《遂隐论》:平原既开,风流散漫。王僧孺《侍宴诗》:散漫轻烟转。《风俗通》:冰流曰澌。宋佐缉之《劳歌》:穷年冰与澌。**何当与君**按:一作"春"。**日,共映芙蓉池。**《魏文帝集》有《芙蓉池作》一首。

闺　怨

　　按:杂曲歌辞。徐刻作二首。此首为第一,"春草可揽结"诗为其二,已见前。

胡笳屡凄断,征蓬未肯还。李陵《答苏武书》:胡笳互动。《北堂书钞》:笳者,胡人卷芦叶吹之,以作乐也,故曰胡笳。《说苑》:春蓬恶于根本,茂于枝叶,秋风起,根直拔,故君子务本也。**妾坐江之介,君戍小长安。**《后汉·光武纪》:战于小长安。《续汉书》:淯阳县有小长安聚,故城在今邓州南阳县南。**相去三千里,参商书信难。**赵至《与嵇茂齐书》:悠悠三千,路难涉矣。《汉·外戚传》:戚夫人歌曰:"子为王,母为虏。终日舂薄暮,常与死为伍!相离三千里,当谁使告女?"**四时无人见,谁复重罗纨?**

妾安所居

按:杂曲歌辞。

贱妾先有宠,蛾眉进不迟。一从西北丽,无复城南期。枚乘诗:西北有高楼。古乐府:罗敷善蚕桑,采桑城南隅。**何因**按:一作"用"。**暂艳逸?岂为乏妍姿?**王粲《闲邪赋》:夫何英媛之丽女,貌洵美而艳逸。**徒有黄昏望,宁遇青楼时。**《楚辞·九章》云:黄昏以为期。**惟惜应门掩,方余永巷悲。**《史记·范雎传》:佯为不知永巷,而入其中。《正义》:永巷,宫中狱名也。宫中有长巷,故名焉。后改曰掖庭。按:《诗》毛传:王之正门曰应门。郑笺:朝门曰应门。又《陈情表》:内无应门五尺之童。**匡床终不共,何由横自私?**按:一作"思"。

三妇艳

注见卷五沈约。

大妇弦初切,中妇管方吹。少一作"小"。妇多姿态,含笑逼清卮。郑缉之《东阳记》:歌山一女子浴汲,乃登此山,负水行歌,姿态甚妍。谢朓诗:清卮阻献酬。佳人勿余及,殷勤妾自知。

王僧孺

咏歌按:一作"宠"。姬

及君高堂还,值妾妍妆罢。《蜀都赋》:置酒高堂。**曲房骞锦帐,回廊步珠屐。**《邺中记》:春秋施锦帐,表以五色丝,为夹帷。《说文》:廊,东西序也。《广韵》:庑也。文颖曰:殿下外屋也。陆机《七征》:长廊回属。简文帝《善觉寺碑文》:回廊逢迎。《西京赋》:振朱屐于盘樽。注:朱屐,赤丝履也。**玉钗时可挂,罗襦讵难解?再顾倾城易,一笑千金买。**崔骃《七依》:回眸百万,一笑千金。贾氏《说林》:武帝与丽娟看花,而蔷薇始开,态若含笑。帝曰:"此花绝胜佳人笑也。"丽娟戏曰:"笑可买乎?"帝曰:"可。"丽娟遂命侍者取黄金百斤,作买笑钱,奉帝为一日之欢。

徐悱妻刘氏

听百舌

庭树旦新晴,临镜出雕楹。潘岳《闲居赋》:微雨新晴。《西京赋》:雕楹玉碣。《说文》:楹,柱也。**风吹桃李气,过传春鸟声**〔一〕。**静写山阳笛**〔二〕**,全作洛滨笙。**向秀《思旧赋序》:邻人有吹笛者,发声寥亮,追思曩昔游宴之好,感音而叹,故作赋云。赋曰:济黄河以泛舟兮,经山阳之旧居。《列仙传》:王子乔,名晋,周灵王太子也。好吹笙作凤鸣,游伊洛间,随浮邱公登嵩山而去。**注意欢留听,误令妆不成**。《史记·陆贾传》:陆生曰:"天下安,注意相。天下危,注意将。"

〔一〕"过传",《全梁诗》卷一三注:"一作'传过'。"
〔二〕"静",《全梁诗》作"净"。

费 昶

芳 树

按:鼓吹曲辞汉铙歌。注见卷四王融。

幸被夕风吹,屡得朝光照。枝低按:一作"偃"。疑欲舞,花开似含笑。长夜踏悠悠,所思不可召。行人早旋返,贱妾犹年少。按:一作"年犹少"。

徐 勉

《宋书》:徐勉,字修仁,东海郯人。齐领军长史。入梁,累官吏部尚书,领太子中庶子,改授侍中、中卫将军,谥简肃。

采菱曲

注见上文。

相携及嘉月,采菱渡北渚。《楚辞》:陶嘉月兮总驾。谢惠连《献康乐诗》:漾舟陶嘉月。微风吹棹歌,日暮相容与。汉武帝《秋风辞》:发棹歌。《方言》:楫,或谓之棹。郭璞曰:今之棹歌也。采采不能归,望望方延伫。倘逢遗佩人,预以心相许。屈原《九歌》:遗余佩兮澧浦。枚乘《七发》:目挑心与。

杨　皦

《南史·张彪传》:彪妻杨氏,天水人。散骑常侍皦之女也,有容色。

咏　舞

红颜自燕赵,妙伎迈阳阿。枚乘诗:燕赵多佳人,美者颜如玉。魏文帝《答繁钦书》:奇才妙伎,何其善也。就行齐逐唱,赴节暗相和。傅毅《舞赋》云:回身还入,迫于急节。折腰送余曲,敛袖待新歌。《西京杂记》:高帝戚夫人善为翘袖折腰之舞,歌出塞入塞望归之曲。鬈容生翠羽,曼睇出横波。《正字通》:曼,与"妩"通,媚也。傅毅《舞赋》:目流睇而横波。虽称赵飞燕,比此讵成多?

按:徐刻吴均至杨皦诗为卷七。

按:第六卷六十首,今增九首,共六十九首。宋刻止五十七首,去吴均"妾本"四首,增《梅花落》一首。数正合也。

玉台新咏笺注卷七

梁武帝

《梁书》：帝姓萧，讳衍，字叔达，谥曰武。按：帝少笃学，洞达儒玄，虽万几多务，犹卷不辍手，所著《周易讲疏》及《六十四卦》、《二系》、《文言》、《序卦》等义、《乐社义》、《毛诗答问》、《春秋答问》、《尚书大义》、《中庸讲疏》、《孔子正言》、《老子讲疏》，凡二百余卷。韵语之外，湛深经术如此。按：此集撰于武帝朝，不应便有庙号，如简文作皇太子，元帝作湘东王可证。太子既称圣制，此为后人加无疑矣。应作皇帝御制一十四首云。又按：此卷全帝王，于昭明不登一首，昭明词皆古雅，即此可知。又别本目有昭明太子四首，在邵陵王前，此本无，今附于后。

捣　衣

注见卷三曹毘、谢惠连。

驾言易水北，送别河之阳。《史记·燕世家》：秦兵临易水。徐广曰：出涿郡故安也。石崇《思归叹序》：遂肥遁于河阳别业。**沉思惨行镳，结梦在空床。**《正字通》：镳，音标，马衔也。《释名》：镳，包也，在旁包敛其口也。**既寤丹绿谬，始知纨素伤。**《西京赋》：文以朱绿，饰以碧丹。沈约《赛蒋山庙文》：草移丹绿之状。**中州木叶下，边城应早霜。**司马相如《大人赋》：世有大人兮，在乎中州。屈原《九歌》：洞庭波兮木叶下。**阴虫日惨烈，庭草复云黄。**颜延之诗：阴虫先秋闻。金一作"冷"。风但一作"徂"。**清夜，明月悬洞房。裛裛同宫女，助我理衣裳。参差夕杵引，哀怨秋砧扬。轻罗飞玉腕，弱翠低红妆。**朱颜色一作"日"。已兴，晒一作"绵"。睇目一作"色"。**增光。捣以一匪石，文成**按：一作"武"。**双鸳鸯。**匪石，见《诗》。古诗：文彩双鸳鸯。**制握断金刀，熏用如兰芳。**《汉书·食货志》：货谓衣帛可衣及金刀龟贝。**佳期久不归，持此寄寒乡。妾身谁为**按：一作"与"。**容？思君苦人**一作"入"。**肠。**《史记·刺客传》：豫让曰："女为悦己者容。"

拟长安有狭邪十韵[一]一无"十韵"。

按：相和歌辞清调曲。注见卷一古乐府、卷三荀昶。

洛阳有曲陌，陌按：《乐府》亦作"曲"。**曲不通驿。**陆机《答张士然》诗：回渠绕曲陌。《广雅》：南北为阡，东西为陌。《后汉·舆服志》：驿马三十里一置。**忽逢二少童，扶辔问君宅。君**一作"我"。**宅邯郸右，易忆复可知。大息组絪缊，中息佩陆离。**《战国策》：左师触龙见赵太后曰："贱息舒祺最少。"絪缊，见《易》。**小息尚青绮，总丱**一作"髻"。按：《乐府》作"角"。**游南皮。**魏文帝《与吴质书》：每念昔日南皮之游，诚不可忘。《汉书》：渤海郡有南皮县。三息俱入门，家臣拜门垂。《左传》：叔孙氏之司马鬷戾曰："我家臣也，不敢知国。"《汉·儒林传》"家臣"注：师古曰："家臣，若今诸公国官及府佐也。"三息俱升堂，旨酒盈千卮。《论衡》：文王饮酒千钟，孔子百觚。按：《说文》：卮，饮酒圆器也。亦作觝、觯。古以角为之，所以节饮食。三息俱入户，户内有光仪。《说文》：半门曰户。徐淑《答夫秦嘉书》：未奉光仪，则宝钗不设。大妇理金翠，中妇事么䙅[二]。《说文》：么，小也。于遥切。《通俗文》：不长曰幺，细小曰麽。《礼记》：左佩小觿。郑玄曰：小觿解小结也，觿状如锥，以象骨为之。小一作"少"。妇独闲暇，调笙游曲池。丈人按一作"夫"。少徘徊，凤吹方参差。邱迟《应诏》：驰道闻凤吹。江淹《杂体》：为我吹参差。

〔一〕纪氏《考异》："此诗实十一韵，宋刻盖误脱'一'字。"
〔二〕"么"，五云溪馆本、孟本、《乐府诗集》卷三五均作"玉"。

拟明月照高楼

郭茂倩曰：相和歌辞楚调曲。按：此拟曹植《怨诗行》也。注见卷二。

圆魄当虚闼，清光流思筵。《易乾凿度》：月三日成魄，八日成光，蟾蜍体就穴鼻始明。江淹《望荆山诗》：秋日悬清光。筵思照一作"对"。孤影[一]，凄怨还自怜。晋潘岳《寡妇赋》：廓孤立兮顾影。宋玉《九辩》：惆怅兮而私自怜。台镜早生尘，匣琴又无弦。魏武帝《上杂物疏》：镜台本出魏宫中，有纯银参带镜台一。《晋书》：陶潜性不解音，而畜素琴一张，弦徽不具，每朋酒之会则抚而和之，曰："但识琴中趣，何劳弦上声。"悲慕屡伤节，离忧亟华年。宋谢灵运《武帝诔》:节速心伤。张载《赠虞显度诗》:缱绻在华年。**君如东榑**一作"扶"。**景,妾似西柳烟**。《论衡》:儒者论日旦出扶桑,暮入细柳。扶桑,东方之地。细柳,西方之地。《山堂肆考》:东扶景,日初出也,喻人之芳年。西柳烟,暮景也,喻人之年老。**相去既路迥,明晦亦殊悬。愿为铜铁辔,以感长乐前**。《正字通》:辔,御马索也,俗曰马缰。陆佃曰:御者驾马以鞭为主,悍者以辔为主。《陈留风俗传》:陵树乡,故平陆县也,北有大泽,名曰长乐廐。

〔一〕以上二"筵"字孟本均作"延"。

拟青青河边草

按:相和歌辞瑟调曲。注见卷一蔡邕,卷三陆机、荀昶诗下。

幕幕绣户丝,悠悠怀昔期。江淹《丽色赋》:于是雕台绣户,当衢横术。**昔期久不归,乡国旷音徽**。一作"辉"。下同。**音徽空结迟,半寝觉如至。既寤了无形,与君隔平**一作"死"。**生。月以云掩光,叶似霜催老**[一]。**当途竞自容,莫肯为**一作"与"。**妾道**。郭璞诗:长揖当途人。《汉书》:武帝制曰:"当涂之士。"

〔一〕"似",孟本、纪氏《考异》作"以"。

代苏属国妇

《汉·苏武传》:武至京师,拜为典属国,秩中二千石。武留匈奴凡十九岁,始以强壮出,及还,须发尽白。

良人与一作"如"。**我期,不谓当过时**。古诗:过时而不采。**秋风忽送节,白露凝前基。怆怆独凉枕,摇摇**一作"慅慅"。**孤月帷**。

阮籍《咏怀诗》：薄帷鉴明月。或一作"忽"。听西北雁,似从寒一作"北"。又作"东"。海湄。《管子》：桓公曰："夫鸿鹄有时而南,有时而北。"《汉·苏武传》：徙武北海无人处,使牧羝,羝乳乃得归。果衔万里书,中有生离辞。《汉书》：陵谓武曰："子卿妇年少,闻已更嫁。"李陵《答苏武书》：生妻去帷。惟言长别矣,不复道相思。胡羊久澌一作"剽"。夺,汉节故支持。《汉·苏武传》：武杖汉节牧羊,卧起操持,节旄尽落。单于弟于靬王赐武马畜服匿穹庐。王死后,人众徙去。其冬,丁令盗武牛羊,武复穷厄。帛上看未终,脸下泪如丝。鲍照乐府：丝泪毁金骨。空怀之死誓,远劳同穴诗。

古意二首

飞鸟起离离,惊散忽差池。嗷嘈绕树上,翩翩一作"翻"。集寒枝。《说文》：嗷,众口愁也。潘岳《籍田赋》：箫管嘲哳以啾嘈兮。郭璞《鳎鳎鱼图赞》：鼓翩一挥,十翼翩翻。既悲征役久,偏伤垄上儿。唐苏颋有《陇上记》。《灵鬼志》：《关西歌》曰："垄上健儿字陈安,头细面狭肠中宽,丈八大槊左右盘。"寄言闺中爱,一作"妾"。此心讵能知？不见松上萝,一作"萝上"。叶落根不移。

当春有一草,绿花复重一作"垂"。枝。云是忘忧物,生在北堂陲。《博物志》：《神农经》曰："中药养性,谓合欢蠲忿,萱草忘忧也。"毛苌《诗传》：萱草令人忘忧。背,北堂也。飞飞双蛱蝶,低低两差池。干宝《变化论》：稻为蛩,麦为蛱蝶。差池低复起,此芳性不移。飞蝶一作"蜨"。双复只,此心人莫知。

芳树

按：鼓吹曲辞汉铙歌。注见卷四王融。

绿树始摇芳，芳生非一叶。一叶度春风，芳芳一作"华"。自相接。色杂乱参差，众花纷重叠。重叠不可思，思此谁能慊？《说文》：慊，快也。应劭曰：志满也。《汉·文帝纪》：天下人民未有慊志。

临高台

《乐府解题》：古辞言："临高台，下见清水中有黄鹄飞翻，关弓射之，令吾主万年。"若齐谢朓"千里常思归"，但言临望伤情而已。宋何承天《临高台》篇曰："临高台，望天衢，飘然轻举凌太虚。"则言超帝乡而会瑶台也。按：鼓吹曲辞汉铙歌。古辞一首，此乃拟之。又按：《乐府集》作简文帝诗。

高台半行云，望望高不极[一]。《淮南子》：云台之高，堕者折脊碎胫。高诱曰：台高际于云，故曰云台也。草树无参差，山河同一色。《孙子兵法》：草树蒙茏。仿佛洛阳道，路远难别识。玉阶故情人，情来共相忆[二]。

[一]"高不"，《文苑英华》卷二一作"不可"。
[二]"共"，《文苑英华》作"苦"。

有所思

按：鼓吹曲辞汉铙歌。注见卷五沈约。

谁言生离久？适意与君别[一]。古诗：盼睐以适意。《尔雅》：展，适也。郭璞曰：得自申展皆适意。**衣上芳犹在，握里书未灭。**何逊《为衡山侯与妇书》云：握里余香，从风且歇。与此意同。古诗：置书怀袖中，三岁字不灭。腰中一作"间"。**双绮带，梦为同心结。常恐所思露，瑶华未忍折。**

〔一〕纪氏《考异》："'意'，诸本并同。以文意推之，当作'忆'。'适忆与君别'，即文通《古离别》'送君如昨日'意。"

紫兰始萌

按：《七启》：紫兰丹椒，施和必节。

种一作"稬"。**兰玉台下，气暖**按：一作"暧"。**兰始萌。**《西京赋》：西有玉台，连以昆德。《广韵》：暖，日不明。**芬芳与时发，婉转迎节生。独使金翠娇，偏动红绮情。**张协《七命》：红肌绮散。又陶潜《饮酒诗》：且当从黄绮。疑"红"作"黄"。**二游何足壤**[一]，按：一作"壤"。**一顾非倾城。羞将苓芝侣，岂畏鹎鸩鸣？**枚乘《七发》：蔓草芳苓。注：苓，古莲字也。王充《论衡》：土气吐，芝草生。屈原《离骚》：恐鹈鸩之先鸣兮，使夫百草为之不芳。《说文》：鹈鸩春分鸣，则众芳生；秋分鸣，则众芳歇。

〔一〕"壤"，纪氏《考异》作"懹"，可从。

织　妇

送别出南轩，离思沉幽室。魏杨修《许昌宫赋》：临南轩而向春。元帝《芳树》诗：灌木隐南轩。盖本此。**调梭辍寒夜，鸣机罢秋日。**

一作"月"。《正字通》：梭，桑柯切，音娑，织具，所以行纬。俗呼杼为梭。《广韵》：梭，织具。良人在万里，谁与共成匹？《广韵》：匹，配也，偶也，合也，二也。汉匡衡疏：匹妃之际。愿得一回按：一作"迴"。光，照此忧与疾。君情倘未忘，妾心长自毕。

七　夕

白露月下圆，一作"团"。秋风枝上鲜。瑶台生碧雾〔一〕，琼幕含一作"生"。紫烟〔二〕。妙按：一作"奇"。会非绮一作"妙"。节，佳期乃良年。玉壶承夜急，兰膏依晓煎。《续汉书》：孔壶为漏浮箭为刻，下漏数刻，以考中星，昏明生焉。郑玄《周礼注》：壶，盛水器也，挈壶水以为漏也。宋玉《招魂》：兰膏明烛，华容备。《文子》：兰膏以明自煎。昔时悲一作"悲汉"。难越，今伤何一作"河"。易旋。怨咽双念断，凄草一作"叨"。两情悬〔三〕。鲍照《绍古》辞：怨咽对风景。蔡琰《胡笳》：去住两情兮难具陈。《乐苑·子夜夏歌》：还觉两情谐。

〔一〕"生"，赵氏覆宋本作"函"。
〔二〕"琼"，《艺文类聚》卷四作"罗"。
〔三〕"草"，《艺文类聚》作"悼"。

戏　作

宓妃生洛浦，游女出汉阳。妖闲逾下蔡，神妙绝高唐。曹植《美女篇》：美女妖且闲。《吴都赋》：斯实神妙之响象。绵驹且变俗，王豹复移乡。况兹集灵异，岂得无方将。谢朓《游敬亭山》诗：灵异居然栖。方将，见《诗》。**长袂必留客，清哇咸绕梁。**张衡《舞赋》：含清哇而吟咏。杨子《法言》：多哇则郑。注：淫，郑之声也。**燕赵羞容止**，西姐一作"施"。**惭芬芳。**古诗：燕赵多佳人。《南都赋》：容止可则。《晏子》：如臣者饰其容止以待命。**徒闻殊**当作"珠"。**可弄，定自乏明珰。**

皇太子简文。

按：此二字疑后人所儳。

《梁书》：帝讳纲，字世赞，武帝第三子。六岁能属文，读书十行俱下。辞藻艳发，雅好赋诗。为侯景所弑。按：帝尝于玄圃述武帝所制《五经讲疏》，听者倾朝野。所著经义有《礼大义》二十卷、《易林》十七卷。又按：简文诗序云：予七岁有诗癖，长而不倦，然伤于轻艳，当时号曰"宫体"。又按：齐云：宫体诗倡自简文，佐以徐、庾，靡靡之声，其细已甚，词虽鲜艳，亡国忽焉。

圣制乐府三首

艳歌篇十八韵

按：相和歌辞瑟调曲。《乐府》作《艳歌行》。一本作《有女篇》。注见卷一。又按：简文有二首，此其首篇，其二篇见后。

凌晨光景丽，倡女凤楼中。前瞻削成小，傍望卷旌空。张衡《七辨》：形似削成，腰如束素。曹植《洛神赋》：肩若削成，腰如约素。

夏侯湛《禊赋》：清风卷旌。**分妆间**一作"开"。**浅靥，绕脸傅斜红。**江洪《咏歌姬诗》：轻红淡铅脸。唐张泌《妆楼记》：斜红绕脸，盖古妆也。**张琴按：一作"瑟"。未调轸，**歌按：一作"饮"。**吹不全终。自知心所爱，出入仕秦宫。**古辞《西门行》：请呼心所爱，可用解愁忧。鲍照《拟古》：弱冠参多士，飞步游秦宫。**谁言连尹屈？更是莫敖通。**《左传》：知庄子射连尹襄老。又：斗伯比谓其御曰："莫敖必败。"**轻軺缀皂盖，飞辔轹云骢。**《说文》：軺，小车也。《后汉·舆服志》：中二千石、二千石，皆皂盖朱两幡。《妒记》：王公亦飞辔出门犹恐迟。梁柳憕赋体：飞辔竦兮不停阴。魏陈琳《武军赋》：马则飞云绝影。《说文》：骢，马青白杂毛也。《六书故》：马葱青色，一名茌铁。《说文》：轹，车所践也。**金鞍随系尾，衔璎映缠鬃。**古乐府：青丝系马尾。《家语》：善御马者正衔勒。晋刘恢诗：东皋有一骏，名曰千里驹。络首缠骢尾，养以甘露刍。《琅琊王歌》：憎马高缠鬃。晋惠帝元康中童谣：城东马子莫咙讻，比至年来缠汝鬃。**戈镂荆山玉，剑饰丹阳铜。**曹植《七启》：错以荆山之玉。《韩非子》：卞和抱其璞，哭于荆山之下。《汉·地理志》"丹阳郡"注：故鄣郡，属江都。武帝元封二年更名丹阳，属扬州。《食货志》：赤金为下。孟康曰：赤金，丹阳铜也。《神异经》：西方日宫之外有山焉，有丹阳铜似金，可锻以作涂错之器。**左把苏合弹，傍持大屈弓。**《左传》：昭公七年，楚子享公于新台，使长鬣者相，好以大屈。**控弦因鹊血，挽强**一作"疆"。**用牛蝝。**《汉书·匈奴传》：控弦之士三十余万。《说文》：匈奴名引弓曰控弦。宋梅尧臣《送王巡检之定海》诗：休调鹊血弓。似鹊血弓名也，今无考。《周勃传》：材官引强。孟康曰：如今挽强司马也。《说文》：蝝，蠛虫在牛马皮者。皇甫松《大隐赋》：书抽虎仆，射用牛蝝。注：虎仆，九节狸也，毫可为笔。蝝，虫也，见《淮南》。**弋猎多登陇，酣歌每入丰。**《战国策》：范雎说王曰："纵酒弋猎。"**晖晖隐落日，冉冉还房陇。**

镫生阳燧火,尘散鲤鱼风。《提要录》:鲤鱼风,九月风也。**流苏时下帐,象簟复韬筒**。晋挚虞《决疑要注》:天子帐以流苏为饰。**雾暗窗前柳,寒疏井上桐**。元帝《咏阳云楼檐柳诗》:杨柳非花树,依楼自觉春。魏文帝诗:双桐生空井。《南史·张劭传》:薛伯宗善徙廱疽,公孙泰患背,伯宗为气封之,徙置斋前柳树上。按:此则六朝风俗,以柳种窗前矣。**女萝托松际,甘瓜蔓井东**。魏明帝乐府:种瓜东井上。**拳拳恃**一作"恃"。**君宠**,一作"爱"。**岁暮望无穷**。《子夜警歌》:恃爱如欲进,含羞出不前。

按:徐刻下有《美女篇》、《艳歌行》二首,今附后。

蜀国弦歌篇十韵

《古今乐录》:张永《元嘉技录》有四弦一曲,《蜀国四弦》是也,居相和之末,三调之首。古有四曲,其《张女四弦》、《李延年四弦》、《严卯四弦》三曲,阙《蜀国四弦》。节家旧有六解,宋歌有五解,今亦阙。按:相和歌辞四弦曲。

铜梁指斜谷,按:一作"望绝国"。**剑道望**按:一作"临"。**中区**。《蜀都赋》:外负铜梁宕渠。《蜀志》:建兴八年,魏使曹真由斜谷欲攻汉中。《梁州记》:万石城,泝汉上七里有褒谷口,南口曰褒,北口曰斜。《华阳国志》:有剑阁道三十里最险。陆机《文赋》:伫中区以玄览。**通星上分野,作固为下都**[一]。《汉·地理志》:秦地于天官,东井舆鬼之分野也,南有巴蜀、广汉、犍为、武都。晋张载《剑阁铭》:惟蜀之门,作镇作固。**雅歌因良守,妙舞自巴渝**。《后汉·祭遵传》:遵为将军,取士皆用儒术,对酒设乐,必雅歌投壶。傅咸《赠建平太守李叔龙诗》:宏道兴化,实在良守。杜氏《通典》:巴渝舞者,汉高帝自蜀汉将定三秦,阆中范且率賨人以从帝,为前锋,号板楯蛮,勇而善斗。及定三秦，封且为阆中侯，复賨人七姓。其俗喜舞，高帝乐其猛锐，观其舞后，使乐人习之。阆中有渝水，因以为名，故曰巴渝舞。**阳城嬉乐所**，按：《乐府》作"盛"。**剑骑郁相趋。五妇行难至，百两好游娱。**《蜀王本纪》：秦王献美女与蜀王，蜀王遣五丁迎女，见一大蛇入山穴中，五丁并引蛇，山崩，五女皆上山化为石，今梓童有五妇山。**牲祈望帝祀，酒酹蜀侯诛**[二]。《蜀记》：昔有人姓杜，名宇，王蜀，号曰望帝。宇死，俗说云宇化为子规。子规，鸟名也。蜀人闻子规鸣，皆曰望帝也。《华阳国志》：秦灭开明氏，封子恽为蜀侯。孝文王听恽后母谮，赐剑自裁。后闻恽枉，使使葬之。丧车至城北门，忽陷入地中。蜀人因名北门曰咸阳门。为蜀侯恽立祠，其神有灵，能兴云致雨，水旱祷之。**江妃纳重聘，卓女受将雏**[三]。《蜀都赋》：聘江斐与神游。崔骃《达旨》：或重聘而不来。《史记·司马相如传》：卓王孙有女文君新寡，好音，故相如缪与令相重，而以琴心挑之，文君夜亡奔相如。**停弦时系爪，息吹更治**一作"理脣"。**朱**。《艺林伐山》：妓女以鹿角琢为爪以弹筝，曰系爪。系爪，注详见卷八徐孝穆。**春**一作"脱"。**衫湔锦浪，回扇避阳乌**。《成都记》：濯锦江，丞相张仪所作，笮桥东下枕水，此水濯锦则鲜明，文有虹桥。《广雅》：日名朱明，一名耀灵，一名东君，一名大明，亦名阳乌。**闻君握**一作"旌"。**节反**，按：一作"返"。**贱妾下城隅**。《左传》：司马握节以死，故书以官。《周礼》：道路用旌节。

〔一〕"为下"，《文苑英华》卷二〇一作"下为"。

〔二〕"诛"，五云溪馆本、孟本作"姝"。

〔三〕"受"，《文苑英华》作"爱"，可从。

妾薄命篇十韵

乐府佳丽四十七曲中，有《妾薄命》。魏《曹植集》有《妾薄命》篇，其事出于汉许后传："奈何妾薄命，端遇竟宁前。"《乐府解题》：《妾薄命》，曹植云"日月既逝西藏"，盖恨燕私之欢不久。梁简文帝云"名都多丽质"，伤良人不返，王嫱远聘，罗姬嫁迟也。按：魏杂曲歌辞。

名都多丽质[一]，**本自恃容姿**。曹植《名都篇》：名都多妖女。晋左贵嫔《菊花颂》：英英丽质。《汉书》：王昭君姿容甚丽。**荡子行未至**[二]，**秋胡无定期。玉貌歇红脸，长鬟串翠眉**[三]。《韵会》：脸，颊也。簇一作"奁"。**镜迷朝色，缝针脆故丝**。《后汉·皇后纪》：帝视太后镜奁中物。注：镜奁，匣也，音廉。《广韵》：奁，盛香器也，又镜奁也，"簇"同。**本异摇舟咎，何关窃席疑**[四]。《左传》：齐侯与姬乘舟于囿，荡公，公惧色变，禁之不可，公怒，归之，未绝之也。蔡人嫁之。《古文周书》：周穆王姜后昼寝而孕，越姬孽，窃而育之。毙以玄鸟二七，涂以麑血，置诸姜后，遽以告王。王恐，发书而占，王与令君册而藏之于椟。居二月，越姬死。七日而复言其情曰：先君怒宁甚，曰尔蛮隶也，胡窃君之子，不归母氏？将置而大戮及王子于治。叶梦得《避暑录话》：妇人疾莫大于产蓐。《公羊传》：属负兹舍。注：蓐，席也。**生离谁拊背，溘死讵成**按：一作"来"。**迟**。《汉·外戚传》：卫皇后，字子夫，主因奏子夫，送入宫，子夫上车，主拊其背曰："行矣，强饭，勉之。即贵，愿无相忘。"《离骚》：宁溘死以流亡兮。王一作"毛"，非。**嫱貌本绝，踉跄**一作"蹡蹡"。**入毡帷**。晋陶融妻陈氏《筝赋》：凤踉跄而集庭。潘岳《射雉赋》：已踉跄而徐来。善曰：踉跄，欲行也。《广雅》：踉，走也。**卢姬嫁日晚，非复好年**又作"年少"。**时**[五]。《乐府解题》：卢女者，魏武帝时宫人也。故冠军将军阴叔之妹，年七岁入汉宫，学鼓琴，善为新声。至明帝崩后，出嫁为尹更生妻。见《古今注》。**传**一作"转"。**山犹可逐**，一作"遂"。**乌白望难期**。按：一作"追"。《列子》：太行、王屋二山，方七百里，高万仞。北山愚公，年且九十，面山而居。惩山北之塞，出入之迂也，遂率子孙，叩石垦壤，运于渤海之尾。河曲之叟，笑而止之。刘勰《新论》：犹转石下山，决水赴壑。《艺文类聚·燕丹子》曰：秦止燕太子丹为质，曰："乌头白，乃可归。"丹仰天叹，乌即白头。按：《山海经·中次六经》：又西一百四十里曰传山，无草木，多瑶碧，厌染之水出于其阳，而南流注于洛。杨本作"转"，疑非是。**妾心徒自苦，傍人会见嗤**。《说文》：嗤，笑也。

　　按：徐刻以下诸诗叙次互异。下有《美女篇》至《小垂手》十八首，徐刻本载，宋刻不录，今附后。唯《怨诗》及《咏舞》二首徐刻不载。

〔一〕"丽"，《文苑英华》卷二〇七作"雅"。
〔二〕"未"，《文苑英华》作"不"。
〔三〕"串"，《文苑英华》作"惯"。
〔四〕"席"，《文苑英华》作"虎"。
〔五〕"好"，《文苑英华》作"妙"，《乐府诗集》卷六二作"少"。

代乐府三首

新成一作"城"。安乐宫

　　《古今乐录》：王僧虔《技录》有《新城安乐宫行》，今不歌。《乐府解题》：《新城安乐宫行》，备言雕饰刻斫之美也。按：相和歌辞瑟调曲。阴铿有一首，唐李贺有《安乐宫》，题盖本此。

遥看云雾中，刻桷一作"耿耿"。**映丹红**〔一〕。《西京赋》：云雾杳冥。《春秋》：桓公二十有三年秋，丹桓公楹。二十有四年春，刻桓公桷。《公羊传》云：非礼也。**珠帘通晓**一作"晚"。**日，金华拂夜风。欲知声管处**〔二〕，**来过安乐宫**。

〔一〕"红",《文苑英华》卷一九二作"虹"。
〔二〕"声",《乐府诗集》卷三八作"歌"。

双桐生空井

古辞:饥不从猛虎食,暮不从野雀栖。野雀安无巢,游子为谁骄。明帝辞曰:双桐生空枝,枝叶自相加。通泉溉其根,玄雨润其柯。《古今乐录》:《猛虎行》,王僧虔《技录》:"荀录所载明帝《双桐》一篇,今不传。"《乐府解题》:晋陆机云"渴不饮盗泉水",言从远役,犹耿介,不以艰险改节也。又有《双桐生空井》,亦出于此。按:相和歌辞平调曲。

季月双按:《乐府》作"对"。**桐井,新枝杂旧株。晚叶藏栖凤,朝花拂曙乌。**郑玄《毛诗笺》:凤凰之性,非梧桐不栖,非竹实不食。《艺文类聚》引《周书》曰:清明之日,桐始华,不华,岁大寒。《庄子》:桐乳致巢。颜西注:桐子似乳,著乌之巢,自来栖之也。**还看西**一作"稚"。**子照,银床牵**按:《乐府》作"系"。**辘轳。**《名义考》:银床非井栏,乃辘轳架也。《广韵》:辘轳,圆转木,用以汲水。

楚妃叹

吴兢《乐府古题要解》:《楚妃叹》,陆士衡《吴趋行》云"楚妃且勿叹",明非近题也。非关晋曲明矣。按:相和歌辞吟叹曲。有《楚妃吟》、《楚妃曲》、《楚妃怨》,皆出于此。又谢希逸《琴论》有《楚妃叹》七拍。又按:楚姬,楚庄王夫人樊姬也。见刘向《列女传》。

闺闲漏永永,一作"幽情脉脉"。**漏长宵寂寂。草萤飞夜户,丝**

虫绕秋壁。按：一作"屋"。《礼记》：季夏之月，腐草为萤。**薄笑未为欣，微叹还成戚。金簪鬓下垂，玉箸衣前滴。**龙辅《女红余志》：魏文帝陈巧笑挽鬓，别无首饰，惟用圆顶金簪一只插之。文帝目曰："玄云黯霭兮金星出。"《白帖》：王昭君之泪如玉箸。又甄后面白，泪双垂如玉箸。唐冯贽《记事珠》：鲛人之泪，圆者成明珠，长者成玉箸。

和湘东王横吹曲三首

崔豹《古今注》：横吹，胡乐也。张骞入西域，传其法，惟得《摩诃兜勒》一曲，李延年因造新声二十八解。魏晋以来不存，见用《黄鹄》、《陇头》、《折杨柳》等十曲。

洛阳道

注见卷六吴均。唐李白有《洛阳陌》，题亦出于此。
洛阳佳丽所，大道满春光。游童初按：《乐府》作"时"。**挟弹，蚕妾始提筐。**班固《西都赋》：采游童之歌谣。《晋·潘岳传》：岳，字安仁。出为河阳令，美姿仪。少常挟弹出洛阳道，妇人遇之者，皆连手萦绕，投之以果，遂满车而归。《左传》：谋于桑下，蚕妾在其上。**金鞍照龙马，罗袂拂春桑。**《周官》：凡马八尺以上为龙。**玉车争晚**按：《乐府》作"晓"。**入，潘果溢高箱。**《国语》：叔向曰："绛之富商而能金玉其车。"

折杨柳

《晋·乐志》：李延年因胡曲更造新声二十八解，乘舆以为武乐。后汉以给边。晋以来不复具存,用者有《黄鹄》、《陇头》、《出关》、《入关》、《出塞》、《入塞》、《折杨柳》、《黄覃子》、《赤之扬》、《望行人》十曲。按:《宋书·五行志》曰:晋太康末,京洛为《折杨柳》之歌,其曲有兵革苦辛之辞。古乐府又有《小折杨柳》,相和大曲有《折杨柳行》,清商四曲有《月节折杨柳歌》十三曲,与此不同。又按:梁乐府有《胡吹歌》云:"上马不捉鞭,反拗杨柳枝。下马吹横笛,愁杀行客儿。"此歌词元出北国,即鼓角横吹曲《折杨柳》是也。按:郭茂倩《乐府》此首作柳恽诗。

杨柳乱成丝,攀折上春时。江淹《别赋》:罗与绮兮娇上春。**叶密鸟飞碍,风轻花落迟。城高短箫发,林空画角悲。**蔡邕《月令章句》:箫长则浊,短则清。《晋中兴书》:庾翼《与燕王书》云:"今致画角一双。"曲中无别按:《乐府》作"别无"。**意,并为久**一作"是为"。**相思。**

紫骝马

《古今乐录》:《紫骝马》古辞云:"十五从军征,八十始得归。道逢乡里人,家中有阿谁?"又梁曲曰:"独柯不成树,独树不成林。念娘锦裲裆,恒长不忘心。"盖从军久戍,怀归而作也。

贱妾朝下机,正值一作"遇"。**良人归。青丝悬玉蹬,朱汗染香衣。**《东观汉记》:景丹率众至广阿,光武出城外,马坐鞍置毡毽,毽上设酒肉。《汉书》:《天马歌》:"太乙贶,天马下,沾赤汗,沫流赭。"《魏志·朱建平传》:帝将乘马,马恶衣香。《世说》:谢中郎在寿春败,临奔走,犹求玉贴镫。又王褒启:黄金作勒,足度西河,白玉为镫,方传南国。**骤急珍珂**一作"珂弥"。**响,蹄**一作"跳"。**多尘乱飞。**《通俗文》:马勒饰曰珂。《本草》:珂,贝类,皮黄黑而骨白,可为马饰,生南海。《广韵》：踊，马厤迹也。《说文》：跳，跃也。《淮南子》：夫马之为草驹之时，跳跃扬蹄，翘尾而走。《庄子》：天下马有成材，若恤若失，若丧其一。若是者，超轶绝尘，不知其所。**雕胡**按：《乐府》作"菰"。**幸可荐，故心君**一作"人心"。**莫违。**

雍州十曲抄三首

是襄州。按：此三字应是后人所笺。又按：清商曲辞西曲歌。茂倩《乐府》作《雍州曲》。

南 湖

《南湖》、《北渚》、《大堤》，《雍州曲》也。《通典》：雍州，襄阳也。《禹贡》：荆河州之南境，春秋时楚地，魏武始置襄阳郡。晋兼置荆河州。宋文帝割荆州，置雍州，号南雍。魏晋以来，常为重镇，齐、梁因之。

南湖荇叶浮，复有佳期游。《尔雅》：荇，接余，其叶苻。郭璞曰：丛生水中，叶圆，在茎端，长短随水深浅。江东食之，取茎以苦酒浸之，脆美可食。荇、荇同。**银纶**一作"编"。**翡翠钩，**一作"钓"。**玉轴**一作"管"。**芙蓉舟。**《诗》：言纶之绳。注：理丝曰纶。《阚子》：或有以桂为饵，锻黄金之钩，错以银碧，垂翡翠之纶。《释名》：轴，抽也，入毂中可抽出也。萧方等《三十国春秋》：卢循寇京邑，芙蓉舰千余艘。**荷香乱衣麝，桡**一作"棹"。**声随**一作"送"。**急流。**

北 渚

《楚辞》：帝子降兮北渚，目眇眇兮愁予。题义盖出于此。

岸阴垂柳叶,平江含粉堞。一作"蝶"。好值城旁人,多逢荡舟妾。绿水溅长袖,浮苔染轻楫。韦仲将《景福殿赋》:虞渊灵沼,渌水泱泱。

大 堤

《古今乐录》:《襄阳乐》者,宋随王诞之所作也。随王诞始为襄阳郡,元嘉二十六年仍为雍州刺史,夜闻诸女歌谣,因而作之,所以歌和中有"襄阳来夜乐"之语也。旧舞十六人,梁八人。又有《大堤曲》,亦出于此。简文帝雍州十曲有《大堤》、《南湖》、《北渚》等曲。《通典》:裴子野《宋略》称晋安侯刘道产为襄阳太守,有善政,百姓乐业,人户丰赡,蛮夷顺服,悉缘沔而居。由此歌之,号《襄阳乐》。盖非此也。

宜城断中道,行旅亟一作"极"。**流**一作"留"。**连。**陈思王《酒赋》:酒有宜城浓醪。**出妻工织素,妖姬惯数钱。**《后汉书》:桓帝童谣曰:"河间妖女工数钱。"**炊雕留上**一作"吐"。**客,贳酒逐神仙。**《汉·高帝纪》:常从王媪、武负贳酒。师古曰:贳,赊也。音式制反。古诗:服食求神仙。

同庾肩吾四咏二首

一作昭明太子,今《昭明集》无。庾肩吾,注见卷八。按:徐刻亦作昭明诗,叙在武帝诗后。

莲舟买荷度

采莲前岸隈,舟子屡徘徊。《广韵》:隈,水曲也。舟子,见《毛诗》。

披衣可识风〔一〕,风疏一作"疏荷"。香不来。晋陶潜诗:相思则披衣。欲知船一作"当"。度处,当看荷叶开。

〔一〕"披衣可识风",赵氏覆宋本作"荷披衣可识"。

照流看落钗

相随照绿按:一作"渌"。水,意欲重凉风〔一〕。流一作"梳"。摇妆影坏,钗落鬓华空。佳期在何许?徒伤心不同。

〔一〕"欲",《艺文类聚》卷一八作"是"。

和湘东王三韵二首

春 宵

花树含春丛,罗帷夜长空〔一〕。《广韵》:丛,草丛生貌。风声随篠韵,月色与池同。《正字通》:篠,小竹也。《禹贡》:篠簜既敷。筱、篠同。齐谢朓《冬宿羁怀》诗:冰池共如月。彩笺徒自襞,无信往云中。《桓玄伪事》:玄诏令平准作桃花笺,有缥绿青赤等色。考《南史·陈后主纪》:令八妇人襞采笺,制五言诗。大抵六朝皆用此笺也。《汉·地理志》"云中郡"注:秦置。莽曰:受降,属并州。

〔一〕"帷",《艺文类聚》卷三二作"帐"。

冬 晓

冬朝日照梁,含怨下前床。《神女赋》:其始来也,耀乎若白日初出照屋梁。《楚妃吟》：含怒复含娇。**帐褰竹叶带，镜转菱花光**。龙辅《女红余志》：桓豁女，字女幼，制绿锦衣带作竹叶样，远视之无二，故无瑕诗云："带叶新裁竹，簪花巧制兰。"女幼，庾宣妇也。《飞燕外传》：飞燕始加大号婕妤，奏上三十六物以贺，有七尺菱花镜一奁。**会是无人见，何用早红妆**。

戏作谢惠连体十三韵

杂蕊映南庭，庭中光影按：一作"景"。**媚**。按：班固《南巡颂》：既禋祖于西都，又将祫于南庭。**可怜枝上花，早得春风意**。刘渊林《蜀都赋》注：蕊，一曰花头点也。**春风复有情，拂幔且开楹**。开楹一作"盈盈"。**开碧烟，拂幔**拂一作"复"。**垂莲。偏使红花散，飘颺落眼前**。孙楚《莲花赋》：红花电发。鲍照乐府：沙砾自飘扬。《晋书》：张翰曰："使我有身后名，不如眼前一杯酒。"**眼亦多无况**〔一〕，**参差郁可**一作"相"。**望。珠绳翡翠帷，绮幕芙蓉帐**。鲍照诗：七彩芙蓉之羽障。**香烟出窗里，落日**一作"月"。**斜阶上**。日一作"月"。**影去迟迟，节华咸在兹**。梁元帝《纂要》：节曰华节。**桃花**一作"枝"。**红若点，柳叶乱如丝**。江淹《四时赋》：园桃红点。**丝条转暮光，影落暮阴**一作"光"。**长。春燕双双舞，春心处处场**〔二〕。**酒满心聊足，萱枝愁不忘**。

〔一〕"亦"，孟本作"前"，可从。
〔二〕"场"，五云溪馆本、孟本作"扬"。纪氏《考异》："作'扬'亦为未惬，以文义推之，当作'伤'。"

倡妇怨情十二韵

按:一作《倡楼怨节》。

绮窗临画阁,飞阁绕长廊。崔骃《七依》:飞阁层楼。**风散同心草,月送可怜光。**徐悱妻有《摘同心栀子赠谢娘诗》。《乐苑·来罗曲》:郁金黄花标,下有同心草。**仿佛帘中出,妖丽特非常。耻学秦罗髻,羞为楼上妆。散诞披红帔,生情新约黄。**葛仙公歌:散诞游山水。庾信《镜赋》:竞学生情。**斜灯入锦帐,微烟出玉床。**一作"房"。《汉·郊祀歌》:神之出,排玉房。**六安双玳瑁,八幅两鸳鸯。**《山堂肆考》:六安,言六面皆安也。崔骃《六安枕铭》曰:枕有规矩,恭一其德。承元宁躬,终始不忒。梁元帝《谢东宫赉宝枕启》:况复重安玳瑁,独胜瑰材。**犹是别时许,留致**一作"值"。**解心伤。含涕**一作"情"。**坐度日,俄顷变炎凉。**刘向《九叹》:年忽忽而日度。谢朓《同羁夜集》诗:积念隔炎凉。**玉关驱夜雪,金气落严霜。**鲍照《和王护军秋夕》诗:金气方劲杀。**飞狐驿使断,交河川路长。**《汉书》:郦食其曰:"距飞狐之口。"臣瓒曰:飞狐在代郡西南,塞名。又车师前王治交河城,有交河水,分流绕城下。谢庄《月赋》:川路长兮不可越。**荡子无消息,朱唇徒自香。**按:一作"伤"。

和徐录事见内人作卧具

《梁书·徐摛传》:摛,字士秀。东海郯人也。晋安王移镇京口,复随府转为安北中录事参军、带剡令。按:《南史·梁庐陵王续传》:元帝之临荆州,有宫人李桃儿者,以才慧得进。及还,以李氏行。续具状以闻。元帝惧,送李氏还荆州,世所谓西归内人者。

密房寒日晚,落照度窗边。刘孝绰《和太子落日望水》诗:落照满川涨。**红帘遥不隔,轻帷半卷悬。方知纤手制,讵减缝裳妍。龙刀横膝上,画尺堕衣前。**《东宫旧事》:太子纳妃,有龙头金镂交刀四。龙辅《女红余志》:潘炕姬解愁,有双龙夺珠之剪。郭泰机《答傅咸》诗曰:衣工秉刀尺。《玉海》:梁武帝《钟律纬》称,主衣相承,有周时铜尺一枚,古玉律八枚。**熨斗金涂色,簪**当作"箴"。**管白牙缠。**《汉书》:王莽视之南郊,铸作威斗。威斗者,以五石铜为之,若北斗,长二尺五寸,欲以厌胜众兵。晋《杜预集》奏事云:药杵臼、澡盘、熨斗、釜、瓮、铫盘、钨锜,皆民间之急用也。《隋书》:李穆奉熨斗于高祖曰:"愿以此熨安天下。"唐李商隐《赠更衣》云:"轻寒衣省夜,金斗熨沉香。"斗以熨衣,由来久矣。《汉书》:昭阳舍中庭彤朱而殿上髹漆,砌皆铜沓黄金涂。《礼记》:妇事舅姑,右佩箴管。《西京杂记》:赵飞燕女弟居昭阳殿中,设白象牙簪。**衣裁合欢襵,**一作"摄"。**文作鸳鸯连。**《仪礼》:襵者以褶。礼衣有襞折曰褶,通作"襵"。《礼记》:帛为褶。注:有表里而无著,今夹衣。古诗:文彩双鸳鸯,裁为合欢被。**缝**一作"针"。**用双针**一作"缝"。**缕,絮是**按:一作"用"。**八蚕绵。**《吴都赋》:乡贡八蚕之绵。刘欣期《交州记》:一岁八蚕,茧出日南也。**香和丽邱蜜,麝吐中台烟。**《南方草木状》:交址有蜜香树。龙辅《女红余志》:丽丘出嘉蜂,酿蜜如雪,和诸香为丸,熏衣数年不散。《本草》引《别录》曰:麝生中台山谷及益州、雍州山中,春分取香,生者益良。魏收《庭柏诗》:将使中台麝,违山能见从。**已入琉璃帐,兼杂太华毡。**《汉武故事》:上以琉璃、珠玉、明月、夜光,杂错天下珍宝为甲帐,其次为乙帐,甲以居神,乙以自居。龙辅《女红余志》:汉光武后阴丽华,步处皆铺太华精细之毡,故足底纤滑,与手掌同。**具共**一作"且向"。**雕垆暖,非同团扇捐。**晋辞《子夜警歌》:雕炉熏紫烟。

更恐从军别,空床徒自怜。王粲诗:从军有苦乐,但问所从谁。

戏赠丽人

丽姐一作"姬"。与妖嫱,共拂可怜妆。《庄子》:毛嫱,丽姬,人之所美也。同安鬟里拨,异作额间黄。唐宇文氏《妆台记》:梁简文帝诗"同安鬟里拨"云云。拨者,揿开也。妇女理鬓用拨,以木为之,形如枣核,两头尖尖,可二寸长,以漆,光泽,用以松鬓,名曰鬓枣,竞作薄妥,如古之蝉翼鬓也。罗裙宜细简,画屦重高墙。班婕妤《捣素赋》:曳罗裙之绮靡。《说文》:屦,履中荐也,又履也。《南史》:齐江泌昼则斫屦为业,夜则随月读书。《颜氏家训》:梁世士大夫皆尚褒衣博带,大冠高履。龙辅《女红余志》:无瑕屦墙之内,皆衬沉香,谓之生香屦。含羞未一作"来"。上砌,微笑出长廊。沈约《丽人赋》:含羞隐媚。汉班婕妤《捣素赋》:弱态含羞。宋玉《登徒子好色赋》:含喜微笑,窃视流盼。取花争间镊,一作"问色"。攀枝念蕊香。《陇头流水歌》:手攀弱枝,足践弱泥。曹植《种葛篇》:攀枝长叹息。但歌聊一曲,鸣弦未息一作"肯"。张。自矜心所爱,三十侍中郎。

秋闺夜思

按:梁杂曲歌辞。

非关长信别,讵是良人征?九重忽不见,万恨满心生。应璩《与许子俊书》:情意不悉,追怀万恨。夕门掩鱼钥,宵床悲画屏。《芝田录》:门钥必以鱼,取其不瞑目守夜之义。《乐苑·鸡鸣歌》:千门万户递鱼钥。《西京杂记》:昭阳殿木画屏风,文如蜘蛛丝缕。回一作"迥"。月临窗度〔一〕,吟虫绕砌鸣。初霜陨细叶,秋风驱乱萤〔二〕。故妆犹累日,新衣襞未成〔三〕。窦玄妻《古怨歌》:衣不如新,人不如故。欲知妾不寐,城外捣衣声〔四〕。

〔一〕"窗",《艺文类聚》卷三二作"阶"。
〔二〕"驱",《艺文类聚》作"吹"。
〔三〕"襞",《艺文类聚》作"裂"。
〔四〕"衣",《艺文类聚》作"砧"。

和湘东王名士悦倾城

一作昭明太子。按:徐刻亦作昭明诗,叙在武帝诗后。今《昭明集》无。按:梁杂曲歌辞又有刘缓一首,见卷八。齐云:兄弟间可以此等题相倡和乎?

美人称绝世,丽色譬花丛〔一〕。李延年歌:绝世而独立。谢朓诗:花丛乱数蝶。**虽居李城北**〔二〕,住在按:一作"来往"。**宋家东。教歌公主第,学舞汉成宫。**《汉书》:孝武卫皇后,字子夫,为平阳主讴者。**多游淇水上**〔三〕,**好在凤楼中。履高疑上砌,裾开持**一作"特"。**畏风。**《飞燕外传》:帝于太液池,后歌舞归风送远之曲。令后所爱侍郎冯无方吹笙以倚后歌。中流歌酣,风大起,后顺风扬音,无方长啸细袅,与相属。后抚髀曰:"顾我!顾我!"后扬袖曰:"仙乎?仙乎?去故而就新,宁忘怀乎?"帝曰:"无方为我持后。"无方舍吹持后裾,久之风霁。他日宫姝幸者,或襞裾为绉,号留仙裾。**衫轻见跳脱,珠概杂青虫。**《释名》:衫,芟也,衣无袖端也。《礼记》"正权概"注:概,平斗斛者。宋玉《风赋》:概新黄。**垂丝绕帷幔,落日度房栊。**何逊《铜雀妓》:飘飘帷幔轻。沈约《三月三日诗》:

游丝映空转。《广韵》：帷，单帐也。帏、帷通。**妆窗隔柳色，井水照桃红。**古诗：桃生露井上。**非怜江浦**按：一作"交甫"。**佩，羞使春闺空。**

〔一〕"譬"，纪氏《考异》作"比"。
〔二〕"虽"，《艺文类聚》卷一八作"经"。
〔三〕"上"，《艺文类聚》作"曲"。

从顿暂还一作"还南"。城

《后汉书·郡国志》：汝南郡领南顿，本顿国。《宋书·州郡志》：南顿太守故属汝南，晋惠帝分立。

汉渚水初绿，江南草复黄。江淹《别赋》：春水绿波。**日照**一作"暖"。**蒲心暖**，一作"发"。**风吹梅蕊香**[一]。《正字通》引《说文》云：一说蒲中心大，有匕柄者可生茹。**征舻舣汤堑，归骑息金隍。**《说文》：舳，舻也。一说船头。李斐曰：舳，船后持舵处；舻，船头刺棹处。《蜀都赋》：舣轻舟。应劭曰：舣，止也。一曰南方俗谓止船回济处为舣。《汉书·项羽传》：乌江亭长舣船待羽。《蒯通传》：金城汤池，不可攻也。《广韵》：堑，绕城水也。《汉·高帝纪》：汉王使高垒深堑勿与战。《易》：城复于隍。《子夏传》：隍，城下池也。**舞观衣常襞**[二]，**歌台弦未张。持此横行去，谁念守空床？**《汉书》：樊哙曰："臣愿以十万众，横行匈奴中。"

〔一〕"蕊"，《艺文类聚》卷六三作"枝"。
〔二〕"常"，《艺文类聚》、《初学记》卷二四作"恒"。

咏人弃一作"去"。妾

昔时娇玉步，含羞花烛边。岂言心爱断，衔啼私自怜。常见

欢成怨[一]，非关丑易妍。《列子》：贤愚好丑，无不消灭。《说文》：妍,慧也。独鹄罢中路,孤鸾死镜前。

〔一〕"常见欢成怨",《艺文类聚》卷三二作"但觉欢成愁"。

执笔戏书

舞女及燕姬,倡楼复荡妇。《左传》：晏子对曰："撞钟舞女。"**参差大戾发,摇曳小垂手。**《广韵》：捩，琵琶拨也。戾、捩通。《乐府解题》：大垂手、小垂手,皆言舞而垂手也。陈江总《妇病行》曰"夫婿府中趋,谁能大垂手"，是也。又独摇手,亦与此同。**《钓竿》蜀国弹,新城折杨柳。**崔豹《古今注》：《钓竿》,伯常子妻所作也。伯常子避仇河滨为渔父,其妻思之,每至河侧作《钓竿》之歌,后司马相如作《钓竿》之诗,今传为古曲也。《水经注》：长安,故咸阳也。汉高祖更名新城。武帝元鼎三年,别为渭城,在长安西北、渭水之阳。《三辅黄图》：文帝灞陵,在长安城东七十里。灞桥,跨水作桥,汉人送客至此桥,折柳赠别,名曰销魂桥。或曰：城,当作"声"。**玉案西王桃,蠡杯石榴酒。**《楚汉春秋》：淮阴侯曰："臣去项归汉,汉王赐臣玉案之食。"《西王母传》：王母七夕降武帝宫中,命侍女取桃,玉盘盛七枚,四以与帝,三以自食。陆倕《蠡杯铭》：珍逾璩碗。《南史·夷貊传》：南海有颖逊国,在海崎上,有酒树似安石榴,采其花汁停瓮中,数日成酒。**甲乙罗帐异,辛壬房户晖。**何晏《景福殿赋》：辛壬癸甲,为之名秩,房室齐均,堂庭如一。注：辛、壬、癸、甲,十干之名,今取以题坊署,以别先后也。**夜夜有明月,时时怜更衣。**

艳歌曲

按：相和歌辞瑟调曲。《乐府》作《艳歌行》,此其第二篇也。

注见前。

云楣桂成户，飞栋杏为梁。《西京赋》：绣栭云楣。注：楣，梁也。简文《纳凉诗》云：桂户向池开。《六书故》：栋，屋正中上衡也。魏卞兰《许昌宫赋》：飞栋列以山峙。**斜窗通蕊气，细隙引尘光。裁衣魏后尺，汲水淮南床。**古乐府：十四学裁衣。《玉海》引《晋·律志》：后汉至魏，尺长于古四分有余。《魏志》：永平中，公孙崇更造新尺，以一黍之长，累为寸法。《太平御览》：魏武《上杂物疏》曰："中宫用杂画象牙尺一枚，贵人公主有象牙尺十二枚，宫人有象牙尺百五十枚，骨尺五十枚。"**青骊暮当返，预使罗裾**一作"裙"。**香。**《楚辞》：青骊结驷齐千乘。

怨 诗

按：相和歌辞楚调曲。《乐府》又有《怨歌行》诗，附后。

秋风与白团，本自不相安。新人及故爱，意气岂能宽。古乐府：男儿重意气。**黄金肘后铃，**一作"印"。**白玉案前盘。**《晋武十三王传》：初覃为清河世子，所佩金铃，欻然隐起如麻粟。古乐府：委身玉盘中，历年冀见食。《汉书·石奋传》：对案不食。**谁堪空对此，还成无岁寒。**潘岳诗：谁与同岁寒。

拟沈隐侯夜夜曲

按：杂曲歌辞。注见卷五沈约。

蔼蔼一作"霭霭"。**夜中霜，**何《乐府》作"河"。**关**一作"开"。**向晓光。枕啼常带粉，身眠不着床。兰膏尽**一作"断"。**更益，熏**

垆灭复香。《初学记》：汉刘向有《熏炉铭》。**但问愁多少，便知夜短长。**古诗：愁多知夜长。张华《情诗》：居欢惜夜促，在戚怨宵长。

七　夕

秋期此时浃，长夜徙一作"从"。**河灵。紫烟凌凤羽，奔**一作"红"。**光随玉軿。**《白帖》：刘歆等新定婚礼，亲迎立轺軿马。注：轺，立乘小车也。軿，马偋驾也。《仓颉篇》：軿，衣车也。**洛阳疑剑气，成都怪客星。**张华《博物志》：有人乘槎至一处，宫中多织妇。见一丈夫牵牛渚次饮之，并问："此是何处？"答曰："君还至蜀郡，问严君平则知。"后至蜀，问君平，曰："某年月日，有客星犯牵牛宿。"计年月，正是此人到天河时也。**天梭织来久，方逢今夜停。**宋鲍照《堂上歌行》：纷纷织女梭。义同。《诚斋杂录》：蔡州丁氏女，精于女红。七夕祷以酒果，忽见流星坠筵中，明日瓜上有金梭，自是巧思益进。

同刘咨议咏春雪

一作"咏雪"。刘咨议，孝绰也。附孝绰《校书秘书省对雪咏怀诗》："桂花殊皎皎，柳絮亦霏霏。讵比咸池曲，飘飘千里飞。耻均班女扇，羞俪曹人衣。浮光乱粉壁，积照朗彤闱。鹡鸰摇羽至，鸭鸥拂翅归。相彼犹自得，嗟余独有违。终朝守玉署，方夜劳石扉。未能奏缃绮，何由辨国围。坐销风露质，游联珠璧晖。偶怀笨车是，良知高益非。既言谢端木，无为陈巧机。"

晚霞飞银砾，浮云暗未开。《蜀都赋》：金砂银砾。范坚《安石榴诗》：頼如丹砂，粲若银砾。**入池消不积，因风堕复来。思妇流黄素，温姬玉镜台。**刘义庆《世说》：刘聪为玉镜台，温峤为刘越石长史，北征得之，后取姑女下焉。**看花言可插**，一作"折"。**定自非春梅**。

晚景出行

细树含残影，春闺散晚香。轻花鬓边堕，微汗粉中光。飞凫初罢曲，啼乌一作"鸟"。忽度行。《阿子歌》：念我双飞凫。《乐录》：《乌夜啼》者，清商曲也。羞令白日暮，车马按：一作"骑"。郁相望。

赋乐府得大垂手

注见上文。按：杂曲歌辞。茂倩《乐府》作吴均诗。

垂手忽苕苕，一作"迢迢"。**飞燕掌中娇。罗衣**一作"衫"。**恣风引，轻带任情摇**。《王孙子》：昔卫公坐重华之台，侍御数百，随珠照日，罗衣从风。**讵似长沙地，促舞不回腰**。《汉书·景十三王传》注：应劭曰："景帝后二年，诸王来朝，有诏更前称寿歌舞，定王但张袖小举手，左右笑其拙，上怪，问之，对曰：'臣国小地狭，不足回旋。'帝乃以武陵、零陵、桂阳益焉。"

赋乐器一无"器"。名得箜篌

注见卷一无名氏。

㧙迟初挑吹，弄急时催舞。《艺文类聚》：后汉蔡邕好琴道，每一曲制一弄。《琴历》：琴曲有蔡氏五弄。**钏响逐弦鸣，私回半障柱**[一]。

欲知心不平，君看黛眉聚。宋玉《九辩》：坎廪兮贫士失职而志不平。《梁书》：天监中，诏宫中作白妆青黛眉。

〔一〕"私"，《艺文类聚》卷四四作"衫"。

咏　舞

可怜初二八，逐节似飞鸿。悬胜河阳妓，暗与淮南同。石崇《思归引序》：肥遁于河阳别业。《西京赋》：秦淮南，度阳阿。《汉书》：有淮南鼓员四人。又《舞赋》：昔客有观舞于淮南者，美而赋之。**入行看履进，转面望鬟空。腕动苕华玉，袖随如意风**〔一〕。《纪年》：桀伐珉山，珉山庄王女于桀二女曰琬，曰琰。桀爱二女，斫其名于苕华之玉，苕是琬，华是琰也。《语林》：王戎与诸人谈，以如意指林公曰："阿柱，汝忆摇橹时否？"阿柱，林公小字。庾信《对酒歌》曰：王戎如意舞。**上客何须起，啼乌曲未终。**《乐录》：《乌夜啼》者，清商曲也。注详见卷十《乌夜啼》注。

〔一〕"袖"，《初学记》卷一五、《文苑英华》卷二一三均作"衫"。

春闺情

杨柳叶纤纤，佳人懒织缣。正衣还向镜，迎春试举一作"卷"。**帘。**《晋东宫旧事》：皇太子纳妃，有着衣大镜。龙辅《女红余志》：李月素大镜名正衣，小镜名约黄，中镜名圆冰。扬雄《蜀都赋》：其俗迎春送冬，百金之家，千金之公。**摘梅多绕树，觅燕好窥檐。只言逐花草，计校应非嫌。**《说文》：嫌，不平于心也，一曰疑也。

咏晚闺[一]

珠帘向暮下,妖姿不可追。萧子范《伤往赋》:痛妖姿之不留。花风暗里觉,兰烛帐中飞。何时玉窗里,夜夜更缝衣。王延寿《鲁灵光殿赋》:玉女窥窗而下视。

〔一〕赵氏覆宋本、五云溪馆本并作《又三韵》。

率尔成按:一作"为"。咏

借问仙将画,讵有此佳人?倾城且倾国,如雨复如神。《战国策》:张仪谓楚王曰:"彼郑国之女,粉白黛黑,立于衢间,非知而见之者以为神。"汉后怜名按:一作"飞"。燕,周王重姓申。挟瑟曾游赵,吹箫屡入秦。玉阶偏望树,长廊每逐春。江淹《杂体》:吹我玉阶树。约黄出意巧,缠弦用法新。迎风时引袖,避日暂披巾。庾信《吹台山铭》:青槐避日。《释名》:巾,谨也。二十成人,士冠,庶人巾,当自谨修四教也。考《后汉·列女传》云:文姬诣曹操时,旦寒,赐以头巾履袜。巾盖男女通用。疏花映鬓一作"髻"。插,细佩绕衫身。一作"伸"。谁知日欲暮,一作"薄"。含羞不自陈。

美人晨妆

按:《艺文》误作昭明诗,今载《昭明集》。徐刻亦作昭明诗,叙在武帝诗后。

北窗向朝镜[一],锦帐复斜萦。娇羞不肯出,犹言妆未成。散黛随眉广,燕脂逐脸生。试将持出众,定得可怜名。《白帖》:新野功曹邓衍以外戚小子候预朝,容姿趋步,有出于众。

〔一〕"向朝",《艺文类聚》卷一八作"朝向"。

赋得当垆

《汉书》:司马相如与卓文君俱之临邛,尽卖车骑买酒舍,乃令文君当垆,相如身自着犊鼻裈,与庸保杂作涤器于市中。郭璞曰:垆,酒垆也。颜师古曰:卖酒之处,累土为垆,以居酒瓮,四边隆起,其一面高,形如锻垆,故名垆。《当垆曲》,盖取此。按:杂曲歌辞。《乐府》作《当垆曲》。

十五正团团,一作"圆"。流光满上兰。十五,即三五也。注见卷一古诗。当垆设夜酒,宿客解金鞍。迎来挟瑟易,送别但歌难〔一〕。讵一作"欲"。知心恨急,翻令衣带宽。

〔一〕"但",《乐府诗集》卷六三作"唱"。

林下妓

按:《初学记》亦作昭明诗。

炎光向夕敛,促宴临前池〔一〕。刘桢《赠五官中郎将诗》云:明镫熹炎光。泉深影一作"同声"。相得〔二〕,花与面相宜。刘琨诗:花将面自许,人共影相怜。簾一作"管"。声如一作"引"。鸟哢,舞袂一作"状"。写风枝〔三〕。《广韵》:哢,音弄,鸟吟声。左思《蜀都赋》:哢吭清渠。帝《慈觉寺碑序》云:风枝弗静。欢乐不知醉,千秋长若斯。曹植《公燕诗》:飘飖放意志,千秋长若斯。

〔一〕"促",《初学记》卷一五作"徙"。

〔二〕"深",《初学记》作"将"。

〔三〕"袂",《初学记》作"袖"。

拟落日窗中坐

杏梁斜日照,余晖映美人。开函脱宝钏,向镜理纨巾。《广韵》:函,容也。《周礼》"杖咸"注:咸读为函,以函藏之。游鱼动池叶,舞鹤散阶尘。鲍照《舞鹤赋》:逸翮后尘。空嗟一作"叹"。千岁久,愿得及阳春。

咏一无"咏"字。美人观画

殿上图神女,宫里出佳人。《宋玉集》有《神女赋》。可怜俱是画,谁能辨伪真?分明净眉一作"眼"。眼,一作"目"。一種一作"穜"。细腰身。所可持一作"有特"。为异,长有好精神。东方朔《七谏》:悲精神之不通。

娈童

《诗》:婉兮娈兮,总角丱兮。毛苌传:婉娈,少好貌。《北史·齐废帝纪》:许散愁曰:"自小以来,不登娈童之床,不入季女之室。"娈童娇丽质,践董复超瑕。按:谓董贤、弥子瑕也。羽帐晨香满,珠帘夕漏赊。翠被含按:一作"合"。鸳色,雕床镂象牙。妙年同小史,姝貌比一作"似"。朝霞。曹植《求自试表》:终军以妙年使越。魏阮瑀《止欲赋》：执妙年之方盛。晋张翰《周小史诗》：转侧绮靡。又：翩翩周生，婉娈幼童。年十有五，如日在东。**袖裁连璧锦，牋织细橦花**。魏文帝《与群臣论蜀锦书》：自吾所织如意虎头连璧锦，亦有金薄蜀薄，来至洛邑，皆下恶。刘孝威《谢赉锦被启》：采逾连璧。《说文》：笺，表识书也。牋、笺通。又：禾从重者，为重穋之重；从童者，为薮种之稑。按：《蜀都赋》：布有橦花。注：橦花，树名。其花柔毳，可绩为布也，出永昌。**揽袴轻红出，回头双鬟斜**。《汉·外戚传》：宫人使令皆为穷绔，多其带。师古曰：穷绔，即今之绲裆绔也。《乐府》：爱惜加穷袴，防闲托守宫。**懒**一作"媚"。**眼时含笑，玉手乍攀花**。怀猜非后钓，密爱似前车。《史记·韩非传》：弥子瑕见爱于卫君。卫国之法，窃驾君车者罪至刖。既而弥子之母病，人闻往夜告之，弥子矫驾君车而出。君闻之而贤之，曰："孝哉！为母之过而犯刖罪。"足一作"定"。**使燕姬妒，弥令郑女嗟**。傅毅《舞赋》：于是郑女出进，二八徐持。

邵陵王纶

《梁书》：纶，武帝第六子，聪颖博学，尤长尺牍，为颍州刺史，加征讨大都督。

代秋胡妇闺怨

秋胡妇，注见卷四颜延之。按：杂曲歌辞。《艺文》作元帝诗，题曰《闺怨》。

荡子从游宦，思妾守房栊。尘镜朝朝掩，寒床一作"衾"。**夜夜空**。鲍照《拟古》：明镜尘匣中。刘孝威诗：重衾犹觉寒。**若非新有**

悦，何事久西东。知人相忆否？泪尽梦啼中。

车中见美人

关情出眉眼，软媚着腰肢。《尔雅》：目上为名。郭璞曰：眉眼之间。《广韵》：软，柔也。语笑能娇媟，行步绝逶迤。《广韵》：媟，《字样》云："颜色姝好也。"古诗：逶迤自相属。空中自迷惑，渠傍会不知。悬念犹如此，得时应若为。谢灵运诗：但问情若为。

    按：纶诗，徐刻本叙在元帝诗后。又有《见姬人诗》一首，今附后。

代旧姬有怨

    一作元帝诗，徐刻本同。

宁为万里别，乍此一作"作"。死生离。那堪眼前见，故爱逐新移。未展春光落〔一〕，遽被秋风吹〔二〕。苏武诗：努力爱春华。《楚辞》：秋风浏以萧萧兮。怨黛舒还敛，啼妆拭更垂〔三〕。谁能巧为赋？黄金妾自赀〔四〕。《汉书》：王生谓盖宽饶曰："用不訾之躯。"师古曰：訾，与赀同。谢朓《思归赋》：受灵恩而不赀。

〔一〕"光"，《艺文类聚》卷三二作"花"，可从。
〔二〕"秋"，《艺文类聚》作"凉"。
〔三〕"更"，《艺文类聚》作"复"。
〔四〕"自"，《艺文类聚》作"不"。

湘东王绎

    《梁书》：元帝绎，字世诚。尝为湘东王，武帝第七子，平侯景，遂即位江陵。按：帝性爱书籍，既患目，多不自执卷，置读书左右，番次上直，昼夜为常，略无休已，虽倦，卷犹不释。其自序《洞林》文曰：余幼学星文，多历岁稔。海中之书，略加寻究。巫咸之说，遍得研求。其自许如此。

登颜园故阁

《梁书·颜协传》：协，字子和，琅琊临沂人也。父见远，齐和帝之镇荆州也，以见远为录事参军。及即位于江陵，以为治书侍御史仪兼中丞。及高祖受禅，见远乃不食，发愤数日而卒。协释褐湘东王国常侍，又兼府记室。世祖出镇荆州，转王记室，感家门事义，不求显达，恒辞征辟，游于藩府而已。此登颜园故阁，殆其是邪？

高楼三五一作"月"。夜，流影入丹墀。先时留上客，夫婿美容一作"芙蓉"。姿。妆成理蝉鬓，笑罢敛蛾眉。崔豹《古今注》：魏文帝宫人绝所爱者，有莫琼树、薛夜来、陈尚衣、陈巧笑，皆日夜在侧。琼树始制为蝉鬓，挈之缥缈如蝉翼，故号曰蝉鬓。衣香知步近，钏动觉行迟。如何舞馆乐，翻见歌梁悲。谢朓诗：舞馆识余基，歌梁想遗转。犹悬北窗横，一作"幌"。未卷南轩帷。寂寂空郊暮，非复少年时。

戏作艳诗

入堂值小妇，出门逢故夫。含辞未及吐，绞袖且峙嵎。《广韵》：绞，古巧切，缚也。摇兹扇似月，掩此泪如珠。今怀固无已，故情今有余。《汉·陈胜传》:客出入愈益发舒,言胜故情。

夜游一作"宿"。柏斋

《南史·齐宗室传》:建武中,荆州大风雨,龙入柏斋中,柱壁上有爪足处。刺史萧遥欣恐畏,不敢居之,至是以为嘉福殿。

烛暗行人静,帘开云影入。风细雨声迟,夜短更筹急。《广韵》:筹,算也。能下班姬泪,复使倡楼泣。湘东王《荡妇秋思赋》云:况乃倡楼怨妇,对此伤情。况此客游人,中宵空伫立。

和刘上黄[一]

新莺隐叶啭,新燕向窗飞。柳絮时依酒,梅花乍入衣[二]。《本草经》:柳花,一名絮。玉珂逐一作"轻"。风度[三],金鞍映日晖。无令春色晚,独望行人归。

〔一〕《全梁诗》卷三作《和刘上黄春日》。
〔二〕"乍",《全梁诗》卷三注:"一作'任'。"
〔三〕"逐",《全梁诗》卷三注:"或作'随'。"

咏晚栖乌

按:杂曲歌辞。

日暮连翩翼,俱向上林栖。风多前鸟一作"乌"。驶[一],云暗后群迷。路远声难彻,飞斜行未齐。应从故乡返,几过入兰闱。《后汉·皇后纪赞》:班政兰闱。借问倡楼妾,何如荡子妻?

〔一〕"鸟",赵氏覆宋本作"归"。

寒宵三韵

按:一作《寒闺》,后八卷刘缓和诗亦作"闺"。

乌鹊夜南飞,良人行未归。魏武帝《短歌行》:月明星稀,乌鹊南飞。池水浮明月,寒风送捣衣。愿织回文锦,因君寄武威。《汉·地理志》"武威郡"注:故匈奴休屠王地,武帝太初四年开。

咏—无"咏"字。秋夜

秋夜九重空,荡子怨房栊。灯光入绮帷,帘影进—作"穿"。屏风。《西京杂记》:汉陵寝皆以竹为帘,帘皆水文,为龙凤之象。金徽调玉轸,兹夜抚离鸿。伏知道《为王宽与妇义安主书》:愁随玉轸,琴鹤恒惊。晋刘妙容《宛转歌》:金徽玉轸为谁锵。潘岳《秋兴赋》:听离鸿之晨吟兮。

按:元帝诗,徐刻列在简文诗后,次序亦异。下有《伤别离》至《春日诗》九首,徐刻本载,宋刻不录,今附后。

武陵王纪

《梁书》:纪,字世询,一字大智,武帝第八子。勤学有文才,属辞不好轻华,甚有骨气,为扬州刺史。侯景乱,僭号于蜀,改元天正。明年,为元帝将樊猛所杀。

同萧长史看妓

《梁书·萧介传》:介,字茂镜,兰陵人也。大同二年,武陵王为扬州刺史,以介为府长史,在职清白,为朝廷所称。按:《初学记》作刘孝绰。

燕姬奏妙舞,郑女发清歌。回羞出慢脸,送态入懂蛾[一]。按:一作"娥"。《汉·司马相如传》:郑国出美女,色理曼泽。《后汉·杜笃传》:曼丽之色。《乐苑》:刘逖《清歌发》云:"扇中通曼脸。"宁殊值行雨,讵减见凌波。想君愁日暮[二],应羡鲁阳戈。《淮南子》:鲁阳公与韩构难,战酣日暮,援戈而㧑之,日反三舍。

〔一〕"入",《初学记》卷一五作"表"。
〔二〕"暮",《初学记》作"落"。

和湘东王夜梦应令[一]

昨夜梦君归,贱妾下鸣机。悬知君意薄[二],不着去时衣。故言如梦里,赖得雁书飞。

〔一〕《艺文类聚》卷三二作《萧妃夜梦》。
〔二〕"悬",《艺文类聚》作"极"。

晓 思 一作"色"。

按:《艺文》作简文帝诗。

晨禽争学啭,朝花乱欲开。梁萧和《萤火赋》:见晨禽之晓征。《正字通》:啭,音转,鸟声转也。黄莺声三十二转,百舌声十二转。炉烟入斗帐,屏风隐镜台。红妆随泪尽,荡子何时回?

闺妾寄征人

按:此集凡二韵俱在第十卷。今宋本目录作三首,此疑混入,徐刻本亦不载。

敛色金星聚,萦悲玉筯流。愿君看海气,忆妾上高楼。《史记·天官书》:海旁蜃气象楼台。晋伏琛《三齐略记》:海上蜃气,时结楼台,名海市。枚乘《杂诗》:西北有高楼。

昭明太子

《梁书》:太子,讳统,字德施,武帝长子。生而聪睿,读书数行并下,喜文章,聚书至三万余卷,因覆舟病薨。

长相思

按:杂曲歌辞,注见卷四吴迈远。已下诸诗,宋刻不收,今附于后。

相思无终极,长夜起一作"岂"。叹息。徒见貌婵一作"嬿"。娟,宁知心有忆。寸心无以因[一],愿附归飞翼。

按:徐刻列在武帝诗后。又一本有昭明诗四首,在邵陵王前,与徐刻异,今集中不载。

〔一〕"以",《全梁诗》卷一作"所"。

简文帝

美女篇

按:杂曲歌辞,注见卷二曹植。

佳丽尽关情,风流最有名。约黄能效月,裁金巧作星。粉光胜玉靓,衫薄拟蝉轻。密态随羞按:一作"流"。脸,娇歌逐软声[一]。朱颜半已醉,微笑隐香屏。《黄宪外史》:韩王玉壶、紫英二姬,隐于雕屏。龙辅《女红余志》:《观美女诗序》:"卖眼香屏之中,弄姿绿水之侧。"

〔一〕"娇歌逐软声",《文苑英华》卷一九三作"余娇逐语声"。

怨歌行

按:相和歌辞楚调曲。注见卷一班婕妤、卷二傅玄。

十五颇有余,日照杏梁初。蛾眉本多嫉,掩鼻特成虚。《离骚》:众女嫉余之蛾眉兮。《亢仓子》:同艺者相嫉。《楚辞》注:害贤曰嫉,害色曰妒。《正字通》:妒,与嫉字别义同。《战国策》:魏王遗楚王美人,郑袖因谓新人曰:"王恶子之鼻,子为见王则必掩子鼻。"新人见王因掩其鼻。王谓郑袖:"何也?"郑袖曰:"其似恶闻王之臭也。"王令劓之。持此倾城貌,翻为不肖躯。秋风吹海水,寒霜依玉除。梁裴子野《刘虬碑文》:皓乎若寒霜之洁。《吴都赋》:玉除彤庭。《说文》:除,殿阶也。月光临户牖[一],荷花依浪舒。《广韵》:浪,波浪也。**望檐悲双翼,窥沼泣王余**[二]。陆机《拟古》:偏栖常只翼。《吴都赋》:双则比目,片则王余。注:与并行为并目。王余,俗云越王脍鱼未尽,因以其半叶之为余,遂无其面,因曰王余。**苔生履处没,草合行人疏**。崔豹《古今注》:空室无人行则生苔藓。班婕妤《自伤赋》:思君兮履綦。晋灼曰:綦,履迹也。**裂纨伤不尽,归骨恨难袪**。《左传》:知罃对楚子曰:"以君之灵,累臣得归骨于晋。"潘岳《寡妇赋》:终归骨兮山足。**早知长信别,不避后园舆**。后园舆,用同辇事也。

〔一〕"驶",《文苑英华》卷二一一作"映"。
〔二〕"王余",《全梁诗》卷一作"前余"。

独处怨

郭茂倩曰:《美人赋》:"芳香郁烈,黼帐高张。有女独处,婉然在床。乃歌曰:独处室兮廊无依,思佳人兮情伤悲。"《独处愁》,盖取诸此。按:杂曲歌辞。《乐府》作《独处愁》。

独处恒多怨,开幕试临风。弹棋镜奁上,傅粉高楼中。《西京杂记》:成帝好蹴踘,群臣以为劳,家君作弹棋以献。《后汉·梁冀传》注:《艺经》:"弹棋,两人对局,白黑棋各六枚,先列棋相当,更先弹也,其局以石为之。"《博物志》:烧铅成胡粉,今傅面者用之。**自君**按:一作"从"。**征马去,音信不曾通。只恐金屏掩,明年已复空**。

伤美人

昔闻倡女别,荡子无归期。今似陈王叹,流风难重思。曹植

《美女篇》:中夜起长叹。张衡《南都赋》:流风徘徊。**翠带留余结，苔阶没故基。图形更非是，梦见反成疑。**晋左贵嫔《班婕妤赞》:形图丹青，名侔樊虞。蔡邕乐府:宿昔梦见之。**熏炉含好气，庭树吐华滋。**汉刘向、李尤俱有《熏垆铭》。古诗:绿叶发华滋。**香烧日有歇，花落无还时。**

鸡鸣高树颠

《乐府解题》:古辞云:"鸡鸣高树颠，狗吠深宫中。"初言"天下方太平，荡子何所之"，次言"黄金为门，白玉为堂，置酒作倡乐为乐"，终言"桃伤而李仆"，喻兄弟当相为表里。兄弟三人近侍，荣耀道路，与《相逢狭路间行》同。若梁刘孝威《鸡鸣篇》，但咏鸡而已。又有《鸡鸣高树颠》、《晨鸡高树鸣》，皆出于此。按:相和歌辞相和曲。

碧玉好名倡，夫婿侍中郎。高诱《淮南子注》:阳阿，古之名倡也。**桃花全覆井，金门半隐堂。时欣一来下，复比双鸳鸯。鸡鸣天尚**一作"上"。**早，东乌定未光。**《述异记》:东南有桃都山，上有大树，名曰桃都，枝相去三千里，上有天鸡。日初出，照此木，天鸡则鸣，天下鸡皆从之鸣。

春 日

年还乐应满，春归思复生。桃含可怜紫，柳发断肠青。落花随燕入，游丝带蝶惊。邯郸歌管地，见许欲留情。宋孔欣乐府:邯郸有名倡，乘间奏新声。《吴都赋》:欢情留。

秋　夜

高秋度幽谷，坠露下芳枝。梁宗夬诗：悠悠结芳枝。**绿潭倒云气，青山衔月眉。**宋玉《高唐赋》：其上独有云气。鲍照《玩月诗》：娟娟似蛾眉。**花心风上转，叶影树中移。**梁吴均《诣周承不值》诗：兰心逐风卷。帝《咏笼灯》诗：花心生复落。又《苦热》诗云：云斜花影没，日落荷心香。意亦同。**外游独千里，夕叹**一作"欢"。**谁共知？**

和湘东王阳云台檐柳

暖暖阳云台，春柳发新梅。《晏子春秋》：星之昭昭，不如月之暖暖。王逸《楚辞注》：暖暖，昏昧貌。**柳枝无极软，春风随意来。潭沲青帷闭，玲珑朱扇开。**郭璞《江赋》：与波潭沲。善曰：潭沲，随波之貌。曹植《娱宾赋》：舟帷晔以四张。《月令》：乃修阖扇。《方言》：以竹编门曰扇，木曰阖。魏刘桢《鲁都赋》：朱扇含光。**佳人有所望，车声非是雷。**

听夜妓

合欢蠲忿叶，萱草忘忧条。何如明月夜，流风拂舞腰。朱唇随吹动[一]**，玉钏逐弦摇。留宾惜残弄**[二]**，负态动余娇。**

〔一〕"动"，《全梁诗》卷二作"尽"。
〔二〕"残"，《全梁诗》卷二注："一作'别'。"

咏内人昼眠

北窗聊就枕,南檐日未斜。沈约《六忆诗》:就枕更须牵。**攀钩落绮障,插捩举琵琶。梦笑开娇靥,眠鬟压落花**。伏知道《为王宽与义安主书》:欣看笑靥。无名氏《叹疆场》:笑靥自然开。簟文一作"纹"。**生玉腕,香汗浸红纱**。《东宫旧事》:太子纳妃,有乌韬赤花双文簟。《子夜秋歌》:香汗光玉色。**夫婿恒相伴,莫误是倡家**。

咏《乐府》无"咏"字。中妇织流黄

按:相和歌辞清调曲。注见卷五沈约《拟三妇》。

翻花满阶砌,愁人独上机。浮云西北起,孔雀东南飞。魏文帝《杂诗》:西北有浮云,亭亭似车盖。无名氏乐府:孔雀东南飞,五里一徘徊。**调丝时绕腕,易镊乍牵衣**。《语林》:刘道真见一老妪采旅,刘调之曰:"女子何不调机利杼而采旅?"《周礼》:慌氏沤丝以涚水,沤其丝七日,去地尺暴之,昼暴诸日,夜宿诸井,七日七夜,是谓水涷。《西京杂记》:霍光妻遗淳于衍葡萄锦二十四匹,散花绫二十五匹。绫出钜鹿陈宝光家,宝光妻传其法。霍显,召入其第,使作之。机用一百二十镊,六十日成一匹,匹直万钱。古辞《东门行》:儿女牵衣啼。魏文帝诗:妻子牵衣袂。**鸣梭逐动钏,红妆映落晖**。

棹歌行

《古今乐录》:王僧虔《技录》云:《棹歌行》歌明帝"王者布大

化"一篇。或云左延年作,今不歌。梁简文帝在宫中更制歌,少异此也。《乐府解题》:晋秦明帝辞云"王者布大化",备言平吴之勋。若晋陆机"迟迟春欲暮",梁简文帝"妾住在湘川",但言乘舟歌棹而已。按:相和歌辞瑟调曲。五解。

妾家住湘川,菱歌本自便。《湘中记》:湘川清照五六丈,下见底石如樗蒱,五色鲜明。**风生解刺浪[一],水深能捉船。叶乱由牵荇,丝飘为折莲。**谢朓《在郡卧病》诗:秋藕折轻丝。**溅妆疑薄汗,沾衣似故湔。浣纱流暂浊,汰锦色还鲜。参同赵飞燕,借问李延年。从来入弦管,谁在棹歌前[二]?**

〔一〕"刺浪",《艺文类聚》卷四二作"榜浪"。
〔二〕"谁",《全梁诗》卷一作"讵"。

和人以妾换马

《乐府解题》:《爱妾换马》,旧说淮南王所作。疑淮南王,即刘安也。古辞今不传。李宂《独异志》:魏曹璋性倜傥,偶逢骏马,爱之,其主所惜也。璋曰:"予有美妾可换,惟君所选。"马主因指一妓,璋遂换之。马号曰白鹘。后因猎献于文帝。按:杂曲歌辞。《乐府》题作《爱妾换马》。

功名幸多种,何事苦生离?谁言似白玉,定是愧青骊。枚乘《杂诗》:美者颜如玉。《杂事秘辛》:商女女莹,筑脂刻玉。晋江伟《襄邑令傅浑颂》:乃冰其清,乃玉其白。《尔雅》:青骊驎,驒。注:音陀,今连钱骢。**必取匣中钏,回作饰金羁。**《说文》:钏,臂环也。古谓之跳脱。**真成恨不已,愿得路旁儿。**《艺文类聚》引《风俗通》曰:杀君马者,路旁儿也。

咏 舞

戚里多妖丽，重聘菠燕一作"秦"。余。《汉·万石君传》：高祖召石奋姊为美人，徙其家长安中戚里。师古曰：于上有姻戚者，则皆居之，故名其里为戚里。张衡《七辩》：燕余材舞。简文帝《筝赋》云：乃有燕余丽妾，方桃譬李。**逐节工新舞，娇态似凌虚。**何晏《景福殿赋》：赴险凌虚。**纳花承幅概，垂翠逐珰舒。扇开衫影乱，巾度履行疏。**沈约《宋书》：晋初有公莫舞，今之巾舞也。相传云项庄剑舞，项伯以袖隔之。今之用巾，盖像项伯衣袖之遗式。**徒劳交甫忆，自有专城居。**古乐府：四十专城居。

采 莲

按：清商曲辞。注见卷六吴均。

晚日照空矶，采莲承晚晖。《广韵》：矶，大水激石也。《正字通》：碛也。**风起湖难渡，莲多摘未稀。棹动芙蓉落，船移白鹭飞。**枚乘《七发》：若白鹭之下翔。《尔雅》：鹭，春鉏。郭璞曰：白鹭也，头翅背上皆有长翰毛，江东人缉为接䍦，名曰白鹭缞。**荷丝傍绕腕，菱角远牵衣。**《埤雅》：菱，白花，紫角，有刺。《武陵记》：两角曰菱，三角四角曰芰。**常闻藑可爱，采撷欲为裙。叶滑不留绽，心忙无假熏。**屈原《离骚》：制芰荷以为衣兮，集芙蓉以为裳。《左传》：衡纮纮绽。杜预曰：绽，冠上覆者。《博物志》：东方君子国，熏草朝朝华。《汉书》：熏，以香自烧。**千春谁与乐，惟有妾随君。**丘迟《芳树诗》：千春长不移。考"常闻"以下六句，简文帝《采莲赋》也，不知何故入此。按:《乐府》作二首,"常闻"以下,为第二首。

采 桑

注见卷四鲍照。按:相和歌辞相和曲。

春色映空来,先发院边梅[一]。**细萍重迭长,新花历乱开**。宋辞《华山畿》曰:历乱伤杀汝。《读曲歌》曰:莫案石榴花,历乱听侬摘。**连珂往淇上**[二],**接幰至丛台**。潘岳《籍田赋》:微风生于轻幰兮。**丛台可怜妾,当窗望飞蝶。忌跌行衫领,熨斗成襦襵**[三]。《方言》:跌,蹶也。师古曰:足失据也。《说文》:襵,夺衣也。**下床着珠佩,捉镜安花镊**。孔孺《七别》:紫镊承鬓而骋晖。《释名》:镊,摄也,摄发也。**薄晚畏蚕饥,竞采春桑叶**。按:《乐府》无上四句。**寄语采桑伴,讶今春日短。枝高攀不及,叶细笼难满**。按:"年年"以下十二句,《乐府》不载。**年年将使君,历乱遣相闻**。古乐府:使君遣吏往,问此谁家姝?**欲知琴里意,还赠锦中文。何当照梁日,还作入山云**。《汉·五行志》:云起于山中。**重门皆已闭,方知客留袂。可怜黄金络,复以青丝系。必也为人时,谁令畏夫婿?**

〔一〕"院",《文苑英华》卷二〇八作"水"。
〔二〕"连珂往淇上",《文苑英华》作"连理傍淇水"。
〔三〕"襵",《文苑英华》作"裙"。

半路溪

《乐府解题》:《半渡溪》,言战而半涉溪水见迫,所言皆岭南地里,与《武溪深》相类。梁元帝又有《半路溪》,则言相逢隔溪,已识行步。辞旨与此全殊。按:杂曲歌辞。《乐府》作元帝诗。

相逢半路溪,隔溪犹不渡。望望判知是,翩翩识行步。摘赠兰泽芳,欲表同心句。曹植《七启》:收乱发兮拂兰泽。先持一作"将"。动旧情,恐君疑妾妒。

小垂手

注见上文。按:杂曲歌辞。茂倩《乐府》作吴均诗。

舞女出西秦,蹑影舞阳春。嵇康《琴赋》:发西音。善曰:《汉书》有秦倡员。曹植《七启》:忽蹑景而轻骛。且复小垂手,广袖拂红尘。《西都赋》:红尘四合。折腰应两笛,顿足转双巾。《北堂书钞》:晋荀勖问列和曰:"若不知律吕之义作乐者,均高下清浊之调,当以何名之?"和曰:"每合乐时,随歌者清浊声,假声浊者,用三尺二笛,因名曰此三尺二调,声清者用二尺九笛,因名曰此二尺九调,汉魏相传施行,皆然也。"《晋书》:笛有一定之调,故诸弦歌,皆从为主。杨恽《报孙会宗书》:顿足起舞。蛾眉与慢脸〔一〕,见此空愁人。

按:自《美女篇》至《小垂手》十八首,徐刻叙在前。

〔一〕"慢",《全梁诗》卷一作"曼",可从。

伤别离

朝望青波道,夜上白登台。《史记·陈涉世家》:黥布击秦左右校,破之青波,复以陈为楚。《汉书音义》:青波,地名也。《匈奴传》:冒顿纵精兵三十余万骑,围高帝于白登七日。师古曰:白登在平城东南,去平城十余里。月中含桂树,流影自徘徊。《西京赋》:流景内照。曹植诗:流光正徘徊。寒沙逐风起,春花犯雪开。夜长无与悟,衣单为谁裁?《汉·高帝纪》:大风从西北起,折木,发屋,扬砂石。谢朓《别江水曹诗》:花浓聚如雪。古辞《孤儿行》:夏无单衣。宁戚《饭牛歌》:短布单衣裁至骭。

春夜看妓

蛾眉渐成光,燕姬戏小堂。蛾眉,谓月也。朝舞开春阁,铃盘出步廊。《云笈七签》:左佩玉珰,右腰金铃。《上林赋》:高廊四注,重坐曲阁。起龙调节奏,却凤点笙簧。马融《长笛赋》:龙鸣水中不见已,截竹吹之声相似。《乐记》:节奏合以成文。《说文》:笙十三簧,象凤之身,列管以象凤翼。树交临舞席,荷生夹妓航。竹密无分影,花疏有异香。晋张骏《东门行》:香花扬芬馨。举杯聊转笑,欢兹乐未央。

咏　风 [一]

楼上起朝妆,风花下砌傍。庾信《七夕赋》:嫌朝妆之半故。张华《晋白纻舞歌诗》:阳春白日风花香。入镜先一作"未"。飘粉,翻衫一作"袖"。好染香。度舞飞长袖,传歌共绕梁。欲因吹少女,还将拂大王。《三国·管辂传》:辂曰:"今夕当大雨,树上已有少女微风,若少女反风,其应至矣。"宋玉《风赋》:此所谓大王之雄风也。

〔一〕《全梁诗》卷三注:"《文苑英华》作沈约,今从《艺文类聚》、《初学记》作元帝。"

看摘蔷薇

倡女倦春闺,迎风戏玉除。近丛看影密,隔树望钗疏。横枝斜绾袖,嫩叶下牵裾。墙高举不及,花新摘未舒。莫疑插鬓少,分人犹有余。《风土记》:九月九日,折茱萸房以插头。

洛阳道

注见卷六吴均。按:横吹曲辞。《乐府》作元帝诗。

洛阳开大道,城北达城西。青槐随幔拂,绿柳逐风低。《魏都赋》:罗青槐以荫涂。谢灵运《应诏》:原隰荑绿柳。玉珂鸣战马,金爪斗场鸡。《左传》:季、郈之鸡斗,季氏介其鸡,郈氏为之金距,平子怒。桑萎日行暮,多逢秦氏妻。

折杨柳

注见上文。按:横吹曲辞。《乐府》作元帝诗。

山高巫峡长〔一〕,垂柳复垂杨。《峡程记》:三峡,即明月峡、巫山峡、广溪峡。其瞿唐、滟滪、燕子、屏风之类,皆不与三峡之数。同心且同折,故人怀故乡。山似莲花艳,流如明月光。《华山记》:山颠有池,生千叶莲花,服之羽化,因名华山。寒夜猿声按:一作"鸣"。彻,游子泪沾裳。

〔一〕"山高",《诗纪》卷七〇作"巫山",可从。

金乐歌

《左传》:魏绛于是乎始有金石之乐。题义盖取此。啼乌怨别偶,曙乌忆离一作"谁"。家。《说文》:曙,旦明也。石阙一作"厥"。题书字,金灯飘落花。《水经注》:华山有汉、魏文帝二庙,庙有石阙数碑,一碑是建安中立,汉镇远将军段煨更修祠堂碑文,汉给事黄门郎张昶造,昶自书之。宋乐府《读曲歌》:三更书石阙,忆子夜啼碑。东方晓星没,西山晚一作"落"。日斜。谢朓《京洛夜发》诗:晓星正寥落。曹植《洛神赋》:日既西倾。魏王粲诗:白日半西山。縠衫回广袖,团扇掩轻纱。按:古歌:縠衫两袖裂,花钿鬓边低。暂借青骢马,来送黄牛车。《汉·外戚传》:史皇孙王夫人,宣帝母也,地节二年,求得外祖母王媪,媪男无故,无故弟武,皆随使者诣阙,时乘黄牛车,故百姓谓之黄牛媪。晋绿珠《懊侬歌》:黄牛细犊车,游戏出孟津。

古 意

妾在成都县,愿作高唐云。《汉·地理志》:蜀郡,领成都县,属益州。樽中石榴酒,机上葡萄裙。停梭还敛色,何时劝使君?

春 日

春还春节美,春日春风过。张协《杂诗》:太昊启东节,春郊礼青祇。《说苑》:管子曰:"吾不能以春风风人。"春心日日异[一],春情处处多。萧子范《春望古意》:春情寄杨柳。处处春芳动,日日春禽变。汉王褒《洞箫赋》:春禽群嘻。春意春已繁,春人春不见。不见怀春人,徒望春光新。费昶诗:坐惜春光迟。春愁春自结,春结谁能申。欲道春园趣,复忆春时人。春人竟何在[二]? 空爽上春期。独念春花落,还似昔春时[三]。

按:自《伤别离》以下九首,徐刻俱作元帝诗,叙在前。

〔一〕"心",《全梁诗》卷三作"色"。
〔二〕"竟",《全梁诗》注:"一作'意'。"
〔三〕"似",《全梁诗》作"以"。

邵陵王

见姬人

春来不复赊,入苑驻行车。比来妆点异,今世拨鬟斜。魏繁钦《弭愁赋》:点圝的之荧荧。却扇承枝影,舒衫受落花。庾信《为上黄侯世子与妇书》:分杯帐里,却扇妆前。沈约《丽人赋》:落花入领。狂夫不妒妾,随意晚还家。

按:此卷徐刻作第五卷。又按:宋刻七卷七十五首,此止七十一首,阙昭明太子四首故也。今增二十九首,共一百首。

玉台新咏笺注卷八

萧子显

《梁书》:萧子显,字景阳,齐高帝孙。七岁封宁都县侯。入梁,除黄门郎、兼侍中、国子祭酒。

乐府二首

日出东南隅行

注见卷一。按:相和歌辞相和曲。

大明上苕苕,一作"迢迢"。**阳城射凌霄。光照窗中妇,绝世同阿娇。**枚乘《杂诗》:盈盈楼上女,皎皎当窗织。李延年歌:北方有佳人,绝世而独立。**明镜盘龙刻,簪羽凤凰雕。**《晋东宫旧事》:银华金薄镜三,银龙头受福莲华钮镶自副。**逶迤梁家髻,冉弱楚宫腰。**成公绥《啸赋》:或冉弱而柔挠。**轻纨杂**按:一作"拂"。**重锦,薄縠间飞绡。**《左传》:重锦三十两。注:重锦,锦之细熟者,以二丈双行,故曰两,盖二十四。司马相如《子虚赋》:杂纤罗,垂雾縠。张楫曰:縠细如雾,垂以为裳也。**三六前年暮,四五今年朝**。宋谢灵运《怨晓月赋》:昨三五兮既满,今二八兮将缺。与此同意。**蚕园拾芳茧,桑陌采柔条**。古乐府:青丝为笼绳,桂枝为笼钩。又:采桑城南隅。魏文帝《柳赋》:柔条婀娜而蛇伸。**出入东城里,上下洛西桥**。《初学记》:洛阳晋魏以前,跨洛有浮桥,洛北富平津,跨河有浮桥,即杜预所建。又有车马桥。钟会《怀土赋》:望东城之纡余。《南齐书》:泰始中,童谣曰:"东城出天子。"**忽逢车马客**[一],**飞盖动襜帷**。陆机乐府有《门有车马客行》。《说文》:襜,衣蔽前。《傅畅故事》:尚书令,辒车、黑耳、后户。**单衣鼠毛织,宝剑羊头销**。一作"鞘"。晋束皙《发冢记》:西域有火鼠布。《淮南子》:苗山之铤,羊头之销。许慎曰:销,生铁也。高诱曰:羊头之销,白羊子刀也。扬雄《方言》:凡箭三镰,谓之羊头三镰。《魏文帝集》:《大墙上蒿行》曰:"苗山之铤,羊头之钢,知名前代。"**丈夫疲应对**[二],**御者辍衔镳**[三]。**柱间徒脉脉,垣上几翘翘**。枚乘《杂诗》:盈盈一水间,脉脉不得语。《新序》:赵良谓商君曰:"君亡可翘足而待也。"《易通卦验》:万人闻鸡鸣皆翘首。杜预《左传》注:翘翘,远也。**女本西家宿,君自上宫要**。《风俗通》:两袒:俗说齐人有女,二人求之,东家子丑而富,西家子好而贫。父母疑不能决,问其女,定所欲适,难指斥言者,偏袒令我知之。女便两袒,怪问其故,云:"欲东家食,西家宿。"此为两袒者也。**汉马三万匹,夫婿仕嫖姚**。《汉书·地理志》"太原郡"注:有家马官。臣瓒曰:汉有家马厩,一厩万匹,时以边表有事,故分来在此。家马,后改曰挏马。《汉旧仪》:太仆以郎为范监官,奴婢三万人,分养马三十万头。《霍去病传》:去病为嫖姚校尉。**鞶囊虎头绶,左珥兔卢貂**。班固《与窦宪笺》:固于张掖县,受赐虎头绣鞶囊一双。《北堂书钞》:《曹瞒传》云:"操佻易,自佩小鞶囊,盛手巾细物。"王隐《晋书》:邓攸为淮南太守,梦行水边,见一女子,猛兽自后断其鞶带。占者以为水边有女,汝字也。果迁汝阴太守,断鞶囊者,新兽头代故兽头也。不作汝阴,当作汝南也。《南史·何戢传》:上欲加戢散骑常侍、尚书令。褚彦回曰:"臣与王俭既已左珥,若复加戢,则八座便有三貂。"《说文》:貂,鼠属,大而黄黑,出胡丁零国。一曰:出东北夷。徐曰:《古今注》:"侍中冠以貂为饰。"**横吹龙钟管,奏鼓象牙箫**。刘熙《释名》:横吹、麾幢,皆大将所有。《晋·乐志》:横吹,有鼓角,又有胡角。《广韵》:笼籦,竹名。《广志》曰:可为笛。马融《长笛赋》:惟籦笼之奇生兮。《尚书》:瞽奏鼓。王褒《洞箫赋》:带以象牙,捆其会合。注:带,犹饰也。言以象牙饰其会合之际,言功密也。**十五张内侍,十八贾登朝**。《史记·吕后纪》:留侯子辟疆,为侍中,年十五。《汉书》:霍光结发内侍。沈约碑文:辟疆内侍之年。《汉书·贾谊传》:谊,洛阳人也。年十八,以能诵诗书属文称于郡中。文帝以为博士,是时谊年二十余,最为少。班固述曰:"矫矫贾生,弱冠登朝。"**皆笑颜郎老,尽讶董公**按:一作"生"。**超**。《白帖》:汉武帝过郎署,见颜驷庞眉皓发,问曰:"叟何时为郎,何其老也?"答曰:"臣文帝时为郎。文帝好文而臣好武,景帝好美,而臣貌丑,陛下好少而臣已老,是以至老不遇。"《汉·董仲舒传》:进退容止,非礼不行,学者皆师尊之。冯衍《自陈疏》:乏董生之才。《方言》:超,远也。

〔一〕"忽",《艺文类聚》卷四一、《文苑英华》卷一三九均作"路"。

〔二〕"丈",《艺文类聚》、《文苑英华》均作"大"。

〔三〕"御",《艺文类聚》作"从"。

代美女篇

按:杂曲歌辞。注见卷二曹植。

邯郸暂辍舞[一],**巴姬请罢弦**。刘劭《赵都赋》:邯郸才舞。左思《蜀都赋》:巴姬弹弦,汉女击节。**佳人淇**按:一作"溱"。**洧上**[二],**艳赵复倾燕**。枚乘《杂诗》:燕赵多佳人。**繁秾既为李,照水亦成莲**。《酉阳杂俎》:南海有睡莲,夜则花底入水。**朝沽**一作"酤"。**成都酒,暝数河间钱**。魏文帝《校猎赋》:飞酌清酤。成都酒,用相如事也。**余光幸未借,兰膏空自煎**。《战国策》:甘茂亡秦且之齐,出关遇苏子,曰:"夫江上之处女,有家贫而无烛者,处女相与语,欲去之。无烛者曰:'妾以无烛,故常先至,扫室布席,何爱于余明之照四壁者,幸以赐妾。'"《列女传》:齐女徐吾者,东海上贫妇人。其邻妇李吾之属合烛夜绩,徐最贫而烛不属,李吾请无与夜绩,徐吾曰:"今一室之中,益一人,烛不为益明,去一人,烛不为益暗,何爱东壁余光。"遂复与夜绩。

按:徐刻有萧子云、子辉、子范、恖诗四首,今附后。

〔一〕"邯郸",《乐府诗集》卷六三作"章丹"。
〔二〕"淇洧",《文苑英华》卷一九三作"淇浦",注曰:"一作'洧上'。""上",《乐府诗集》作"出"。

王 筠

《梁书》:王筠,字元礼,一字德柔,琅琊临沂人。太宗即位,为太子詹事。按:《南史》:筠年十六,为《芍药赋》,其辞甚美。沈约见筠,以为似外祖袁粲。昭明太子爱文学士,尝与筠及刘孝绰、陆倕、到洽、殷钧等游宴玄圃,太子独执筠袖,抚孝绰肩,曰:"所谓'左挹浮邱袖,右拍洪崖肩'。"其见重如此。

和吴主簿六首

春月一作"日"。二首

日照鸳鸯殿，萍生雁鹜池。《飞燕外传》：帝居鸳鸯殿。《西京杂记》：梁孝王筑兔园，园中有雁池，池间有鹤洲凫渚。沈约《三月三日诗》：西临雁鹜陂。**游尘随影入，弱柳带风垂。**晋傅玄《柳赋》：纷猗靡以从风兮，若将往而复旋。**青骹一作"鹘"。逐黄口，独一作"别"。鹤惨羁雌。**《西京赋》：青骹挚于韝下。注：青骹，鹰青胫者。古辞《东门行》：下为黄口小儿。《说苑》：孔子见罗者，其所得者皆黄口也。孔子曰："黄口尽得，大爵独不得，何也？"《淮南子》：鸷鸟不搏黄口。枚乘《七发》：独鹄晨号乎其上。鹄、鹤通用。**同衾远游说，结爱久生一作"相"。离。**《汉书》：上以迁诬罔，欲沮贰师，而为陵游说。后汉蔡邕《检逸赋》：爱独结而未并。《法苑珠林》：结爱等，亦名染也。**于今方溘死，宁须萱草枝？**
蓍蒢心未发，蘼芜叶欲齐。《尔雅》：蓍蒢草，拔心不死。**春蚕方曳绪，新燕正衔泥。**《南都赋》：白鹤飞兮茧曳绪。**野雉呼雌雏，庭禽挟子栖。**魏文帝《短歌行》：翩翩飞鸟，挟子巢栖。**从君客梁后，方昼掩春闺。**《汉书》：景帝拜枚乘为弘农尉，乘久为大国上宾，与英俊并游，得其所好，不乐郡吏，以病去官，复游梁。陆机《东门行》：居人掩闺卧。**山川隔道里，芳草徒萋萋。**

秋夜二首

九重依夜馆，四壁惨无晖。《汉·司马相如传》：家徒四壁立。**招**

摇顾西落,乌鹊向东飞。流萤渐收火,络纬欲催机。《白帖》:萤带火而寒。尔时思锦字,持制行人衣。所望丹心达,嘉客倘能归。诸葛亮《与李平教》:详思斯戒,明我丹心。

露华初泥泥,桂枝行一作"方"。棶棶。《诗》:零露泥泥。毛苌曰:泥泥,沾濡也。《埤雅》:楝,谓之绫,言木文如绫也。晋夏侯湛《苦寒谣》:草楲楲以疏叶。杀气下重轩,轻阴满按:一作"拂"。四屋。《礼记·月令》:凉风至,杀气动。别宠增修夜,远征悲独宿。严忌《哀时命》:愁修夜而宛转兮。晋夏侯湛《江上泛歌》:悠悠兮远征。愁萦一作"牵"。翠羽眉,泪满横波目。长门绝往来,含情空杼轴。

游望二首

落日照红妆,挟瑟当窗牖。宁复歌蘼芜,惟闻叹杨柳。结好在同心,离别由众口。《左传》:臧宣叔令修赋缮完,具守备,曰:"齐楚结好。"《庄子》:是以高言不止于众人之口。邹阳上书:岂惑于众口哉!徒设露葵羹,谁酌兰英酒。枚乘《七发》:兰英之酒,酌以涤口。会日杳无期,蕣华安得久?枚乘《杂诗》:道路阻且长,会面安可知?蔡琰诗:念别无会期。谢承《后汉书》:泛丹与王奂亲善,奂后为汉阳太守。丹曰:"今子远适千里,会面无期。"潘岳《朝菌赋序》:朝菌者,时人以为蕣华,庄生以为朝菌,其物向晨而结,绝日而陨。

相思不安席,聊至狭邪东。《史记·司马穰苴传》:穰苴曰:"君寝不安席,食不甘味。"愁眉仿戚里,高髻学城中。汉童谣歌:城中好高髻。双眉当作"楣"。偏照日,独蕊好紫风。一作"胸"。《释名》:楣,眉也。近前若面之有眉也。自陈一作"知"。心所想,按:一作"爱"。献赋甘泉宫。《西京杂记》:相如将献赋,未知所为。梦一黄衣翁谓之曰:"可为《大人赋》。"遂作《大人赋》,言神仙之事,以献之,赐锦四匹。**传闻方鼎食,讵忆春闺中?** 一作"容"。《汉·食货志》:质氏以洗削而鼎食。

按:徐刻下有《闺情》至《灯檠》诗五首,今附后。

刘孝绰

《梁书》:刘孝绰,字孝绰,彭城人。本名冉。幼聪敏,七岁能属文,除安西湘东王咨议参军。按:《南史》:孝绰舅王融每曰:"天下文章,若无我,当归阿士。"阿士,绰小字也。梁天监初,起家著作佐郎,后为秘书监。初孝绰居母忧,冬月饮冷水,因得冷癖,以大同五年卒官。

遥见邻舟主人投一物,众姬争之,有客请余为咏

河流既浼浼,河鸟复关关。徐陵《报尹义尚书》:白沟浼浼,春流已清。按:浼,音免,水貌。一曰:水流平貌。**落花浮浦出,飞雉渡洲还**[一]。**此日倡家女**[二],**竞娇桃李颜。**曹植《杂诗》:南国有佳人,容华若桃李。**良人惜美珥,欲以代芳菅。新缣疑故素,盛赵蔑衰班。**《战国策》:齐王夫人死,有七孺子者皆近薛公,欲知王所欲立,乃献七珥,美其一,明日视美珥所在,劝王立以为夫人。按:赵,谓赵飞燕。班,谓班婕妤。注已见。**曳绡事掩縠**[三],**摇佩夺鸣环**[四]。**客心空振荡,**高按:一作"乔"。**枝不可攀。**宋玉《九辩》:心怵惕而震荡兮。曹植《洛神赋》:心振荡而不怡。

〔一〕"渡洲",赵氏覆宋本作"度州"。

〔二〕"此",《艺文类聚》卷一八作"是"。

〔三〕"事",《艺文类聚》作"争"。

〔四〕"夺",《艺文类聚》作"奋"。

淇上—有"人"字。戏荡子妇示行事—无"示行事"。一首

桑中始奕奕,淇上未汤汤。美人要杂佩,上客诱按:一作"绣"。明珰。杂佩,见《诗》。《洛神赋》:献江南之明珰。日暗人声静,微步出兰房。《礼记》:夏后氏祭其暗。又:歌者在上,匏竹在下,贵人声也。露葵不待劝,鸣琴无暇张。相如《美人赋》:遂设旨酒,荐鸣琴。翠钗挂已落,罗衣拂更香。如何嫁荡子,春夜守空床?不见青丝骑〔一〕,徒劳红粉妆。

〔一〕"不",《艺文类聚》卷一八作"未"。

赋咏得照棋烛刻五分成〔一〕

《白帖》:后魏甄琛弈棋,令苍头执烛,睡加杖,奴曰:"郎君若为读书,不敢辞。"又:萧文琰、邱令楷、江拱,并以文称,竟陵王夜集赋诗,约四韵,刻烛一寸。

南皮弦吹—一作"初"。罢,终弈且留宾。魏文帝《与吴质书》:每念昔日南皮之游,诚不可忘,既妙思六经,逍遥百氏,弹棋间设,终以六博。日下房栊暗,一作"闭"。华烛命佳人。侧光全照局,一作"扃"。回花半隐身。《说文》:棋局为枰。《艺文类聚》:王中郎以围棋是坐隐,支公以为手谈。不辞纤手卷〔二〕,羞令夜向晨。夜向晨,见《毛诗》。

〔一〕《初学记》卷二五作《赋照棋烛诗》。
〔二〕"卷",《初学记》作"倦"。

夜听妓赋得乌夜啼 注见卷七皇太子《咏舞》。

按:清商曲辞西曲歌。

鹍弦一作"鸡"。且辍弄,鹤操暂停徽。按:一作"挥"。《古调和歌》:有鹍鸡之曲。嵇康《琴赋》:鹍鸡游弦。吕延济曰:并曲名。繁钦《与魏文帝笺》:余弄未尽。详见卷七皇太子。别有啼乌曲,东西相背按:一作"各自"。飞。倡人怨独守,荡子游一作"殊"。未归[一]。若逢一作"忽闻"。生离曲,一作"唱"。长夜泣罗衣[二]。《洛神赋》:抗罗袂以掩涕兮,泪流襟之浪浪。

〔一〕"游",《艺文类聚》卷四二作"犹"。
〔二〕"长",《艺文类聚》作"中"。

赋得遗所思

《楚辞》:折芳馨兮遗所思。按:梁杂曲歌辞。

遗簪雕瑇瑁,赠绮织鸳鸯。未一作"木"。若华滋树,交枝荡子房。别前秋已落,别后春更芳。宋玉《九辩》:枝烦挐而交横。又:悲哉秋之为气也,萧瑟兮草木摇落而变衰。所思不可寄,惟怜盈袖香。

按:徐刻下有《赠美人》至《三妇艳》诗五首,刘孝仪《闺怨》一首,今附后。

刘　遵

《梁书》:刘遵,字孝陵,清雅有学行,迁晋安王宣惠云麾二府记室。王立为皇太子,仍除中庶子,王后为雍州,复引为安北咨议参军,带郏县令。按:遵与孝绰为从兄。

繁华应令

凡应皇帝曰应诏,皇太子曰应令,诸王公曰应教。

可怜周小童,微笑摘兰丛。周小童,即周小史也。鲜肤胜按:一作"如"。粉白,慢脸若桃红。挟弹雕陵下,垂钓一作"钩"。莲叶东。《庄子》:庄周游雕陵之樊,睹一异鹊自南来,翼广七尺,目大运寸,感周之颡而集于栗林,周执弹而留之。腕动飘香麝,衣轻任好风。幸承拂枕一作"枕席"。选,得奉画堂中。《汉·成帝纪》:元帝在太子宫生甲观画堂。金屏障翠被,一作"翡翠"。蓝帊覆熏笼。《通俗文》:帛三幅曰帊。《北堂书钞》:皇太子纳妃,有绛绫里帊五。《神仙传》:王遥,字伯辽,能治病,但以八尺布帊,敷坐放地下,不饮不食,须臾病愈便起。《艺文类聚》:《方言》曰:"南楚江沔之间笼谓之篝,或谓之笯。陈楚宋魏之间谓之庸君,今熏笼是也。"刘向《别录》:淮南王有《熏笼赋》。本欲一作"知"。伤轻薄,含辞羞自通。张华乐府有《轻薄篇》。剪袖恩虽重,残桃爱未终。《韩子·说难》云:与君游果园,弥子食桃而甘,不尽而奉君。君曰:"爱我。"曰:"忘其口而啖我。"及弥子色衰而爱弛,君曰:"是常食我以其余桃。"蛾眉讵须嫉,新妆递一作"迎"。入宫〔一〕。邹阳上书:女无贤不肖,入宫见妒。

〔一〕"妆递",《艺文类聚》卷三三作"姬近"。

从顿还一作"还顿"。城应令

汉水深难渡,深潭见底清。《郡县志》:汉水经南郑县,去县一百步。《水经注》:大江出岷山东南,在蜀郡氐道县。《抱朴子》:扶南金钢生于百丈水底。陶弘景《答谢中书书》:清流见底。**锦笮系凫舸,珠竿悬翠旍。**《汉·武帝纪》注:西南夷寻笮以渡水,因号邛笮。今益州桥以竹索为之,曰绳桥。李膺《笮桥赞》:飞絙杙阁,其名曰笮。人悬半空,度彼绝壑。庾阐《扬都赋》:晨凫之舸。《方言》:南楚江湘,凡船大者谓之舸。扬雄《羽猎赋》:靡日月之朱竿。《楚辞》:孔盖兮翠旍。**鸣笳芳树曲,流唱采莲声。**魏文帝《与吴质书》:从者鸣笳以启路。《水经注》:梁王广,睢阳城七十里,大治宫观、台苑、屏榭,役夫流唱必曰"睢阳",创传由此始也。**神游不停驾,日暮反连营。**冯衍《说邓禹书》:诚少游神乎经书之林。晋康帝《哀策文》:神游精爽。《魏志》:备与权战,树栅连营七百余里。**宁顾空房里,阶上**一作"下"。**绿苔生。**

按:徐刻下有《咏舞》一首,今附后。

王 训

《梁书》:王训,字怀范,幼聪警有识量,文章为后进领袖,官至侍中。

奉和率尔有咏

殿内多仙女,从来难比方。《十洲记》:青丘山上有紫宫,天真仙女多游于此。张伯英《与朱赐书》：上比崔杜不足，下方罗赵有余。**别有当窗艳，复是可怜妆。学舞胜**一作"腰"。**飞燕，染粉薄南阳**。《荆州记》：范阳县有粉水，取其水以为粉，今谓之粉口。江淹《扇上彩画赋》：粉则南阳铅泽，墨则上党松心。**散黄分黛色，熏衣杂枣香**。《宋书》：范晔《和香方序》：枣膏昏钝。**简钗新辗翠，试履逆填**一作"送垣"。**墙**。《西京赋》：当足见辗。注：足所蹈为辗。辗，与碾同。**一朝恃容色，非复守空房。君恩若可恃，愿作双鸳鸯**。

按：徐刻下有《咏舞》一首，今附后。

庾肩吾

《梁书》：肩吾，字子慎，南阳新野人。历度支尚书，散骑常侍，中书令。按：《南史》：肩吾八岁能赋诗，为兄于陵所友爱。初为晋安王国常侍，与刘孝威、江伯摇等十人，号为高斋学士。

咏得有所思

按：鼓吹曲辞。一作《有所思行》。注见卷五沈约。

佳期竟按：《乐府》作"杳"。**不归，春物**按：《乐府》作"日"。**坐芳菲。拂匣看离扇，开箱见别衣。井桐**按：《乐府》作"梧"。**生未合，宫槐卷复稀**。《尔雅》：守宫槐叶昼聂宵炕。郭璞曰："槐叶昼日聂合而夜炕布者，名为守宫槐。"**不及衔泥燕，从来相逐飞**。

按：徐刻诸诗叙次互异。又有《有所思行》至《七夕》诗六首，今附后。

咏美人自—作"日"。看画应令[一]—无"应令"。

欲知画能巧，唤取真来映。并一作"花"。出似分身，相看如照一作"对"。镜。梁陆倕《志法师墓志铭》：一时之中，分身数处。安钗等疏密，着领俱周正。子慎《赋得池萍》云：浪起时疏密。不解平城围，谁与丹青竞？《艺文类聚》引《汉书》曰：上至平城，为匈奴所围，七日乏食。陈平使画工图美女，间遣人遗阏氏，云："汉有美女，姿质若是，将欲献单于。"阏氏以为然，从容言于单于，乃始得出。《扬子》：炳若丹青。《汉书赞》曰：丹青所画。

〔一〕"自"，衍字。

赋得横吹曲长安道

注见卷六吴均。

桂宫连按：一作"横"，又《乐府》作"延"。複一作"復"。道，黄山开广路。《西京杂记》：武帝为七宝床、杂宝案、厕宝屏风、列宝帐，设于桂宫，时人谓之四宝宫。《汉书·高帝纪》：从复道上，望见诸将。《地理志》：右扶风槐里。注：有黄山宫，孝惠二年起。刘桢诗：广路扬清尘。远听平陵钟，遥识新丰树。古歌：平陵东，松柏桐，不知何人劫义公。《汉·地理志》：右扶风，领平陵县。注：昭帝置。《汉旧仪》：高祖庙钟十枚，各受十石，撞之声闻百里。《西京杂记》：太上皇平生所好，皆屠贩少年，沽酒、卖饼、斗鸡、蹴鞠。高祖乃作新丰，移诸故人居之。合殿生光彩，一作"未光"。离宫起烟雾。《南史·宋文帝纪》：帝崩于合殿。《宋书·元凶劭传》：张超闻兵入，逆走至合殿故基。《西都赋》：离宫别馆，三十六所。日落歌吹还，尘飞车马度。

南苑还看人

按：一作"看人还"。《宋·明帝纪》：常以南苑借张永。按此，则自宋以后，遂为都人游集之所矣。

春花竞玉颜，俱折复俱攀。细腰宜窄衣，长钗巧挟鬟[一]。《广韵》：窄，狭窄也。洛桥初度烛，青门欲上关。《三辅黄图》：长安城东出南头第一门，曰霸城门。民见门色青，名曰青城门。或曰青门。按：肩吾有《谢赐宅启》云：却瞻钟阜，前枕洛桥。中人应有望，上客莫前还。

〔一〕"挟"，《艺文类聚》卷一八作"扶"。

送别于建兴苑相逢

建兴苑，注见下文纪少瑜。

相逢小苑北，停车问苑中。《汉·萧望之传》：署小苑东门侯。梅新杂柳故，粉白映纶一作"轮"。红。去影背斜日，香衣临上风。按：潘岳《射雉赋》：忌上风之餮切。云流阶渐黑，冰开池半通。《汉书》：凡望云气，渤碣海岱之间气皆黑。去马一作"鸟"。船难驻，一作"归"。啼鸟曲未终。眷然从此别，车西马复东。《庄子》：云者风起北方，一西一东，孰居无事而披拂是。

和湘东王二首

应令春宵

征人别未一作"来"。久,年芳复临牖。沈约《率尔成篇》:年芳具在斯。烛下夜缝衣,春寒偏着手。《晋书》:杜预曰:"无复着手处也。"愿及归飞雁,因书寄高柳。

应令一无"应令"。冬晓

按:屠本无此首。

邻鸡声已传,愁人竟不眠。月光侵曙后,霜明落晓前。紫鬟起照镜,谁忍插一作"整"。花钿[一]?

按:徐刻下有庾成师诗一首,今附后。

〔一〕"插",《艺文类聚》卷三二作"桀"。

刘孝威

《梁书》:刘潜第六弟孝威,初为晋安王主簿,累迁中庶子,兼通事舍人。按:孝威诗,徐刻叙在孝绰诗后。

侍宴赋得龙沙宵月明

按:《后汉·班超传赞》:坦步葱雪,咫尺龙沙。注:葱岭、雪山、龙堆、沙漠也。

鹊飞空绕树，月一作"丹"。轮殊未圆。按：一作"团"。嫦娥望不出，桂枝犹隐残。落照移楼影，浮光动堑澜。《广韵》：堑，绕城水也。枥马悲羌一作"笳"。吹，城乌啼塞寒。《汉·梅福传》：伏历千驷。《续汉书》：桓帝时，童谣云："城上乌，尾毕逋，一年生雏。"传闻机杼妾，愁余衣服单。当秋一作"愁"。终已脆，衔啼织复难。"终"作"丝"是。皇太子《妾薄命篇》：缝针脆故丝。可证。敛眉虽不乐，舞剑强为欢。《汉·樊哙传》：亚父令项庄拔剑舞坐中。《老子》：吾强为之名。请谢函关吏，行当泥一作"封"。一丸。

奉和一无"和"字。湘东王应令冬晓

妾家边洛城，惯识晓钟声。崔元始《政论》：永宁诏曰："钟鸣漏尽，洛阳中不得有行者。"钟声犹未尽，一作"绝"。汉使报应行。《汉·西域传》：令其兵遮汉使。天寒砚水一作"冰"。冻，心悲书不成。崔寔《四民月令》：十一月砚冻，童读《孝经》、《论语》。

按：徐刻下有《奉和逐凉诗》一首，今附后。

郡一作"郓"。县遇见人织率尔寄妇一作"成咏"。

按：《左传》僖二十五年，秦晋伐鄀。注：秦楚界上小国，其后迁于南郡鄀县，遂为楚邑。《史记·吴世家》：楚恐而去郢迁鄀。音若，国名。

妖姬含怨情，织素起秋声。王融《极大惭愧篇颂》：酌酒弄妖姬。度梭环玉动，踏蹑佩珠鸣。一作"明"。《西京杂记》：五丝为蹑，倍蹑为升,倍升为䊭,倍䊭为纪,倍纪为緵,倍緵为禨。**经稀**一作"移"。**疑杼涩,纬断恨丝轻。**《正字通》:凡织纵曰经,横曰纬。**蒲萄始欲罢,鸳鸯犹未成。云栋共徘徊,纱窗相向开。**郭璞《游仙诗》:云生梁栋间。庾信《荡子赋》:纱窗独掩,罗帐长垂。**窗疏眉语度,纱轻眼笑来。**龙辅《女红余志》:宠姐每娇眼一转,宪则知其意,宫中谓之眼语。又能作眉言。宪,宁王也。盖本此。眉语,眼笑意。《山堂肆考》:妇人以眉妩媚人曰眉语,目转含语而不言曰眼语。**昽昽**一作"笼笼"。**隔浅纱,的的见妆**按:一作"庄"。**华。镂玉同心藕,**一作"带"。**列宝连枝花**[一]。《独曲歌》:思欢久,不爱独枝莲,只惜同心藕。《北堂书钞》:凭虚子《赠妇书》:"合服同心钗。"《西京杂记》:乐游苑自生玫瑰树,树下有苜蓿,一名怀风。时人或谓之光风,风在其间,常萧萧然,日照其花,有光彩,故名。苜蓿为怀风,茂陵人谓之连枝草。**红衫向后结**[二]**,金簪临鬓斜。机顶挂流苏,机旁垂结珠。青丝引伏兔,黄金绕鹿卢。**一作"辘轳"。王逸《机赋》:兔耳跧伏,若安若危。又:鹿卢并起,纤缴俱垂。郑玄《周礼注》:当兔即伏兔,谓舆下之贯轴者也。似人屐,伏兔在辅上似之。**艳彩裾边出,芳脂口上渝。**王褒《责髯奴文》:润之以芳脂。**百城交问道**[三]**,五马共峙崛。**曹植《赠王粲诗》:壮哉帝王居,佳丽殊百城。古辞《有所思》:何用问遗君,双珠玳瑁簪,用玉绍缭之。**直为闺中人,守故不要新。梦啼渍花枕,觉泪湿罗巾。**张敞《东宫旧事》:皇太子纳妃,有大漆枕、银花镮钮百副。又《魏略》:大秦国出五花枕。**独眠真自难,重衾犹觉寒。**《读曲歌》:独眠度三阳。张华《杂诗》:重衾无暖气。**愈忆凝脂暖,**一作"缓"。**弥想横陈欢。行驱金络骑,归就城南**一作"南城"。**端。**古乐府:黄金络马头。**城南稍有期,想子亦劳思。**曹植《与杨德祖书》:数日不见,思子为劳。**罗襦**一作"衣"。**久应罢,花钗堪更治。新妆莫点黛,余还自画眉。《乐苑》:《黄门倡歌》:"点黛方初月。"

按:徐刻下有《苦辛篇》、《怨诗》二首,今附后。

〔一〕"列",《艺文类聚》卷六五作"杂"。
〔二〕"衫",《艺文类聚》作"巾"。
〔三〕"道",《艺文类聚》作"遗",可从。

徐君倩[一]

君倩,字怀简,东海郯人。为湘东王咨议参军。按:《南史》:君倩,孝嗣孙。幼聪朗好学,尤长丁部书,问无不对。善弦歌,颇好声色。时襄阳鱼宏亦以豪侈称,于是府中谣曰:"北路鱼,南路徐。"文冠一府,特有轻艳之才,新声巧变,人多讽习,竟卒于官。

共内人夜坐守岁

一作刘孝威。

欢多情未极,赏至莫停杯。酒中挑喜一作"喜桃"。子,粽里觅杨梅。曹植令:恶禽鸟得蟢者,莫不驯而放之,为利人也。《乐苑》:《月节折杨柳歌》:"作得九子粽,相思劳欢手。"《临海异物志》:杨梅,其子大如弹丸,正赤,五月中熟,熟时似梅,其味甜酸。帘开风入账,烛尽炭成灰。勿疑鬓钗重,为待晓光来。一作"催"。《拾遗记》:魏文帝纳薛灵芸,有献火珠龙鸾钗,帝曰:"珠翠尚不能胜,况龙鸾之重乎!"

〔一〕"倩",《南史》、赵氏覆宋本、《玉台新咏考异》均作"蒨"。

初春携内人行戏

梳饰多今世,衣着一时新。《子夜秋歌》:兰房竞妆饰。草短犹通屦,梅香渐着人。树斜牵锦帔,风横入红纶。一作"轮"。《广韵》:衣帔。《玉篇》:在肩背也。满酌兰英酒,对此得娱神。潘岳《西征赋》:纵声乐以娱神。

鲍　泉

《梁书》:鲍泉,字润岳,东海人。郢州平,元帝以长子方诸为刺史,泉为长史,行州府事。按:徐刻泉有《和春日》、《咏蔷薇》、《寒闺诗》三首,今附后。

南苑看游者

洛阳小苑地,车马盛经过。缘沟驻行幰,傍柳转鸣珂。《尔雅》:水注谷曰沟。《仪制》:令诸车,一品,青油缥通幰朱里,朱丝络网。三品以上,青通幰朱里。五品以上,青偏幰碧里。六品以下,皆不得用幰。履高含一作"全"。响佩〔一〕,袜轻半隐罗。浮云无处所,何用转横波。《广雅》:八月浮云不归。宋玉《高唐赋》:云无处所。

〔一〕"含",五云溪馆本作"令"。

落日看还

妖姬竞早春,上苑逐名辰。一作"晨"。《汉·地理志》"鄂"注:丰水、漓水皆北过上林苑入渭。庾肩吾《九日侍宴诗》：回鸾上苑中。**苔轻变水色，霞浓掩日轮。**《列子》：日初出大如车轮。**雕甍斜落影，画扇拂游尘。**杜预《左传》注：甍，屋栋也。曹毘《扇赞序》：会稽王仲祖画扇，为郭文举见，命为赞。**衣香遥已度，衫红远更新。谁家荡舟妾？何处织缣人？**

刘　缓

《南史·文学传》：刘缓，字含度，为湘东王中录事。缓清虚远有气调，风流迭宕，名高一时。按：缓，刘昭子。尝云："不须名位，所须衣食。不用身后之誉，惟重目前知见。"

敬酬刘长史咏名士悦倾城

《梁书》：刘之遴，字思贞，南阳涅阳人也。转为西中郎，湘东王长史，南郡太守如故。又：之亨，字嘉会，之遴弟也。代兄之遴为安西湘东王长史，南郡太守，卒于官。未详孰是。按：梁杂曲歌辞。注见卷七。

不信巫山女，不信洛川神。何关别有物，还是倾城人。经共陈王戏，曾与宋家邻。魏陈思王植《远游篇》：玉女戏其阿。**未嫁先名玉，来时本姓秦。**干宝《搜神记》：吴王夫差小女名玉，悦童子韩重，欲嫁之，不得，乃结气而死。重游学归，往吊之，玉形见于墓侧，顾重，延颈而歌云云。**粉光犹似**一作"自"。**面，朱色不胜唇。**左思《娇女诗》：浓朱点绛唇。**遥见疑花发，闻香知异春。钗长逐鬟**

髢,一作"鬈"。**袜小称腰身。**《升庵诗话》:袜,女人胁衣也。隋炀帝诗:锦袖淮南舞,宝袜楚宫腰。卢照邻诗"倡家宝袜蛟龙被"是也。或谓起自杨妃,出于小说,伪书不可信也。崔豹《古今注》谓之腰彩,注引《左传》"袒服,谓日日近身衣也",是春秋之世已有之,岂始于唐乎?沈约诗:领上蒲桃绣,腰中合欢绮。谢偃诗:细风吹宝袜,轻露湿红纱。袜为女人胁衣。崔豹《古今注》谓之腰彩,今吴人谓之袜胸。鲍照《学古》:闲丽美腰身。按:《仪礼》:少牢,馈食礼,主妇被锡。注:被锡,读为髲鬄,古者或剔贱者、刑者之发,以被妇人之紒为饰,因名髲鬄焉。又:《博雅》:发谓之髲。**夜夜言娇尽,日日**一作"朝朝"。**态还新。**工一作"巳"。**倾荀奉倩,能迷石季伦。**《魏志·荀彧传》注:何劭为粲传曰:"粲,字奉倩,粲常以妇人者才智不足论,自宜以色为主。骠骑将军曹洪女有美色,粲于是聘焉。容服帷帐甚丽,专房欢宴。"**上客徒留目,不见正横陈。**《南史·柳惔传》:惔因得留目。

杂咏和湘东王三首

寒闺

一作"冬宵"。

别后春池异,荷尽欲生冰。箱中剪刀冷,台上面脂凝。龙辅《女红余志》:潘炕姬解愁,有双龙夺珠之剪。《南史·范云传》:江祐求云女婚姻,酒酣,取巾箱中剪刀与云,曰:"且以为聘。"蔡邕《女诫》:傅脂则思其心之和。**纤腰转无力,寒衣恐不胜。**

秋夜

楼上起秋风,绝望秋闺中。烛溜花行满,香燃一作"灯"。**篴**一作"奁"。欲空。《广韵》:溜,力救切,水溜也。《子夜歌》:自从别欢来,奁器了不开。按:《列女传》:置镜籢中。《急就篇》注:籢,盛镜之器,若今镜匣也。《广韵》:与奁同,盛香器。徒交一作"教"。两行泪,俱浮妆上红。

冬宵

一作"寒闺"。

不堪寒夜久,夜夜守空床。衣裾逐坐襵,钗影近灯长。无怜四幅锦,何须辟恶香?《东宫旧事》:太子纳妃,有绛罗四、幅被四。

邓铿

《梁书·邓元起传》:元起,南郡当阳人。天监初,封当阳县侯,于狱自缢,有司追劾,削爵土,诏减邑之半,乃更封松滋县侯,子铿嗣。按:徐刻又有《闺中月夜》诗,今附后。

和阴梁州杂怨

一作刘缓。《梁书》:阴子春,字幼文,武威姑臧人也。父智兴与高祖邻居,少相友善,及高祖践阼,官至梁秦二州刺史。子春普泰中迁梁秦二州刺史,太建二年卒。按:杂曲歌辞。《艺文》、《乐府》俱作《闺怨》。

别离虽未久,遂如长别离。按:一作"暂别犹添恨,何忍别经时"。丛桂频销叶,庭树几攀枝。晋庾阐《扬都赋》:林郁八桂之丛。刘缓《奉和纳凉诗》:神飙起桂丛。刘安《招隐士》:桂树丛生兮山之幽。枚乘《杂诗》:庭中有奇树。**君言妾貌改**,《汉·杜钦传》:妇人四十,容貌改前。**妾畏君心移。终须一相见,并得两相知**[一]。

〔一〕"相",《艺文类聚》卷三二作"心"。

奉和夜听妓声

烛华似明月,鬟影胜飞桥。梁元帝《对烛赋》:烛烬落,烛花明。按:《水经注》:义熙中,乞佛于河上,作飞桥五十丈。又:徐陵诗:架岭承金阙,飞桥对石梁。**妓儿齐郑舞,**一作"乐"。**争妍学楚腰。**《说文》:妓,妇人小物也。徐曰:物,犹言人物也。陆机《吊魏武帝文》又曰:吾婕好妓人,皆著铜爵台。张衡《南都赋》:坐南歌兮齐郑舞。《洛阳伽蓝记》:尚书右丞甄琛曰:"吴人浮水自云工,妓儿掷绳在虚空。"**新歌自作曲,旧瑟不须调。众中俱不笑,座上莫相撩。**《通俗文》:理乱谓之撩理。又:撩罟拢取物为撩。又:挑弄。

　　按:徐刻下有阴铿诗五首,今附后。

甄　固

奉和世子春情一首

　　按:简文有《春情曲》一首。

昨晚褰帘望,初逢双燕归。今朝见桃李,不啻数花飞。已愁春欲度[一]**,无复寄芳菲。**

〔一〕"已",孟本作"含"。

庾 信

《周书》：庾信，字子山，南阳新野人，领建康令。元帝承制，除御史中丞。及即位，加散骑常侍。聘西魏，遂留长安。孝闵帝践祚，历官开府仪同三司。按：信父肩吾，时为梁太子中庶子，掌管记。东海徐摛为左卫率，摛子陵及信，并为抄撰学士，世号为"徐庾"。又按：徐刻信诗，列在陆罩诗后。又有《昭君词》以下六首，今附后。

奉一无"奉"字。和咏舞

原注：梁简文帝有《咏舞诗》二首。今并见卷七。

洞房花烛明，燕余双舞轻。**顿履随疏节，低鬟逐上声**。顾野王《舞赋》：顿珠履于琼簟。傅毅《舞赋》：兀动赴节，指顾应声。徐陵《咏舞诗》：低鬟向绮席。《古今乐录》有《上声歌》。半本集作"步"。**转行初进，衫飘曲未成**〔一〕。**鸾回镜欲满**〔二〕，鹄本集作"鹤"。一作"雀"。**顾市应倾**。《吴越春秋》：吴王阖闾葬女于阊门外，舞白鹤于吴市，万人随观，遂使男女与鹤俱入墓门。**已曾天上学**，讵似本集作"是"。**世中生**？《晋·贾后传》：小吏云："忽见楼阙好屋，问此是何处？云是天上。"

〔一〕"衫飘"，赵氏覆宋本作"飘衫"。
〔二〕"鸾回"，赵氏覆宋本作"回鸾"。

七 夕

此诗本集无，徐刻亦不载。

牵牛遥映水,织女正登车。星桥通汉使,机石逐仙槎。《荆楚岁时记》:汉武帝令张骞使大夏,寻河源,乘槎经月,而至一处,见一女织,一丈夫牵牛饮河渚。织女取榰机石与骞而还,后为东方朔所识。又按:《续齐谐记》:桂阳成武丁有仙道,谓其弟曰:"七月七日,织女当渡河,暂诣牵牛。"隔河相望近,经秋离别赊。愁将今夕恨,复着明年花。

仰和何仆射还宅怀故

紫一作"内"。阁旦一作"早"。朝罢,中台文按:本集作"夕"。奏稀。晋陆云《喜霁赋》:曜六龙于紫阁。无复千金笑,徒劳五日归。步檐朝未扫,兰房昼掩扉。苔生理曲处,网积回文机。汉枚乘《杂诗》:被服罗裳衣,当户理清曲。故瑟余弦断,歌梁秋燕飞。朝云虽可望,夜帐定难依。愿凭甘露入,方假慧灯辉。《智度论》:一切众生,甘露门开,如何不出。《华严经》:为燃智慧灯,善目于此深观察。又:放光明,名慧灯。按:《国语》:火无焰曰辉。宁知洛城晚,还泪独沾衣。谢朓《赠王主簿诗》:徘徊怜日暮,惟有洛城隅。

按:子山诗,只取三首。

刘 逖

刘逖,彭城人。曾为侯景所得,攻台城不克,逖劝景乞和全师,景然之。

万山见采桑人[一]

倡妾不胜愁,结束下青楼。枚乘《杂诗》:昔为倡家女。又:何为自结束。逐伴西蚕一作"城"。路,相携东一作"南"。陌头。《长笺》:伴侣当从夶。屈原《九章》:又何以为此伴也。《隋·礼志》:吴韦昭制《西蚕颂》,则孙氏亦有其礼。晋元康仪皇后采桑坛,在蚕宫西。《宋·孝武帝纪》:立皇后蚕宫于西郊。古辞:莫愁十三能织锦,十四采桑南陌头。叶尽时移树,枝高乍一作"下"。易钩。丝绳挂且脱[二],金笼写复收。古乐府:青丝为笼绳。龙辅《女红余志》:青琴采桑,携金笼玉钩。蚕饥日已暮[三],讵为使君留[四]?古乐府:使君一何愚!使君自有妇,罗敷自有夫。

〔一〕"采桑",《乐府诗集》卷二八作"採桑"。

〔二〕"挂",《乐府诗集》作"提"。

〔三〕"已",《乐府诗集》作"欲"。

〔四〕"讵",《乐府诗集》作"谁"。

见人织聊为之咏[一]

纤纤运玉指,脉脉正蛾眉。振躩开交缕,停梭续断丝。檐花照初月[二],洞户未垂一作"垂朱"。帷。虞茂《白纻歌》:雕轩洞户青蘋吹。盖本此。弄机行掩泪,翻令织素迟[三]。

〔一〕《艺文类聚》卷六五作徐陵诗,题为《咏织妇》。

〔二〕"檐花照初月",《艺文类聚》作"檐前初月照"。

〔三〕"翻",《艺文类聚》作"弥"。

秋 闺

萤飞绮窗外,妾思霍将军。《琴操》:《霍将军渡河操》,去病所作也。灯前量兽锦,檐下织花纹。唐避讳,改虎作兽。《正字通》:凡锦绮黼绣之文皆曰纹。《广韵》:纹,绫也。坠露如轻雨,长河似薄云。秋还百种一作"穜"。事,衣成未暇熏。张衡《南都赋》:百种千名。

鼓吹曲　折杨柳

按:横吹曲辞。注见卷七皇太子。

高楼十载别,杨柳擢丝枝。摘叶惊开驶,攀条按:一作"枝"。恨久按:一作"别"。离。年年阻音信,按:《乐府》作"息"。月月减容仪。春来谁不望,按:一作"思"。相思君自知。

纪少瑜

《南史》:纪少瑜,字幼瑒,秣陵人,为晋安国中尉。大同七年,升为东宫学士,复除武陵王记室参军,卒。按:少瑜早孤,幼有志节,尝慕王安期之为人。年十三能属文,初为《京华乐》,王僧孺见而赏之,曰:"此子才藻新拔,方有高名。"

建兴苑

《梁书·萧景传》:出为郢州刺史,将发,高祖幸建兴苑饯别。《武帝纪》:天监四年,立建兴苑于秣陵建兴里。按:梁杂曲歌辞。

丹陵抱天邑,紫渊一作"苑"。更上林。《帝王世纪》:尧母庆都孕十四月而生尧于丹陵。晋刘琨《劝进表》:陵虐天邑。司马《上林赋》：紫渊径其北。注：河南毂罗县有紫泽。**银台悬百仞，玉树起千寻**。孔安国《尚书传》：八尺曰仞。《汉武故事》：上起神屋，前庭植玉树，以珊瑚为枝，碧玉为叶，花子青色，以珠玉为之，空其中，如小铃锵锵有声。《吴都赋》：椁本千寻。**水流冠盖影，风扬歌吹音。崎嶇怜拾翠，顾步惜遗簪**。陆机乐府：顾步咸可欢。**日落庭花**一作"光"。**转，方幰**一作"幔"。**屡移阴**。终一作"愿"。**言乐未极，不道爱黄金**。《燕丹子》：荆轲之燕太子东宫，临池而观。轲拾瓦投蛙，太子令人捧盘金，轲用抵，抵尽复进。轲曰："非为太子爱金，但臂痛耳。"

拟吴均体应教

《梁书·文学传》：天监初，柳恽为吴兴，召补主簿。日引与赋诗，均文体清拔，有古气，好事者或效之，谓为吴均体。

庭树发春晖，游人竞下机。却匣擎歌扇，开箱择舞衣。桑萎不复惜，看光一作"花"。**遽将夕。自有专城居，空持迷上客**。古乐府：四十专城居。

春　日

一作闻人倩。徐刻同。

愁人试出牖，春色定无穷。参差依网日，淡荡入帘风。《礼记》：天地相荡。注：荡，犹动也。王勃《春思赋》：淡荡春色。盖本此。**落花还绕树，轻飞去隐空。徒令玉箸迹，双垂明镜中**。

闻人倩[一]

《艺文类聚》有吴均《酬闻人侍郎诗》,倩,盖梁人也。

春　日

高台动春色,清池照日华。绿葵向光转,翠柳逐风斜。《南史·周颙传》:王俭谓颙曰:"卿山中何所食?"颙曰:"赤米,白盐,绿葵,紫蓼。"魏文帝《柳赋》:扬翠叶之青纯。林有惊心鸟,园多夺目花。晋挚虞《观鱼赋》:眩目惊心。梁王同诗:野花夺人目。晋傅玄《紫华赋》:焕焕昱昱而夺人目精。相与咸知节,叹子独离家。行人一作"人行"。今不返,何劳空折麻?

〔一〕"倩",赵氏覆宋本、纪氏《考异》均作"蒨",又纪氏《考异》:"按《元和姓纂》曰:'梁有闻人倩,诗载《玉台集》。'所言与此本合。"

徐孝穆

《陈书》:陵,字孝穆,祖超之,齐郁林太守,梁员外散骑常侍。父摛,梁戎照将军、太子左卫率。陵初为梁晋安王参军,迁散骑常侍,历侍中、光禄大夫、太子少傅、建昌县开国侯。气局深远,清简寡欲,为一代文宗。自陈创业,文檄诏策,皆陵所撰。按:徐刻列在卷末。

走笔戏书应令

此日午殷勤,相嫌不如春。今宵花烛泪,非是夜迎人。舞席秋来卷,歌筵无数尘。曾经新代故,那恶故迎新。片月窥花簟,轻寒入帔一作"锦"。巾。《南史·王摛传》:尚书王俭常集才学之士,总校虚实,类物隶之,谓之隶事。惟庐江何宪为胜,乃赏以五花簟、白团扇。徐树敏曰:《魏志·武帝纪》注:"《傅子》曰:'汉末王公,多委王服,以幅巾为雅,是以袁绍、崔豹之徒,虽为将相,皆着缣巾。魏太祖以天下凶荒,资财乏匮,拟古皮弁,裁缣帛以为帢,合于易简随时之义,以色别其贵贱,于今施行,可谓军容,非国容也。'"谢朓《奉和随王殿下诗》:轻寒霁广殿。秋来应瘦尽,偏自着腰身。

奉和咏舞

注见上文庾信。

十五属平阳,因来入建章。主家能教舞,城中巧旦一作"画"。妆。《飞燕外传》:飞燕妹弟事阳阿主家为舍直,常窃效歌舞。低鬟向绮席,举袖拂花黄。《汉·郊祀志》注:师古曰:"《汉旧仪》:'祭天用六彩绮席六重,玉几玉饰器凡七十。'"女乐,即《礼乐志》所云"使童男童女俱歌"也。烛送窗边集作"空回"。影,衫传铪里香[一]。当关集作"繇"。好留客,故作舞衣长。嵇康《与山巨源绝交书》:卧喜晚起,而当关呼之不置,三不堪也。

〔一〕"铪",《艺文类聚》卷四三作"箧"。

和王舍人送客未还闺中有望

《梁书·王规传》：规子褒，字子汉，除秘书郎、太子舍人。大同二年，规卒，褒以父忧去职，孝穆于太清二年使魏，此诗为未入北之作无疑。

倡人歌吹罢，对镜览红颜。拭粉留花称，除钗作小鬟。《北堂书钞》：《释名》云："花胜，言人形容正等，一人着之则胜也。"《太平御览》：《晋中兴书》云："金胜，一名金称。"绮灯停不灭，高飞掩未关。齐谢朓《酬德赋》：诚望昏而掩扉。良人在何处？惟见月光一作"光惟见月"。还。

为羊兖州家人答饷镜

吴兆骞曰：《南史·羊侃传》："侃，字忻祖，泰山梁父人也。魏正光中，为征东大将军，东道行台，领泰山太守。初，其父祉恒使侃南归，侃至是将举济、河以成先志。魏帝闻之，使授侃骠骑大将军、司徒、泰山郡公，长为兖州刺史。侃斩其使。大通三年，至建邺，授徐州刺史，累迁侍中、都官尚书。侃性豪侈，姬妾列侍，穷极奢靡，有弹筝人陆太喜着鹿角爪，长七寸。舞人张静婉腰围一尺六寸，时人咸推能掌上舞。又有孙荆玉，能反腰贴地，衔得席上玉簪。敕赉歌人王娥儿，东宫亦赉歌者屈偶之，并妙尽奇曲，一时无对。"

信来赠宝镜，亭亭似圆一作"团"。月。镜久自逾明，人久情逾一作"愈"。歇。取镜挂空台，于今莫复开。不见孤鸾鸟，亡一作"香"。魂何处来？

按:孝穆自取亦只四首。

吴 孜

春闺怨

按:杂曲歌辞。

玉关信使断,借问不相谙。《说文》:谙,惜也。《六书故》:熟闻也。春光太无意,窥窗来见参。费昶诗:坐惜春光迟。久一作"分"。与光音一作"阴"。绝,忽值日东南。柳枝皆嬲燕,桑叶复催蚕。嵇康《与山巨源绝交书》:足下嬲之不置。注:嬲,摘娆也,音义与"娆"同,奴了切。《汉旧仪》:春桑生,皇后亲桑于苑中,蚕室养蚕千薄以上。祠以中牢羊豕,祭蚕神曰菀窳妇人、寓氏公主,凡二神。物色顿如此,孀居自一作"似"。不堪。

汤僧济一作"齐"。

咏渫井得金钗

按:徐刻列在卷七中。

昔日倡家女,摘花露井边。古诗:桃生露井上。摘花还自插[一],照井还自怜[二]。窥窥终不罢[三],笑笑自成妍。宝钗于此落,从来不忆一作"一"。年[四]。翠羽成泥去,金色尚如先。一作"鲜"。此人今不一作"何"。在,此物今按:一作"令"。空传。

〔一〕"插",《太平御览》卷七一八作"比"。

〔二〕"照井",《太平御览》作"插映"。
〔三〕"罢",《太平御览》作"已"。
〔四〕"不忆",《初学记》卷七、《太平御览》均作"非一"。

徐悱妻刘氏

和婕妤怨

按:相和歌辞楚调曲。注见卷一。茂倩《乐府》作王叔英妻诗,注详卷六徐悱妻诗下。又徐刻列在七卷中。

日落应门闭,愁思百端生。宋玉《高唐赋》:愁思无已。况复昭阳近,风传歌吹声。宠移终一作"真"。不恨,逸枉太无情。曹植《九愁赋》:受奸枉之虚辞。只言争分理,非妒舞腰轻。《淮南子》:圣人之同死生,通于分理。

王叔英妻刘氏

《乐苑》:王叔英,琅琊人。妻刘氏,刘缋女,孝绰之妹。孝绰三妹,并有才学,一适张悚,一适徐悱。

和昭君怨

按:琴曲歌辞。注见卷二石崇。

一生竟何定,万事良难保。《黄石公记》:王聘旧齿,万事乃理。丹青失旧图,按:《乐府》作"仪"。玉匣成秋草[一]。《西京杂记》:元帝后宫既多，不得常见，乃使画工图形，案图召幸之。诸宫人皆赂画工，独王嫱不肯，遂不得见。匈奴入朝求美人为阏氏，于是上案图，以昭君行，及去，召见，貌为后宫第一。画工杜陵毛延寿、安陆陈敞、新丰刘白龚、宽下杜阳望，同日弃市。张载《失题诗》：昔为春月华，今为秋日草。相接一作"想妾"。**辞关泪，至今犹未燥。**《说文》：燥，干也。**汉使汝南还，**一作"来"。**殷勤为人道。**《汉·地理志》"汝南郡"注：属豫州。《汉·元帝纪》：待诏掖庭王嫱。注：应劭曰："郡国献女，未御见，须命于掖庭，故曰待诏。"按：《方舆胜览》：归州东北四十里，有昭君村。唐杜甫诗"群山万壑赴荆门，生长明妃尚有村"是也。蔡邕《琴操》又云：王昭君，齐国人也。其说不一，阅此，则又似汝南人。今无考。

按：徐刻下有朱超道四人诗四首，今俱附后。

〔一〕"玉匣"，《艺文类聚》卷三〇作"匣玉"。

萧子云

《梁书》：萧子云，字景乔，齐封新浦县侯。入梁，除散骑常侍，出为东阳太守。

春　思

春风荡罗帐，余花落镜奁。池荷正卷叶，庭柳复垂檐〔一〕。**竹柏君自改，团扇妾方嫌。**东方朔《七谏》：若竹柏之异心。**谁能怜故素，终为泣新缣。**

已下诸诗，宋刻不收，今附于后。

〔一〕"檐",《全梁诗》卷一〇注:"一作'帘'。"

萧子晖

《梁书》:萧子晖,字景光,起家员外散骑侍郎,累迁中骑长史。

春　宵

夜夜妾偏栖,百花含露低。魏收《喜雨诗》:仙草百花荣。傅玄《夏赋》:麦含露而飞芒。虫声绕春岸,月色思空闺。谢灵运诗:海鸥戏春岸。传语长安驿,辛苦寄辽西。《汉·郑当时传》:常置驿马长安诸郊。

萧子范

《梁书》:萧子范,字景则,齐高帝孙,封岐阳县侯。入梁,为司徒主簿,累迁光禄大夫。

春望古意

光景斜汉宫,横桥按:一作"梁"。照彩虹。《西京赋》:亘雄虹之长梁。注:虹,蝃蝀也。蝃蝀有雌雄,雄者色鲜好也。春情寄柳色,鸟语出梅中。氤氲闺里思,逶迤水上风。落花徒入户,何解妾床空?

萧悫

《北齐书》:萧悫,字仁祖,梁上黄侯晔之子。天保中入国,武平太子洗马。

秋思

清波收潦日,华林鸣籁初。陆机《行思赋》:挥清波以濯羽。宋玉《九辩》:寂寥兮收潦而水清。王逸曰:沟无溢潦,百川静也。《魏志》:邺有芳林园,避少帝讳,改曰华林。《庄子》:人籁则比竹是已,地籁则众窍是已,天籁则人心自动者是已。芙蓉露下落,杨柳月中疏。燕帏湘绮被[一],赵带流黄裾。沈约《八咏》:开燕裾,吹赵带。相思阻音信[二],结梦感离居。

〔一〕"湘",《全北齐诗》作"细"。
〔二〕"信",《全北齐诗》作"息"。

王 筠

闺情二首[一]

北斗行欲一作"欲行"。没,东方稍已晞。晨鸡初振羽[二],晓露方沾衣[三]。《尸子》:使鸡伺晨。《吴越春秋》:子胥曰:"吾言宫中生草棘,雾露沾我衣。"锦衾徒有设[四],兰约果相违[五]。谁忍开朝镜[六],羞恨掩空扉。

月出宵将半,星流晓未央。空闺易成响,虚室自生光。《庄子》:虚室生白。娇羞悦人梦,犹言君在傍。相如《长门赋》:忽寝寐而梦想兮,魄若君之在旁。

〔一〕第一首《全梁诗》卷一〇题作《向晓闺情》。
〔二〕"振羽",《全梁诗》作"下栖"。
〔三〕"方",《全梁诗》作"尚"。
〔四〕"锦衾",《全梁诗》作"衾裯"。
〔五〕"兰约",《全梁诗》作"信誓"。
〔六〕"谁",《全梁诗》作"讵"。

有所思

按:鼓吹曲辞。注见卷五沈约。

丹墀生细草,紫殿纳轻阴。宁戚《饭牛歌》:牛兮努力食细草。暧暧巫山远,悠悠湘水深。盛宏之《荆州记》:湘水北流二千里,入于洞庭。徒歌鹿卢剑,空贻瑇瑁簪。望君终不见,屑泪且长按:《乐府》作"微"。吟。《楚辞》:涕渐渐其如屑。王僧达《祭颜光禄文》:屑涕松峤。祢衡《鹦鹉赋》:长吟远慕。嵇康《幽愤诗》:永啸长吟。

三妇艳

按:相和歌辞清调曲。注见卷五沈约。

大妇留芳褥,中妇对华烛。小妇独无事,当轩理清曲。丈人且安卧,艳歌方断续。陆机乐府有《艳歌行》。

咏灯擎一作"檠"。

百华耀九枝,鸣鹤映冰池。汉刘歆《灯赋》:惟兹苍鹤修丽以奇。《洞冥记》:帝起甘泉望风台,台上得白珠如花一枝,帝以饰九华之盖,望之若照月。《西京杂记》:汉高祖入咸阳,有青玉五枝灯。庾信《灯赋》:焰光芒于鸣鹤。末光本内照〔一〕,丹花复外垂。流辉悦嘉客,翻影泣生离。自销良不悔,明白愿君知。《鹖冠子》:有道之君,任用俊雄,动则明白。

〔一〕"末",《全梁诗》卷一〇作"朱"。

刘孝绰

赠美人〔一〕

巫山荐枕日,洛浦献珠时。一遇便如此,宁关先有期。幸非使君问,莫作秦罗辞。夜长眠复坐,谁知暗敛眉?欲寄同花烛,为照遥相思。

〔一〕《全梁诗》卷一〇作《为人赠美人》。

古　意

燕赵多佳丽,白日照红妆。荡子十年别,罗衣双一作"舞"。带长。梁元帝《荡妇秋思赋》:荡子之别十年。春楼怨难守,玉阶空自伤。枚乘《杂诗》:盈盈楼上女。又:空床难独守。对此归飞燕[一]，衔泥绕曲房。差池入绮幕，上下傍雕梁。故居尤可念，故人安可忘？相思昏望绝，宿昔梦容光。《长门赋》：日黄昏而望绝兮，怅独托于空堂。魂交忽在御，转侧定他乡。徒然居枕席，谁与同衣裳？空使兰膏夜，炯炯对繁霜。

〔一〕"对"，《全梁诗》卷一〇作"复"。

春宵

按：此题与《冬晓》诗，湘东王有二首，王训和之，此殆和作也。

春宵犹自长，春心非一伤。宋玉《招魂》：目极千里兮伤春心。月带园楼影[一]，风飘花树香。谁能对双燕，暝暝守空床？

〔一〕"园"，《全梁诗》卷一〇作"圆"。

冬晓

冬晓风正寒，偏念客衣单。临妆罢铅黛，含泪剪绫纨。《山堂肆考》：谓以铅画眉也。无名氏乐府：右手执绫罗。寄语龙城下，讵知书信难？《汉书》"龙城"注：应劭曰："匈奴单于祭天，大会诸国，名其处为龙城。"《读曲歌》：千书信不归。

三妇艳

大妇缝罗裙，中妇料绣文。《史记·货殖传》：刺绣文，不如倚市门。惟余最小妇，窈窕舞昭君。丈人慎勿去，听我驻浮云。梁简文帝《答新渝侯和诗书》:始睹驻云之曲。

刘孝仪

《梁书》:刘潜,字孝仪,为人宽厚,内行尤笃。举秀才,累迁都官、尚书,出为豫章内史。按:《南史》:孝绰弟潜,字孝仪,工属文。孝绰尝言,三笔六诗,三即潜,六谓孝威也。后侯景寇建邺,宫城不守,为前历阳太守庄铁所逼,失郡,卒。

闺　怨

本无金屋宠,长作玉阶悲。一乖西北丽,宁复城南期。永巷愁无尽[一],应门闭有时。空劳织素巧,徒为团扇辞。匡床终不共,何由横自私。

〔一〕"尽",《全梁诗》卷一〇作"歇"。

刘孝威

奉和逐凉诗

钟鸣夜未央,避暑起仿徨。《西京赋》:此焉清暑。注:帝或避暑于甘泉宫,故云清暑。长河似曳素,明星若散珰。《宋书》:孙休永安二年,将守质子群聚嬉戏,有异小儿忽来曰:"我非人,荧惑星也。"言讫,飞上升,仰而观之,若曳一匹练。《甘氏星经》:大皇公妻曰:"女湍居南斗,食厉,天下祭之,曰明星。"倚岩欣石冷,临池爱水凉。月纤张敞画,荷妖韩寿香。鲍照《玩月诗》:娟娟似蛾眉。《世说》:韩寿美姿容,贾充辟以为掾。充女于青琐中见寿,悦之,与之通。充见女盛自拂拭,又闻寿有异香之气,是外国所贡,一着人衣,历月不歇。充疑寿与女通,取左右婢考问之,婢以状言,充秘之,以女妻寿。对此游清夜,何劳娱洞房。

塘上行—无"塘上行"字。　苦辛篇

按:相和歌辞清调曲。注见卷二甄皇后。

蒲生伊何一作"阿"。陈,曲中多苦辛。古辞:蒲生我池中。黄金坐销铄,白玉遂淄磷。枚乘《七发》:犹将销铄而挺解也。谢灵运《过始宁墅诗》:淄磷谢清旷。裂衣工毁嫡,掩袖切谗新。《说苑》:王国君前母子伯奇,后母子伯封,兄弟相爱。后母欲其子为太子,言王曰:"伯奇好妾,王上台观之。"后母取蜂,除其毒而置衣领之中,往过伯奇,奇往视,袖中杀蜂。王见,让伯奇,奇出。使者就,袖中有死蜂,使者白王,王见蜂,追之,已自投河中。嫌成迹易已,爱去理难申。秦云犹变色,鲁日尚回轮。《兵书》:秦云如行人。《燕丹子》:荆轲异武阳入秦,秦王陛戟而见燕使,鼓钟并发,群臣皆呼万岁,武阳大恐,面如死灰色。《战国策》:武阳色变。妾歌已肠一作"唱"。断,君心终未亲。

怨

按:相和歌辞楚调曲。《乐府》作《怨诗》。

退宠辞金屋,见谴斥甘泉。《汉书》:孝武钩弋赵婕妤,昭帝母也,从幸甘泉，有过见谴，以忧死。**枕席秋风起，房栊明月悬。烛避窗中影，香回炉上烟。丹庭斜草径，素壁点苔钱。**卞兰《武昌宫赋》：螮蛇丹庭。**歌起蒲生曲，乐奏下山弦。**宋谢灵运《伤己赋》：奏蒲生之足调。古诗：下山逢故夫。**新声**昔一作"惜"。**广宴，余杯今自传。**古诗：新声妙入神。颜延之《释奠诗》：即宫广讌。谢灵运《拟古》：传卮弄清声。《神仙传》：葛玄为客设酒，无人传之，杯自至前，如或不尽，杯不去也。**王嫱向绝漠，宗女入祁连。**《汉书》：元朔六年，卫青将六将军绝幕。应劭曰："幕，匈奴之南界。"颜师古《汉书》注：祁连山，即天山，匈奴呼天为祁连。宗女，谓乌孙公主也。注见卷九。**雁书犹未返，角马无归年。**《汉·苏武传》注：师古曰："羝，牡羊也。羝不当产乳，故设言此示绝其事。若燕太子丹'乌头白，马生角'之比也。"《博物志》：燕太子丹质于秦，欲归，请于秦王。王谬言曰："令乌头白，马生角，乃可。"丹仰天而叹，乌即头白，俯而嗟，马生角。秦王不得已而遣之。**昭台省媵御**[一]**，曾坂无弃捐。**《三辅黄图》：长安有昭台宫。《汉书·外戚传》：许后坐废，处昭台宫。师古曰：在上林苑中。《平帝纪》：其出媵妾，皆归得嫁，如孝文时故事。注：媵妾，为从皇后俱来者。《礼记》：妾御莫敢当夕。《战国策》：汗明见春申君曰："夫骥之齿至矣，服盐车而上太行，漉汁洒地，白汗交流，中坂迁延，负辕不能上。伯乐遭之，下车攀而哭之，解纻衣以幂之，骥于是俯而喷，仰而鸣，声造于天，仰见伯乐之知己也。"**后薪随复积，前鱼谁复怜？**

〔一〕"省"，《全梁诗》卷一一作"有"。

刘　遵

应令咏舞

倡女多艳色，入选尽华年。晋闵鸿《亲蚕赋》：采朱紫之艳色。**举**

腕嫌衫重,回腰觉态妍。情绕阳春吹,影逐相思弦。履度开裾襹[一],鬟转匝花钿。所愁余曲罢,为欲在君前。

〔一〕"裾",《全梁诗》卷一一作"裙"。

王　训

应令咏舞

新妆本绝世,妙舞亦如仙。倾腰逐韵管,敛袿一作"衽"。听张弦[一]。《汉书》:郦食其曰:"诚复立六国后,楚必敛衽而朝。"潘岳《秋兴赋》:且敛衽以归来兮。《说苑》:应侯与贾子坐,闻有鼓琴之声。应侯曰:"今琴一何怨也。"贾子曰:"张急调下,使之怨也。"袖轻风易入,钗重步难前。笑态千金重[二],衣香十里传。《述异记》:香州,在珠崖郡。洲中出诸异香,千年松香,闻于十里,亦谓之十里香。时持比飞燕,定当谁可怜。

〔一〕"袿",《全梁诗》卷一〇作"色"。
〔二〕"重",《全梁诗》作"动"。

庾肩吾

有所思行一无"行"字。

　　按:鼓吹曲辞。《乐府》作昭明诗,今《昭明集》载,庾诗见前。

佳人按:《乐府》作"公子"。远于隔[一],乃在天一方。江淹古体:

乃在天一涯。望望江山阻,悠悠道路长。别前秋叶落,别后春花芳。雷叹一声响[二],雨泪忽成行。马融《长笛赋》:雷叹颓息。嵇康《思亲赋》:泪如雨兮叹青云。怅望情无极,倾心还自伤[三]。《子夜冬歌》:倾心不蒙照。

〔一〕"远于",《文苑英华》卷二〇二作"路远"。

〔二〕"声",《文苑英华》作"流"。

〔三〕"倾心还",《文苑英华》作"引领心"。

陇西行

按:相和歌辞瑟调曲。注见卷一。

借问陇西行,何当驱马征?草合前迷路,云浓后暗城。魏武帝《苦寒行》:迷惑失故路。《韩非子》:六国时,张敏与高惠二人为友,每相思不能得见,敏便于梦中往寻。但行至半道,即迷不知路,遂回,如此者三。寄语幽闺妾,罗袖勿空萦。宋谢灵运《伤己赋》:眺幽闺之清阴。江淹《别赋》:惭幽闺之琴瑟。

和徐主簿望月

楼上徘徊月,窗中愁思人。照雪光偏冷,临花色转春。星流时入晕,桂长欲侵轮。《广韵》:晕,日月旁气也。月晕则多风。《淮南子》:画随灰而月晕缺。愿以重光曲,承君歌扇尘。崔豹《古今注》:汉明帝为太子,乐人作歌诗四章,赞太子之盛德,曰:"日重光,月重轮,星重辉,海重润。"

爱妾换马[一]

按:杂曲歌辞。注见卷七皇太子。

渥水出腾驹,湘川实应图。《汉书》:武帝元鼎四年,马出渥洼水中,作天马之歌。李尤《七叹》:神奔电驱,星流矢惊,则莫若益野腾驹也。《后汉·马援传》:援善别名马,于交址得骆越铜鼓,乃铸为马式。还,上之。马高三尺五寸,围四尺四寸。**来从西北道,去逐东南隅。**《史记》:初,天子发书曰:"神马当从西北来。"得乌孙马好,名天马。及得大宛汗血马益壮,更名乌孙马曰西极马,宛马曰天马。**琴声悲玉匣,山路泣蘼芜。**梁简文帝《筝赋》:动玉匣之余怨。**似鹿将含笑,千金会不俱。**《韩非子》:卫嗣君曰:"夫马似鹿者千金,有千金之马,而无一金之鹿者,何也?马为人用,而鹿不为人用。"

〔一〕"爱",《全梁诗》卷七作"以"。

咏美人

绛树及西施,俱是好容仪。魏文帝《答繁钦书》:今之妙舞,莫巧于绛树。唐冯贽《记事珠》:绛树一声能歌两曲,二人相听,各闻一曲,一字不乱,人疑其一声在鼻。**非关能结束,本自细腰肢。镜前难并照,相将映绿池。**《水经注》:含春门北有退门,城上西南列观,高欢常以避暑,为绿水池。张载《蒙汜池赋》:造绿池,镜清流。**看妆畏水动,敛袖避风吹。转手齐裾乱,横簪历鬓垂。曲中人未取,谁堪白日移?**班婕妤《自伤赋》:白日忽其移光兮。《荆州先贤传》:庞士元师事司马德操,因与共谈,移日忘飧。**不分他相识,惟听使君知。**

七 夕

玉匣卷悬衣,高楼开夜扉。古乐府《东门行》:还视架上无悬衣。《竹林七贤论》:阮咸好酒而贫,旧俗七月七日晒衣,诸阮庭中烂然,莫非绨锦。咸乃将一长竿,以大布犊鼻裈曝于庭中,曰:"未能免俗,聊复尔尔。"按:《西京杂记》:汉时送葬者,皆珠襦玉匣。嫦娥随月落[一],织女逐星移。离前忿促夜,别后对空机。倩语雕陵鹊,填河未可飞。

〔一〕"嫦",《全梁诗》卷七作"姮"。

庾成师

远期篇

一曰《远期》。注见卷六张率。按:鼓吹曲辞。

忆别春花飞,已见秋叶稀。泪粉羞明镜,愁带减宽衣。得书言未反[一],梦见道应归。坐使红颜歇,独掩青楼扉。

〔一〕"反",《艺文类聚》卷四二作"及"。

鲍 泉

和湘东王春日[一]

新燕始新归[二],新蝶复新飞。新花满新树,新月丽新晖。新光新气早,新望新盈抱。新水新绿浮,新禽新音好。新景自新还,新叶复新攀。新枝虽可结,新愁谁解颜?新思独氤氲,新知不可闻。新扇如新月,新盖学新云。班婕妤《怨诗》:裁为合欢扇,团团似明月。班固《西都赋》:冠盖如云。新落连珠泪,新点石榴裙。

〔一〕《全梁诗》卷一二"和"上有"奉"字。

〔二〕"燕",《全梁诗》作"莺"。

咏蔷薇

经植宜春馆,霢靡上兰宫。《汉宫阙名》:长安有宜春宫。刘安《招隐士》:青莎杂树兮薠草霢靡,鲍照《观漏赋》:惟生经之霢靡。片舒犹带紫,半卷未全红。谢朓《咏蔷薇诗》:发萼初攒紫,余采尚霏红。与此意同。叶疏难蔽日,花密易伤风。相如《子虚赋》:日月蔽亏。《楚辞》:山峻高以蔽日兮。佳丽新妆罢,含笑折芳丛。杨师道《听歌管赋》:长袖曳于芳丛。

寒闺诗[一]

行人消息断,空闺静复寒。按:一作"雕栏"。风急按:一作"杼冽"。朝机燥,镜暗晚妆难。从来腰自小,衣带就中按:一作"近犹"。宽。

〔一〕《全梁诗》卷一二作《寒闺》。

邓铿

闺中月夜〔一〕

闺中日已暮,楼上月初华。树阴缘砌上,窗影向床斜。开帷伤只凤,吹灯惜落花。司马相如《琴歌》:凤兮凤兮归故乡,遨游四海求其凰。《艺文类聚》作"开屏为密书,卷帐照垂花"。谁能当此夕,独处类倡家。《礼记》:妻不在,妾御莫敢当夕。

〔一〕《全梁诗》卷一三作《月夜闺中》。

阴铿

《南史》:阴铿,字子坚,武威姑臧人。博涉史传,尤善五言诗,为梁湘东王法曹行参军。入陈,累迁晋陵太守、员外散骑常侍。

侯司空宅咏妓

侯司空,陈南徐州刺史侯安都也,进位司空。此诗盖入陈作。

佳人遍绮席,妙曲动鹍弦。曹植《七启》:绍阳阿之妙曲。高诱《淮南子》注:阳阿,古之名倡也。楼似阳台上,池如洛浦边〔一〕。莺啼歌扇后,花落舞衫前。翠柳将斜日,偏照一作"是"。晚妆鲜[二]。

〔一〕"浦",《全陈诗》卷一作"水"。
〔二〕"偏",《全陈诗》作"俱"。

侍宴赋得竹[一]

夹池一丛竹,青翠不惊寒[二]。沈约《咏檐前竹诗》:不愿夹华池。谢灵运《晚出西射堂诗》:青翠杳深沉。**叶酝宜城酒,皮裁薛县冠**[三]。张华《轻薄篇》:苍梧竹叶清,宜城九酝酒。《汉·高帝纪》:高祖为亭长,乃以竹皮为冠,令求盗之薛治,时时冠之。及贵常冠,所谓"刘氏冠"也。**湘川染别泪,衡岭拂仙坛**。《博物志》:舜二妃曰湘夫人。舜崩,二妃啼,以泪挥竹,竹尽斑。《湘中记》:邵陵高平县有文竹,山上有石床,四面绿竹扶疏,常随风委拂此床。**欲见葳蕤色,当来兔苑看**[四]。东方朔《七谏》:便娟之修竹兮,寄生乎江潭上。葳蕤而防露兮,下泠泠而来风。枚乘《兔园赋》:修竹檀栾夹池水。《图经》:梁王有修竹园。

〔一〕"竹",《全陈诗》卷一作"夹池竹"。
〔二〕"青",《全陈诗》作"垂"。
〔三〕"裁",《全陈诗》注:"一作'治'。"
〔四〕《全陈诗》注:"《艺文类聚》作'欲见凌冬质,当为雪中看'。'中',一作'后'。"

和樊晋侯伤妾

画梁朝日尽,芳树落花辞。忽以千金笑,长作九原悲。赵文子与叔誉观乎九原。见《礼记》。**镜前尘素粉**[一]，**机上网红丝**[二]。《晋·傅玄传》：素粉随手凝。《艺文类聚》"素"作"剧"，"红"作"多"。**户余双燕入**[三]，**床有一空帷。名香不可得，何见反魂时？**《述异记》：聚窟洲有返魂树，伐其根心，于玉釜中煮，取汁，又熬之，令可丸，名曰惊精香，或名震灵丸，或名返生香，或名却死香。死尸在地，闻气即活。

〔一〕"素"，《全陈诗》卷一作"剧"。
〔二〕"红"，《全陈诗》作"多"。
〔三〕"燕入"，《全陈诗》作"入燕"。

南征闺怨

湘水旧言深，征客理难一作"南"。寻。独愁无处道，长悲不自禁。逢人憎解佩[一]，幽居懒听音[二]。惟当有夜鹊，南飞似妾心。

〔一〕"逢"，《全陈诗》卷一注："《艺文类聚》作'作'。"
〔二〕"幽居"，《全陈诗》作"从来"。

班婕妤怨

按：相和歌辞楚调曲。注见卷一。《乐府》无"怨"字。

柏梁新宠盛，长信昔恩倾。谁谓诗书巧[一]**？翻为歌扇**当作"舞"。**轻。**《汉书》：孝成班婕妤，诵诗及《窈窕》、《德象》、《女师》之篇，每进见上疏，依则古礼。又：孝成赵皇后，壮属阳阿主家，学歌舞，号曰飞燕。**花月分窗进，苔草共阶生。妾泪衫前满**[二]**，单眠梦里惊。可惜逢秋扇,何用合欢名?

〔一〕"谓",《乐府诗集》卷四三作"为"。
〔二〕"妾",《艺文类聚》卷三〇作"忆"。

朱超道

  《乐苑》:朱超、朱超道、朱越,各诗集所载,名多互见,疑是一人之作。《隋书·艺文志》:梁中书舍人朱超集一卷。

赋得荡子行未归

坐楼愁回望,息意不思春。江总《为陈六宫谢表》:息意临窗。无奈园中柳,寒时已报人。捉梳羞理鬓,挑朱懒向唇。扬雄《长杨赋》:头蓬不暇梳。何当上路晚,风吹还骑尘。

裴子野

  《梁书》:裴子野,字几原,闻喜人。梁武帝以为著作郎,累转鸿胪卿,领步兵校尉。

咏　雪

飘飖千里雪,倏忽度龙沙。鲍照《学刘公干体》:胡风吹朔雪,千里度龙山。从云合且散,因风卷复斜。拂草如连蝶,落树似飞花。若赠离居者,折以代瑶华。

房 篆

金石乐

按：杂曲歌辞。注见卷七简文。《乐府》题作《金乐歌》。

前溪流碧水，后渚映清天。杜氏《通典》：《前溪歌》者，晋车骑将军沈玩所制也。乐史《寰宇记》：前溪，乌程县南，东流入太湖，谓之风渚，夹溪悉生箭箬。后溪在市北余不亭，晋车骑将军沈充家于前溪。《乐府》有《前溪曲》，则充之所制也。《子夜歌》：朝思出前门，暮思还后渚。《黄鹄曲》：黄鹄参天飞，半道还后渚。**登台临宝镜，开窗对绮钱。**《东宫旧事》：窗有四面，绫绮连钱。谢朓《直中书省诗》：玲珑结绮钱。**玉颜光粉色**〔一〕，**罗袖拂金钿。春风散轻蝶，明月映新莲。摘花竞时侣，催指及芳年**〔二〕。宋臧质《石城乐》：挽指蹋忘愁，相与及盛年。刘铄《杂诗》：芳年有华月。

〔一〕"光粉色"，《文苑英华》卷一九三作"耀光彩"。
〔二〕"指"，《文苑英华》作"柏"。

陆 罩

《南史》：陆罩，字洞元，吴郡人。仕梁为太子中庶子，掌管记。大同十年，以母老求去，母殁后，位终光禄卿。

闺 怨

自怜断带日，偏恨分钗时。释宝月《估客乐》：拔奴头上钗，与郎作路用。留步惜余影,含意结离眉。古诗:含意俱未申。离,《艺文类聚》作"愁"。徒知今异昔,空使怨成思。欲以别离意,独向蘼芜悲。

庾　信

昭君辞[一]

按:相和歌辞吟叹曲。《乐府》与本集俱作《王昭君》。注见卷二石崇。

拭泪辞戚里,回顾望昭阳。魏文帝《出妇赋》:马踟蹰而回顾。镜失菱花影,钗除却日集作"月"。梁。龙辅《女红余志》:燕昭王赐旋娟以金梁却月之钗,玉角红纶之帔。围腰无一尺,垂泪有千行。绿衫承马汗,红袖拂秋霜。《汉书》:《天马歌》:"天马下,沾赤汗。"别曲真多恨,哀弦须更张。《汉书》:董仲舒对策曰:"琴瑟不调甚者,必解而更张之,乃可鼓也。"《上声歌》:促柱使弦哀。

[一]《文苑英华》卷二〇四作《昭君怨》。

明君辞

集作《昭君辞应诏》。按:《乐府》载信诗二首,第二首与此异。

敛眉光禄塞,遥望夫人城。《汉书》:武帝使光禄徐自为出五原,筑城障列亭至卢朐为塞,因名光禄。《匈奴传》:至范夫人城。片片红颜落,双双泪眼生。冰河牵马渡,雪路把按:本集作"抱"。鞍行。《后汉书》:光武至滹沱河,王霸诡曰:冰坚可渡。《汝南先贤传》:大雪积地,洛阳令自出案行,至袁安门,无有行路。**胡风入骨冷,汉月照心明**。梁简文帝《明君辞》:秋檐照汉月。**方调琴**集作"马"。**上曲,变入胡笳声**。《蔡琰别传》:琰,字文姬,先适河东卫仲道,夫亡无子,归宁于家。汉末大乱,为胡骑所获,在左贤王部伍中。春月登胡殿,感笳之音,作诗言志。《唐韵》:蔡琰制《胡笳十八拍》。

结客少年场行

曹植《结客篇》曰:结客少年场,报怨洛北芒。范晔《后汉书》:祭遵尝为部吏所侵,结客杀之。按:杂曲歌辞。《乐府解题》曰:《结客少年场行》,言轻生重义,慷慨以立功名也。《广题》曰:汉长安少年杀吏,受财报仇,相与探丸为弹,探得赤丸斫武吏,探得黑丸杀文吏。尹赏为长安令,尽捕之。长安中为之歌曰:"何处求子死,桓东少年场。生时谅不谨,枯骨复何葬。"言少年时结任侠之客,为游乐之场,终而无成,故作此曲也。

结客少年场,春风满路香[一]。《汉·酷吏传》:长安城中,薄暮尘起,剽掠行者,死伤横道,桴鼓不绝。尹赏迁长安令,捕得数百人,见十置一,以次内虎穴中。晋张举《侠曲》:死闻侠骨香。**歌撩李都尉**[二],**果掷潘河阳**。折一作"隔"。**花遥劝酒,就水更移床**[三]。《晋书·武帝纪》:帝曰:"长星劝汝一杯酒。"《宋·张敷传》:先设二床,去壁三、四尺,二客就席,敷呼左右曰:"移我远客。"《南史·江㪺传》:纪僧真承旨诣㪺,登榻坐定,㪺便命左右曰:"移吾床让客。"僧真丧气而退。**今年喜夫婿,新拜羽林郎。定知刘碧玉,偷嫁汝南王**。

〔一〕"满路",《文苑英华》卷一九五作"路满"。
〔二〕"撩",《文苑英华》注:"一作'嫌'。"

〔三〕"更",《文苑英华》注:"一作'便'。"

对　酒

集"酒"下有"歌"。《文苑英华》作范云。按:相和歌辞相和曲。注见卷六张率。

春水望桃花,春洲借芳杜。琴从绿珠借,酒就文君取。牵马向渭桥,日落山头晡。《三辅决录》:安陵有项仲山,每饮马渭水,常投一钱。宋玉《神女赋》:晡夕之后。注:晡,日落时也。山简接䍦倒,王戎如意舞。《晋·山简传》:童儿歌曰:"山公出何许?往至高阳池。日夕倒载归,酩酊无所知。时时能骑马,倒着白接䍦。举鞭向葛强,何如并州儿。"按:《尔雅》注:鹭、鸥翅背上皆有长翰毛,江东取为接䍦,名曰白接䍦。筝鸣金谷园,笛韵平阳坞。马融《长笛赋序》:融性好吹笛,为督邮,无留事。独卧郿平阳坞中,有洛客舍逆旅,吹笛。人生一百年,欢笑惟三五。宋鲍照歌:三五容色满,四五妙容歇。已输春日观,分随秋光没。按:《庄子》:人上寿百岁。《吕氏春秋》:人之命久不过百。何处觅钱刀?求为洛阳贾。《史记·苏秦传》:周人之俗,治产业,力工商,逐十二以为务。

看　妓

集作《和赵王看妓》。

绿珠歌扇薄,飞燕舞衫长。琴曲随流水,箫声逐凤凰。《汉·司马迁传》注:伯牙、钟子期,皆楚人也。伯牙鼓琴,子期听之。伯牙志在泰山,子期曰:"善哉!巍巍乎若泰山。"少选之间,志在流水。子期曰:"善乎!汤汤乎若流水。"子期死,伯牙于是破琴绝弦,终身不复鼓琴。**膺风蝉鬓乱,映日凤钗光。**集作"细镂缠钟格,圆花钉鼓床"。《拾遗记》:石崇爱婢翾风紫金为凤冠之钗。**悬知曲不误,无事顾**一作"畏"。**周郎。**《吴志》:周瑜少精音乐,虽三爵之后,其有阙误,瑜必知之,知之必顾。故谚曰:"曲有误,周郎顾。"

春日题屏风

集作《咏画屏风诗二十五首》,此其第四首也。

昨夜鸟声春,惊鸣动四邻。今朝花按:集作"梅"。**树下,定有咏花人。流星浮酒泛,粟瑱逐**按:集作"绕"。**杯唇。**晋张协《七命》:浮蚁星沸。注:酒上有浮者如蚁,故云浮蚁。星沸,言多也。**何劳一片雨,唤作阳台神。**

按:三、四卷是宫体间见,五、六卷是宫体渐成,七卷是君倡宫体于上,诸王同声。此卷是臣仿宫体于下,妇人同调。转盼之间,《玉树后庭花》竞歌,而《哀江南》之赋又作矣。又按:宋刻五十五首,此多庾肩吾《冬晓》一首,并后增四十六首,共一百零二首。

玉台新咏笺注卷九

歌辞二首

按:杂曲歌辞。茂倩《乐府》作《东飞伯劳歌》古辞一首,又作梁武帝。其第二首《乐府》作杂歌谣辞梁武帝《河中之水歌》,又一作晋辞。

东飞伯劳西飞燕,黄姑织女时相见。《岁时记》:河鼓、黄姑,牵牛也。皆语之转。《潘子真诗话》:古乐府"东飞伯劳西飞燕,黄姑织女时相见",予初不晓黄姑为何等语,因读杜公瞻所注宗懔撰《岁时记》,乃知黄姑即河鼓也。亦犹桑落之语,转呼为索郎也。案:诸家引用,多云黄姑阿母。谁家女儿一作"儿女"。对门居,开华一作"颜"。发色一作"艳"。照里间。《南都赋》:兰茝发色。《说文》:间,里门也。《尔雅》:巷门谓之间。南窗北牖挂明一作"桂月"。光,罗帏绮帐脂粉香。《续汉书》:陈蕃谏桓帝云:"宫女数千,脂粉之耗,不可胜数。"女儿年岁十五六,窈窕无双颜如玉。无名氏古诗:窈窕世无双。三春已暮花从风[一],空留可怜与谁一作"谁与"。同。

〔一〕"从",《艺文类聚》卷四三作"随"。

河中之水向东流,洛阳女儿名莫愁。《容斋随笔》:莫愁,郢州石城人。《莫愁乐》所云"莫愁石城西"是也。梁武《河中之水歌》"洛阳女儿名莫愁"者，洛阳人也。**莫愁十三能织绮，十四采桑南陌头**[一]。**十五嫁为卢家**一作"郎"。**妇，十六生儿字**案：一作"似"。**阿侯**。龙辅《女红余志》：语曰："欲知菡萏色，但请看芙蓉。欲知莫愁美，但看阿侯容。"阿侯，莫愁子也。**卢家兰室桂为梁，中有郁金苏合香**。《本草·木部·中品》：郁金香，生大秦国，二月、三月有花，状如红蓝，其花即香也。《南史·夷貊传》：郁金出罽宾国，花色正黄而细，与芙蓉花里被莲者相似，国人先取以上佛寺，积日槁乃粪去之，贾人以转卖于他国也。**头上金钗十二行，足下丝履五文章**。宋章渊《摘简赘笔》：古乐府"河中"之曲咏莫愁云"头上金钗十二行"，后人多误使为金钗者十二行，不知一人独插十二行金钗，古妇人髻非今比。《礼记》：国家靡敝，君子不履丝履。桓宽《盐铁论》：古者庶人粗扉草履。今富者常沓丝履，又表以文綦，缀以珠玑。《北堂书钞》：魏武《内诫令》云："前于江陵，得杂彩丝履以与家，约当着尽此履，不得效作也。"**珊瑚挂镜烂生**一作"生辉"。**光，平头奴子提**一作"擎"。**履箱**。龙辅《女红余志》：宋伟侍女数百，挂镜皆用珊瑚枝。《说文》：奴婢，古罪人。引《周礼》：入于舂藁，凡有爵者，与七十者，与未龀者，皆不为奴。**人生富贵何所望，恨不嫁与**一作"早嫁"。**东家王**。《襄阳耆旧传》：王昌，字公伯，为东平相，散骑常侍。早卒。妇任城王曹子文女。案：徐刻作梁武帝诗，叙在后。

〔一〕"南"，《艺文类聚》卷四三作"东"。

越人歌一首 并序

刘向《说苑》：鄂君子皙泛舟于新波之中，乘青翰之舟，张翠盖，会钟鼓之音毕，榜枻越人拥楫而歌。于是鄂君乃揄修袂，行而拥之,举绣被而覆之。鄂君,楚王母弟也。案:杂歌谣辞。

楚鄂君子修者[一],乘青翰之舟,张翠羽之盖。榜枻越人悦之,棹楫而越歌,以感鄂君,欢然举绣被而覆之。其辞曰:今夕一作"日"。何夕一作"日"。兮,搴舟中流。今日一作"夕"。何日一作"夕"。兮,一无二"兮"字。得按:一无"得"字。与王子同舟!蒙羞被好兮,不訾诟耻。心几顽按:一作"烦"。而不绝兮,得知王子。一无"蒙羞"至"王子"四句。按:《左传》:经德义,除诟耻。《楚辞》:蓄怨兮积思,心烦憺兮忘食事。山有木兮木有枝,心悦君兮君不知!

〔一〕"子修",《说苑·善说》作"子晳"。

司马相如

《史记》:司马相如者,蜀郡成都人也,字长卿,其亲名之曰犬子。相如既学,慕蔺相如之为人,更名相如。以赀为郎,事孝景帝为武骑常侍。孝武帝时为郎,拜中郎将,建节往使西夷,终孝文园令。案:《汉书》:相如饮卓氏,弄琴,文君窃从户窥,心悦而好之。乃夜亡奔相如,相如与驰归成都。

琴歌二首 并序

案:琴曲歌辞。

司马一无"司马"。相如游临邛,富人卓王孙有女文君新寡,窃于壁间窥之,相如鼓琴,歌以挑之,曰:

凤兮凤兮归故乡,遨游四海求其凰[一]。《尔雅》:鹥,凤。其雌凰。时未通遇按:一作"遇兮"。无所将,何悟今夕一有"兮"字。升斯堂。有艳淑女一有"兮"字。在此方,一作"闺房"。室迩人遐独我肠[二]。一作"伤"。何缘交颈为鸳鸯?按:近本此句下有"胡颉颃兮共翱翔"句。

皇一作"凤"。兮皇一作"凤"。兮从我栖,得托字一作"孳"。尾永为妃。《说文》:妃,匹也。《尔雅》:媲也,对也。按:《尚书》注:乳化曰孳,交接曰尾。交情通体一作"意"。心和谐,中夜相从知者谁。双兴一作"翼"。俱起翻高飞,无感我心一作"思"。使予悲。

〔一〕"求其",《太平御览》卷五七三作"索我"。
〔二〕"独",《乐府诗集》卷六〇作"毒"。

乌孙公主

《汉·西域传》:乌孙使使献马,愿得尚汉公主,以马千匹聘。汉元封中,遣江都王建女细君为公主以妻焉。乌孙昆莫以为右夫人。昆莫年老,欲使其孙岑陬尚公主,公主不听,上书言状,天子报曰:"从其国俗。"岑陬遂妻公主。

歌诗一首并序

案:杂歌谣辞。又《乐府》作《悲愁歌》。

汉武一有"帝"字。元封中,以江都王女细君为公主,嫁与乌孙昆弥。《汉书》:昆莫,王号也,名猎骄靡,后书"昆弥"云。师古曰:昆莫,本是王号,而其人名猎骄靡,故书云"昆弥"。

昆取昆莫，弥取骄靡，弥、靡音有轻重耳，盖本一也。遂以昆弥为其王号也。至国，而自治室宫[一]，一无"室"字。岁时一再会，言语不通，公主悲愁，自作歌曰：

吾家之一无"之"。嫁我兮天一方，远托异国兮案：一无"兮"字。乌孙王。李陵《答苏武书》：远托异国，昔人所悲。穹庐为室兮案：一无"兮"字。毡一作"旃"。为墙，案：一有"以"字。肉为食兮酪为浆。师古曰：食谓饭，音饲。《左传》：肉食者鄙。《释名》：酪，泽也。乳汁所作，使人肥泽也。《六书故》：酒类也。北方以马乳为酪，故因谓潼酪，而酥与醍醐皆因之。常思汉土《汉书》作"居常土思"。兮心内伤，愿为飞按：一无"飞"字。黄鹄兮还一作"归"。故乡。《汉书》注：师古曰："土思，谓忧思而怀本土。鹄，音下笃反。"《西域传》：天子闻而怜之，间岁，遣使者持帷帐锦绣给遗焉。苏武诗：俯仰内心伤。

〔一〕"室宫"，《汉书·西域传》作"宫室"。

汉成帝时童谣歌二首 并序

汉成帝赵皇一无"皇"。后名飞燕，宠幸一无"幸"。冠于一无"于"。后宫，常从帝出入。一作"游"。时富平侯张放亦称佞幸，为期门之游。故歌云一作"曰"。"张公子时相见"也。飞燕娇妒，成帝无子，故云"啄王孙"，华而不实。王莽自云代汉者德一作"德者"。土，色尚黄，故云"黄雀"。飞燕竟以废死，故"为人所怜"者一无"者"字。也。

燕燕尾涎涎。案：《汉书》作"涏涏"。张公子，时相见。木门仓琅一作"狼"。根，燕飞来，啄一作"琢"。皇孙。按：《汉书》此句下尚有"皇孙死,燕啄矢"两句,疑为孝穆所删。《汉书·五行志》:帝为微行出游,常与富平侯张放俱称富平侯家人,过阳阿主作乐,见舞者赵飞燕而幸之,故曰"燕燕尾涎涎",美好貌也。"张公子",谓富平侯也。"木门仓琅根",谓宫门铜镮,言将尊贵也。后遂立为皇后,弟昭仪贼害后宫皇子,卒皆伏辜,所谓"燕飞来,啄皇孙。皇孙死,燕啄矢"者也。

桂树华不实,黄雀巢其颠。昔为人所羡,一作"爱"。今为人所怜。《汉书·五行志》:桂,赤色,汉家象。华不实,无继嗣也。王莽自谓黄象,黄雀巢其颠也。案:《汉书》"桂树"句上有"邪径败良田,谗口乱善人"二句。

汉桓帝时童谣歌二首

大一作"小"。麦青青小一作"大"。麦枯,谁当获者妇与姑,《周礼》:三农生九谷。郑玄曰:九谷:稷、黍、秫、稻、麻、大、小豆、大、小麦也。《说文》:获,刈禾也。丈夫何在西击胡。吏买马,君具车。请为诸君鼓咙一作"陇"。胡。《后汉书·五行志》:案元嘉中,凉州诸羌一时俱反,南入蜀、汉,东抄三辅,延及并、冀,大为民害。命将出众,每战常负。中国益发甲卒,麦多委弃,但有妇女获刈之也。"吏买马,君具车"者,言调发重及有秩者也。"请为诸君鼓咙胡"者,不敢公言,私咽语。《说文》:咙,喉也。《尔雅》:亢,鸟咙。注:谓鸟喉所以通食也。又谓之胡。

城上乌,尾毕逋。《广韵》:逋,悬也。公为吏,儿《后汉书》作"子"。为徒。一徒死,百乘车。车班班,至《后汉书》作"人"。河间。《汉·地理志》"河间国"注:应劭曰:"在两河之间。"按:《后汉书·赵壹传》:不敢班班显言,窃为《穷鸟赋》一篇。至一无"至"字。

河间，姹《后汉书》一作"妖"。女能《后汉书》作"工"。数钱。《后汉书》有"以"字。钱为室，金为堂，户上春瞦粱。宋玉《招魂》：挈黄粱些。瞦粱之下有悬鼓，按：此二句，《后汉书》作"石上慊慊春黄粱，粱下有悬鼓"。《艺文》本作"膴膴春黄粱，下有悬鼓"。我欲击之丞相《后汉书》作"卿"。怒。《后汉书·五行志》：按此皆谓为政贪也。"城上乌，尾毕逋"者，处高利独食，不与下共，谓人主多聚敛也。"公为吏，子为徒"者，言蛮夷将畔逆，父既为军吏，其子又为卒徒往击之也。"一徒死，百乘车"者，言前一人往讨胡既死矣，后又遣百乘车往。"车班班，入河间"者，言上将崩，乘舆班班入河间迎灵帝也。"河间姹女工数钱，以钱为室金为堂"者，灵帝既立，其母永乐太后好聚金以为堂也。"石上慊慊春黄粱"者，言永乐虽积金钱，慊慊常苦不足，使人春黄粱而食之也。"粱下有悬鼓，我欲击之丞相怒"者，言永乐主教灵帝使卖官受钱，所禄非其人。天下忠笃之士怨望，欲击悬鼓以求见丞卿，主鼓者亦复谄顺，怒而止我也。注：臣昭曰：志家此释，岂未尽乎。往徒一死，何用百乘？其后验，竟为灵帝作。此言"一徒"，似斥桓帝，帝贵任群阉，参主机政，左右前后莫非刑人，有同囚徒之长，故言寄一徒也。且又弟则废黜，身无嗣，魁然单独，非一而何？百乘车者，乃国之君，解犊后征，正膺斯数，继以班班，尤得以类焉。

张　衡

四愁诗四首

序文原本不载，今采《文选》补入。

张衡不乐久处机密，阳嘉中，出为河间相。翰曰：时为太史令，上天文玄象，故称机密。向曰：阳嘉元年，出为河间王相。河间王，和帝子。时国王骄奢，不遵法度，善曰：《后汉书·顺帝纪》云："改元嘉七年为阳嘉元年，改阳嘉五年为永和元年。"又："顺帝初，衡复为太史令。阳嘉元年，造风候地动仪。永和初，出为河间相。"而此云阳嘉中，误也。《后汉书》："和帝中贵人生河间孝王开，立四十二年，顺帝永建六年薨。子惠王政嗣，傲狠不奉法宪。"然考其年月，此是惠王也。案：《文选》序载阳嘉中出为河间相，《后汉书》载永和初，当以《汉书》为正。又多豪右并兼之家。善曰：《汉书》："魏郡豪右李竟。"文颖曰："有权势豪右大家也。"《汉书》："禁兼并之涂。"李奇曰："谓大家役小民，富者兼役贫民也。"济曰：富者取利于贫人曰兼并。衡下车，治威严，能内察属县，善曰：《汉书》："班伯为定襄太守，其下车作威，吏民竦息。"姦五臣作"奸"。猾行巧劫，皆密知名。下吏收捕，尽服擒，诸豪侠游客，悉惶惧逃出境。铣曰：猾，乱也。行巧诈之人，皆自知其名。向曰：下命于狱吏，使收取之，尽服其罪，皆为擒系。铣曰：出河间境也。郡中大治，争讼息，狱无系囚。时天下渐弊，郁郁不得志，良曰：谓政教衰，礼义薄，小人在位，君子在野。善曰：《楚辞》："心郁郁之忧思，独永叹而增伤。"郑玄《考工记》注：郁，不舒散也。为《四愁诗》。五臣有"依"。屈原以美人为君子，以珍宝为仁义，以水深雪氛为小人。济曰：氛，气也。思以道术相报，贻于时君，而惧谗邪不得以通。良曰：贻，遗也。铣曰：惧不得通此意也。其辞曰：

一思曰：我所思兮在太山，欲往从之梁甫六臣作"父"。艰，翰曰：愁言思者，愁出于思故也。善曰：《汉书》有太山郡。又："武帝登封太山之梁父。"《音义》曰："梁父，太山下小山也。"案：《选》注：言王者有德，功成则东封太山，故思之。太山以喻时君，梁父以喻小人也。侧身东望涕沾翰。平声。善曰：《楚辞》："愿侧身而无所。"韦昭《汉书》

注:"翰,笔也。"美人赠我金错刀,何以报之英琼瑶。班固《与弟超书》:窦侍中遗仲叔金错半垂刀一枚。善曰:《汉书》:"王莽铸大钱,又造错刀,以金错其文。"谢承《后汉书》:"诏赐应奉金错把刀。"**路远莫致倚逍遥,何为怀忧心烦劳!** 善曰:古诗:"路远莫致之。"

二思曰:我所思兮在桂林,欲往从之湘水深,善曰:《汉书》:"郁林郡,故秦桂林郡。"《海南经》:"桂林八树在番禺东。"又:"湘水出零陵,舜死苍梧,葬九疑。"故思明君。按:《水经》:湘水出零陵始安县阳朔山东北,过酃县西,又北至巴江山,入于江。**侧身南望涕沾襟**。一作"袊"。善曰:《楚辞》:"泣歔欷而沾襟。"**美人赠我琴**一作"金"。**琅玕,何以报之双玉盘**。善曰:古诗:"委身玉盘中,历年冀见食。"应劭《汉官仪》:"封禅坛有白玉盘。"**路远莫致倚惆怅**,平声。**何为怀忧心烦怏!** 一作"伤"。

三思曰:我所思兮在汉阳,欲往从之陇阪长,善曰:《汉书》:"天水郡,明帝改曰汉阳。"应劭曰:"天水有大阪,名曰陇阪。"《秦州记》:"陇阪九曲,不知高几里。"**侧身西望涕沾裳**。善曰:古《长歌行》:"涕泣忽沾裳。"**美人赠我貂襜褕,何以报之明月珠**。善曰:蔡邕《独断》:"侍中、中常侍加貂蝉。"《说文》:"直裾谓之襜褕。"《淮南子》:"随侯之珠。"高诱曰:"明月珠也。"**路远莫致倚踟蹰,何为怀忧心烦纡!** 善曰:《楚辞》:"志纡郁其难释。"王逸曰:"迂,屈也。"

四思曰:我所思兮在雁门,欲往从之雪纷纷,善曰:《汉书》有雁门郡。《楚辞》:"雪纷纷而薄木。"**侧身北望涕沾巾**。善曰:《说文》:"佩巾也。"**美人赠我锦绣段,何以报之青玉案**。善曰:锦绣,有五采成文章。玉案,君所凭倚,喻大臣,亦为天子所恃。《礼记》:春服青玉。《楚汉春秋》:淮阴侯曰:"臣去项归汉,汉王赐臣玉案之食。"**路远**

莫致倚增叹，何为怀忧心烦惋？善曰：《楚辞》："咤增叹兮如雷。"铣曰：惋，怨也。案：四首《文选》载。

案：徐刻下有《定情歌》一首，今附后。

秦　嘉

赠妇诗一首 四言

暧暧白日，引曜西倾。啾啾鸡雀，群飞赴楹。《广韵》：啾唧，小声也。《楚辞》：鸣玉鸾之啾啾。又：楹，柱也。皎皎明月，煌煌列星。宋玉《高唐赋》：烂兮若列星。按：《法言》：明哲煌煌，旁烛无疆。严霜凄怆，飞雪覆庭。宋玉《招魂》：增冰峨峨，飞雪千里。寂寂独居，寥寥空室。《说文》：寥，寂寥也。飘飘帷帐，荧荧华烛。王逸《楚辞注》：以纂组结束玉璜为帷帐也。《说文》：荧，屋下灯烛光也。尔不是居，帷帐焉按：一作"何"。施。尔不是照，华烛何为？

魏文帝

乐府燕歌行二首

善曰：《歌录》："燕，地名，犹楚苑之类。此不言古辞，起自此也。他皆类此。"济曰：此妇人思夫之意。案：相和歌辞平调曲。七解。《乐府解题》曰：晋乐奏魏文帝"秋风"、"别日"二曲，言时序迁换，行役不归，妇人怨旷，无所诉也。《广题》曰：燕，地名也。言良人从役于燕,而为此曲。第二首六解,一曲本辞,一曲晋乐所奏,与本辞异,今附后:别日何易会日难,山川悠远路漫漫。(一解)郁陶思君未敢言,寄书浮云往不还。(二解)涕零两面毁形颜,谁能怀忧独不叹。(三解)耿耿伏枕不能眠,披衣出户步东西。(四解)展诗清歌聊自宽,乐往哀来摧心肝。悲风清厉秋气寒,罗帷徐动经秦轩。(五解)仰戴星月观云间,飞鸟晨鸣声可怜,留连顾怀不自存。(六解)

秋风萧瑟天气凉,草木摇落露为霜。案:一解。**群燕辞归雁**案:《宋书》作"鹄"。**南翔**〔一〕,**念君**按:一作"吾"。**客游多思**善作"思断"。**肠**。按:二解。善曰:郑玄《礼记注》:"玄鸟,燕也。"《楚辞》:"燕翩翩其辞归。"又:"雁雍雍而南游。"**慊慊思归恋故乡,君为**一作"何"。**淹留寄他方**〔二〕。按:三解。**贱妾茕茕守空房,忧来思君不可**一作"敢"。**忘**。案:四解。**不觉泪下沾衣裳,援琴鸣弦发清商**〔三〕,按:五解。善曰:茕,单也。古诗:"泪下沾衣裳。"案:《左传·哀十六年》:茕茕余在疚。《玉篇》:茕,单也。无所依也。《广韵》:独也,同茕。《楚辞·九章》:魂识路之茕茕。注:忧也。**短歌微吟不能长**。善曰:宋玉《风赋》:"臣援琴而鼓之。"《笛赋》:"吟清商,追流征。"梁沈炯《归魂赋》:悲微吟而带风。盖本此。**明月皎皎照我床**,按:六解。**星汉西流夜未央**。杨泉《物理论》:星者,元气之英。汉者,水之精。气发而升,精华浮上,宛转随流,名曰天汉。**牵牛织女遥相望,尔独何辜**一作"辛"。**限河梁**!按:七解。善曰:《史记》:"牵牛为牺牲,其北织女。织女,天女孙也。"曹植《九咏》注:牵牛为夫,织女为妇。织女、牵牛之星各处一旁,七月七日得一会同。案:此首《文选》载。

〔一〕"辞",《艺文类聚》卷四二作"争"。
〔二〕"君为",《文选》卷二七作"何为"。

〔三〕"琴",《乐府诗集》卷三二作"瑟"。

别日何易会日难,山川悠远路漫漫。《汉书》:扬雄《甘泉赋》:"指东西之漫漫。"文帝《寡妇赋》云:涉秋夜兮漫漫。郁陶思君未敢言,寄声浮云往不还。涕零雨面毁容颜,谁能怀忧独不叹。展诗清歌聊自宽,乐往哀来摧肺肝。张衡《思赋》:惧乐往而哀来。耿耿伏枕不能眠,张华《杂诗》:伏枕终遥昔。披衣出户步东西〔一〕,按:一作"偏"。仰看一作"西"。星月观云间。《左传》:郑伯使许大夫伯里奉许叔以居许东偏。飞鸪晨鸣声可怜,留连顾怀不能存。《尔雅》:鸪,麋鸪也。《列子》:蒲且子连双鸪于青云之上。《南都赋》:仰落双鸪。陆云诔:泣留连。盖本此。

　　案:七言古,前罕有,自此始畅,比《四愁》风度更长,然每句押韵,却是柏梁体,而格调仍是乐府,与唐人歌行固自不同。此魏文兴到之笔也。

〔一〕左克明《古乐府》卷四二此句下有"悲风清厉秋气寒,罗帏徐动经秦轩"二句。

曹　植

乐府妾薄命行一首 六言

　　　　　按:杂曲歌辞。注见卷七皇太子。又按:茂倩《乐府》有二首,此其第二篇也。

日月既是按:一作"逝"。《艺文》作"逝矣"。西藏,更会兰室洞房。花灯步障舒光,按:一作"华烛步帐辉煌"。皎若日出扶桑,促樽按:一作"酒"。合坐按:一作"座"。行觞。《晋书》:石崇与王恺相尚,恺以紫丝步障四十里,崇以锦步障五十里敌之。观此诗,其制不起于晋世矣。汉王褒《九怀》:浮弱水兮舒光。《史记·滑稽传》:合樽促坐,男女同席。吴质《答东阿王书》:临曲池而行觞。**主人起舞娑盘,能者冗案:一作"穴"。触别端。腾觚飞爵阑干,同量等色齐颜。任意交属所欢,朱颜发外形兰。**《后汉书》:蔡邕还,五原太守王智饯之,酒酣,智起舞,属邕,邕不为报。《尔雅》"婆娑舞"注:舞之容也。《左传》:范文子欲反,曰:"以遗能者。"傅毅《舞赋》:腾觚爵之斟酌兮。应璩《与满公琰书》:羽爵飞腾。古乐府:北斗阑干。注:阑干,横斜貌。魏程晓《女典》:此乃兰形棘心。子建《七启》云:同量天地。**袖随礼容极情,妙按:一作"屡"。舞仙仙体轻。裳解按:一作"解裳"。履遗绝缨,俛仰笑喧无呈。**《汉书》:龚遂曰:"立则习礼容。"《史记》:俛杳眇而无见。《广韵》:俯、颊同。《汉书》又作"俛",今作"免"。**览持佳人玉颜,齐接按:一作"举"。金爵翠盘。手形罗袖良难,腕弱不胜珠环,**一作"鬟"。**坐者叹息舒颜。御巾裹粉君傍,中有霍纳都梁。鸡舌五味杂香,进者何人齐姜,恩重爱深难忘。**《魏略》:大秦国出兜纳香。《广志》:都梁香出交广,形如藿香。《荆州记》:都梁香杀虫,除不祥。案:都梁,县名。《水经注》:俗谓兰为都梁。《本草唐本注》云:鸡香树叶及皮并似栗,花如梅花,子似枣核,此雌树也,不入香用。其雄树,虽花不实,采花酿之以成香,出昆仑及交广以南。扬雄《蜀都赋》:乃使有伊之徒调夫五味。《太平御览》:古辞乐府:"氍毹㲪毵五味香。"苏武诗:结发为夫妻,恩爱两不疑。案:《汉官仪》:尚书郎含鸡舌香奏事。**召延亲好宴私,但歌杯来何迟。客赋既醉言归,主人称露未晞。**王粲《公讌诗》:合坐同所乐,但愬杯行迟。毛苌《诗传》:晞,干也。

案:徐刻下叙晋童谣、张载诗五首,今见后。

傅　玄

拟北乐府三首

历九秋篇　董逃行

　　崔豹《古今注》:《董逃歌》,后汉游童所作也。终有董卓作乱,卒以逃亡。后人习之为歌章,乐府奏之,以为儆诫焉。《后汉书·五行志》:灵帝中平中京都歌曰:"承乐世,董逃,游四郭,董逃。蒙天恩,董逃,带金紫,董逃。行谢恩,董逃,整车骑,董逃。垂欲发,董逃,与中辞,董逃。出西门,董逃,瞻宫殿,董逃。望京城,董逃,日夜绝,董逃。心摧伤,董逃。"董,谓董卓也。言虽跋扈,纵其残暴,终归逃窜,至于灭族也。《风俗通》:卓以"董逃"之歌,主为己发,大禁绝之。杨孚《董卓传》:卓改董逃为董安。《乐府解题》:古辞云:"吾欲上谒从高山,山头危险大难言。"言五岳之上,皆以黄金为宫阙,而多灵兽仙草,可以求长生不死之术,令天神拥护君上以寿考也。若陆机"和风习习薄林",谢灵运"春虹散彩银河",但言节物芳华,可及时行乐,无使徂龄坐徙而已。晋傅玄有《历九秋篇》十二章,具叙夫妇别离之思,亦题云《董逃行》,未详。案:相和歌辞清调曲。一作汉古辞。一本以前十首作简文帝诗,后二首仍作傅诗,徐刻本同。

历九秋兮三春,遗贵一作"分遣"。客兮远宾[一]。顾多君心所亲,乃命妙妓才人,炳若日月星晨。其一。《汉·司马相如传》:令有贵客为具召之。曹植《七启》:将有才人妙妓。序金罍兮玉觞,宾主递起雁行。杯若飞电绝光,交觞接卮结裳,慷慨欢笑万方。其二。班固《东都赋》:列金罍,班玉觞。《释名》:电,殄也。乍见则殄灭也。陆佃曰:阴阳激耀,与雷同气,发而为光者也。晋夏侯惇《弹棋赋》:闪若流电之光。又蔡洪《围棋赋》:散象乘虚之飞雷。古乐府:市肉取肥,酤酒取醇,交觞接杯,以致殷勤。谢朓《为诸娣祭阮夫人文》:畴日交觞。盖本此。成公绥《啸赋》:中矫厉而慷慨。王朗《与魏太子书》:奉读欢笑,以藉饥渴。**奏新诗兮夫君,烂然虎变龙文。浑如天地未分,齐讴楚舞纷纷,歌声上激青云。**其三。班固《宝鼎诗》:焕其炳兮被龙文。曹植《七启》:太极之初,混沌未分。曹植《赠丁廙》诗:齐瑟扬东讴。陆机《吴趋行》:齐娥且勿讴。《汉·张良传》:戚夫人泣涕。上曰:"为我楚舞,吾为若楚歌。"曹植《七启》:悲歌入云。**穷八音兮异伦,奇声靡靡每新。微笑素齿丹唇**[二]**,逸响飞**一作"飘"。**薄梁尘,精爽眇眇入神。**其四。《史记》:纣使师涓作新淫之声,北里之舞,靡靡之乐。《傅子》:郝索善弹筝,虽伯牙妙手,吴姬奇声,何以加之。晋陶融妻陈氏《筝赋》:逸响发挥。**坐咸醉兮沾欢,引樽促席临轩。进爵献寿翻**一作"翩"。**翻,千秋要君一言,愿爱不移若山。**其五。左思《蜀都赋》:合樽促席。曹植《箜篌引》:主称千金寿,客奉万年酬。《战国策》:犀首跪行,为仪千秋之祝。曹植《艳歌行》:长者赐颜色,泰山可动移。按:《毛诗传》:翩翩,犹翩翩也。又《九章》:漂翻翻其上下兮,翼遥遥其左右。**君恩爱兮不竭,譬若朝日夕月。此景万里不绝,长保初醮结发,何忧坐生胡越。**其六。《国语》:天子大采朝日,少采夕月。注:礼,天子以春分朝日,示有尊也。夕月以秋分。《汉·武帝纪》:元鼎五年,天子新郊,见朝日夕月。《仪礼·士昏礼》:父醮子。贾公彦疏:女父礼女用醴,又在庙。父醮子用酒,又在寝。郑玄曰:酒不酬酢曰醮。**携弱手兮金环,上游飞阁云间。穆若鸳凤双鸾,**按:一作"燕"。**还幸兰房自安,娱心极乐**按:一作"乐意"。**难原。**其七。班固《西都赋》:修涂飞阁。李斯《上秦始皇书》：娱心意。**乐既极兮多怀，盛时忽逝若颓。寒暑革御景回，春荣随风飘摧，感物动心增哀。**其八。《楚辞》：岁忽忽其若颓。**妾受命兮孤虚，男儿堕**案：一作"随"。**地称姝。女弱难存若无**[三]**，骨肉至亲更疏，奉事他人托躯。**其九。《史记·龟策传》注：《六甲孤虚法》："甲子旬中无戌亥，戌亥为孤，辰巳即为虚。甲戌旬中无申酉，申酉为孤，寅卯即为虚。甲申旬中无午未，午未为孤，子丑即为虚。甲午旬中无辰巳，辰巳为孤，戌亥即为虚。甲辰旬中无寅卯，寅卯为孤，申酉即为虚。甲寅旬中无子丑，子丑为孤，午未即为虚。"刘歆《七略》有《风后孤虚》二十卷。《后汉书·列女传》：扶风曹世叔妻者，同郡班彪之女也。作《女诫》云："卑弱第一，女生三日，卧之床下，以其卑弱，主下人也。"《吕氏春秋》：此之谓骨肉之亲。**君如影兮随形，贱妾如水浮萍。明月不能常盈，谁能无根保荣，良时冉冉代征。**其十。古《董逃行》：年命冉冉我遒。顾一作"绿"。**绣领兮含辉，皎日回光侧**一作"则"。**微。朱华忽尔渐衰，影欲舍形高飞，谁言往恩**一作"思"。**可追。**其十一。曹植《公讌诗》：朱华冒绿池。**芽与麦兮夏零，兰桂践霜**一作"履"。**逾馨。禄命悬**一作"缘"。**天难明，委**一作"妾"。**心结意丹青，何忧君心中倾。**其十二。桓宽《盐铁论》：金生于己，刑罚小加，故荠麦夏死。刘琨《答卢谌》诗：兰桂移植。《选诗拾遗》：此篇惜不知何人之辞，非相如、枚乘，其谁能为之。案：此辞本题曰：《董逃行·历九秋篇》，《董逃行》起于汉末，不得谓相如、枚乘为之也。观其辞体，不类二京，当以《乐录》傅玄为正。

〔一〕"遒"，纪氏《考异》："疑为'邀'字之讹。"
〔二〕"笑"，《乐府诗集》卷三四作"披"。
〔三〕"难"，《全晋诗》卷二作"虽"。

车遥遥篇

按：杂曲歌辞。茂倩《乐府》作车敳诗。

车遥遥兮马洋洋，追思君兮不可忘。君安游兮西入秦，愿为影兮一作"将微影"。随君身。君在阴兮影不见，君依光兮一作"仰日月"。妾所愿。

燕人美篇篇，一作"兮歌"。

按：《乐府》作《吴楚歌》。

燕人美兮赵女佳，其室则迩按：一作"远"。兮限层崖。《说文》：厓，山边也。云为车兮风为马，玉在山兮兰在野〔一〕。《史记·封禅书》：作画云气车。《汉·郊祀歌》：灵之下若风马。师古曰：言速疾也。《酉阳杂俎》：王忠政死却苏，一人曰："天召汝行雨，雨队在前，风车在后。"仲长统诗：春云为马，秋风为驷。案之不迟，劳之不疾。陆机《答贾长渊》诗：蔚彼高藻，如玉如兰。左贵嫔《武帝纳皇后颂》：如兰之茂，如玉之莹。云无期兮风有止，思心多端兮谁能理〔二〕？

〔一〕"山"，《艺文类聚》卷四三作"泥"。
〔二〕"思心多端"，《诗纪》卷二二作"思多端"。

拟四愁诗四首并序

昔一无"昔"。张平子作《四愁诗》，体小而俗，七言类也。聊拟而作之，名曰《拟四愁诗》。其辞曰：一无"其辞曰"。

我所思兮在瀛洲，愿为双鹄戏中流。《汉·郊祀志》：自威、宣、燕昭使人入海求蓬莱、方丈、瀛洲。此三神山者，其传在渤海中，去人不远。苏武诗：愿为双黄鹄，送子俱远飞。**牵牛织女期在秋，山高水深路无由，慇余不遘婴殷忧。**晋刘琨《劝进表》：或殷忧以启圣明。**佳人贻我明月珠，何以要之比目鱼，海广无舟怅劳劬，寄言飞龙天马驹。风起云披飞龙逝**，惊一无"惊"字。**波滔天**一有"兮"字。**马不俪**[一]，**何为多念心忧世。**枚乘《七发》：波涌而涛起。《左传》：郄犨夺施氏妇，妇人曰："鸟兽犹不失俪。"

〔一〕"俪"，赵氏覆宋本作"厉"。

我所思兮在珠崖，愿为比翼浮一作"游"。**清池。**《汉·贾捐之传》：初武帝征南越，元封元年立儋耳、珠崖郡，皆在南方海中，洲居广袤可千里。自初为郡至昭帝始元元年，二十余年间，凡六反叛。元帝初元元年，珠崖又反，上用捐之议，罢珠崖郡。**刚柔合德配二仪，形影一绝长别离，慇余不遘情如携。佳人贻我兰蕙草，何以要之同心鸟，火热水深忧盈抱，申以琬琰夜光宝。**《周礼》：掌守邦节。注：琬圭、琰圭。《上林赋》：晁采琬琰，和氏出焉。**卞和既没玉不察，存若流光忽电灭，何为多念独蕴**一作"郁"。**结。**蔡邕《琴操》：卞和者，楚野民，得玉，献怀王。怀王使乐正子占之，言石，王以为欺谩，斩其一足。怀王死，子平王立。和复献之，平王又以为欺，斩其一足。平王死，子立，为荆王。和复欲献之，恐复见害，乃抱其玉而哭，昼夜不止，涕尽续之以血。荆王遣问之，于是和随使献玉，王使剖之，果有玉，乃封和为陵阳侯。和辞不就而去。休弈《杂诗》云：一绝如流光。张衡《舞赋》：瞥若电灭。

我所思兮在昆山，愿为鹿麚一作"蛩"。**窥虞渊。**《淮南子》：日入于虞渊之泛。案：陆机《赠从兄书》：仿佛谷水阳，婉娈昆山阴。又案：

詹字，查字书俱不载，今本作蚕。蚕，注见卷三杨方。**日月回曜照景天，参辰旷隔会无缘，憋余不遭罹百艰。**毛苌《诗传》：离，忧也。离，一作"罹"。卢谌《赠刘琨诗》：契阔百罹。**佳人贻我苏合香，何以要之翠鸳鸯。县度弱水川无梁，申以锦衣文绣裳。**《汉·西域传》乌秅国西有县度，去阳关五千八百八十八里。去都护治所五千二百里。县度者，石山也。溪谷不通，以绳索相引而度云。《山海经》：昆仑之丘，下有弱水之川环之。郭璞曰：其水不胜鸿毛也。**三光骋迈景不留，鲜矣**一作"似"。**民生忽如**一作"若"。**浮，何为多念只自愁。**《淮南子》：夫道含吐阴阳而章三光。许慎曰：三光，日、月、星也。《庄子》：其生也若浮，其死也若休。

我所思兮在朔方，愿为飞雁一作"燕"。**俱南翔。**《汉·地理志》"朔方郡"注：武帝开。**焕乎人道著三光，胡越殊心生异乡，憋余不遭罹百殃。**百殃，见《毛诗》。**佳人贻我羽葆**一作"葆羽"。**缨，何以要之影与形。**《汉书》：韩延寿建羽葆、鼓车、歌车。张晏曰：羽葆，幢也。**增冰**一作"永增"。**忧结繁华零，申以日月指明星。**《后汉·张纲传》：纲约之以天地，誓之以日月。**星辰有翳日月移，驽马哀鸣惭不驰，何为多念徒**一作"心"。**自亏。**《说文》：翳，华盖也。即羽葆舞者所持羽也。又：蔽也，障也。《礼记》：凶年乘驽马。《广雅》：驽，骀也。

苏伯玉妻

原注失其姓氏，伯玉被使在蜀，久而不归，其妻居长安，思念之，因作此诗。

盘中诗一首

案:一本无"苏伯玉妻"四字。又徐刻列在成帝童谣前。**山树高,鸟鸣悲。**一作"悲鸣"。**泉水深,鲤鱼肥。空仓雀,常苦饥。**《南史·庾域传》:魏军攻围南郑,州有空仓数十,域手自封题。《古艳歌》:居贫衣单薄,肠中常苦饥。魏文帝《善哉行》:薄暮苦饥。**吏人妇,会夫稀。**无名氏古诗:不堪吏人妇。又:贱妾留空房,相见常日稀。**出门望,见白衣。谓当是,而更非。**《魏书·恩幸传》:赵修给事东宫,为白衣左右,茹皓充高祖白衣左右。《南史·恩幸传》:宋孝武选白衣左右百八十人。《梁·宗室传》:在都朝谒,白服随例。帝曰:"白衣者为谁?"对曰:"前衡山侯恭。"考此诗,则自晋至六朝有秩者,服制皆不废白。**还入门,中心悲。北上堂,西入阶。急机绞,杼声催。长叹息,当语谁?**《礼记》:绞衣以裼之。注:绞,苍色。又案:《释名》:已衣所以束之曰绞,绞,交也,交结之也。**君有行,**平声。**妾念之。出有日,还无期。结**中一作"巾"。**带,长相思。君忘妾,天**一作"未"。**知之。妾忘君,罪当治。妾有行,**去声。**宜知之。黄者金,白者玉。高者山,下者谷。姓为**一作"者"。**苏,字伯玉。作**一无"作"字。**人才多智谋足,家居长安身在蜀,何惜马蹄归不数。**《山海经》:钉灵国,其民从膝以下有毛,马蹄,善走。《庄子》:马蹄可以践霜雪。**羊肉千斤酒百斛,令君马肥麦与粟。**《后汉·第五伦传》:肉五千斤。《说文》:斛,十斗也。**今时人,智不**一作"四"。**足。与其书,不能读。当从中央周四角。**无名氏古诗:四角垂香囊。

张 载

《晋书》:张载,字孟阳,武邑人。有才华,累迁领著作、宏农太守。

拟四愁诗四首

我所思兮在南巢,欲往从之巫山高。按:《楚辞》:顺凯风以从游兮,至南巢而一息。登崖远望涕泗交,我之怀矣心伤劳。《左传》:宣子曰:"呜呼!我之怀矣,自诒伊戚。"注:逸诗也。佳人遗我筒一作"笥"。中布,何以赠之流黄素。张衡《七辨》:筒中之纻。左思《蜀都赋》"黄润"注:谓筒中细布也。扬雄《蜀都赋》:筒中黄润,一端数金。司马相如《凡将篇》:黄润鲜美宜制禅。愿因飘风超远路,终然莫致增想一作"永"。慕。其一。《老子》:飘风不终朝。

我所思兮在朔湄,欲往从之白雪一作"云"。霏。《广韵》:朔,幽朔也。命和叔宅朔方,北方也。《说文》:水草交为湄。屈原《九章》:云霏霏而承宇。登崖永眺一作"远望"。涕泗颓,一作"垂"。我之怀矣心伤悲。佳人遗我云中翮,何以赠按:一作"报"。之连城璧。屈原《九歌》:焱远举兮云中。《说文》:翮,羽茎也。《韩诗外传》:夫鸿鹄一举千里,所恃者六翮耳。魏文帝《与钟大理书》:不损连城之价。愿因归鸿起遐隔〔一〕,终然莫致增永积。其二。宋颜延之有《归鸿诗》。

〔一〕"起",五云溪馆本、孟本作"超"。

我所思兮在陇原,欲往从之隔太山〔二〕。《史记·封禅书》:岱宗,泰山也。**登崖远望涕泗连**，一作"涟"。**我之怀矣心伤烦。佳人遗我双角端，何以赠之雕玉环。**司马相如《上林赋》：麒麟角端。郭璞曰：角端似貊，角在鼻上，中作弓。《尔雅》：治玉谓之琢，亦谓之雕。《左传》：宣子有环，其一在郑商，韩子买诸商人。《西京杂记》：赵皇后女弟上五色玉环。**愿因行云超重峦，终然莫致增永叹。**其三。《楚辞》：登石峦以为望兮。《说文》：峦，小山而高。《玉篇》：山峰也。

〔一〕"太山"，《艺文类聚》卷三五作"秦山"。

我所思兮在营州，欲往从之路阻修。向曰：分幽州为营州。**登崖远望涕泗流，我之怀矣心伤忧。**铣曰：崖，岸也。在目曰涕，在鼻曰泗。**佳人遗我绿绮琴，何以赠之双南金。**善曰：傅玄《琴赋序》："齐桓公有鸣琴曰号钟，楚庄有鸣琴曰绕梁。中世，司马相如有绿绮，蔡邕有焦尾，皆名器也。"毛苌《诗传》：南金，南，谓荆扬也。郑玄笺：荆扬之州，贡金三品。**愿因流波超重深，终然莫致增永吟。**其四。《齐谐记》：束晳对武帝曰："昔周公卜洛邑，因流水以泛酒。故逸诗曰：'羽觞随流波。'"案：此首《文选》载。

晋惠帝时童谣歌一首

《晋书》：惠帝时洛阳童谣云云。明年而胡贼石勒、刘羽反。

邺中女子莫千妖，前至三月抱胡腰。

陆　机

乐府燕歌行一首

按：相和歌辞平调曲。注见前。

四时代序逝案：一作"远"。不追，寒按：一作"秋"。风习习落叶飞。《战国策》：蔡泽曰："夫四时之序，成功者退。"蟋蟀在堂露盈阶，一作"墀"。念君远案：一作"客"。游常苦悲[一]。无名氏古诗：心中常苦悲。君何缅然久不归？贱妾悠悠心无违。白日既没明灯辉，寒禽赴林匹鸟按：一作"鸟"。栖[二]。案：张华《朽柱赋序》：意有缅然，辄为之赋。宋谢灵运《苦寒行》：寒禽叫悲壑。盖本此。双鸠关关宿河湄，忧来感物涕不晞[三]。非君之念思为谁？别日案：一作"日别"。何早会何迟！

　　案：徐刻下有刘铄诗一首，今附后。

〔一〕"常"，《乐府诗集》卷三二作"恒"。
〔二〕"寒"，《乐府诗集》作"夜"。
〔三〕"涕"，《乐府诗集》作"泪"。

鲍　照

代淮南王二首

　　崔豹《古今注》：《淮南王》，淮南小山之所作也。淮南王服食求仙，遍礼方士，遂与八公相携俱去，莫知所往。小山之徒思恋不已，乃作《淮南王》曲焉。班固《汉武故事》：淮南王安好神仙，招方术之士，能为云雨。百姓传云："淮南王，得天子，寿无极。"帝心恶之，使觇王，云："能致仙人，与共游处，变化无常。又能隐形飞行，服气不食。"帝闻而喜，欲受其道，王不肯传，帝怒将诛焉，王知之，出令与群臣，因不知所之。《乐府解题》：古辞云："淮南王，自言尊。"实言安仙去。案：舞曲歌辞。晋拂舞歌古辞一首，齐拂舞歌《淮南王》辞一首。考《南齐书·乐志》曰：《淮南王》舞歌六解,齐乐所奏。前是第一解,后是第五解。鲍照诗系梁拂舞歌也。

淮南王,好长生,服食炼气读仙经。《汉武内传》:帝好长生之道。古诗:服食求神仙。《仙经》:人在气中,如鱼在水中,鱼一刻无水即尽,人一刻无气则亡。晋石崇《思归引序》:又好服食咽气。《葛仙公歌》:炼气同希夷。《吕氏春秋》:沈尹筮曰:"偶世接俗,子不如我;餐霞炼气,我不如子。"江淹《报袁叔明书》:朝餐松屑,夜诵仙经。**琉璃药碗**一作"枕"。**牙作盘,金鼎玉匕合神丹。**秦嘉妻《与嘉书》:分奉琉璃碗一枚,可以服药酒。《汉·西域传》"流离"注:师古曰:"《魏略》云:'大秦国出赤、白、黑、黄、青、绿、缥、绀、红、紫十种流离。'此盖自然之物。"枕,《艺文类聚》作"椀"。明远《答休上人菊诗》云:金盖覆牙盘。《南越书》:永城县江前有神鼎,圆数里,耳高五六丈。葛稚川云:赤松子陶金丹鼎。《仪礼》:少牢馈食礼,左手执俎却,右手执匕枋,缩于俎以受于羊鼎西。《广韵》:匕,匙也。《汉武内传》:李少君遇安期生,少君疾困,叩头乞活。安期生以神楼散一匕与服之,即愈。《列仙传》:八公乃诣王,授丹经。**合神丹,戏紫房,紫房彩女弄明珰,鸾歌凤舞断君肠。**《青虚真人歌》:紫房何蔚炳。《西王母传》:青琳之宇,朱紫之房。《神仙传》:采女乘辎䡵,往问道于彭祖,采女具受诸要,以教王。王试为之,有验。《山海经》:轩辕之丘,凤鸟自歌,鸾鸟自舞。

朱城一作"门"。**九门**一作"重"。**门九开,**一作"闱"。**愿逐明月入君怀。**东方朔《十洲记序》:臣故舍韬隐而赴王庭,藏养生而侍朱门矣。**入君怀,结君佩,怨君恨君恃君爱。筑城思坚剑思利,同盛同衰莫相弃。**《汉·韩信传》:顿之燕坚城之下。《吕氏春秋》:剑折其锋,焉得为利剑。《采薪者歌》:死生同盛衰。

代白纻歌辞二首

《晋·乐志》:《白纻舞》,案:舞辞有巾袍之言,纻本吴地所出,疑是吴舞也。晋俳歌又云:"皎皎白绪,节节为双。"吴音呼绪为纻,疑白纻即白绪也。《南齐书·乐志》:《白纻歌》,周处《风土记》云:"吴黄龙中童谣云:'行白者君,追汝句骊马。'后孙权征公孙渊,浮海乘舶,舶,白也。今和歌声犹云行白纻焉。"《乐府解题》:古辞盛称舞者之美,宜及芳时为乐。其誉白纻曰:"质如轻云色如银,制以为袍余作巾。袍以光躯巾拂尘。"《唐书·乐志》:梁武帝令沈约改其辞为《四时白纻歌》。今中原有《白纻曲》,其旨与此全殊。案:舞曲歌辞。照有六首,系奉诏作。此其第五、第六首也。

朱唇动,素腕一作"袖"。**举,洛阳少童**一作"年"。**邯郸女**。王逸《荔枝赋》:宛洛少年,邯郸游士。魏王粲《七释》:邯郸才女。江淹《梁王兔园赋》:卒逢邯郸之女,蕙色玉质,绮裳下见,锦衣上出。盖本此。**古称《绿水》今《白纻》**〔一〕**,催弦急管为君舞**。《初学记》:古歌曲有《阳春》、《绿水》。《汉书音义》:丝曰弦,竹曰管。**穷秋九月荷叶黄,北风驱雁天雨霜,夜长酒多乐未央**。虞羲《咏霍将军北伐》诗:凉秋八九月。

〔一〕"绿",《乐府诗集》卷五五作"渌"。

春风淡荡使一作"侠"。**思多,天色净绿气妍和。桃含红萼兰**一作"莲"。**紫芽,朝日灼烁发园花**。一作"葩"。谢灵运《酬从弟惠连》诗:山桃发红萼。**卷櫎结帱罗玉筵**〔一〕**,齐讴秦吹卢女弦,千金顾笑买芳年**〔二〕。邢子才《公宴诗》:芳筵罗玉俎。无名氏《长相思》:谁知玉筵侧。

〔一〕"櫎",《乐府诗集》卷五五作"榥"。
〔二〕"顾",纪氏《考异》作"一"。

行路难四首

《乐府解题》：《行路难》，备言世路艰难及离别悲伤之意，多以"君不见"为首。按：《陈武别传》曰：武常牧羊，诸家牧竖有知歌谣者，武遂学《行路难》。则所起亦远矣。案：杂曲歌辞。照有十九首，此选四首。又唐骆宾王有《从军中行路难》，王昌龄又有《变行路难》，皆本此。

中庭五株桃，一株先作花。阳春妖冶案：一作"沃若"。二三月，从风簸荡落西家。陆机《文赋》：务嘈嘈而妖冶。西家思妇见之一作"悲"。惋，零泪沾衣抚心叹。初送我君出户时，何言一作"意"。淹留节回换。床席生尘明镜垢，纤腰瘦削发蓬乱。《庄子》：鉴明则尘垢不生。《诗》：首如飞蓬。毛苌传：妇人夫不在，无容饰。人生不得恒称意，惆怅徙倚至夜半。《广韵》：称，昌孕切，惬意。《春秋考异邮》：鹤知夜半，鸡应旦明。明，与"鸣"同，古字通。案：此系第八首。

剉蘖染黄丝，黄丝历乱不可治。一作"持"。《六书故》：剉，斩截也。古乐府：黄蘖向春生，苦心随日长。案：《说文》：黄木也，或从薛。又与"薛"通。《吴越春秋》：越王允常使民男女入山采葛，作黄绿布献之。昔我按：一作"我昔"。与君始相值，尔时自谓可君意。王建《白纻歌》：此时但愿可君意。盖本此。结带与我言，死生好恶不相置。《左传》：叔向曰："带有结。"《汉书注》：带，绅带之结也。一作"结带与君同死生，好恶不拟相弃置"。今日见我颜色衰，意中错漠一作"索寞"。与先异。汉王褒《甘泉宫颂》：径落莫以差错。还君玉案：一作"金"。钗瑇瑁簪，不忍见之一作"此"。益悲一作"愁"。思。案：此系第九首。

奉君金卮一作"匜"。之酒碗，一作"美酒"，一作"旨酒"。瑇瑁玉匣之雕琴，七彩芙蓉之羽帐，九华葡萄之锦衾。《西京杂记》：高祖斩蛇剑，以七彩九华玉为饰。庾信《灯赋》：掩芙蓉之行幛。盖本此。陆翙《邺中记》：锦有葡萄文锦。红颜零落岁将暮，寒花按：一作"光"。宛转时欲沉。谢惠连《雪赋》：岁将暮，时既昏。愿君裁悲且灭案：一作"减"。思，听我抵节行路吟。《汉书·邹阳传》：济北独抵节，坚守不下。不见柏梁铜雀上，宁闻古时清吹音。梁简文帝《鹡鸰赋》：乘清吹而微吟。盖本此。案：此系第一首。

璇闺玉墀上椒阁，文窗绣户垂绮一作"罗"。幌。汉武帝《落叶哀蝉曲》：玉墀兮尘生。施荣泰《咏王昭君》：垂罗下椒阁。《三辅旧事》：秦时奢泰，缥帐绮帷。中有一人字金兰，被服纤罗蕴一作"采"。芳藿。春燕差池一作"参差"。风散梅，开帷对影弄禽一作"春"。爵。含歌一作"泪"。揽泪案：一作"涕"。不能言，一作"恒抱愁"。人生几时得为乐。《楚辞》：美人兮揽涕而伫。宁作野中双飞一作"之双"。凫，不愿云间别翅一作"之别"。鹤。一作"鹄"。屈原《卜居》：将泛泛若水中之凫。案：此系第三首。

案：徐刻下有《北风行》一首，汤惠休诗四首，今附后。

释宝月

《古今乐录》：释宝月，齐武帝时人，善解音律。

行路难一首

注见前。案：《选诗外编》作柴廓。

君不见孤雁关外发,酸嘶度扬越。魏文帝《杂诗》:孤雁独南翔。曹植《释愁文》:烦冤毒于酸嘶。《汉·晁错传》:南攻扬粤。**空城客子心肠断,幽闺思妇气欲绝。**鲍照《东门行》:行子心肠断。又案:《空城雀》诗:雀乳四鷇,空城之阿。刘琨《劝进表》:莫不扣心绝气。**凝霜夜下拂罗衣,浮云中断开明月。**《楚辞》:漱凝霜之纷纷。**夜夜遥遥徒相思,年年望望情不歇。寄我匣中青铜镜,倩**按:一作"情"。**人为君除白发。**王筠《自序》:未常倩人假手。《魏志》:陈思王植善属文,太祖视其文,谓曰:"汝倩人耶?"《鲁连子》:心诚怜,白发玄。情不怡,艳色嫕。**行路难,行路难,夜闻南城汉使度,使我流泪忆长安。**按:《史记·建元以来王子侯者表》:南城侯刘贞,城阳共王子。

陆　厥

李夫人及贵人歌一首

按:杂歌谣辞。又案:《李夫人歌》,汉孝武思念李夫人,悲感作诗,令乐府诸音家弦歌之。

属车挂席尘,豹尾香烟灭。《汉·扬雄传》:每上甘泉,常法从在属车间豹尾中。服虔曰:大驾八十一乘,最后一乘悬豹尾。案:谢灵运诗:挂席拾海月。**彤殿向蘼芜,青蒲复萎**按:一作"委"。下同。**绝。**《汉书》:史丹直入卧内,伏青蒲上。屈原《九章》:遂萎绝而离异。**坐萎绝,对蘼芜。临丹**按:一作"玉"。**阶,泣椒涂。**按:一作"长途"。《说文》:阶,陛也。后汉张超《灵帝河间旧庐碑》:丹阶紫房。《洛神赋》:践椒涂之郁烈。**寡鹤羁雌飞且上,**案:一作"止"。**雕梁**

翠壁网蜘蛛。晋庾阐《浮查赋》：贾于翠壁。**洞房明月夜，对此泪如珠。**

按：徐刻以下叙武帝、昭明、简文、元帝诗，在沈约前。武帝诗七首，昭明三首，宋刻不载，今俱附后。

沈　约

八咏二首

六首在卷末。

登台一无"登台"。**望秋月**

《金华志》：《八咏》诗，南齐隆昌元年，太守沈约所作。题于玄畅楼，时号绝唱。后人因更玄畅楼为八咏楼云。

望秋月，秋月光如练。谢朓诗：澄江净如练。**照耀三爵台，徘徊九华殿。**《法苑珠林》：舍邪归正部：自谓神仙者，可上三爵台，令其投身飞逝。晋陆云《登台赋序》：永宁中，巡幸邺宫三台，登高有感。洛阳宫殿簿有九华殿。《初学记》：魏在洛有天渊池，池中筑九华台。**九华玳瑁梁，华榱与壁**一作"璧"。**珰。**司马相如《上林赋》：华榱碧珰。韦昭曰：裁金为碧，以当榱头。**以兹雕丽色，持**一作"特"。**照明月光。凝华入黼帐，清辉悬洞房。先过飞燕户，却照班姬床。**宋张悦《玳瑁麈尾铭》：凝华淡景，摇彩争云。**桂宫袅袅落桂枝，露寒凄凄凝白露。上林晚叶飒飒鸣，雁门早鸿离离度。**《山海经》：雁门山者，雁飞出于其间。**湛秀质兮似规，委清光兮如素。**荀况《云赋》：圆者中规。《说文》：规，一曰正员之器。**照愁轩之蓬影，映**

金阶之轻一作"微"。步。魏武帝《相和曲》：金阶玉为堂。晋辞《七日夜女郎歌》：振玉下金阶。居人临此笑以歌，别客对之伤且慕。按：一作"旦暮"。经衰圃，映寒丛。凝清夜，带秋风。随庭雪以偕一作"比"。素，与池荷而共红。临玉埒之皎皎，含霜一作"雪"。霭之蒙蒙。《说文》：霭，云貌。辚天衢而徒步，一作"从度"。轹长汉而飞空。《说文》：轹，车所践也。《广韵》：辚轹，车践也。王逸《九思》：蹑天衢兮长驱。《汉书》：公孙弘徒步，数年至宰相，封侯。隐岩崖而半出，一作"至"。隔帷幌一作"广"。而才通。散朱庭之奕奕，入青琐而玲珑。闲阶悲寡鹄，沙洲怨别鸿。晋潘岳《笙赋》：若离鸿之鸣子也。昭《类苑》作"文"。姬泣胡殿，明君思汉宫。按：昭姬、明君一事再用，疑明君作"明光"。余亦何为者，淹留此山东。

会圃一无"会圃"。临春风

临春风，春风起春树。游丝暧如网，落花雾似雾。先泛天渊池，还过细柳枝。《汉书注》：长安有细柳聚。蝶逢飞摇飏，燕值羽差池。《南史·羊玄保传》：铜池摇飏。扬桂旆，动芝盖。《楚辞》：辛夷车兮揭桂旗。陆机《喜霁赋》：托芝盖之后乘兮。开燕裾，吹赵带。赵带飞参差，燕裾合且离。燕裾、赵带，赵字恐"娟"字之误，与上昭姬、明君同，后人所妄改也。《拾遗录》：汉武帝所幸宫人名曰丽娟，身轻弱，常以衣带系娟闭于重幕中，恐随风起。《汉·外戚传》：赵昭仪居昭阳舍，壁带往往为黄金缸。师古曰：壁带，壁之横木露出如带者也。于壁带之中，往往以黄金为缸，若车缸之形也。回簪复转黛，顾步惜容仪。容仪已照灼，春风复回薄。潘岳《沧海赋》：

力势之所回薄。氤氲桃李花，青一作"枕"。树一作"枝"。含素萼。既为风所开，复为风所落。摇绿带，一作"蒂"。抗一作"枕"。紫茎。舞春雪，杂流莺。郭璞《游仙诗》：在世无千年，命如秋叶蒂。枚乘《七发》：素叶紫茎。休文《三月三日率尔成篇》云：流莺服满枝。曲房开兮金铺响，金铺响兮妾思惊。梧桐未阴，淇川如一作"始"。碧。桐，一作"台"。《阚子》：宋之愚人得燕石于梧台之东。迎行雨于高唐，送归鸿于碣石。孔安国《书传》：碣石，海畔山也。刘峻《广绝交论》：送归鸿于碣石。《淮南子》：王良之御，过归鸿于碣石，轶鶤鸡于姑余。经洞房，响纨素。感幽闺，思帏幰。按：一作"㤅"。《周礼》：幕人掌帷幕幄帟绶之事。《后汉书·皇后纪论》：莫不定策帷幰。幰，音鸾。想芳园兮可以游，念兰翘兮渐堪摘。拂明镜之冬尘，解罗衣之秋襞。按：一作"裛"。张衡《思玄赋》注：襞积，衣缝也。既铿锵以动佩，又氤氲一作"絪缊"。而流麝。按：《汉书·艺文志》：汉兴，制氏以雅乐声律世在乐官，颇能纪其铿锵鼓舞，而不能言其义。始摇荡以入闱，终徘徊而缘隙。《字林》：隙，壁际孔。鸣珠帘于绣户，散芳尘于绮席。是时怅思妇，安能久行役？佳人不在兹，春风为一作"与"。谁惜？

案：徐刻以下六首并录，今附后。

春日白纻曲一首

《古今乐录》：沈约云："《白纻》五章，敕臣约造，武帝造后两句。"案：舞曲歌辞。《四时白纻歌》外，有《夏白纻》、《冬白纻》、《夜白纻》三首。注详上文鲍照。

兰叶参差桃半红,飞芳舞縠戏春风。《说文》:縠,细绢也。《广韵》:罗縠。《增韵》:绉纱曰縠,纺丝而织之。一有"如娇如怨状不同,含笑流盼满庭中"。翡翠群飞飞不息,愿在云间长比翼。一有"佩服瑶草驻容色,舜日尧年欢无极"。案:茂倩《乐府》有上四句,疑孝穆所删。

秋日白纻曲一首

白露欲凝草已一作"色"。黄,金管玉柱响洞房。江淹《别赋》注:论曰:"鼓瑟者于弦设柱,然瑟有柱,以玉为之。"双心一影一作"意"。俱回翔,吐情寄君君莫忘。一有"翡翠群飞飞不息,愿在云间长比翼。佩服瑶草驻容色,舜日尧年欢无极"。

案:徐刻又有《赵瑟曲》诸题三首,范靖妇诗一首,今附后。

吴　均

行路难二首

案:《乐府》载四首,此选二首。

君不见上林苑中客,冰罗雾縠象牙席。刘峻《辨命论》:袭冰纨。尽是得意忘言者,探肠见胆无所惜。《庄子》:言者所以在意也,得意而忘言也。刘峻《广绝交论》:皆愿隳胆抽肠。白酒甜盐甘如乳,绿觞皎镜华如碧。沈约《渡新安江贻京邑游好》诗:皎镜无冬春。少年持名不肯尝,安知白驹应过隙[一]。《汉·张良传》:吕后德留侯,乃强食之,曰:"人生一世间,如白驹过隙,何至自苦如此乎？"**博山炉中百和香，郁金苏合及都梁。**《西京杂记》：丁缓作九层博山香炉，镂以奇禽怪兽，自然能动。《晋东宫旧事》：皇太子服用则有铜博山香炉。《考古图》：博山炉象海中博山，下盘贮汤润气蒸香，象海之四环。**逶迤好气佳容貌，经过青琐历紫房。已入中山阴**阴，《乐苑》作"冯"，是。**后帐，复上皇帝班姬床。班姬失宠颜不开，奉帚供养长信台。**《战国策》：中山阴姬与江姬争为后，司马憙见赵王曰："中山阴姬，其容貌颜色，固以过绝人矣。若其眉目佳额权衡，犀角偃月，彼乃帝王之后，非诸侯之姬也。"赵王意移，大悦曰："吾愿请之，何如？"司马憙归报中山王，曰："王立为后，以绝赵王之意。世无请后者。"中山王遂立以为后，赵王亦无请言也。《汉·外戚传》：孝元冯昭仪生男，拜为倢伃。男立为信都王，尊倢伃为昭仪。元帝崩，为信都太后。后徙中山。哀帝即位，中郎谒者张由诬言中山太后呪诅上及太后，乃饮药自杀。**日暮耿耿不能寐，秋风切切四面来。**马融《笛赋》注：切，犹磨切也。谢朓诗：切切阴风暮。《拾遗记》：昆仑山有四面风，东南西北，一时俱作。古《咄唶歌》：人从四面来。《懊侬歌》：欢少四面风。**玉阶行路生细草，金炉香炭变成灰。得意失意须臾顷**〔二〕**，非君方寸逆所裁。**梁简文帝《鸳鸯赋》：复是兰房得意人。

〔一〕"应"，《文苑英华》卷二〇〇作"如"。
〔二〕"顷"，《诗纪》卷八一注："一作'间'。"

洞庭水上一株桐，经霜触浪困严风。昔时擂心耀白日，今旦卧死黄沙中。枚乘《七发》：龙门之桐，其根半死半生，冬则烈风漂霰飞雪之所激也。词意略同。**洛阳名工见咨嗟，一剪一刻作琵琶。白璧规心学明月，珊瑚映面作风花。**《史记·虞卿传》：赵孝成王赐白璧一双。班婕妤《怨诗》：团团似明月。《本草》：珊瑚似玉红润，生海底盘石上。一岁黄，三岁赤。海人先作铁网沉水底，贯中而生，绞网出之,过时不取则腐。帝王见赏不见忘,提携把握登建章。**掩抑摧藏张女弹,殷勤促柱楚明光。年年月月对君子,**一作"王"。**遥遥夜夜宿未央。**潘岳《笙赋》:辍张女之哀弹。李善注:闵鸿《琴赋》曰:"汝南鹿鸣,张女群弹。"然盖古曲,未详所起。蔡邕《琴操》:楚明光者,楚王大夫也。昭王得璃氏璧,欲以贡于赵王,于是遣明光奉璧之赵。璃,古和字。**未央綵**按:一作"彩"。**女弃**按:一作"弄"。**鸣篪,争见**按:一作"先"。**拂拭生光仪。茱萸锦衣玉作匣,**按:一作"匪"。**安念昔日枯树枝。**《后汉·皇后纪论》:六宫称号,惟皇后贵人金印紫绶,奉不过粟数十斛。又置美人、宫人、采女三等,并无爵秩,岁时赏赐,充给而已。《九歌》:矢交坠兮士争先。《广韵》:拂,去也,拭也,除也。《六书故》:拭,以巾拭垢濡也。**不学衡山南岭桂,至今千年**一作"载"。**犹未知。**《庐山记》:山有三石梁,广不盈尺,俯盼冥然无底。吴猛将弟子过此梁,见老翁坐桂树下,以玉杯盛甘露与猛。按《周礼·夏官·职方氏》:正南曰荆州,其山镇曰衡山。《汉书·地理志》:长沙国,湘南县,禹贡衡山在东南。

张　率

拟乐府长相思二首

按:杂曲歌辞。注见卷四吴迈远。

长相思,久离别。美人之远如雨绝。郭璞《别诗》:一乖雨绝天。**独延伫,心中结。望云去**一作"云"。**去远,望鸟飞**一作"鸟"。**飞灭。**案:此二句一作"云去远,鸟飞灭"。**空望终若斯,珠泪不能雪。**

长相思,久别离。所思何在若天垂,郁陶相望不得知。玉阶

月夕映罗帷[一],《仓颉》:阳墟山丹甲青文石刻:"上天垂命,皇辟造王。"郁陶,见《尚书》。一无"罗帷"。罗帷风夜吹。长思不能寝,一作"寐"。坐望天河移。杨泉《物理论》:水之精气上浮,婉转随流水,名曰天气。梁元帝《纂要》:天河谓之天汉。

〔一〕五云溪馆本、《艺文类聚》卷四二均无"罗帷"二字,显是衍文。

白纻歌辞二首

按:舞曲歌辞。《乐府》载率诗九首,宋刻止收此二首,徐刻并载五首,今附后。其四首俱不录。

歌儿流唱声欲清,舞女趁节体自轻,歌舞并妙会人情。桓子《新论》:歌儿卫子夫因幸爱重。《史记·高祖纪》:高祖所教歌儿百二十人,皆令为吹乐。桓宽《盐铁论》:今富者钟鼓五乐,歌儿数曹。依弦度曲婉盈盈[一]。扬蛾为态谁目成。《西京赋》:度曲未终,云起雪飞。《汉·元帝纪》:帝自度曲。魏徐干《七喻》:扬蛾眉而微睇。

〔一〕"依",《诗纪》卷七九注:"一作'调'。"

妙声屡唱轻体飞,流津染面散芳菲,俱一作"举"。动齐息不相违。刘桢《赠五官中郎将》诗:清歌制妙声。扬雄《蜀都赋》:凝水流津。左思《招隐》诗:飞荣流余津。《庄子》:真人之息以踵,众人之息以喉。令彼嘉客憺一作"淡"。忘归,时久玩夜明星稀。屈原《九歌》:留灵修兮憺忘归。谢灵运《石壁精舍还湖中》诗:游子憺忘归。

费昶

行路难二首

按：第一首《艺文》作吴均诗。

君不见，长安客舍门，倡家少女名桃根。贫穷夜纺无灯烛，何言一朝奉至尊。《史记》：商君出亡，欲止客舍。杜预《左传注》：逆旅，客舍也。《水经注》：临水亭，其水有客舍，故名客舍门。又曰洛门也。王献之《情人桃叶歌》：桃叶连桃根。《礼记·丧服传》：天子至尊。至尊离宫百余处，千门万户不知曙。唯闻哑哑城上乌，玉栏金井牵辘轳。丹梁翠柱飞屠一作"流"。苏，香薪桂火炊雕胡。按：一作"雕苽"。当年翻覆无常定，薄命为女何必麤。《续汉书》：桓帝时童谣云："城上乌，尾毕逋，一年生雏。"《广韵》：廜䣲，草庵。《通俗文》：屋平曰屠苏。《魏志·曹爽传》注：厅事前屠苏坏，令人更治之。《新婆娑论》：共取香薪。梁萧子云《岁暮直庐赋》：没屠苏之高彩。《战国策》：苏秦对楚王曰："楚国食贵于玉，薪贵于桂，谒者难见于鬼，王难见于天帝，今令食玉炊桂，因鬼见帝，其可得乎？"《史记·陈丞相世家》：平反复乱臣也。《说文》：麤，行超远也。又疏也，大也，物不精也。又略也。魏应璩诗：长老颜色麤。按：《魏都赋》：丹梁虹申以并亘。

君不见，人生百年如流电，心中坎一作"塪"。壈君不见。我昔初入椒房时，讵减班姬与飞燕。朝逾金梯上凤楼[一]，暮下琼钩息鸾殿。李康《游山序》：盖人生天地之间也，若流电之过户牖，轻尘之栖弱草。沈约诗：霓裳拂流电。鲍照乐府：坎壈怀百忧。郭璞《游仙诗》：翘手攀金梯。宋玉《招魂》：砥室翠翘，絓曲琼些。王逸曰：曲琼,玉钩也。《西京杂记》:汉掖庭有鸣鸾殿,不在簿籍。**柏台昼夜香**[二],**锦帐自飘飏**。一作"飞扬"。**笙歌膝上吹**,按:一作"枣下曲"。**琵琶陌上桑**。潘岳《笙赋》:咏桃园之夭夭,歌枣下之纂纂。古《咄喑歌》:枣下何攒攒,荣华若有时。枣欲初赤时,人从四面来。枣适今日赐,谁当仰视之。纂与攒,古字通。**过蒙恩所赐**[三],**余光曲沾被**。**既逢阴后不自专**,**复值**一作"遇"。**程**一作"班"。**姬有所避**。**黄河千年始一清**,**微躯再逢永无议**。李密《陈情表》:过蒙拔擢。沈约《伤美人赋》:望余光而踯躅。北齐邢子才《应诏》:草木尽沾被。《后汉书》:光武光烈阴皇后讳丽华,南阳新野人。帝以后雅信宽仁,欲崇以尊位,后固辞,以郭氏有子,终不肯当。故遂立郭皇后。《汉·景十三王传》:长沙定王发母唐姬,故程姬侍者,景帝召程姬,程姬有所避,不愿进。师古曰:谓月事。《左传》:俟河之清。杜预曰:黄河水浊,一千年而一清。曹植诗:欢会难再遇。王逸《九思》:惟天禄兮不再。《说文》:再,一举而二也。又重也,仍也。**蛾眉偃月徒自妍**,**傅粉施朱欲谁为**。**不如天渊水中鸟**[四],**双去双归长比翅**。《后汉·皇后纪》:顺烈梁皇后,相工茅通见后曰:"此所谓日角偃月,相之极贵。"宋玉《登徒子好色赋》:着粉则太白,施朱则太赤。《广韵》:翅,鸟翼。

〔一〕"逾",《文苑英华》卷二〇〇作"踏"。
〔二〕"柏台",《诗纪》卷八一〇作"柏梁"。
〔三〕"蒙",《文苑英华》作"叨"。
〔四〕"鸟",《文苑英华》作"凫"。

皇太子圣制 简文

乌栖曲四首

《乐录》:《乌栖曲》者,鸟兽二十一曲之一也。案:清商曲辞西曲歌。

芙蓉作船丝作笮,北斗横天月将落。《方言》:关西谓之船,关东谓之舟。古辞《上陵》:青丝为君笮,木兰为君棹。**采莲**一作"桑"。**渡头碛**一作"拟"。**黄河,郎今欲渡畏风波**。《唐书·乐志》:《采桑》,因《三洲曲》而生此声也。《采桑渡》,梁时作。《水经》曰:河水过屈县西南为采桑津。春秋僖公八年,晋里克败狄于采桑是也。梁简文帝《乌栖曲》:采桑渡头碛黄河,郎今欲渡畏风波。《古今乐录》:《采桑渡》旧舞十六人,梁八人,即非梁时作矣。谢灵运《酬从弟惠连》诗:风波子行迟。

浮云似帐月成一作"如"。**钩,那能**一作"得"。**夜夜南陌头**。魏文帝"浮云"诗:西北有浮云,亭亭如车盖。沈约作《夜夜曲》,见卷五。

宜城酝一作"醞"。**酒今行熟**〔一〕**,停鞍系马暂栖宿**〔二〕。刘琨《扶风歌》:系马长松下,发鞍高岳头。案:张衡《南都赋》:酒则九酝甘醴,十旬兼清。《说文》:酿也。《玉篇》:酿酒也。

〔一〕"酝酒",《艺文类聚》卷四二作"投酒"。按:"投",应作"酘",《北堂书钞》:"宜城九酝酒曰酘酒。""行",《文苑英华》卷二〇六作"夜"。

〔二〕"停鞍系马",《文苑英华》作"莫惜停鞍"。

青牛丹毂七香车,可怜今夜宿倡家。《拾遗记》:魏文帝所爱美人薛灵芸,以文车十乘迎之。车皆镂金为轮辋,丹画其毂,轭加青色之牛,日行三百里。扬雄《解嘲》:朱丹其毂。魏武帝《与杨彪书》:今赠足下画轮四望通幰七香车一乘,青犉牛二头。**倡家高树乌欲栖,罗帏翠帐**按:一作"被"。**向君低**〔一〕。

〔一〕"向",《乐府诗集》卷四八作"任"。

织成屏风银一作"金"。**屈膝,朱唇玉面镫前出**。《晋书·载记》:

石季龙作金钿屈膝屏风。龙辅《女红余志》:阳文张瑂瑻屏风,黄金为屈膝,长七尺,广二尺,可以卷舒。**相看气息望君怜,谁能含羞不自前。**魏应场《西狩赋》:并气息而倾竦。李密《陈情表》:但以刘日薄西山,气息奄奄。

杂句从军行一首

《古今乐录》:《从军行》,王僧虔云:"荀录所载左延年'苦哉'一篇,今不传。"《乐府解题》:《从军行》,皆军旅苦辛之辞。《广题》左延年辞云:"苦哉边地人,一岁三从军。三子到燉煌,二子诣陇西。五子远斗去,五妇皆怀身。"陈伏知道又有《从军五更转》。案:相和歌辞平调曲。简文有二首,此其第二篇也。

云中亭障一作"嶂"。**羽檄惊,甘泉烽火通夜明。贰师将军新筑营,嫖姚校尉初出征。**《史记·秦始皇纪》:筑亭障以逐戎人。《仓颉篇》:障,小城也。《汉书》:高祖曰:"吾以羽檄召天下。"又文帝时,匈奴十四万骑入朝那萧关,遂至彭城,使骑兵入烧回中宫,烽火及甘泉宫。《武帝纪》:贰师将军广利斩大宛王首,获汗血马。**复有山西将,绝世受雄名**[一]。**三门应遁甲,五垒学神兵。**《汉·赵充国传赞》曰:秦汉以来,山东出相,山西出将。虞羲《咏霍将军北伐》诗:千载有雄名。《太乙式》:凡举事皆欲发三门,慎五将。发三门者,开门、休门、生门。五将者,天目、文昌等。《水经注》:紫微有钩陈之宿,主斗讼兵阵。故遁甲攻取之法,以所攻神与钩陈并气,下制所临之辰,则秩禽敌。《隋志》:黄石公《五垒图》二卷。张协《七命》:此盖希世之神兵。《后汉书》:陈忠曰:"旬月之间,神兵电扫。"**白云随阵**[二]一作"施"。**色,苍山答鼓声。迾**一作"迻"。**迾观鹅翼**[三],**参差睹雁行。**《国语》:吴素申白羽之矰,望之如荼。谢朓《鼓吹曲》:眇眇苍山色。扬雄《蜀都赋》：苍山隐天。萧子范《直坊赋》：傍高埤之逦迤。《左传》：与华氏战于赭邱，郑翩愿为鹳，其御愿为鹅。鲍照乐府：雁行缘石径。注：雁行，阵势也。《杂兵书》：八阵者，八曰雁行阵。先平小一作"少"。月阵，却灭大宛城。善马还长乐，黄金付水衡。《汉书·西域传》：大月氏，本行国也。随畜移徙，与匈奴同俗。老上单于杀月支乃远去，都妫水北为王庭。其余小众不能去者，保南山羌，号小月氏。《李广利传》：期至贰师城取善马，故号贰师将军。《百官表》：水衡都尉，武帝元鼎二年初置，掌上林苑，有五丞。属官有上林、均输、御羞、禁园、辑濯、钟官、技巧、六厩、辨铜九官令丞。小妇赵人能鼓瑟，侍婢初笄解郑声。庭前桃花一作"柳絮"。飞已一作"欲"。合，必应红妆起见一作"来起"。迎。《汉书·枚乘传》：乘在梁时，取皋母为小妻。《袁盎传》：从史盗私盎侍儿。文颖曰：婢也。《白虎通》：女子幼嫁必笄。《蜀志》：刘琰为车骑将军，侍婢数十，能为声乐。鲍照《行路难》：中庭五株桃，一枝先作花。汤惠休《明妃曲》：微笑相迎。

〔一〕"受"，《乐府诗集》卷三二作"爱"。

〔二〕"阵"，《乐府诗集》注："一作'筛'。"

〔三〕"逦迤"，《乐府诗集》作"迤逦"。

和萧侍中子显春别四首

别观葡萄带实垂，江南豆蔻生连枝。《后凉录》：龟兹国胡人奢侈，家有至千斛葡萄，汉使取实来，离宫别馆旁尽种。《本草》：豆蔻生南海。注：《蜀本图经》云：苗似杜若，春花在穗端，如芙蓉，四房生于茎下，白色花开即黄，根似高良姜，实若龙眼，而无鳞甲，中如石榴子，茎、叶、子皆味辛而香，十月收，今苑中亦种之。按：左思《吴都赋》：草则藿蒳豆蔻。《南方草木状》：豆蔻花，其花作穗，嫩叶卷之而生，花微红。又按：《集韵》或作"茠"。无情无意犹如此,有心有恨徒别离。一作"自知"。晋湛方生《风赋》:等至道于无情。江淹《江上之山赋》:树无情而百色。

蜘蛛作丝满帐中,芳草结叶当行路。红脸脉脉一生啼,黄鸟飞飞有时度。屈原《离骚》:何昔日之芳草兮。故人虽故昔经新,新人虽新复应故。《艺文类聚》:后汉窦玄形貌绝异,天子以公主妻之。旧妻与玄书别曰:"衣不厌新,人不厌故。"词旨各别。《南史·儒林传》:何妥答顾良曰:"先生姓顾,是眷顾之顾,是新故之故?"《晋书》:桓冲怒送新衣,妻曰:"衣不经新,何缘得故。"按:此首《艺文》作江总《闺怨诗》。

可怜淮水去来潮,春堤杨柳覆河桥。《水经》:淮水出南阳平氏县胎簪山,东北过桐柏山。枚乘《七发》:海水上潮番禺。《新语》:早潮下,晚潮上,而水相合曰沓潮。《海峤志》:潮随月盈亏。《尔雅》:筑土遏水曰堤。《晋书》:杜预以孟津渡险,请建河桥于富平津,曰:"造舟为梁,则河桥之谓也。"泪迹一作"痕"。未燥一作"燥"。讵终朝,行闻玉佩已相要。一作"邀"。案:扬子《方言》注:爇则干燥。据《集韵》燥俗作"燥",非是。燥为俗燥字也。

桃红李白若朝妆,羞持憔悴比新杨〔一〕。不惜暂住一作"往"。君前死,愁无西国更生香。

案:徐刻下有《历九秋篇》十首,作简文诗,今见前。

〔一〕"杨",《艺文类聚》卷三二作"芳"。

杂句春情一首

按:杂曲歌辞。《乐府》作《春情曲》。

蝶黄花紫燕相追,杨低柳合路尘飞。已见垂钩挂绿树,诚知淇水沾罗衣。晋潘尼《钩赋》:金钩厉巨,甘铒垂芬。两童夹车问不已,五马城南犹未归。莺啼春欲驶,无为空掩扉。《说文》:扉,户扇也。《尔雅》:阖谓之扉。

拟古一首

按:亦见《昭明集》。

窥红对镜敛双眉,含愁拭泪坐相思。念人一去许多时,眼语笑靥迎按:一作"近"。来情,心怀心想甚分明。忆人不忍语,衔恨一作"含情"。独吞声。《汉·李陵传》:即目视陵。师古曰:今世俗所谓眼语是也。谢灵运《庐山慧远法师诔》:始终衔恨。张奂《与崔元始书》:匈奴若非其罪,何肯吞声。

倡楼怨节一首 六言

杂曲歌辞。

朝日斜来照户,春鸟争飞出林。片光片影皆一作"景"。丽,一声一啭煎心。沈约《率尔成章》:丽日属元巳。上林纷纷花落,淇水漠漠苔浮。年驰节流易尽,何为忍忆含羞〔一〕。孔融《论盛孝章书》:岁月不居,时节如流。石崇《思归叹》:时光逝兮年易尽。

案:徐刻下有《东飞伯劳歌》二首,今附后。

〔一〕"忆",《艺文类聚》卷三二作"意"。

湘东王

春别应令四首

昆明夜月光如练,上林朝花色如霰。《说文》:霰,稷雪也。言雪初作未成华,圆如稷粒也。吴均《赠周兴嗣》诗:朝花舞风中,夜月窥窗下。花朝月夜动春心,谁忍相思不相见〔一〕。

〔一〕"不相",《艺文类聚》卷三二作"今不"。

试看机上交一作"蛟"。龙锦,还瞻庭里合欢枝。陆翙《邺中记》:锦有大交龙、小交龙、斑文锦、凤凰朱雀锦。《古今注》:合欢树似梧桐,枝叶繁,互相交结,每一风来,辄自离,了不相牵缀,树之阶庭,使人不忿也。《本草》:合欢,味甘平,令人欢乐无忧,久服轻身明目。生益州。映日通风影朱幔,飘花拂一作"摇"。叶度金池。《南都赋》:朱帷连。《正字通》:帷,幔属。曹植《七启》:金墀玉箱。简文帝《与广信侯书》:金池动月。又元帝《郢州晋安寺碑文》云:金池夕光。不闻离人当重合,惟悲合罢会成离。

门前杨柳乱如丝,直置佳人不自持。适言新作裂纨诗,谁悟今成织素辞。

日暮徙倚渭桥西,正见凉一作"流"。月与云齐。潘岳《关中记》:秦作渭水横桥。《雍州图》:在长安北二里横门外也。若使月光无近远,应照离人今夜啼。

　　按:徐刻下有《燕歌行》、《乌栖曲》、《别诗》共七首,今附后。

萧子显

春别四首

翻莺度燕双比翼,杨柳千条共一色。但看陌上携手归,谁能对此空中一作"相"。忆。

幽宫积草自芳菲，黄鸟芳树情相依。争风竞日常闻响，重花叠叶不通飞。当知此时动妾思，惭使罗袂拂君衣。按：此首一本作萧子云诗。

江东大道日华春，垂杨挂柳扫轻尘。《史记》：项羽败，自笑曰："我与江东子弟八千人渡江而西。"淇水昨送泪沾巾，红妆宿昔已应新。魏曹植《仲雍哀辞》：泪流射而沾巾。

衔悲揽涕别心知，桃花李色一作"花"。任风吹。《隋·五行志》：梁天监三年，沙门志公谶诗："衔悲不见喜。"本知人心不似树，何意人别似花离。

乐府乌栖曲应令二首

按：清商曲辞西曲歌。注见前。茂倩《乐府》作梁元帝诗。

握中酒杯一作"清酒"。玛瑙钟[一]，裾边杂佩琥珀龙。一作"红"。《凉州记》：吕纂咸宁二年，盗发张骏陵，得玛瑙钟榼。史游《急就篇》：系臂琅玕琥珀龙。师古曰：言以琥珀为龙，并取琅玕系着臂肘，取其媚好且珍贵也。欲持寄君心不惜，共指三星今何夕。

〔一〕"握"，《乐府诗集》卷四八作"幄"。

泪一作"浓"。黛红轻一作"轻红"。点花色，还欲令人不相识。金壶夜水一作"永"。谁能多[一]，一作"过"。莫持赊用比悬河。鲍照诗：金壶起夕沦。《世说》：王太尉云："郭子玄语议如悬河泻水，注而不竭。"

按：徐刻有第三首，今附后。

〔一〕"谁"，《文苑英华》卷二〇六作"讵"，可从。

燕歌行

注见前。

风光迟舞出青蘋，兰条一作"苕"。**翠鸟鸣发春**。宋玉《风赋》：夫风生于地，起于青蘋之末。郭璞《游仙诗》：翡翠戏兰苕。宋玉《招魂》：献岁发春兮，汨吾南征。**洛阳梨花落如雪**[一]，**河边细草细**一作"组"。**如茵**[二]。《曹瞒传》：王自汉中至洛阳，起建始殿，使工苏越徙美梨，掘之，根伤尽血出。谢朓《别江水曹》诗：花浓聚如雪。刘桢《赠徐干》诗：细柳夹道生。谢万《春游赋》：草靡靡以如茵。**桐生井底叶交枝**，按：一作"加"。**今看无端双燕离。五重**一作"车"。**飞楼入河**一作"云"。**汉，九华阁道暗清池**。《幽明录》：邺城凤阳门五层楼，去地五十丈，长四十丈，广二十丈。《吴越春秋》：范蠡为勾践立飞翼楼，以象天门。**遥看白马津上吏，传道黄龙征戍儿**。《汉书·项籍传》：汉使卢绾、刘贾渡白马津，入楚地。《魏志》：袁绍遣颜良攻东郡太守刘延于白马。《魏氏土地记》：狼河，附黄龙城东北下。**明月金光**一作"波"。**徒照妾**[三]，**浮云玉叶君不知**。崔豹《古今注》：黄帝与蚩尤战，常有五色云气、金枝玉叶，止于帝上，有花葩之象，因而作华盖。**思君昔去柳依依，至今八月避暑归**。魏文帝《戒盈赋序》：避暑东阁，延宾高会。**明珠蚕茧勉登机，郁金香花特**一作"持"。**香衣**[四]。张衡《思玄赋》：百卉含花。**洛阳城头鸡欲曙，丞相府中乌未飞**。鲍照《放歌行》：鸡鸣洛城里，禁门平旦开。丞相，疑作"御史"。注见下文庾信。**夜梦征人缝狐貉，私怜织妇裁锦绯**。《说文》：绯，帛赤色也。**吴刀郑绵络，寒闺夜被**一作"披"。**薄**。《吕氏春秋》：副之以吴刀。张华《博陵王宫侠曲》：吴刀鸣手中。宋玉

《招魂》:秦篝齐缕,郑绵络些。《汉·扬雄传》:绵络天地。注:谓包络之也。庾信《思旧铭》曰:闺深夜静,风高月寒。**芳年海上水中凫,日暮寒夜空城雀**。《晋·张华传》:惠帝中,人有得鸟毛三丈以示华,华见惨然曰:"此谓海凫毛也,出则天下乱矣。"《汉·燕刺王传》:王自歌曰:"归空城兮。"宋鲍照《空城雀》诗:雀乳四鷇,空城之阿。

〔一〕"落",《文苑英华》卷一九六作"白"。
〔二〕下"细"字《文苑英华》作"青"。
〔三〕"徒",《文苑英华》注:"一作'从'。"
〔四〕下"香"字《文苑英华》作"春"。

王　筠

行路难一首

千门皆闭夜何央,百忧俱集断人肠。探揣按:一作"取"。箱中取刀尺,拂拭机上断流黄。情人逐情按:一作"恨"。虽可恨,复畏按:一作"恨"。边远乏衣裳。晋孙绰有《情人碧玉歌》。已缲一作"缫"。一茧摧衣缕,复捣百和裛一作"熏"。衣香。犹忆去时腰大小,不知今日身短长。谢惠连诗:腰带准畴昔,不知今是非。裲裆双心共一抹,衵一作"袒"。复两边作八襀。《通雅》:襦裆,言裲裆之盖其外也。《宋起居注》:泰始二年,御史中丞羊希奏山阴令谢沈,亲忧未除,常着青绛纳裲裆衫,请免沈前所居官也。《读曲歌》:裲裆别去年,不忍见分题。又:竹帘裲裆题,知子心情薄。《尔雅》:裲裆谓之衵复。杨慎《韵藻》:衵腹,即今之裹肚。按:衵,旧作"袒"。《集韵》:音陌。又《说文》:衵,日日所常服也。十卷有衵复诗可证。又襀,七醉切,音萃,衣游缝也。又曷韵,音撮,衣襞积也。与撮、缲并通。襻带虽安不忍缝[一]，开孔裁穿犹未达。《正字通》：襻，衣下系也。音盼。《六书故》作襻。庾信《镜赋》：衣长假襻。**胸前却月两相连，本照君心不照天。**刘孝仪《谢赐鹅鸭启》：复有背如车盖，胸垂却月。愿君分明得此意，勿复流荡不如先。含悲含怨判不死，封情忍思待明年。毛苌《诗传》：判，分也。

〔一〕"缝"，《文苑英华》卷二〇〇作"系"。

刘孝绰

元广州景仲座见故姬一首

一作《代人咏见故姬》。《梁书》：元景仲，法僧次子也，封枝江县公。大通三年，出为平越中郎将，广州刺史。侯景作乱，以景仲元氏之族，许奉为主，乃举兵将下应景。会西江督护陈霸先起兵攻之，景仲自缢而死。

留故夫，不踟躇。别待春山上，相看采按：一作"咏"。**蘼芜。**

刘孝威

拟古应教一首

按：杂曲歌辞。《乐府》作《东飞伯劳歌》。

双栖翡翠两鸳鸯，巫云落月乍相望[一]。曹植《洛神赋》：仿佛兮若轻云之蔽月。**谁家妖冶折花枝，蛾眉暧睨使情移。**按：《乐府》作"衫长钏动任风吹"。《说文》：睨，目小视也。**青铺绿**一作"玉"。**琐一**

作"璨"。琉璃扉,琼筵玉笥金缕一作"花钿宝镜织成"。衣。晋张协《玄武馆赋》:朱户青铺。袁宏《夜酣赋》:开金扉,坐璃筵。谢朓诗:复酌璃筵醴。梁简文帝《喜疾瘳》诗:丹经蕴玉笥。《水经注》:《湘中记》云:"屈潭之左,有玉笥山,道士遗言:此福地也。"美人年几可十余,含羞转一作"骋"。笑敛风裾。珠丸出弹不可追,空留可怜持与谁?

〔一〕"落",《乐府诗集》卷六八作"洛"。

徐君蒨

别义阳郡二首

翔凤楼,遥望与云浮。晋宫阙名有翔凤楼。枚乘《杂诗》:西北有高楼,上与浮云齐。歌声临树出,舞影入江流。叶落看村近,天高应向秋。

饰面亭,妆成按:旧本重"妆成"二字。更点星。颊上红疑浅,眉心黛不青。故留残粉絮,挂看箔帘钉〔一〕。徐悱妻诗:还代粉中絮,拥泪不听垂。庾信《镜赋》:拭钗梁于粉絮。盖俱指此。《广韵》:箔,帘箔也。《正字通》:钉音丁,钉物具也。《魏略》:王凌试索灰钉。

〔一〕"看",纪氏《考异》作"著"。

王叔英妇

赠答一首

一作"赠夫"。

妆铅点黛拂轻红,鸣环动佩出房栊,看梅复看柳,泪满春衫中。

沈　约

古诗题六首

宋刻原注:《八咏》,孝穆止收前二首。此皆后人附录,故在卷末。按齐云:《八咏》亦隐侯生平得意之辞,为后人开出生面。

岁暮愍衰草

愍衰草,衰草无容色。憔悴荒径中,寒荻一作"菼"。不可识。潘岳《悼亡诗》:枯荄带坟隅。《广韵》:荄,草根也。昔时兮春日,昔日兮春风。含华兮佩实〔一〕,垂绿兮散红。潘尼《石榴赋》:华实并丽。夏侯湛《石榴赋》:接翠萼于绿蒂兮,冒红芽以丹须。氛氲鸤鹊右,照耀望仙东。休文《游沈道士馆》诗云:复立望仙宫。《庙记》:望仙宫在华阴,汉武帝所造。送归顾暮一作"慕"。泣淇水,嘉客淹留怀上宫。宋玉《九辩》:憭栗兮若在远行,登山临水送将归。嵇康《琴赋》:或徘徊顾慕。岩陬兮海岸,冰多兮霰积。一作"雾散"。烂漫兮客根,一作"岩根"。攒一作"揽"。幽兮寓一作"石"。隙。《说文》:陬,阪隅也。《史记·周勃世家》:吴奔壁东南隅。司马相如《上林赋》:丽靡烂漫于前。又:攒戾莎。《说文》:攒,族聚也。布绵密于寒皋,吐纤疏于危石。《汉·贾山传》:江皋河滨。李奇曰:皋,水淤地。《列子》:伯昏无人曰:"当与汝登高山,履危石,临百仞之泉。"既惆怅于君子,倍伤心于行役。露高枝于初旦,霜红一作

"江"。天于始夕。雕芳卉之九衢,賈一作"宝"。灵茅之三脊。《山海经》:少室之山,其上有木焉,名曰帝休,叶状如杨,其枝五衢,黄花黑实,服者不怒。郭璞曰:言树枝交错,相重五出,有象衢路也。故《天问》云:靡蓱九衢。《史记·封禅书》:古之封禅,江淮之间一茅三脊,所以为借也。胡伯始注《汉官仪》云:清庙盖以茅。今盖以瓦,下借茅,以存古制。风急崤道一作"路"。难,秋至客衣单。《左传》:晋人御师必于殽。杜预曰:殽在弘农渑池县西。既伤檐下菊,复悲池上兰。飘落逐风尽,一作"转"。方知岁早寒。流萤暗明烛,雁声断才续。萎绝长信宫,芜秽丹墀曲。杨恽《报孙会宗书》:田彼南山,芜秽不治。霜夺茎上紫,风销叶中绿。山变兮青薇,水折兮平苇。按一作"山峦兮水围,青薇兮黄苇"。《尔雅》:薇,垂水。邢疏:草生水滨,枝叶垂于水。郑注:薇菜生水边。然《诗》言"山有蕨薇","陟山采薇",则是山菜,与《尔雅》垂水之薇分二种。《说文》:苇,大葭也。秋鸿按:一作"秋雁嘹"。兮疏引,寒鸟按:一作"寒鸟聚"。兮聚一作"轻"。飞。径荒寒草合,按:一作"草长荒径微"。桐长旧岩围。《广韵》:嘹,病呼。夜渐蘪芜没,按:一作"园庭渐芜没"。霜露日沾衣。愿逐晨征鸟,薄暮共西归。

〔一〕"含",《艺文类聚》卷八一作"衔"。

霜来悲落桐

悲落桐,落桐早霜露。燕至叶未抽,鸿来枝活本作"波"。已素。《礼记》:仲春之月,玄鸟至。又:仲秋之月,鸿雁来,玄鸟归。束晳《补亡诗》:草以春抽。本一作"末"。出龙门山,长枝仰刺天。上峰百丈绝,下趾万寻悬。张衡《南都赋》:森萃萃而刺天。《汉·律历志》:十尺为丈。《正字通》:八尺曰寻。按:《长笛赋》:秋潦漱其下趾兮。又潘岳《相风赋》:踞神兽于下趾。**幽根已盘结,孤枝复危绝。初不照光景,终年负霜雪。自顾无羽仪,不愿生曲池。芬芳本自乏,华实无可施。匠者特**一作"时"。**留眄**[一],**王孙少见之。**一作"知"。《庄子》:惠子谓弟子曰:"吾大树,人谓之樗,匠者不顾。"《楚辞》:王孙游兮不归。又:国无人莫我知兮。**分取生孤**按:一作"自分孤生"。**桺,徙**按:一作"从"。**置北堂陲。**陆机《怀土赋》:悼孤生之已宴。宿茎抽一作"擂"。**晚干,新叶生故枝。故枝虽辽远,新叶颇离离。**梁任昉《济浙江》诗:绿树悬宿根。义同。**春风一朝至,荣户**按:活本作"启",今本作"华"。**坐如斯。**宋玉《好色赋》:寤春风兮发鲜荣。《文子》:有荣华者必有愁悴。**自惟良菲薄,君恩徒照灼。**《正字通》:菲,薄也。**顾已非嘉树,空用凭阿阁。愿作清庙琴,为舞双**一作"君舞"。**玄鹤。**《尚书内传》:奏百人之乐,致玄鹤之舞。**薜荔可为裳,文杏堪作梁。**屈原《九歌》:被薜荔兮带女萝。**勿言草木贱,徒照君末光。**曹植《感节赋》:庶末光之常照。**末光不徒照,为君含嗷眺。**一作"咷"。**阳柯**一作"阿"。**绿水弦,阴枝苦寒调。**《汉·韩延寿传》:嗷咷楚歌。师古曰:嗷,音叫号之叫。咷,音涤濯之涤。王逸《九思》:声嗷誂兮清和。《广韵》:叫咷,楚声也。张协《七命》:翦蕤宾之阳柯,剖大吕之阴茎。**厚德非**可一作"所"。**任,敢不虚其心。若逢阳春至,吐绿照清浔。**《字林》:浔,水涯也。

〔一〕"特",五云溪馆本作"时"。"眄",赵氏覆宋本作"眄"。

夕行闻夜鹤

闻夜鹤,夜鹤叫南池。对此孤明月,临风振羽仪。伊吾人之

菲薄,无赋命之天爵。抱局促之一作"而"。长怀,随春冬而哀乐。魏丁仪《刑礼论》:天不以久远更其冬春。宋谢庄《孝武帝哀策文》:冬暖春喧。愍海上之惊凫,伤云间之离鹤。木华《海赋》:鹬如惊凫之失侣。张衡《归田赋》:落云间之逸禽。离鹤昔未离,近一作"迥"。发天北垂。忽值疾风起,暂下昆明池。司马相如《长门赋》:天飘飘而疾风。复值冬冰合,水宿非所宜。《禽经》:陆鸟曰栖,水鸟曰宿,独鸟曰止,众鸟曰集。欲留不可住,欲去飞已疲。乐府《双白鹄》:忽然卒疲病,不能飞相随。势逐疾风举,求温向衡楚。复值南飞鸿,参差共成侣。《管子》:鸿雁秋南而不失时。《方舆胜览》:回雁峰,在衡阳之南,雁至此不过去,遇春而回,故名。海上多云雾,苍茫失一作"先"。洲屿。自此别故群,独向潇湘渚。晋潘岳《哀永逝文》:视天日兮苍茫。朱异诗:值寒野之苍茫。魏武帝《沧海赋》:览岛屿之所有。故群不离散,相依沧海畔。夜止羽相切,昼飞影相乱。《神异经》:西海之外有鹤国,男女皆长七寸,为人自然有礼,好经论,跪拜,寿三百岁,人行如飞,日千里,百物不敢犯之,惟畏海鹄,鹄过,吞之,亦寿三百岁,人在鹄腹中不死,而鹄一举千里。刷羽共浮沉,湛淡泛清浔。按:《艺文》作"阴"。既不得一作"经"。离别,安知慕侣心?张华《情诗》:不曾远别离,安知慕俦侣。九冬霜雪苦,按:一作"负霜雪"。六翮飞不任。且养凌云翅,俯仰弄清音。所望浮邱子,且夕来见寻。《列仙传》:王子乔,名晋,周灵王太子也。好吹笙作凤鸣,游伊洛间,随浮邱公登嵩山而去。一日遇桓良曰:"告我家,七月七日待吾缑氏山头。"良至期往,则晋乘白鹤,挥手谢时人云。

晨征听晓鸿

听晓鸿,晓鸿度将旦。跨弱水之微澜,发成山之远岸。《山海经》：昆仑之邱，其下有弱水之川环之。郭璞曰：其水不胜鸿毛也。《汉·武帝纪》：太始三年，幸琅琊，礼日成山。师古曰：成山在东莱不夜县，斗入海。按：别作戎山，非。**怅春归之未几，惊此岁之云半。出海涨之苍茫，入云途之杳**一作"弥"。**漫。**谢承《后汉书》：陈茂常渡涨海。又：交址七郡贡献，皆从涨海出入。郭璞《江赋》：济江津而起涨。注：涨，水大之貌。班彪《览海赋》：登云途之凌厉。张衡《西京赋》：途阁云曼。木华《海赋》：渺弥澒漫。潘岳《西征赋》：涃瀁弥漫。**无东西之可辨，孰遐迩之能算。微昔见于洲渚，赴秋期于江汉。**左思《吴都赋》：岛屿绵邈，洲渚冯隆。**集劲风于弱躯，负重雪于轻翰。**北齐萧悫《野田黄雀行》：弱躯愧彩饰。《说文》：翰，天鸡赤羽也。**寒溪可以饮，荒皋可以宿。溪水徒自清，微容**一作"形"。**岂足玩。**张华《鹪鹩赋》：形微处卑，物莫之害。**秋蓬飞兮未极，**一作"绝"。**寒**一作"塞"。**草萎**一作"衰"。**兮无色。楚**一作"吴"。**山高兮杳难度，越水深兮不可测。**江淹《临秋怨别》诗云：吴山饶离袂，楚水多别情。意亦同。《楚辞》：若纵火于秋蓬。齐高帝《塞客吟》：秋风起，塞草衰。谢朓诗云：云端楚山见。**美**一作"羡"。**明月之驰光，愿征禽之骋翼**[一]**。伊余马**按：一作"鸟"。**之屡怀，知吾**一作"君"。**行之未极。**《秦子》：今欲驰光日下显白雪中，不可得已。曹植《杂诗》：驰光见我君。王僧孺《与陈居士书》曰：征禽难使。《离骚》：步余马于兰皋。**夜绵绵而难晓，愁参差而盈臆。望山川悉无似，**一作"以"。**惟星河犹可识。闻**一作"孤"。**雁夜南飞，客泪夜沾衣。春鸿思暮反，客子方未归。岁去欢娱尽，年来容貌非。**张协《咏史》诗：朝野多欢娱。**揽衽形虽是，抚臆事多违。**《说文》：衽，衣裣也。谢朓笺：抚臆论报。**青蒲虽长复易解，白云诚远讵难依。**《说文》：蒲，水草。孔稚珪《北山移文》：白云谁侣。

《南史·隐逸传》：王僧达答曰："褚先生从白云游旧矣。"《归藏》：有白云出自苍梧，入于大梁。《汉武故事》：上禅肃然，白云为盖。

〔一〕"愿"，孟本作"顾"。

解佩去朝市

去朝市，朝市深归暮。晋王康琚《反招隐诗》：大隐隐朝市。辞北缨而南徂，一作"征"。浮东川而西顾。逢天地之降祥，值日月之重光。伊当仁之菲薄，非余情之信芳。《离骚》：苟余情其信芳。充待诏于金马，奉高一作"眷齐"。宴于柏梁。《汉书》：东方朔待诏金马门。观斗兽于虎圈，望窅窱于披香。《列士传》：秦召公子无忌，不行，使朱亥奉璧一双。秦王大怒，将朱亥置虎圈中。亥嗔目视虎，眦裂血溅，虎终不敢动。游西园兮登铜雀，举青璪兮眺重阳。《楚辞》：集重阳而入帝宫兮。张衡《西京赋》：集重阳之清澄。讲金华兮议宣室，昼武帷兮夕文昌。《汉书》：上方向学，郑宽中、张禹朝夕入说《尚书》、《论语》于金华殿中。《三辅黄图》：宣室，殿中温室。殿，金华殿。《汉书·贾谊传》：文帝思谊，征之，及入见，上方受釐，坐宣室。《汲黯传》：武帝常坐武帐中，黯前奏事。曹植《槐赋》：凭文昌之华殿。《水经注》：魏武帝封于邺，为北宫，宫有文昌殿。刘渊林《魏都赋》注：文昌，正殿名也。佩甘泉兮履一作"屣"。五柞，赞一作"替"。枍诣一作"椻"。兮绂承一作"冕"。光。《三辅黄图》：长安有五柞宫。张晏《汉书注》：有五柞树，因以名宫。班固《西都赋》：洞枍诣以与天梁。张衡《西京赋》：枍诣承光。注：枍诣、承光，并台名。托后车兮侍华崿，游渤海兮泛清漳。陆机《赠冯文罴诗》：居陪华崿。《汉书·地理志》：有渤海郡。《山海经》：少山清漳出焉，东流于浊漳。《地理志》：魏郡武始县漳水至邯郸，入漳山。**天道有盈缺，寒暑递炎凉。**《左传》：子胥曰："盈必毁，天之道也。"《春秋元命苞》：月盈而阙者诎乡尊。宋均曰：诎，还也。尊，君也。**一朝卖玉琬**[一]，眷眷按：一作"春暮"。**惜余香。**《汉武故事》：邺县有一人于市货玉杯，吏疑其御物，欲捕之，因忽不见。县送其器，推问，乃茂陵中物也。霍光自呼吏问之，说市人形貌如先帝。陆机《吊魏武帝文》又云：余香可分与诸夫人。**曲池无复处，桂枝亦销亡。清庙徒肃肃，西陵久茫茫。薄暮余多幸，嘉运重来昌。**《左传》：民之多幸，国之不幸也。陆云《晋故散骑常侍陆府君诔》：虽蹑嘉运。**忝稽郡之南尉，曲千里之光贵**[二]。司马彪《续汉书》：任延拜会稽南部尉，时年十九。《东观汉记》：冯勤曾祖杨，宣帝时为弘农太守，生八男，皆典郡。晋孙楚《雁门太守牵府君碑》：剖符千里。**别北荒**一作"芒"。**于浊河，恋横桥于清渭。**张载《七哀诗》：北芒何垒垒。郭缘生《述征记》：北芒城，北芒岭也，去洛阳大夏门不盈一里。《战国策》：苏秦曰："齐有清济浊河。"**望前轩之早桐，对南阶之初卉。**夏侯湛《秋可哀》：映前轩之疏幌。谢惠连《咏牛女》诗：鸣金步南阶。**非余情之屡伤，寄兹焉兮**一作"之"。**能慰。**晋陆机《还思赋》：嗟余情之屡伤。**眷昔日兮怀哉，日将暮兮归去来。**晋陶潜集有《归去来辞》。

〔一〕"琬"，五云溪馆本作"椀"。
〔二〕"曲"，五云溪馆本作"典"。

披褐守山东

守山东，山东万岭一作"里"。**郁青葱。**《尔雅》：青谓之葱。《三都赋序》：扬雄赋《甘泉》，而陈玉树青葱。**两溪共一写，**一作"泻"。**水**

洁望如空。岸侧青莎被，按：一作"披"。岩间丹桂丛。《本草》：青莎，一名水香棱，一名雀头香。《吴都赋》：丹桂沟丛。上瞻既隐轸，按：一作"隐隐"。下睇亦溟蒙。扬雄《羽猎赋》：隐隐轸轸，被陵缘坂。左思《吴都赋》：旷瞻迢递，回眺溟蒙，珍怪丽，奇隙充。远林响咆兽，近树聒鸣虫。《说文》：咆，咆嗥也。潘岳《西征赋》：何猛气之咆勃。注：怒貌。按：《左传·襄二十六年》：聒而与之语。注：聒，欢也。《说文》：本作䛽，欢语也。路带一作"出"。若溪右，洞按：一作"泉"。吐金华东。《续汉书》：山阴县，去郡数十里，有若邪山。《神仙传》：黄初平，丹溪人，年十五，家使牧羊，有道士见其良谨，将至金华山石室中四十余年。刘峻著《东阳金华山栖志》。万仞倒危石，百丈注悬丛。一作"浵"。毛苌《诗传》：漴，水会也，与"灉"通。掣一作"瀑"。曳泻流电，奔飞似白虹。《尚书·考灵耀》郑玄注曰：日旁气白者为虹。邢子才表：可成奔飞之用。洞井一作"深洞"。含清气，漏穴吐飞风。魏文帝《善哉行》：长笛吐清气。梁简文帝《长沙宣武王庙碑文》：反宇飞风。玉窦膏滴沥，石乳室一作"室乳"。空笼。《十洲记》：瀛洲有玉膏如酒味，名曰玉酒，饮数升辄醉，乃令人长生。《水经注》：大洪山在随郡之西南，竟陵之东北，入石门，又得钟乳穴，穴中多钟乳，凝膏下垂，望齐冰雪，微精细液，滴沥不断。峭崿涂弥险，崖岨步才通。余舍按：一作"拾"。平生之所爱，欸暮年而逢此。一作"斯逢"。愿一去而不还，恨邹一作"邦"。衣之未褫。荆轲歌：壮士一去不复还。《韩非子》：邹君好长缨，左右皆服，长缨甚贵，邹君患之。问左右，左右对曰："君好服之，百姓亦多服，是故贵。"邹君因先断其缨而出，国中皆不服长缨。揖一作"挹"。林壑之清旷，事氓俗之纷诡。少昊《皇母望娥歌》：天清地旷。谢灵运《田南诗》：清旷招远风。《后汉书》：仲长统曰："欲卜居清旷，以乐其志。"

《玉篇》：诡，欺也，慢也，怪也。**幸帝德之方升，值天网**一作"纲"。**之未毁。**晋傅咸《桑树赋》：犹帝道之将升。《老子》：天网恢恢，疏而不失。**既除旧而布新，故化民而俗徙。**《左传》：申须曰："彗所以除旧布新也。"**播赵俗以南徂，扇齐风以东靡。**《史记·赵世家》：武灵王胡服骑射，以教百姓。《左传》：吴公子札来聘，为之歌齐，曰："美哉！泱泱乎大风也哉！表东海者，其太公乎。"《说苑》：泄冶曰："东风则草靡而西，西风则草靡而东。"**乳雉方可驯，流蝗庶能弭。**《后汉·鲁恭传》：恭为中牟令，蝗不入界。河南尹袁安使掾肥亲觇之，恭与亲坐桑下，有雉过，止其旁，旁有童儿，亲曰："何不捕之？"儿言雉方将雏。亲叹其三异。**清心矫世浊，俭政革**一作"救"。**民侈。**屈原《渔父》：世人皆浊我独清。**秩满抚按**：一作"归"。**白云，淹留事芝髓。**按：一作"体"。《孔稚珪集·酬张长史诗》：同贫清风馆，共素白云室。《神异经》：钟山在北海之中地，仙家数十万，耕田种芝草，课计顷亩。袁彦伯《竹林名士传》：嵇康、王烈入山，烈常得石髓，柔滑如饴，即自服半，余半取以与康，皆凝为石。

张　衡

定情歌

按：杂曲歌辞。注见卷一繁钦。

大火流兮草虫鸣，繁霜降兮草木零。秋为期兮时已征，思美人兮愁屏营。

以下诸诗，宋刻不收，今附于后。

刘 铄

白纻曲

注见前。

迁迁按:《乐府》作"仙仙"。徐动何盈盈,玉腕俱凝若云行。佳人举袖耀清蛾,掺掺擢手映鲜罗。《说文》:方目纱绮借罔罗象形曰罗。状似明月泛一作"沉"。云河,体如轻风动流波。

鲍 照

北风行〔一〕

郭茂倩曰:《北风》,本卫诗也。《北风》诗曰:"北风其凉,雨雪其雱。"传云:"北风寒凉,病害万物,以喻君政暴虐,百姓不亲也。"若鲍照《北风凉》、李白"烛龙栖寒门",皆伤北风雨雪,而行人不归,与卫诗异矣。按:杂曲歌辞。

北风凉,雨雪雱,洛阳按:一作"京洛"。女儿多妍一作"严"。妆。无名氏古诗:新妇起严妆。遥艳帷中自悲伤,沉吟不语若为一作"有"。忘。问君前行何当归,苦使妾坐自伤悲。古绝句:何当大刀头。虑年去,一作"至"。虑颜衰,情易复〔二〕,恨难追。

〔一〕《鲍参军集》作《代北风凉行》。
〔二〕"复",《鲍参军集》作"远"。

汤惠休

楚明妃曲

按:琴曲歌辞。

琼台彩楹,桂寝雕甍。《归藏》:夏后启筮享神于晋之墟,为作璇台于水之阳。《三辅故事》:桂宫周匝十里。金闺流耀,玉牖含英。江淹《别赋》:金闺之诸彦。注:金闺,金马门也。香芬幽蔼,珠彩珍荣。文罗秋翠,纨绮春轻。晋左贵嫔《松柏赋》:馥幽霭而永馨。骖驾鸾鹤,往来仙灵。《集仙录》:群仙毕集,位高者乘鸾,次乘麒麟,次乘鹤。鸾鹤每翅各大丈余。班固《终南山赋》:固仙灵之所游集。《列子》:岱舆山上观台皆金玉,仙圣飞相往来。含姿绵视,微笑相迎。按:简文《舞赋》:既相看而绵视。意同。结兰枝,送目成,当年为君荣。

白纻歌

按:汤诗《乐府》载二首,此其第二篇也。

少年窈窕舞君前,容华艳艳将欲然。为君娇凝复迁延,流目送笑不敢言。宋玉《神女赋》:迁延引身,不可亲附。张衡《思玄赋》:流目眺夫衡阿兮。长袖拂面心自煎,愿君流光及盛年。

秋风歌

按:琴曲歌辞。茂倩《乐府》作《秋风》。

秋风袅袅入曲房,罗帐含月思心伤。蟋蟀夜鸣断人肠,夜长思君心飞扬。他人相思君相忘,锦衾瑶席为谁芳。

歌思引

　　一作《秋思引》。

秋寒依依风过河,白露萧萧洞庭波。思君末光光已灭,眇眇悲望如思何!

梁武帝

江南弄

　　按:清商曲辞。以下四曲同。注详卷六吴均。又按:《古今乐录》曰:《江南弄》三洲韵。和云:"阳春路,娉婷出绮罗。"

众花杂色满上林,舒芳耀绿垂轻阴。连手蹩躠舞春心。舞春心,临岁腴,中人望,独踟蹰。《说文》:腴,肥也。

龙笛曲

　　《古今乐录》:《龙笛曲》,和云:"江南音,一唱直千金。"马融《长笛赋》曰:"近世双笛从羌起,羌人伐竹未及已。龙鸣水中不见已,截竹吹之声相似。"然则《龙笛曲》盖因声如龙鸣而名曲。

美人绵眇在云堂,雕金镂竹眠玉床。晋曹昆《咏冬》诗:绵邈冬夕永。晋苏彦《女贞赋》:或树之于云堂。《艺文类聚》:陈江总有《云堂赋》。《傅子》：汉末一管之匣,雕以黄金,饰以和璧。《风俗通》：汉帝时,零陵文学奚景仲,于泠道舜祠下得玉管,后人易之以竹。**婉爱寥亮绕红梁**。一作"虹梁"。刘梁《七举》：丹墀缥壁,紫柱红梁。**绕红梁,流月台,驻狂风,郁徘徊**。元帝《南岳衡山九贞馆碑文》：上月台而遗爱。《语林》：褚公与孙绰游曲阿后湖,狂风忽起。

采菱曲

《古今乐录》：《采菱》,和曲云："菱歌女,解佩戏江南。"**江南稚女珠腕绳,金翠摇首红颜兴。桂棹容与歌采菱**。江淹《扇上彩画赋》：临淄之稚女。潘岳《闲居赋》：儿童稚齿。清商曲《双行缠》云：朱丝系腕绳。《史记》：太史公曰："优孟摇头而歌。"屈原《九歌》：桂棹兮兰枻。注：棹,楫也。扬雄《方言》：楫谓之桡。**歌采菱,心未怡,翳罗袖,望所思**。

游女曲

《古今乐录》：《游女曲》,和云："当年少,歌舞承欢笑。"**氛氲兰麝体芳滑,容色玉耀眉如月,珠佩婐姤戏金阙**。司马相如《美人赋》：时来亲臣,柔滑如脂。《广韵》：婐姤,身弱好貌。按：《韩昌黎诗集》注中引乐府"珠佩婐姤戏金阙"句,婐姤,谓月妃。罗泌《路史》：艳妃光妭,婐姤柔挠。盖本此。《神异经》：西北荒中有二金阙,高百丈。**戏金阙,游紫庭,舞飞阁,歌长生**。《河图谶》：上参南斗第一星,下立草屋为紫庭。神龙之冈梧桐生,凤鸟戢翼朝旦鸣。蔡邕《琴操》：周成王琴歌曰："凤凰翔兮紫庭,余何德兮感灵。"崔骃《七依》：飞阁重楼。鲍照乐府：淮南王,好长生。

朝云曲

《古今乐录》:《朝云曲》,和曲云:"徙倚折耀华。"郦道元《水经注》:巫山者,帝女居焉。宋玉谓帝之季女名曰瑶姬,未行而亡,封于巫山之台。精魂为草,实谓灵芝,所谓巫山之女,高唐之姬也。《朝云曲》盖取于此。朝云,注见卷五江淹。

张乐阳台歌上歇,一作"谒"。如寝如兴芳一作"若"。暗暧。容光既艳复还没。《庄子》:北门成问于黄帝曰:"帝张咸池之乐,于洞庭之野。"王延寿《鲁灵光殿赋》:宵霭霭而晻暧。复还没,望不来,巫山高,心徘徊。

白纻辞二首

按:《古今乐录》曰:梁三朝乐第二十,设《巾舞》,并《白纻》,盖《巾舞》以《白纻》四解送也。

朱丝玉柱罗象筵,飞琯促节舞少年[一]。沈约诗:象筵鸣宝瑟。铣曰:象筵,簟也。短歌流目未肯前,含笑一转私自怜[二]。

〔一〕"琯",《文苑英华》卷一九三作"管"。
〔二〕"私自",《文苑英华》作"自知"。

纤腰袅袅不任衣,娇态独一作"特"。立特一作"独"。为谁。《埤苍》:袅袅,美也。奴鸟切。《史记·律书》:孝文曰:"朕能任衣冠,念不到此。"赴曲君前未忍归,上声急调中心飞。《乐府》有《上声歌》,注见卷十。

昭明太子[一]

江南曲

按:清商曲辞。《乐府》载《江南弄》三首,又《江南曲》,和云:"阳春路,时使佳人度。"

枝中水上春并归,长杨扫地桃花飞。清风吹人光照衣。宋玉《风赋》:故其清凉雄风。光照衣,景将夕。掷黄金,留上客。

〔一〕据《艺文类聚》卷四二、《诗纪》卷六七,应作简文帝。

龙笛曲

《古今乐录》:和云:"江南弄,真能下翔凤。"注见上。

金门玉堂临水居,一嚬一笑千万余。游子去还愿莫疏。《通鉴》:韩昭侯曰:"吾闻明主爱一嚬一笑。"愿莫疏,意何极。双鸳鸯,两相忆。

采莲曲

《古今乐录》:和云:"采莲归,渌水好沾衣。"注见卷六吴均。

桂楫兰桡浮碧水,江花玉面两相似。莲疏藕折香风起。谢朓诗:香风蕊上发。香风起,白日低。采莲曲,使君迷。

简文帝

东飞伯劳歌二首[一]

按：杂曲歌辞。

翻阶蛱蝶恋花情，容华飞燕相逢迎。谁家总角歧路阴，裁红点翠愁人心。天窗绮井暧徘徊，珠帘玉匣一作"箧"。明镜台。孔融《临终诗》：天窗通冥室。《汉官仪》：泰山下，直上七十里，至天门，如从穴中窥天窗矣。《风俗通》：殿堂象东井，形刻作荷菱。荷菱，水物也，所以厌火。《汉武故事》：上起神屋，又以白珠为帘，瑇瑁押之。可怜年几十三四，工歌巧舞入人意。《西京赋》：何工巧之瑰玮。白日西倾一作"落"。杨柳垂，含情弄态两相知。

〔一〕《全梁诗》卷一注："一云《绍古歌》。"

西飞迷雀东羁雉，倡楼秦女乍相值。谢灵运《晚出西射堂》诗：迷鸟怀故林。谁家妖丽邻中止，轻妆薄粉光间里。网户珠缀曲琼钩，芳茵翠被香气流。郑玄《毛诗笺》：茵，蓐也。少年年几方三六，含娇聚态倾人目。余香落蕊坐相催，可怜绝世谁为媒。

元帝

燕歌行

注见前。

燕赵佳人本自多,辽东少妇学春歌。黄龙戍北花如锦,玄菟城前一作"南"。月似蛾。《武陵记》:后汉马融勤学,梦见一林,花如锦绣,梦中摘此花食之,及寤,见天下文辞无所不知,时人号为锦囊。《汉书》:武帝元封四年,以朝鲜地置乐浪、玄菟、真番、临屯四郡。昭帝置真番,筑辽东玄菟城。按:《宋书》:冯跋治黄龙城,故谓之黄龙戍。如何此时别夫婿,金羁翠眊往交河。龙辅《女红余志》:临川王宏妾江无畏善骑马,翠眊珠羁,玉珂金镫。还闻入汉去燕营,怨妾心中按:一作"愁心"。百恨生。漫漫悠悠天未晓,遥遥夜夜听寒更[一]。自从异县同心别,偏恨同时成异节。横波满脸万行啼,翠眉渐敛千重结[二]。并海连天合不开,那堪春日上春台[三]。《汉·地理志》:正北曰并州。《老子》:众人熙熙,如登春台。惟见远舟如落叶[四],复看遥舸似行杯。《白帖》:古者观落叶,因以为舟。《高僧传》:杯渡和尚,不知其名,姓尚,乘木杯渡河,因名焉。沙汀野鹤啸羁雌[五],妾心无趣坐伤离[六]。翻嗟汉使音尘断[七],空伤贱妾燕南陲。陆机《思归赋》:绝音尘于江介。

[一]"寒",《全梁诗》卷三注:"一作'严'。"
[二]"渐",《全梁诗》作"暂"。
[三]"堪",《全梁诗》注:"一作'宜'。"
[四]"惟",《全梁诗》作"乍"。
[五]"野",《全梁诗》作"夜"。
[六]《全梁诗》注:"或作'妾心无怨生伤离'。"
[七]"断",《全梁诗》注:"一作'绝'。"

乌栖曲四首

注见前。按:帝诗茂倩《乐府》载六首。今前选二首,作萧子显诗。

沙棠作船桂为楫,夜渡江南采莲叶。《山海经》:昆仑之丘有木焉,名曰沙棠,可以御水。注:沙棠为木,不可得沉,铭曰:"安得沙棠,刻以为舟,泛彼沧海,以邀以游。"《拾遗记》:汉成帝常与赵飞燕戏太液池,沙棠为舟,贵其不沉没也。复值西施新浣纱,共泛江干瞻月华〔一〕。毛苌《诗传》:干,崖也。范云《之零陵郡次新亭》诗:江干远树浮。

〔一〕《乐府诗集》卷四八"泛"作"向","瞻"作"眺"。

月华似碧一作"璧"。星如佩,流影灯一作"澄"。明玉堂内。宋玉《风赋》:徜徉中庭,北上玉堂。邯郸九投一作"枝"。朝始成,金卮银一作"玉"。碗共君倾。《淮南子》:楚会诸侯,鲁赵皆献酒于楚王。主酒吏求酒于赵,赵不与,吏怒,乃以赵厚酒易鲁薄者奏之。楚王以赵酒薄,遂围邯郸。《酒经》:空桑秽饭,酝以稷麦,以成醇醪,酒之始也。乌梅女莞,甜醴九投,澄清百品,酒之终也。莞,音皖;醴,音乳。《吴志》:甘宁乃以银碗酌酒,自饮两碗。

交龙成锦斗凤纹,芙蓉为带石榴裙。《拾遗记》:石虎为浴室,列凤文锦步障,萦蔽于浴所。日下城南两相忘,月没参横掩罗帐。按:《晋书·陆云传》:云与荀隐素未相识,常会张华坐。云因抗手曰:"云间陆士龙。"隐曰:"日下荀鸣鹤。"

七彩随珠九华玉〔一〕,蛱蝶为歌明星曲。兰房椒阁夜方开,那知步步香风逐。

〔一〕"随",《全梁诗》卷三作"隋"。

别诗二首

别罢花枝不共攀,别后书信不相关。欲觅行人寄消息,衣带潮水暝应还。《古辨异》:博游曰:"河江四海如衣带。"
三月桃花含面脂,五月新油好煎泽。《古今注》:后周宫人供奉者,帖胜花子作桃花妆。蔡邕《女诫》:脂则思其心之和。又:泽发则思其心之润。莫复临时不寄人,漫道江中无估客。杜氏《通典》:齐武帝制《估客乐》。

沈　约

赵瑟曲

按:清商曲辞。《乐府》载《江南弄》四首,今选三首。《赵瑟》、《秦筝》二曲,注并见卷六吴均。

邯郸奇弄出文梓,萦弦急调切一作"急"。流征。玄鹤徘徊白云起。嵇康《琴赋》:奇弄乃发。古歌辞:《白帝子》歌曰:"桐峰文梓千寻直。"《墨子》:荆有长松文梓。《汉·郊祀志》:封禅祠,其后若有光,昼有白云出封中。白云起,郁披香。离复合,曲未央。

秦筝曲

罗袖飘䌟拂雕桐,促柱高张散轻宫。迎歌度舞遏归风。遏归风,止流月。寿万春,欢无歇。吴孙晧《尔汝歌》:昔与汝为邻,今与汝为臣。上汝一杯酒,令汝寿万春。鲍照《凌烟楼铭》:宜此万春。

阳春曲

注见卷四吴迈远。

杨柳垂地燕差池,缄情忍思落容仪。弦伤曲怨心自知。心自知,人不见。动罗裙,拂珠殿。刘孝绰《栖霞寺碑文》:珠殿连云。宋谢庄《应制》:珠殿光未沫。

范靖妻沈氏[一]

晨风行

《晨风》,本秦诗也。《晨风》诗曰:鴥彼晨风,郁彼北林。传曰:鴥,疾飞貌。晨风,鹯也。言穆公招贤人,贤人往之,疾如晨风之入北林也。又曰:如何如何,忘我实多。盖刺康公忘穆公之业,而弃其贤臣焉。《益部耆旧传》:后汉杨终,徙于北地望松县,而母于蜀物故。终自伤被罪充边,乃作《晨风》之诗,以舒其愤也。若王循"雾开九曲溁",沈氏"理楫令舟人",但歌晨朝之风尔。按:杂曲歌辞。

理楫令舟人,停舻息旅薄河津。念君劬劳冒风尘,临路挥袂泪沾巾。《说文》:舻,船头也。《三秦记》:河津,一名龙门,两旁有山,水陆不通。《汉·高帝纪》:绝河津。师古曰:直渡曰绝。曹植《七启》:挥袂则九野生风。陆机《与弟士龙》诗:挥袂万始亭。**飙流劲润逝若飞,山高帆急绝音徽。留子句句独言归,中心荧荧将依谁**。《尔雅》:扶摇谓之猋。郭璞曰:暴风从下上。《楚辞·九叹》:长吟永慕涕荧荧兮。**风弥叶落永离索,神往形返情错漠。循带易缓愁难却,心之忧矣颇销铄**[二]。《晋·凉武昭王传》:《述志赋》云:"心往形留。"

〔一〕"靖",《乐府诗集》卷六八作"静"。

〔二〕"颇",《乐府诗集》作"叵"。

张　率

白纻歌辞三首

秋风萧条露垂叶〔一〕,空闱光尽坐愁妾。独向长夜一作"安"。泪承睫,《史记·扁鹊传》:流涕常潸,忽忽承睫。桓子《新论》:雍门周以琴见孟尝君曰:"臣窃悲千秋万岁后,坟墓生荆棘,狐兔穴其中,樵儿牧竖踯躅而歌其上,行人之凄怆,孟尝君之尊贵,如何成此乎。"孟尝君喟然叹息,泪下承睫。王僧孺《与何炯书》:淫淫承睫。山高水远路难涉〔二〕,望君光景何时接。

〔一〕"萧",《乐府诗集》卷五五注:"一作'鸣'。"
〔二〕"远",《全梁诗》卷七作"深"。

日暮寒门望所思,风吹庭树月入帷。凉阴既满草虫悲,谁能离别长夜时。流叹不寝泪如丝,与君之别终何如。一作"知"。

愁来一作"多"。夜迟犹叹息,抚枕思君终反仄〔一〕。金翠钗镮稍不饰,刘琨《重赠卢谌》诗:中夜抚枕叹。雾縠流黄不能织。但坐空闱思何极,欲以短书寄飞翼。古诗:袖中有短书,愿寄双飞凫。《云麓漫抄》:唐国子祭酒李涪《刊误》云:"短书出晋宋兵革之际,时国禁书疏,非吊丧问疾不得行尺牍。故羲之书云'死罪',盖违制令故事也。启事论兵皆短而缄之,贵易于隐藏。"

〔一〕"仄",《全梁诗》卷七作"侧"。

萧子显

乌栖曲一首

芳树归飞聚俦匹,犹有残光半山日。莫惮褰裳不相求,汉皋游女习风流。

庾 信

燕歌行

考《周书·王褒传》,褒曾作《燕歌》,妙尽塞北苦寒之言。元帝及诸文士并和之,竞为凄切之辞,及魏征江陵方验。按:徐刻庾、徐诗亦载卷末。

代北云气昼夜按:一作"昏"。**昏,千里飞蓬无复根。**《兵书》:韩云如布,赵云如牛,魏云如鼠。齐高帝《塞客吟》:平原千里顾,惟见转蓬飞。**寒雁嗈嗈**一作"丁丁"。**渡辽水**[一]**,桑叶纷纷落蓟门。**嗈嗈,见《毛诗》。《山海经》:辽水出白平东。曹植诗:出自蓟北门,遥望胡地桑。**晋阳山头无箭竹,疏勒城中乏水源。**《战国策》:张孟谈曰:"董安于之治晋阳也,公宫垣皆以荻蒿楛楚廧之,发而用之,有余箭矣。"《后汉·耿恭传》:恭以疏勒城旁有涧水可固,五月乃引兵据之,于城中穿井十五丈不得泉,乃整衣冠再拜,为吏士祷,有顷,水泉奔出。**属国征戍久离居,阳关音信绝复疏。**《汉·霍去病传》:分处降者于边五郡,故塞外因其故俗为属国。**愿得鲁连飞一箭,持寄思归燕将书。**《史记·鲁仲连传》:田单攻聊城,岁余不下,鲁连乃为书约之,箭以射城中,燕将自杀。**渡辽本自有将军,寒风萧萧生水纹**[二]。《后汉·匈奴传》:永平八年,始置渡辽营,以中郎将吴棠行度辽将军事。《史记》:荆轲入秦,燕丹饯之易水,高渐离击筑和之,歌曰:"风萧萧兮易水寒,壮士一去兮不复还。"**妾惊甘泉足烽火**[三],**君讶渔阳少阵云**[四]。《后汉书》:王郎起景丹,发渔阳上谷兵击破之。世祖谓之曰:"吾闻突骑天下精兵,今乃见其战,乐可言邪!"**自从将军出细柳,荡子空床难独守**[五]。《汉书》:周亚夫军细柳,文帝劳军,至其营,曰:"嗟乎!此真将军矣。向者棘门霸上如儿戏耳。"注:长安有细柳聚。**盘龙明镜饷秦嘉,辟恶生香寄韩寿。**秦嘉《与妇书》:今奉麝香一斤,可以辟恶气。《本草》:麝香辟恶。**春分燕来能几日,二月蚕眠不能**集作"复"。**久。**一作"食"。《左传》:玄鸟氏司分者也。注:春分来,秋分去。《礼记疏》:三俯三起,二十七日而老,谓之红蚕。**洛阳游丝百丈连,黄河春冰千片穿。**沈约《三月三日诗》:游丝映空转。**桃花颜色好如马**[六],**榆荚新开巧似钱**[七]。《艺文类聚》:《诗》"有骓有驻",今桃花马也。《后汉书》:汉兴,以为秦钱重,难用,更令民铸荚钱。注:如榆荚也。**葡萄一杯千日醉,无事九转学神仙。**《汉·西域传》:大宛左右以葡萄为酒,富人藏酒至万余石,久者至数十岁不败。《博物志》:刘玄石曾于中山酒家沽酒,酒家与千日酒饮之,至家大醉,其家不知,以为死,葬之。后酒家计向千日,往视之,云已葬。于是开棺,醉始醒。《抱朴子》:《仙经》、《九转丹经》、《液经》,皆在昆仑五城内,藏以玉函。**定取金丹作几服,能令华表得千年。**《抱朴子》:金丹烧之愈久,变化愈妙,令人不老不死。《续搜神记》:辽东城门华表柱,忽有白鹤来集,鹤于空中歌曰:"有鸟有鸟丁令威,去家千年今来归。城郭如故人民非,何不学仙冢累累。"

〔一〕"嘤嘤",《艺文类聚》卷四二作"一一"。
〔二〕"纹",《艺文类聚》作"滨"。
〔三〕"足",《艺文类聚》作"旦"。
〔四〕"少",《艺文类聚》作"多"。
〔五〕"难独守",《艺文类聚》作"定难守"。
〔六〕"好如",《艺文类聚》作"如好"。
〔七〕"巧似钱",《艺文类聚》作"似细钱"。

乌夜啼

《乌夜啼》,注见卷七皇太子。按:清商曲辞。《乐府》载信二首,此其首篇也。

促柱繁弦非《子夜》,歌声舞态异前溪。 蔡邕《琴赋》:繁弦既和。《晋·乐志》:《子夜歌》者,女子名子夜,造此声。孝武太元中,琅琊王轲之家有鬼歌《子夜》,则子夜是此时人也。**御史府中何处宿?洛阳城头那得栖。**《汉书》:朱博为御史大夫,府中列柏树,常有野乌数千栖宿其上,晨去暮来,号曰朝夕乌。**弹琴蜀郡卓家女,织锦秦川窦氏妻。**《三秦记》:长安正南,秦岭限水流为秦川。**讵不自惊长泪落,到道一作"头"。啼乌恒夜啼。**

怨　诗

按:相和歌辞楚调曲。注详见卷二曹植。集作《怨歌行》。公始仕梁,后乃入周,常有乡关之思,此诗盖借以自况也。

家住金陵县前,嫁得长安少年[一]。王渭云:扬雄《润州箴》:"江宁之邑,楚曰金陵。梁建都金陵。"《西都赋》:汉之西都,在于雍州,实曰长安。西魏、后周皆建都长安,故云。**回头望乡泪落,不知何处天边。**刘琨诗:回头堪百万。胡尘几日应尽,汉月何时更圆?孔稚珪《白马篇》:胡尘千里惊。**为君能歌此曲,不觉心随断弦。**

〔一〕"长安",《乐府诗集》卷四二作"长干"。

舞媚娘

叶庭珪《海录碎事》:《舞媚娘》,古乐府也。又有《五媚娘歌》。按:《乐苑》:《舞媚娘》、《大舞媚娘》,并羽调曲也。《唐书》曰:"高宗永徽末,天下歌《舞媚娘》,未几,立武氏为皇后。"案:陈后主已有此歌,则永徽所歌,盖旧曲云。按:杂曲歌辞。

朝来户前照镜,含笑盈盈自看。眉心浓黛直点,额角轻黄细安。只疑落花谩去,复道春风不还。少年惟有欢乐,饮酒那得留钱。集作"残"。陆机诗:瓮余残酒,膝有鸣琴。

徐　陵

乌栖曲

按:《乐府》载二首,此其第二篇也。

绣帐罗帷隐灯烛,一夜千年犹不足。惟憎无赖汝南鸡,天河未落犹争啼。《后汉·百官志》注:蔡质《汉官仪》:"卫士甲乙徼相传,甲夜毕,传乙夜,相传尽五更。卫士传言五更,未明三刻后,鸡鸣,卫士踵丞郎趋严上台,不畜宫中鸡,汝南出《鸡鸣》,卫士候朱雀门外,专传《鸡鸣》于宫中。"应劭曰:"楚歌,今《鸡鸣歌》也。"按:《汉书》:袁盎曰："吴所诱皆无赖子弟。"

杂　曲

徐树声曰：《陈·后妃传》："后主自居临春阁，张贵妃居结绮阁，龚、孔二贵嫔居望仙阁，并复道交相往来。以宫人有文学者袁大舍等为女学士，后主每引宾客对贵妃等游宴，则使诸贵人及女学士与狎客共赋新诗，采其尤艳丽者以为曲调，选宫女有容色者歌之，其曲有《玉树后庭花》、《临春乐》等，大抵皆美张贵妃、孔贵嫔之容色。"

倾城得意已无俦，洞房连阁未消愁。《后汉·梁冀传》：堂寝皆有阴阳奥室，连房洞户。**宫中本造鸳鸯殿，为谁新起凤凰楼**〔一〕。《飞燕外传》：飞燕女弟合德善音辞，轻缓可听。帝居鸳鸯殿便房，省帝，簿嫟上，簿嫟因进言，飞燕有女弟合德，美容体，性醇粹可信，不与飞燕比。《三辅黄图》：杨震《关辅古语》云："长安民俗谓凤凰阙为贞女楼。"**绿黛红颜两相发，千娇百念情无歇**〔二〕。《风俗通》：乃以百念为忧。《梁书·文学传》：卞彬谓太祖曰："童谣云：'可怜可念尸着服，孝子不在日待哭，列管暂鸣死灭族。'"晋惠帝时童谣：邺中女子莫千妖。古辞《淳于王歌》：思我百媚郎。又：百媚在城中，千媚在中央。**舞衫回袖向**一作"胜"。**春风，歌扇当窗似秋月。碧玉宫妓自翩妍，绛树新声自**一作"最"。**可怜。张星旧在天河上，从来张姓本连天。**"天"当作"三"。《史记·天官书》：柳星张周之分野，三河也。《诸皋记》：天翁，姓张名坚，字刺渴，渔阳人。《汉·张放传》：放取皇后弟平恩侯许嘉女，上为放供张，赐甲第，充以乘舆服饰，号为天子取妇，皇后嫁女。大官私官并供其第，两宫使者，冠盖不绝。**二八年时不忧度，旁边得宠谁相**按：一作"应"。**妒。立春历日**

自当新,正月春幡底须故。《晋·礼志》:太史每岁上年历,立春,读五时令,服各随其方色,帝御座,尚书以下就席,读讫,赐酒卮。《续汉书》:立春之日,夜漏未尽五刻,京都百官皆衣青,立春幡,施土牛耕人于门外。**流苏锦帐挂香囊,织成罗幌隐镫光。**古诗:红罗复斗帐,四角垂香囊。**只应私将琥珀枕,暝暝来上珊瑚床。**吴兆骞曰:《宋·武帝纪》:宁州常献琥珀枕,光色甚丽,价盈百金。《汉武内传》:武帝受太乙灵符十二于西王母,盛以黄金几,封以白玉函,珊瑚为床。

〔一〕"为谁新起",《文苑英华》卷二一一注:"一作'为起新妆'。"
〔二〕"百念",《文苑英华》作"百态"。

> 按:卷九、卷十是补遗,然多古趣。又此卷是七言,凡拟古歌行格调,半由此起。宋刻百首,并后增四十首,共百四十首。

玉台新咏笺注卷十

古绝句四首

按:杂曲歌辞。又齐云:此卷甚佳,四首更古雅。

藁砧今何在?山上复有山。何当大刀头?破镜飞上天。严羽《沧浪诗话》:此僻辞隐语也。许顗《彦周诗话》"藁砧何在",言夫也。"山上复有山",言出也。"何当大刀头,破镜飞上天",言月半当还也。

日暮秋云阴,江水清且深。何用通音信?莲花瑇瑁簪。

菟丝从长风,根茎无断绝。周处《风土记》:仲夏长风扇暑。注:此节东南常有风,俗名黄雀长风。无情尚不离,有情安可别?

南山一桂树〔一〕,上有双鸳鸯。千年长交颈,欢爱一作"庆"。不相忘。

〔一〕"桂树",赵氏覆宋本作"树桂"。

贾 充

《晋书》:贾充,字公闾,平阳襄陵人。起家为尚书郎,迁廷尉。晋受禅,封鲁郡公。

与妻李夫人连—作"联"。句诗三首—无"诗三首"。

吴兢《乐府古题要解》:连句起汉武帝柏梁宴作,人为一句,连以成文,本七言诗。诗有七言,始于此也。按:充前妻李氏,淑美有才行。父丰诛后,李氏坐流徙。后娶城阳太守郭配女广城君。李以赦得还,充母敕充迎李氏,以郭性妒,不果迎。疑此诗即流徙时作。

室中是阿谁?叹息声正悲。贾公。《蜀志·庞统传》:先主谓曰:"向者之论,阿谁为失。"古辞《东平刘生歌》:屋里无人看阿谁。叹息亦何为?但恐大义亏。夫人。大义同胶漆,匪石心不移。贾公。人谁不虑终?日月有合离。夫人。我心子所达,子心我亦—作"所"。知。贾公。若能不食言,与君同所宜。夫人。《左传》:公曰:"是食言多矣。"

孙 绰

《晋书》:孙绰,字兴公,太原人。为章安令,迁散骑常侍,领著作郎,寻转廷尉卿,于时才华之士,绰为其冠。

情人碧玉歌二首

杜氏《通典》:《碧玉歌》者,晋汝南王妾名,宠好,故作歌之。《乐苑》:《碧玉歌》者,宋汝南王所作也。碧玉,汝南王妾名,以宠爱之甚,所以歌之。按:清商曲辞吴声歌曲。茂倩《乐府》作古辞五首，今选二首。又一名《千金意》。

碧玉小家女，不敢攀贵德。感郎千金意，惭无倾城色。按：齐云：二首古音自在。

碧玉破瓜时，相一作"郎"。为情颠倒。傅玄《瓜赋》：中割而破，若分若完。晋《欢好曲》：窈窕上头欢，那得及破瓜。宋冯曾《比红儿诗话》：孙绰《情人诗》云："碧玉破瓜时。"吕洞宾诗云：功成当在破瓜年。杨文公谓俗以破瓜为二八。无名氏《懊侬歌》：欢少四面风，趋使侬颠倒。感郎一作"君"。不羞难，一作"郎"，一作"赧"。回身就郎抱。宋《读曲歌》：双眉画未成，那能就郎抱。盖本此。

王献之

《晋书》：王献之，字子敬，娶郄昙女，后离婚，尚新安公主。桃叶，其妾也。

情人桃叶歌二首

《古今乐录》：《桃叶歌》者，晋王子敬之所作也。桃叶，子敬妾名，缘于笃爱，所以歌之。《隋书·五行志》：陈时江南盛歌王献之《桃叶》，辞云："桃叶复桃叶，渡江不用楫。但渡无所苦，我自迎接汝。"后隋晋王广伐陈，置将桃叶山下。及韩擒虎渡江，大将任蛮奴至新林，以导北军之应。子敬，献之字也。按：清商曲辞吴声歌曲。茂倩《乐府》载四首，今选二首。

桃叶复桃叶，渡江不用楫。但渡无所苦，我自迎接汝[一]。一作"来迎接"。张敦颐《六朝事迹》：不用楫者，谓横波急也。

桃叶复桃叶，桃叶一作"树"。连桃根。相怜两乐事，独使我殷勤。按：《艺文》作"缠绵"。

〔一〕"迎接"，《艺文类聚》卷四三作"楫迎"。

桃　叶

答王团扇歌三首

唐徐坚《初学记》第一首作王献之《桃叶团扇歌》，《艺文类聚》与此同。乐府作《团扇歌》。考诗意，作《团扇歌》为正。按：清商曲辞吴声歌曲。《乐府》作《团扇郎》。古辞六首，今选前二首，其第三首《乐府》亦作无名氏古辞。此云桃叶答王，未详。《团扇歌》注见下文梁武帝。

七宝画团扇，粲烂明月光。与郎却暄暑，相忆莫相忘。

青青林中竹，可作白团扇。动摇郎玉手，因风托方便。班婕妤《怨诗》：动摇微风发。按：《维摩经》：摩诘以无量方便饶益众生。

团扇复团扇，《艺文类聚》作"向谁"。持许一作"许持"。自障一作"遮"。面。憔悴无复理，羞与郎相见。一作"见面"。

谢灵运

《宋书》：谢灵运，陈郡阳夏人，玄之后。博览群书，文章之美，江左莫逮。按：《南史》：灵运文章之美，与颜延之为江左第一。袭封康乐公，出为永嘉太守。后为临川内史，在郡游放，不异永嘉，为有司所纠，诏于广州弃市。

东阳溪中赠答——作"答赠"。二首

可怜谁家妇,缘——作"绿"。流洗素足。成公绥《洛禊赋》:或濯素足。明月在云间,迢迢——作"苕苕"。不可得。
可怜谁家郎,缘——作"绿"。流乘素舸。但问情若为,月就云中堕。《地驱乐歌》:月明光光星欲堕。《括苍志》:谢灵运入沐鹤乡,有二女统纱,嘲以诗曰:"我是谢康乐,一箭射双鹤。试问统纱娘,箭从何处落。"二女不顾。又嘲之曰:"统纱谁氏女,香汗湿新雨。两人默无言,何事甘辛苦。"既而二女答曰:"我是溪中鲫,暂出溪头食。食罢又还潭,云踪何处觅。"忽不见。案:此事颇与东阳赠答相类,而诗似不出灵运笔,恐属附会,聊载于此。

宋孝武帝

《宋书》:孝武帝,讳骏,字休龙,文帝第三子。按:小名道民。始立为武陵王,后为征南将军。文帝崩,即皇帝位。

丁督护歌二首

一曰《阿督护》。《宋书·乐志》:《督护歌》者,彭城内史徐逵之为鲁轨所杀,宋高祖使府内直督护丁旿收敛殡埋之。逵之妻,高祖长女也,呼旿至閤下,自问殓送之事。每问辄叹息曰:"丁督护!"其声哀切,后人因其声广其曲焉。《唐书·乐志》:《丁督护》,晋宋间曲也。今歌是宋武帝所制云。第二首,一作许瑶。按:清商曲辞吴声歌曲。考《乐府》载孝武诗五首,今选第四首,

后一首亦作王金珠诗。

督护上一作"初"。征去,一作"时"。侬亦思闻许[一]。愿作石尤风,四面断行旅。《容斋随笔》:石尤,打头逆风也。《江湖纪闻》:石尤风者,传闻为石氏女嫁为尤郎妇,情好甚笃,为商远行,妻阻之,不从。尤出不归,妻忆之,病亡。临亡,长叹曰:"吾恨不能阻其行,以至于此。今凡有商旅远行,吾当作大风,为天下妇人阻之。"自后商旅发船,值打头逆风,则曰石尤风也,遂止不行。妇人以夫姓为名,故曰石尤。近有人密书"我为石娘唤尤郎归也须放我舟行"十四字沉水中,风果止。见《嫏嬛记》。

黄河流无极,洛阳数千里。坎轲戎途一作"旅"。间[二],何由见欢子。古诗:辖轲长苦辛。《楚辞》:年既过大半,然軯轲不遇也。轖,与軯同,苦暗切。古乐府《常林欢》解辞云:江南人谓情人为欢。

〔一〕"思",《乐府诗集》卷四五作"恶"。
〔二〕"戎途",《乐府诗集》作"戎旅"。

拟徐干诗一首[一]

按:杂曲歌辞。《乐府》题作《自君之出矣》。一作许瑶诗。注见卷四虞羲。

自君之出矣,金按:一作"珠"。翠暗无精。思君如日月,回还一作"环"。昼夜生。

〔一〕《诗纪》卷四五注:"一云《拟室思》。"

许 瑶[一]

《乐苑》、《诗品》有齐朝许瑶之。又云:许长于短句咏物。或即此也。

咏柟榴枕

《吴都赋》:楠榴之木。注:楠榴,木之盘结者,材理坚邪可作器。

端木生河侧,因病遂成妍。朝将云髻别,夜与娥眉连。一作"联"。

〔一〕目录作"许瑶之"。

闺妇答邻人

昔如影与形,今如胡与越。不知行远近,忘去离年月[一]。

〔一〕"去",纪氏《考异》作"却"。

鲍令晖

寄行人一首

桂吐两三枝,兰开一作"暗"。四五叶。是时君不归,春风徒笑妾。江淹《扇上彩画赋》:知兰叶之行衰。

近代西曲歌五首

按:清商曲辞杂曲中之西曲也。

石城乐

杜氏《通典》:《石城乐》,宋臧质所作也。石城,城名,在竟陵。质尝为竟陵郡,于城上眺瞩,见群少年歌谣通畅,因作此曲。《古今乐录》:《石城乐》,旧舞十六人。按:《乐府》载五首,今选第一首。

生长石城下,开门一作"窗"。对城楼。城中美年少,按:一作"诸少年"。出入见依投。

估客乐[一]

《古今乐录》:《估客乐》者,齐武帝之所制也。帝布衣时,尝游樊、邓。登祚以后,追忆往事而作歌。使乐府令刘瑶管弦被之教习,卒遂无成。有人启释宝月善解音律,帝使奏之,旬日之中,便就谐合。敕歌者常重为感忆之声,犹行于世。宝月又上两曲,帝数乘龙舟,游五城江中放观,以红越布为帆,绿丝为帆緱,鍮石为篙足,篙榜者悉着郁林布,作淡黄袴,列开,使江中衣,出。五城,殿犹在。齐舞十六人,梁八人。《唐书·乐志》:梁改其名为《商旅行》。

有客一作"信"。数寄书,无信心相忆。莫作瓶落井,一去无消息。扬雄《酒赋》:子犹瓶矣,观瓶之居,居井之湄,处高临深,动常近危。此章《乐府》作释宝月,附齐武帝诗于后:昔经樊邓役,阻潮梅根渚。感忆追往事,意满辞不叙。

〔一〕《乐府诗集》卷四八载此首作者为释宝月。

乌夜啼

郭茂倩曰：《唐书·乐志》："《乌夜啼》者，宋临川王义庆所作也。元嘉十七年，徙彭城王义康于豫章。义庆时为江州，至镇，相见而哭。文帝闻而怪之，征还宅，大惧，妓妾夜闻乌夜啼声，扣斋合云：'明日应有赦。'其年更为南兖州刺史，因此作歌。故其和云：'夜夜望郎来，笼窗窗不开。'今所传歌辞，似非义庆本旨。"《教坊记》："《乌夜啼》者，元嘉二十八年，彭城王义康有罪放逐，行次浔阳，江州刺史衡阳王义季，留连饮宴，历旬不去。帝闻而怒，皆因之。会稽公主，姊也，常与帝宴洽，中席起拜。帝未达其旨，躬止之。主流涕曰：'车子岁暮，恐不为陛下所容！'车子，义康小字也。帝指蒋山曰：'必无此，不尔，便负初宁陵。'武帝葬于蒋山，故指先帝陵为誓。因封余酒寄义康，且日，曰：'昨与会稽姊饮，乐，忆弟，故附所饮酒往，遂宥之。'使未达浔阳，衡阳家人叩二王所囚院曰：'昨夜乌夜啼，官当有赦。'少顷使至，二王得释，故有此曲。"按史书称临川王义康为江州，而云衡阳王义季，传之误也。《古今乐录》："《乌夜啼》，旧舞十六人。"《乐府解题》亦有《乌栖曲》，不知与此同否。按：古辞八首，今选第一首。

歌舞诸年少，娉婷无種一作"種"。**迹。菖蒲花可怜，闻名不曾识**[一]。《南史》：梁文献张皇后次生武帝，方孕，忽见庭前菖蒲花光采非常，曰："闻见菖蒲花者，当富贵。"因取吞之。盖时俗相传有此语。

〔一〕"曾"，《古乐府》卷七作"相"。

襄阳乐

《古今乐录》：《襄阳乐》者，宋随王诞之所作也。诞始为襄阳郡,元嘉二十六年,仍为雍州刺史。夜闻群女歌谣,因而作之,所以歌和中有'襄阳来夜乐'之语。按:旧舞十六人,梁八人。又有《大堤曲》,亦出于此。裴子野《宋略》称:晋安侯刘道彦为襄阳太守,有善政,百姓乐业,人户丰赡,蛮夷顺服,悉缘沔而居。由此歌之,号《襄阳乐》。盖非此也。又按:古辞九曲,今选第一首。

朝发襄阳城,莫至大堤宿。《汉·地理志》:南郡,领襄阳县,属荆州。**大堤诸女儿,花艳惊郎目。**《读曲歌》:华艳空徘徊。

杨叛儿

杜氏《通典》:《杨叛儿》,本童谣也。齐隆昌时,女巫之子曰杨旻,随母入内,及长,为太后所宠爱。童谣云:"杨婆儿,共戏来所欢。"语讹,遂成《杨叛儿歌》云。《古今乐录》:《杨叛儿》送声曰:"叛儿教侬不复相思。"按:古辞八首,今选第二首。

暂出白门前,杨柳可藏乌。《上声歌》:三鼓染乌头,闻鼓白门里。《宋书·明帝纪》:宣阳门,民间谓之白门。又《淮南子》:西南方遍驹之山曰白门。注:金气之始,故曰白门。**郎作沉水香**[一],**侬作博山炉。**《采兰杂志》:西施举体有异香,每沐浴竟,宫人争取其水,积之罂瓮,用松枝洒于帷幄,满室俱香。罂瓮中积久,下有浊泽,凝结如膏,宫人取以晒干,香逾于水,谓之沉水。制锦囊盛之,佩于宝袜。交址蜜香树水沉者曰沉水,亦因此借名。见《娜嬛记》。

〔一〕"郎",《乐府诗集》卷四九作"欢"。

近代吴歌九首

《晋书·乐志》:吴歌、杂曲,并出江南。东晋以来,稍有增广。其始皆徒歌,既而被之管弦。盖自永嘉渡江之后,下及梁、陈,咸都建业,吴声歌曲起于此也。《古今乐录》:吴声歌旧器有篪、箜篌、琵琶,今有笙、筝。其曲有《命啸》吴声游曲半折、六变、八解,《命啸》十解。存者有《乌噪林》、《浮云驱》、《雁归湖》、《马让》,余皆不传。吴声十曲:一曰《子夜》,二曰《上柱》,三曰《凤将雏》,四曰《上声》,五曰《欢闻》,六曰《欢闻变》,七曰《前溪》,八曰《阿子》,九曰《丁督护》,十曰《团扇郎》,并梁所用曲。《凤将雏》已上三曲,古有歌,自汉至梁不改,今不传。《上声》已下七曲,内人包明月制舞《前溪》一曲,余并王金珠所制也。游曲六曲,《子夜四时歌》、《警歌》、《变歌》,并十曲中间游曲也。半折、六变、八解,汉世以来有之。八解者,古弹、上柱古弹、郑十、新蔡、大治、小治、当男、盛当,梁太清中犹有存者,今不传。又有《七日夜》、《女歌》、《长史变》、《黄鹄》、《碧玉》、《桃叶》、《长乐佳》、《欢好》、《懊恼》、《读曲》,亦皆吴声歌曲也。按:清商曲辞。

春 歌

按:《乐府》作《子夜四时歌》。晋宋齐辞二十首,今选一首。
朝日一作"明月"。照北一作"桂"。林,初花锦绣色。谁能春不一作"不相"。思,独在机中织。

夏 歌

按:古辞二十首,今选一首。
郁蒸仲暑月,长啸北一作"出"。湖边。王粲《大暑赋》:或郁术而燠蒸。芙蓉如一作"始"。结叶,一作"蕊"。抛一作"抱",一作

"花"。艳未成莲。

秋 歌

按:古辞十八首,今选一首。

秋风一作"夜",一作"威"。入窗里,罗帐起飘飏。仰头看明月,寄情千里光。

冬 歌

按:古辞十七首,今选一首。

渊冰厚三尺,素雪覆千里。《汉·晁错传》:冰厚六尺。后汉张奂《与延笃书》:太阴之地,冰厚三尺。我心如松柏,君心一作"情"。复何似。

前 溪

郄昂《乐府解题》:《前溪》,舞曲也。注见卷八房篆。按:古辞七首,今选一首。

黄莺一作"葛"。结蒙茏,生在洛溪边。郭璞《游仙诗》:蒙茏盖一山。按:《尔雅》:寓木宛童。注:寄生树,一名茑。花落逐流一作"随水"。去,何见逐一作"当顺"。流还。一有"还亦不复鲜"句。

上 声一有"歌"字。

杜氏《通典》:《上声歌》者,此因上声促柱得名,或用一调,或用无调名,如古歌辞。所谓哀思之音,不合中和。梁武因之改辞,无复雅句。《古今乐录》同。按:古辞八首,今选一首。

留一作"新"。衫绣两裆,一作"端"。迮置一作"着"。罗裳里。微一作"行"。步动轻尘,罗衣随一作"裙从"。风起。

欢　闻 一有"歌"字。

《晋·乐志》:《阿子》及《欢闻歌》者,穆帝升平初,歌毕辄呼:"阿子,汝闻否?"后人衍其声,以为此二曲。《古今乐录》:《欢闻歌》者,晋穆帝升平初,歌毕辄呼:"欢闻不?"以为送声,后因此为曲名。今世用莎持乙子代之,语稍讹异也。按:古辞一首。

遥遥天无柱,流漂萍无根。《吴越春秋》:越王曰:"昆仑乃天地之镇柱也。"单身如萤火,持底报郎恩。《读曲歌》:持底明侬绪。

长乐佳 一无"佳"。

注见上文。按:古辞八首,今选后一首。

红罗复斗帐,四角垂朱裆。一作"珠珰"。玉枕龙须席,郎眠何处床。《语林》:王平子从荆州来,王敦欲杀之。平子恒手持玉枕,以此未得发。《山海经》:贾超之山,其草多龙修。郭璞曰:龙须也,生石穴中而倒垂,可以为席。郑缉之《东阳记》:山姥岩下,不生蔓草,尽出龙须。《唐书》:秦州、丹州,俱土贡龙须席。

独　曲 [一]

杜氏《通典》:《宋书·乐志》云:"《读曲歌》者,人为彭城王义康所制也。其歌云：'死罪刘领军，误杀刘第四。'是也。"《古今乐录》：《独曲歌》者，元嘉十七年，袁后崩，百官不敢作声歌，或因酒谦，止窃声读曲细吟而已，以此为名。按：义康被徙，亦是十七年。南齐时，朱硕仙善歌吴声《读曲》。武帝出游钟山，幸何美人墓。硕仙歌曰："一忆所欢时，缘山破茬苴。山神感侬意，盘石锐峰动。"帝神色不悦，曰："小人不逊，弄我。"时朱子尚亦善歌，复为一曲云："暖暖日欲暝，观骑立踟蹰。太阳犹尚可，且愿停须臾。"于是俱蒙厚赉。按：古辞八十九首，今选一首。

柳树得春风，一低复一昂。谁能空相忆，独眠度三阳。宋均《保乾图注》：三阳而阳备，备则宜改宪。晋宋齐辞《子夜秋歌》：别在三阳初。

〔一〕纪氏《考异》作《读曲》。

近代杂歌三首

按：清商曲辞西曲歌。

浔阳乐

杜氏《通典》：《浔阳乐》者，南平穆王为荆河州作也。《古今乐录》：《浔阳乐》，倚歌也。

稽一作"鸡"。**亭故人**一作"侬"。**去，九里**一作"重"。**新人**一作"侬"。**还。**晋张僧鉴《浔阳记》：稽亭，北瞰大江，南望高邱，淹留远客，因以为名焉。《魏书·地形志》"彭城郡彭城县"注：前汉属楚国，后汉晋属有九里山。又《地形志》"五城郡五城县"注：世祖名京军，太和二十一年，改有鸡亭。恐非是。**送一便**一作"却"。**迎两，无有暂时闲。**

青阳歌曲

一作《青阳度》。《古今乐录》:《青阳度》,倚歌。凡倚歌,悉用铃鼓,无弦有吹。按:古辞三首,今选后一首。

青荷盖绿水,芙蓉发一作"披"。红鲜。潘岳《西征赋》:红鲜纷其初载。下有并根藕,上生同心按:一作"有并目"。莲。《初学记》:宋有华林池,池有双莲同干,芙蓉异花并蒂。又按:古乐府:不爱独枝莲,只惜同心藕。意同。

蚕丝歌

一作《作蚕丝》。《古今乐录》:《作蚕丝》,倚歌也。按:古辞四首,今选一首。

春蚕不应老,昼夜常怀丝。一作"思"。《淮南子》:蚕吐丝而商弦绝。注:商,金也。春蚕丝则金死,故绝也。
何惜微躯尽,缠绵自有时。干宝《晋纪·总论》:如此之缠绵也。

近代杂诗一首

玉钏一作"钗"。色未分,衫轻似露腕。举袖欲障羞,回持理发乱。

丹阳孟珠歌一首

一作《孟珠》。《古今乐录》:孟珠十曲,二曲倚歌,八曲旧舞十六人,梁八人。按:清商曲辞西曲歌。此选八曲之第三首。
阳春二三月,草与水同色。道逢游冶郎,恨不早相识。《子夜秋歌》:冶游步明月。

钱唐一作"塘"。苏小歌一首一无"钱塘"。

《乐府广题》:苏小小,钱唐名倡也。盖南齐时人。西陵,在钱唐江之西,歌云"西陵松柏下"是也。《吴地记》:嘉兴县前有晋妓苏小小墓。按:杂歌谣辞。

妾乘油壁车,郎骑一作"乘"。青骢马。《齐高帝诸子传》:制局监谢粲说鄱阳王锵及随王子隆曰:陛下乘油壁车入宫,出天子置朝堂。何处结同心?西陵松柏下。晋张华《永怀赋》:又结我以同心。宋玉《风赋》:舞于松柏之下。

按:徐刻下有刘义恭诸人诗三首,今附后。

王融

拟 古〔一〕

花蒂今何在?示是林下生〔二〕。蔡邕《释诲》:夫华离蒂而华,条去干而枯。案:花蒂,跗也。与夫音近。段少卿云:少年花蒂多芳思。盖用此。何当垂两一作"双"。髻,团扇云间明。《汉·陆贾传》"魋结"注:师古曰:结读曰髻,椎髻者,一撮之髻,其形如椎。班婕妤《怨诗》:裁为合欢扇,团团似明月。案:《世说》:王丞相拜司空,桓廷尉作两髻葛帬,策杖路边窥之。按:徐刻有《少年子》一首,今附后。

〔一〕《艺文类聚》卷五六作《代藁砧诗》。

〔二〕"示",《艺文类聚》卷五六作"亦"。

代徐干

> 按:杂曲歌辞。一作《自君之出矣》。注见前。融有二首,此其第二篇也。

自君之出矣,金炉香不然。思君如明烛,中宵空自煎。

秋 夜

秋夜长复长,夜长乐未央。舞袖拂明烛,歌声绕凤梁。晋张华《白纻歌》诗:清歌流响凤梁。

咏 火

> 离合赋物为咏。

冰容惭远鉴,水质谢明辉。是照相思夕,早望行人归。

谢 朓

玉阶怨

> 案:相和歌辞楚调曲。

夕殿下珠帘,流萤飞复息。长夜缝罗衣,思君此何极!

金谷聚

道元《水经注》:金谷水出河南太白原,东南流,历金谷,水东南流,经石崇故居。石崇《金谷诗序》:余以元康六年,从太仆卿出为使,持节监青徐诸军事。有别庐在河南县界金谷涧。时征西大将军祭酒王诩当还长安,余与众贤共送涧中,赋诗以叙中怀。案:杂曲歌辞。此题与《王孙游》,俱始自谢朓。

渠盌一作"璩椀"。送佳人,玉杯要上客。崔豹《古今注》:魏武帝以车璩为酒椀。谢朓《奉和随王殿下》诗:为君停玉杯。车马一东西,别后思今夕。

王孙游

郭茂倩曰:《楚辞》:"王孙游兮不归,春草生兮萋萋。"《王孙游》,盖出于此。案:杂曲歌辞。

绿草蔓一作"曼"。如丝,杂树红英发。沈约《郊居赋》:抽红英于紫蒂。盖本此。无论君不归,君归芳已歇。

同王主簿有所思

案:汉铙歌,鼓吹曲辞。注见卷五沈约。

佳期期未归,望望下鸣机。徘徊东陌上,月出行人稀。

案:徐刻下有《春游》一首,今附后。

虞　炎

《南齐书》:虞炎,会稽人,官至骠骑将军。《南史》:炎以文学,与沈约俱为文惠太子所遇,意眄殊常。《高帝纪》:令散骑常侍虞炎等十二人巡行诸州郡,观省风俗。

有所思一首

一作《玉阶怨》。案:相和歌辞楚调曲。

紫藤拂花树,黄鸟间青枝[一]。《草木状》:茎如竹根,重重有皮,经时成紫藤,可以降神。**思君一叹息,苦泪应言垂。**

案:徐刻下叙邢劭、武帝、简文诗,今见后。

〔一〕"间",《乐府诗集》卷四三作"度"。

沈　约

襄阳白铜鞮

《隋书·乐志》:梁武帝之在雍镇,有童谣云:"襄阳白铜蹄,反缚扬州儿。"识者言:"白铜蹄,谓金蹄,为马也。白,金色也。"及义师之兴,实以铁骑。扬州之士皆面缚,果如谣言。故即位之后,更造新声,帝自为之辞三曲。又令沈约为三曲,以被管弦。《古今乐录》:《襄阳蹋铜蹄》者,梁武西下所制也。沈约又作,其和云:"襄阳白铜蹄,圣德应乾来。"天监初,舞十六人,后八人。

《水经注》:铜鞮水,又东南,径女谏水西北好松山,东南流。北则苇池水,与公主水合而右注之。南则揄交水,与皇后水合而左入焉,乱流东南注于铜鞮。案:清商曲辞西曲歌。一作《襄阳蹋铜蹄》,约有三曲,此其首章也。

分首《艺文类聚》作"手"。**桃林岸**,送一作"望"。**别岘山头**。宋孝武帝《与庐陵王绍别》诗:迟迟分手念。《颜氏家训》:岐路言离,欢笑分首。《尚书》:放牛桃林。《括地志》:桃林,在陕州桃林县,西至潼关,皆为桃林塞地。《晋·羊祜传》:祜与邹湛等登岘山。案:山在今襄阳府。**若欲寄音息**[一],**汉水向东流**。《山海经》:嶓冢之山,汉水出焉,东南流注于沔。

〔一〕"音息",《文苑英华》卷二〇一作"书信"。

早行逢故人车中为赠一无"车中为赠"四字。

残朱犹暧暧,余粉上一作"尚"。**霏霏**。张衡《西京赋》:后遂霏霏。案:简文诗:残朱染歌扇。**昨宵何处宿?今晨拂露归**。

为邻人有怀不至

影逐斜月来,香随远风入。言是定知非,欲笑翻成泣。

施荣泰

咏王昭君一首

案:相和歌辞吟叹曲。注见卷二石崇。

垂罗下椒阁，举袖拂胡尘。江淹《丽色赋》：椒庭承月。唧唧抚心叹，蛾眉误杀人。《广韵》：唧，啾唧声。古《促织诗》：唧唧复唧唧。

高　爽

咏酌酒人一首

长筵广未同，上客娇难逼。按：潘尼《后园颂》：长筵远布，广幕四周。张协《洛禊赋》：罗尊列爵，周以长筵。还杯了不顾，回身正颜色。

吴兴妖神

案：诸书引用多云"吴兴神女"。一作妓童，非。

赠谢府君览一首

《梁书》：王筠，与从兄泰齐名。陈郡谢览，览弟举，亦有重誉。时人为之语曰："谢有览、举，王有养、炬。"炬是泰，养即筠，并小字也。

玉钗空中堕，金钿色行案：一作"行已"。歇。独泣谢春风，孤夜伤案：一作"长夜孤"。明月。

江　洪

采菱二首

郭茂倩曰：齐明王歌辞七曲，王融应司徒教而作也。一曰

《明王曲》,二曰《圣君曲》,三曰《渌水曲》,四曰《采菱曲》,五曰《清楚引》,六曰《长歌引》,七曰《散曲》。案:清商曲辞江南弄。注见卷六费昶。

风生绿叶聚,波动紫茎开。含花复含实,正待佳人来。

白日和清风,轻云杂一作"拥"。高树。忽然当此时,采菱复相遇。一作"忆"。

渌水曲二首

案:琴曲歌辞。《琴历》曰:琴曲有蔡氏五弄。《琴集》曰:五弄:《游春》、《渌水》、《幽居》、《坐愁》、《秋思》,并宫调,邕所作也。今近世作者,多因题命辞,无复本意云。张衡《东京赋》:渌水澹澹。《水经注》:醴泉县漉水,亦名渌水。

潺湲复皎洁,轻鲜自可悦。横使有情禽,照影遂孤绝。《广韵》:绝,断也。

尘容不忍饰[一],临池思客案:一作"客未"。归。孔稚珪《北山移文》:抗尘容而走俗状。谁能取渌水[二],无趣一作"全取",又一作"处"。浣罗衣。

〔一〕"饰",赵氏覆宋本作"饬"。
〔二〕"能",《艺文类聚》卷四二作"知"。

秋风二首

案:琴曲歌辞。《乐府》载洪诗三首,首篇未选。

孀居憎案:一作"妇悲"。四时,况在秋闺内。凄叶流晚晖[一],虚庭吐寒菜。一作"采"。《易通卦验》:苦菜生于寒秋,更冬历春,得夏乃成。北牖风摧树,南篱寒蚕与"蛩"同。吟。庭中无限月,思妇夜鸣砧。《方言》:楚谓蜻蛚、蟋蟀,或谓之蛬,南楚或谓之王孙,即趣织也。案:《艺文》作江淹诗。又以上六首《和巴陵王四咏》。

〔一〕"晖",《乐府诗集》卷六〇作"蝉"。

咏美人治妆

上车畏不妍,顾盼更斜转〔一〕。太一作"大"。恨画眉长,犹言颜色浅。

〔一〕"盼",赵氏覆宋本作"眄"。

范靖妇一有"沈氏"。

王昭君叹二首

《琴操》:昭君在匈奴,恨帝始不见遇,作怨思之歌,后人名为《昭君怨》。案:相和歌辞吟叹曲。注见前。

早信丹青巧,重货洛阳师〔一〕。千金买蝉鬓〔二〕,百万写蛾眉。今朝犹汉地,明旦入胡关。高堂歌吹远,一作"少",又作"送"。游子梦中还。一作"情寄南云反,思逐北风还"。

〔一〕"货",《文苑英华》卷二〇四作"赂"。

〔二〕"买",《文苑英华》作"画"。

映水曲

案：杂曲歌辞。

轻鬟学浮云,双蛾拟初月。沈约诗:云鬟花钗举。水澄正落钗,萍开理垂发。

案：徐刻下有《登楼》、《越城》二曲,今附后。

何　逊

南　苑〔一〕

注见卷六何思澄。

苑门辟千扇,苑户开万扉。楼殿间一作"开"。珠履〔二〕,竹树隔罗衣。

〔一〕《全梁诗》卷九作《苑中》。纪氏《考异》："本集作《苑中绝句》。"
〔二〕"间",五云溪馆本作"闻"。

闺　怨

案：杂曲歌辞。

闺阁行人断,房栊月影斜。谁能按：一作"知"。北窗下,一作"外"。独对后园花。按：一作"犹对后庭花"。相如《子虚赋》：时从出游,游于后园。

为人妾思

案：一作"怨"。

燕子戏还檐，按：一作"燕戏还檐际"。花飞落枕前。寸心君不见，拭泪坐调弦。

咏春风〔一〕

可闻不可见，能重复能轻。镜前飘落粉，琴上响余声。

〔一〕《文苑英华》卷一五六作《咏风》。

秋闺怨〔一〕

按：杂曲歌辞。

竹叶响南窗，月光照东壁。《归去来辞》：倚南窗以寄傲。古诗：促织鸣东壁。谁知夜独觉，枕前双泪滴。晋傅玄乐府：转目泪双堕。

〔一〕《全梁诗》卷九作《闺怨》。纪氏《考异》："本集作《闺怨》绝句第二首。"

吴　均

杂绝一无"绝"字。句四首

昼一作"画"。蝉已伤念，夜露复沾衣。昔别昔何道〔一〕，今令按:一作"夕"。萤火一作"光"。飞。锦腰连枝滴,一作"理"。绣领合欢斜。梦中难言一作"谁不"。见,终成乱眼花。张华《轻薄篇》:耳热眼中花。

蜘蛛檐下挂,络纬井边啼。何当得见子,照镜窗东西。

泣听离夕歌,悲衔别时酒。叔庠《别王谦》诗云:离歌玉弦绝,别酒金卮空。与此意同。**自从今日去,当复相思否?**

〔一〕下"昔"字,五云溪馆本作"曾"。

王僧孺

春　思

按:一作吴均,误。

雪罢枝即青,冰开水便绿〔一〕**。复闻黄鸟思**〔二〕,一作"鸣"。令一作"今"。**作相思曲**〔三〕**。**

〔一〕"水",《文苑英华》卷一五七作"春"。
〔二〕"思",《文苑英华》作"声",五云溪馆本作"吟"。
〔三〕"令",《艺文类聚》卷三作"全"。

为徐仆射妓作

日晚应归去,上客强盘桓。稍知玉钗重,渐见罗襦寒。

徐悱妇

光宅寺

《梁书·文学传》:高祖以三桥旧宅为光宅寺。

长廊欣目送,广殿悦逢迎。《左传》:宋华督见孔父之妻于路,目逆而送之,曰:"美而艳。"江淹古体:肃肃广殿阴。何当曲房里,幽隐无人声。

题甘蕉叶示人

嵇含《南方草木状》:甘蕉望之如树,株大者一围余,叶长一丈,或六七尺,广尺余,发绛花大如酒杯,形色如芙蓉。

夕泣以一作"似"。非疏[一],梦啼真太一作"太真"。数。惟当夜枕知,过此无人觉。

〔一〕"以",《全梁诗》卷一三作"已"。

摘同心支一作"栀"。子赠谢娘因附此诗

《本草》:栀子花六出,甚芬香,俗说即西域薝卜花也。

两叶虽为赠,交情永未因。同心处何限,一作"何处恨"。支子最关人。

姚　翻

一作"徐悱妻"。

代陈庆之美人为咏

《梁书》:陈庆之,字子云,义兴国山人也。除奉朝请,为武威将军。中大通二年,南北司二州刺史,谥曰武。

临妆欲含涕,羞畏家人知。还持粉中絮,拥泪不听垂。

梦见故人

觉罢方知恨,人心定不同。《左传》:子产曰:"人心之不同,如其面焉。"谁能对角枕,长夜一边空。

有期不至

黄昏信使断,衔怨心凄凄。江淹古体:衔怨别西津。回灯向下榻,转面暗中啼。

王　环

代西丰侯美人一首

《南史·梁宗室传》:临川静惠王子正德,字公和,天监初,封西丰县侯,侯景反,以正德为天子,寻为景所杀。
于今辞宴语,方念泣离违。《吴都赋》:海童于是宴语。毛苌《诗传》:违,离也。无因从朔雁,一向黄河飞。

梁武帝

边戎一作"戍"。诗

秋月出中天,远近无偏异。共照一光辉,各怀离别思。

咏　烛

堂中绮罗人,席上歌舞儿。待我光泛滟,为君照参差。江淹古体:露华方泛滟。

咏　笔

昔闻兰蕙月,独是桃李年。齐王融《法寿乐》:熏风镜兰月。鲍照《幽兰诗》:帘委兰蕙露,帐含桃李风。**春心傥未写,为君照情筵**。

咏　笛

柯亭有奇竹,一作"材"。**含情复抑扬**。张骘《文士传》:蔡邕告吴人曰:"吾昔常经会稽高迁亭,见屋椽竹,东间第十六,可以为笛。"取用之,果有异声。繁钦《与魏文帝笺》:此孺子遗声抑扬。《汉书》:叔孙通述曰:"叔孙奉常,与时抑扬。"按:伏滔《长笛赋序》:蔡邕避难江南,宿于柯亭,柯亭之馆,以竹为椽。**妙声发玉案**一作"五"。**指,龙音响凤凰。**《说文》:笙,十三簧,象凤之身。

咏 舞

腕弱复低举,身轻由回纵。成公绥《隶势》:动纤指,举弱腕。**可谓写自欢,方与心期共。**任昉诗:中道遇心期。

连按:一作"联"。句诗

倾城非人美,十载难里逢〔一〕。虽怀轩中意,愧无鬒发容。

〔一〕"十",赵氏覆宋本作"千"。"里",五云溪馆本作"重"。

春歌三首

按:清商曲辞吴声歌曲。注见前。第一、第三章,《乐府》作王金珠。

阶上歌入怀〔一〕,庭中花照眼。吴均《胡无人行》:恒持照眼光。**春心**一作"郁"。**如此,情来不可限。**
兰叶始满地,一作"池"。**梅花已落枝。持此可怜意,摘以寄心知。**
朱日光素冰〔二〕,黄花映白雪。折梅待一作"寄"。**佳人,共迎**一作"待"。**阳春月。**

案:徐刻又有《春歌》一首,今附后。

〔一〕"歌",《乐府诗集》卷四四作"香"。

〔二〕"冰",《乐府诗集》作"水"。

夏歌四首

《乐府》载三首,其第三章作王金珠。

江南莲花开,红光覆一作"花照"。碧水。色同心复同,藕异心无异。

闺中花如绣,帘上露如珠。欲知有所思,停织复蹰躇。

玉盘著一作"贮"。朱李,金杯盛白酒。魏文帝《与吴质书》:沉朱李于寒水。庾信《春赋》:莲子金杯。虽欲持自新〔一〕,一作"亲元"。复恐不甘口。傅玄《桃赋》:既甘且脆,入口消流。

含桃落花日,黄鸟莺飞时。《汉书音义》:樱桃,含桃也。君住马已一作"欲"。疲,妾去蚕欲一作"已"。饥。《风俗通》:疲马不能度沱。鲍照乐府:疲马恋君轩。

〔一〕《乐府诗集》卷四四"虽"作"本","新"作"亲"。

秋歌四首

按:《乐府》载二首,其第二章作王金珠《子夜变歌》,第三章作王金珠《子夜春歌》。

绣带合欢炬〔一〕,锦衣连理文。怀情入夜月,含笑出朝云。

七彩紫金柱,九华白玉梁。按:《晋书·石季龙载记》:起太武殿,漆瓦金铛,银楹金柱。《拾遗记》:玉山北有玉梁千丈,驾玄流之上。

但歌云一作"绕"。不去,含吐有余香。

吹蒲一作"漏"。未一作"不"。可停〔二〕,弦断当更一作"更当"。

续。**俱作双丝**一作"思"。**引,共奏同心曲**。
当信抱梁期,莫听回风音。《楚辞》:悲回风之摇蕙。注:回风,旋转之风也。汉郭宪《洞冥记》:帝所幸宫人名丽娟,年十四,玉肤柔软,吹气胜兰。每歌,李延年和之,于芝生殿唱回风之曲,庭中花皆翻落。**镜上**一作"中"。**两入髻**[三],**分明无两心**。孔融《临终诗》:人有两三心,安能合为一。《易纬》引古语曰:一夫两心,拔刺不深。

　　按:徐刻下有《冬歌》四首,今附后。

〔一〕"炬",《乐府诗集》卷四四作"结"。
〔二〕"蒲",《全梁诗》卷一作"满"。
〔三〕"入",五云溪馆本作"人"。

子夜歌二首

　　《晋·乐志》:《子夜歌》者,女子名子夜,造此声。晋孝武太元中,琅琊王轲之家有鬼歌《子夜》,则子夜是此时人也。《宋书·乐志》:晋孝武太元中,琅琊王轲之家有鬼歌《子夜》。殷允为豫章,豫章侨人庾僧虔家亦有鬼歌《子夜》。殷允为豫章,亦是太元中,则子夜是此诗以前人也。《古今乐录》:凡歌曲终,皆有送声。《子夜》以持子送曲,《凤将雏》以《泽雉》送曲。《乐府解题》:后人更为四时行乐之词,谓之《子夜四时歌》。又有《太子夜歌》、《子夜警歌》、《子夜变歌》,皆曲之变也。按:清商曲辞吴声歌曲。《乐府》载四十二首,晋宋齐辞。今选二首。

恃爱如欲进,含羞未肯前[一]。**口朱发艳歌**[二],**玉指弄娇弦**。
朝日照绮钱,一作窗,或作"笺"。**光风动纨罗**。一作"素"。宋玉《招魂》:光风转蕙,泛崇兰些。左思《吴都赋》:弱于罗纨。**巧笑茜**一作"奋"。**两犀,美目扬双蛾**。按:《诗》:齿如瓠犀。传:瓠犀,瓠瓣也。又《韵会》:瓜中瓣曰犀。

〔一〕"未肯",《古乐府》作"出不"。

〔二〕"口朱",《诗纪》卷四一作"朱口"。

上声歌一首

注见上文。《乐府》作王金珠诗。

花色过桃杏,名称重金琼。名歌非《下里》,含笑作《上声》。

欢闻歌二首

注见上文。《乐府》作王金珠。第二首作《欢闻变歌》。

艳艳金楼女,心如玉池莲。曹植《飞龙篇》:金楼复道。《神异经》:西北有金楼,上有银盘,广五十丈。王筠《开莫寺碑》:玉池动而扬文。张衡《南都赋》:于其陂泽,则有绀卢玉池。注:旧说曰:玉池在宛也。

持底报郎恩,俱期游梵一作"楚"。天。《广韵》:梵,梵声也。

南有相思木,含情复同心〔一〕。游女不可求,谁能息空阴。一作"识得音"。陆机乐府:热不息恶木阴。

〔一〕"含情",《乐府诗集》卷四五作"合影"。

团扇歌一首

《古今乐录》:《团扇郎》歌者,晋中书令王珉捉团扇,与嫂婢谢芳姿有爱,情好甚笃。嫂捶挞婢过苦,王东亭闻而止之。芳姿素善歌,嫂令歌一曲当赦之。应声歌曰:"白团扇,辛苦五留连。

是郎眼所见。"珉闻,更问之:"汝歌何遗?"芳姿即改云:"白团扇,憔悴非昔容,羞与郎相见。"后人因而歌之。按:清商曲辞吴声歌曲。《乐府》作王金珠诗。

手中白团扇,净如秋团月〔一〕。清风任动生,娇香承一作"声任"。意发。

〔一〕"团",《艺文类聚》卷四三作"圆"。

碧玉歌一首

注见上文孙绰。《乐府》作古辞。

杏梁日始照,蕙席欢未极。曹植《九咏》:菌荐兮茝席,蕙裯兮苓床。碧玉奉金杯,绿酒助花色〔一〕。《子夜警歌》:镂碗传绿酒。

〔一〕"绿",《乐府诗集》卷四五作"渌"。

襄阳白一作"蹋"。铜鞮歌三首〔一〕

注见前。

陌头征人去,闺中女下机。含情不能言,送别沾罗衣。
草树一作"木"。非一香,花叶一作"丛"。百穜一作"種"。色。
寄语一作"情"。故情人,知我心相忆。
龙马一作"头",一作"门"。紫金鞍,翠眊白玉羁。照耀双阙下,知是襄阳儿。《古诗》:双阙百余尺。附沈约和歌。其一已见上文。其二曰:"生长宛水上,从事襄阳城。一朝遇神武,奋翼起先鸣。"其三曰:"蹀鞚飞尘起,左右自生光。男儿得富贵,何必在归乡。"

〔一〕《文苑英华》卷二〇一作《白铜蹄歌》。

皇太子简文。

杂题一作"诗"。二十一首

寒闺

被空眠数觉,寒重夜风吹。罗帏非海水,那得度前知。

行雨

注见卷四王融。

本是巫山来,无人睹容色。惟有楚王臣,曾言梦相识。

梁尘

注见卷三陆机。

依帷蒙重翠,带日聚轻红。相如《子虚赋》:张翠帷。李陵诗:红尘塞天地,白日何冥冥。定为歌声起,非关团扇风。

华月

按:以上作《杂咏》四首。

兔丝当作"腹"。生云夜〔一〕,蛾形一作"影"。出汉时。屈原《天问》:夜光何德?死则又育。厥利维何?而顾兔在腹。《三辅黄图》:影蛾池,武帝凿池以玩月,其旁起望鹄台,以眺月影入池中,使宫人乘舟弄月影,名影蛾池,亦曰眺蟾台。**欲传千里意,不照十年悲。**

  按:徐刻下有《采菱歌》一首,今附后。

〔一〕"丝",纪氏《考异》:"疑是'影'之误。"

夜夜曲

  按:杂曲歌辞。注见卷五沈约。《乐府》载简文一首,选入七卷中,此作沈约诗。

北斗阑干去,夜夜心独伤。月辉横射枕,灯光半隐床。

  案:徐刻有二首,今附后。

从顿还城南一作"南城"。

暂别两成疑,开帘生旧一作"愁"。忆。都如一作"知"。未有情,更似新相识。

春江曲一作"行"。

  唐郭元振曰:春江巴女曲也。案:杂曲歌辞。

客行只念路,相将一作"争"。渡江一作"京"。口。谁知堤上人,拭泪空摇手。《汉书·食货志》:民摇手触禁。《外戚传》:且使妾摇手不得。

新　燕

新禽应节归,俱向吹楼飞。入帘惊钏响,来窗碍舞衣。

弹　筝

弹筝北窗下,夜响清音愁。张高弦易断,心伤曲不遒。一作"成"。

夜遣内人还后舟

锦幔扶船烈,一作"列"。兰桡拂浪浮。去烛犹文水[一],余香尚满舟。

〔一〕"文",纪氏《考异》:"'文'字未详,疑当作'交'。"

咏武陵王左右伍嵩传杯 一无"伍嵩传杯"。

顶分如两髻,簪长验上头。《南史·孝义传》:华宝,父豪,戍长安,年八岁,临别,谓宝曰:"须我还,当为汝上头。"长安陷,宝年至七十,不婚冠。捉一作"投"。杯如欲转,疑残已复留。《北史》:齐文宣帝于东山游宴,以关陇未平,投杯震怒。

有所伤 一作"思"。三首

可叹不可思,可思不可见。余弦断瑟柱,残朱染歌扇。

寂寂暮檐响,黯黯垂帘色。惟有瓴甋苔,如见蜘蛛织。《尔雅》:瓴甋谓之甓。蔡邕《吊屈原文》:琢碎琬琰,宝其瓴甋。《后汉·郡国志》"鲁国"注:仲尼墓前有瓴甓,为祠坛,方六尺,与地平。张协诗:瓴甋夸玙璠。

入林看碚礧[一],春至定无赊。《左传》:太叔曰:"部娄无松柏。"杜预注:部娄,小阜。何时一可见,更得似梅花。

〔一〕"碚礧",纪氏《考异》:"疑当作'蓓蕾'。"

游　人

游戏长杨苑,携手云台间。古辞《善哉行》:参驾六龙,游戏云端。《三辅黄图》:上林有长杨宫。《东观汉记》:诏贾逵入讲南宫云台。欢乐未穷已,白日下西山。

绝句 一无"绝句"。赐 一作"赠"。丽人

腰肢本独 一作"犹"。绝,眉眼特惊人。判自无相比,还来有洛神。

遥　望

散诞垂红帔,斜柯插玉簪。可怜无有比,恐 一作"恣"。许直千金。

愁闻照镜

别来憔悴久,他人怪容色。只有匣中镜,还持自相识。

按：徐刻下有《金闺思》二首，今附后。

浮　云

可怜片云生，暂重复还轻。欲使荆按：一作"襄"。王梦，应过白帝城。《元和郡县志》：白帝，即夔州城，所据与赤平山相接。初，公孙述殿前井有白龙出，因号白帝山。

寒　闺

绿叶朝朝黄，红颜日日异。譬喻持相比，那堪按：一作"得"。不愁思。

和人渡水

婉娩新上头，煎裙一作"湔裙"。出乐游。《汉·佞幸传》：但以婉媚贵幸。谢惠连《豫章行》：婉娩寡留晷。《北史》：窦泰母梦风雷有娠，期而不产，甚惧。有巫者曰："度河湔裙，产子必易。"便向水所，忽见一人曰："当生贵子，可徙而南。"母从之，俄而生泰。及长，为御史中尉。《玉烛宝典》：元日至晦日并为酺食，士女湔裙度厄。《山堂肆考》：金陵覆舟山之南，有乐游苑，在晋为药园。元嘉中，以其地为北苑，更造楼观于覆舟山，后改名乐游苑。**带前结香草，鬟边插石榴。**王逸《离骚序》：善鸟香草，以配忠贞。

按：徐刻下有武陵王、范云诗三首，今附后。

萧子显

春闺思

按:杂曲歌辞。徐刻有《南征曲》以下五首,今附后。

金羁游侠子,绮机离思妾。《汉书》有《游侠传》。春度人不归,望花尽成叶。

咏苑中游人

二月春心动,游望桃花初。回身隐日扇,按:一作"白日"。却步敛风裾。

刘孝绰

遥见美人采荷

菱茎时绕钏,棹水或沾妆。不辞红袖湿,惟怜绿叶香。

咏小儿采菱

采菱非采菉,日暮且盈舯。张楫《埤雅》:舯,吴船也。音凋。跱崌未敢进,畏欲比残桃。

庾肩吾

咏舞曲应令

歌声临画阁,舞袖出芳林。石城定若远,前溪应几深。

咏主人少姬应教

故年齐总角,今春半上头。那知夫婿好,能降使君留。

咏长信宫中草

长信,注见卷一班婕妤。

委翠似知节,含芳如有情。沈炯《归魂赋》:草极野而舒翠。曹摅诗:严霜凋翠草。全由履迹少,并欲上阶生。

石崇金谷妓

金谷,注见卷六王僧孺。按:杂曲歌辞。

兰堂上客至,绮席清弦抚。刘峻《广绝交论》:客所谓抚弦徽音。自作明君辞,还教绿珠舞。

王台卿

同萧治中十咏二首

《岑窗杂录》：王台卿为刑狱参军。《乐苑》：梁南平王世子恪，除雍州刺史。宾客有江仲举、蔡远、王台卿、庾仲雍四人，俱被接遇。台卿诗，多与简文唱和。《广弘明集》曰：州民前臣刑狱参军王台卿。《南史》：南平王世子恪，宾客有江仲举、蔡远、王台卿、庾仲雍四人，并有蓄积，人间歌曰："江千万，蔡五百，王新车，庾大宅。"遂达武帝，帝接之曰："主人愦愦不如客。"

荡妇高楼月

空度一作"庭"。高楼月，非复五三年。一作"三五圆"。何须照床里，终是一人眠。

南浦别佳人

敛容送君别，一敛无开时。只应待相见，还将笑解眉。

按：徐刻有《陌上桑》四首，今附后。

刘孝仪

咏织女

按：此首《艺文》作孝威诗。

金钿已照耀，白日未蹉跎。《说文》：蹉跎，失时也。欲待黄昏后，含娇浅渡河。

咏石莲

莲名堪百万，石姓重千金。不解无情物，那得似一作"解"。人心。

刘孝威

和定襄侯八绝一无"八绝。"初笄一首

《梁书·宗室传》：南平元襄王伟子只，字敬谟。天监中，封定襄县侯。侯景乱，只奔东魏。

合鬟仍昔发，略鬓即前丝。从今一梳罢，无复更萦时。《子夜歌》：宿昔不梳头。《汉书》：扬雄头蓬不暇梳。《说文》：萦，收卷也。《广韵》：绕也，系也。

江伯瑶

和定襄侯八绝—无"八绝。"楚越衫一首

裁缝在箧笥,熏鬓带余香。相如《美人赋》:金鎚熏香。开看一作"著"。不忍著,一作"看"。一见泪按:一作"落"。千行。庾信诗:妾泪已千行。

刘　泓

咏繁华一首

繁华,注见卷二阮籍。按:此首徐刻无。

可怜宜出众,的的最分明。秀媚开双眼,风流着语声。

何曼才

为徐陵伤妾诗一首

迟迟衫掩泪,悯悯恨萦胸。《离骚》:长太息以掩涕兮。丁仪《寡妇赋》:气愤薄而交萦。晋石崇《思归叹》:极望无涯兮思填胸。无复专房日,犹望下山逢。

萧 驎

咏袒一作"衻"。复一首

《晋书》:着布谣云:"着布袒腹,为齐持服。"按:《左传·宣九年》:皆衷其袒服,以戏于朝。《丹铅余录》作《咏复裙》。

的的金弦净,离离宝襫分。《抱朴子》:金弧玉弦,无激矢之能。纤腰非学楚,宽带为思君。

纪少瑜

咏残灯一首

残灯犹未灭,将尽更扬辉。惟余一两焰,才得解罗衣。

王叔英妇

暮寒一首

梅花自烂漫,百舌早迎春。逾寒衣逾薄[一],未肯怀一作"惜"。腰身。

〔一〕二"逾"字纪氏《考异》均作"愈",可从。

戴暠

《升庵诗话》：戴暠《从军行》云："长安夜刺闺，胡骑犯铜鞮。"刺闺，夜有急报，投刺于宫门也。《南史》：陈文帝每夜刺闺，取外事分判者，前后相续，敕鸡人司漏，传签于殿中，令投签于阶石上，跄然有声。隋炀帝诗：投签初报晓。隋时此制犹存也。按此，则暠疑是陈时人。

咏欲一作"歌"。眠诗一首

《世说》：陶征士有酒辄设，若先醉便语客："我醉欲眠卿可去。"

拂枕熏红帊，回灯复解衣。旁边知夜久，一作"永袙"。不唤定应归。

刘孝威一无"刘孝威"字。

古体杂意

按：此二首活本所无，与八卷徐悱同例。又徐刻与前一首同叙作三首。

朝日大风霜，寄事是交伤。叶落枝柯净，常自起棋疑作"箕"。张。齐王僧虔《书赋》：约实箕张。

咏佳丽

可怜将可念,可念直千金。《梁书·文学传》:童谣云:"可怜可念尸着服,孝子不在日待哭,死管暂鸣死灭族。"惟言有一恨,恨不逐人心〔一〕。

〔一〕"逐",孟本作"遂",可从。

刘义恭

《宋书》:江夏文献王义恭,幼而明颖,高祖特所钟爱,历官南徐州刺史。世祖即祚,进位太傅,历太宰领司徒。

自君之出矣

注见前。以下诸诗,宋刻不收,今附于后。
自君之出矣,笥锦废不开。思君如清风,晓夜常徘徊。

汤惠休

杨花曲

案:杂曲歌辞。

深堤下生草,高城上入云。春人心生思,思心常为君〔一〕。"深堤下生草"之上,一有"葳蕤华结情,婉转风含思。掩涕守春心,折兰还自遗。江南相思引,多叹不成音。黄鹤西北去,衔我千里心。"案:茂倩《乐府》同。

〔一〕"常",《乐府诗集》卷七七作"长"。

张　融

《南齐书》:融,字思光,吴郡吴人。仕宋,为仪曹郎。入齐,累迁司徒右长史。

别　诗

白日一作"云"。山上尽,清风松下歇。欲识离人愁〔一〕,孤台见明月。《南史》:谢谧曰:"入吾室者,但有清风,对吾饮者,唯当明月。"

〔一〕"愁",《全齐诗》卷四作"悲"。

王　融

少年子

案:杂曲歌辞。

闻有东方骑,遥见上头人。古乐府:东方千余骑,夫婿居上头。待君送客返,桂疑作"挂"。钗当自陈〔一〕。

〔一〕"桂",《全齐诗》卷二注:"一作'挂'。"

阳翟新声

《隋书·乐志》:西凉乐曲《阳翟新声》、《神白马》之类,皆生于胡戎歌,非汉、魏遗曲也。

怀春发下蔡,含笑发一作"向"。阳城。耻为飞雊曲,好作鹍鸡声。按:一作"鸣"。崔豹《古今注》:《雉朝飞》者,牧犊子所作也。齐处士,愍宣时人,年五十,无妻。出薪于野,见雉雄雌相随而飞,意动心悲,乃作朝飞之操,将以自伤焉。

谢　朓

春　游

置酒登广殿,开襟望所思。陆机拟古:置酒宴所欢。又乐府:曷云开此衿。春草行已歇,何事久佳期。

邢　邵

《北齐书》:邢邵,字子才,河间鄚人。累迁中书侍郎,寻除卫将军、国子祭酒。

思公子

《楚辞·九歌》云:雷填填兮雨冥冥,猿啾啾兮狖夜鸣,风飒飒兮木萧萧,思公子兮徒离忧。《思公子》,盖出于此。按:杂曲歌辞。

绮罗日减带,桃李无颜色。思君君未归,君一作"归"。来岂相识。

梁武帝

春　歌

注见前。

花坞蝶双飞,柳堤鸟百舌。张敦颐《六朝事迹》:桃花坞在蒋山宝公塔之西北,旧有桃花甚盛,今不复存。不见佳人来,徒劳心断绝。

冬歌四首

第三章《乐府》作晋宋齐辞。

寒闺动裌帐,密筵重锦席。晋潘尼《琉璃碗赋》:营密坐之曲宴。义同。卖眼拂长袖,含笑留上客。
别时鸟啼户,今晨雪满墀。过此君不返,但恐绿鬓衰。
果欲结金兰,但看松柏林。《子夜歌》:愿得结金兰。傅亮表:金兰之分。又:深情感松柏。经霜不堕一作"坠"。地,岁寒无异心。
一年漏将尽,万里人未归。君志固有在,妾躯乃无依。

简文帝

采菱歌

注见前。

菱花落复含,桑女罢新蚕。桂棹浮星艇,徘徊莲叶南。曹植《车渠碗赋》:影若星浮。《说文》:艇,小舟,形狭而长。《释名》:其形径挺,二人所乘行也。

夜夜曲

注见前。

愁人夜独伤,灭烛卧兰芳。按:一作"房。"宋玉《招魂》:兰芳假些。
只恐多情月,旋来照妾房。按:一作"床"。

金闺思二首

游子久不返,妾身当何依。日移孤影动,羞睹燕双飞。《南史》:卫敬瑜妻所住有燕巢,常双飞,后忽孤飞,女乃以缕系脚为识,后此燕来,仍带前缕。女复为诗曰:"昔年无偶去,今春犹独归。故人恩既重,不忍复双飞。"

自君之出矣〔一〕,不复染膏脂。南风送归燕,一作"雁"。聊以寄相思。

〔一〕"出",《全梁诗》卷二作"别"。

武陵王

昭君辞

注见卷二石崇。

塞外无春色,边城有风霜。谁堪揽明镜,持许照红妆。

范　云

别　诗

洛阳城东西,长作经时别。昔去雪如花,今来花如雪。

拟自君之出矣

注见前。
自君之出矣,罗帐咽秋风。思君如蔓草,连延不可穷。宋玉《高唐赋》:薄草靡靡,连延夭夭。

范靖妇

登楼曲

案:杂曲歌辞。
凭高川陆近,望远阡陌多。相思隔重岭,相忆限一作"恨"。长河。

越城曲

按:杂曲歌辞。
别怨一作"远"。凄歌响,离啼湿舞衣。愿假《乌栖曲》,翻从南向飞。

萧子显

南征曲

案：杂曲歌辞。

棹歌来杨女，操舟惊越人。图蛟怯水伯，照鹢竦江神。《山海经》：朝阳之谷神曰天吴，是水伯也。相如《子虚赋》：浮文鹢。注：鹢，水鸟也。画于船首，故曰文鹢。按：《说苑》：越处海垂之际，剪发文身，烂然成章，以像龙子，将避水神也。

陌上桑二首

按：相和歌辞相和曲。注见卷一古乐府。

日出秦楼明，条垂露尚盈。蚕饥心自急，开奁妆不成。按：此首《乐府》作亡名氏诗。

今月开和景[一]，处处动春心。挂筐须叶满，息倦重枝阴。按：此《古乐府》作王台卿诗。

[一]"今"，《乐府诗集》卷二八作"令"。

桃花曲

按：杂曲歌辞。《乐府》作简文帝诗。

但使桃一作"新"。花艳，得百美人簪[一]。《韩诗外传》：简主曰："夫春树桃李,夏得荫其下,秋得食其实。"何须论后实,怨结子瑕心。

〔一〕"百",《乐府诗集》卷七七作"间"。

树中草

按:杂曲歌辞。《乐府》作简文帝诗。

幸有青袍色,聊因翠幄凋。古诗:春袍似青草。虽间珊瑚带,一作"蒂"。非是合欢条。

王台卿

陌上桑四首

郁郁陌上桑,盈盈道旁女〔一〕。枚乘《杂诗》:盈盈楼上女。送君上河梁,拭泪不能语。
郁郁陌上桑,遥遥山下蹊。君去戍万里,妾来守空闺。
郁郁陌上桑,皎皎云间月。非无巧笑姿,皓齿为谁发。曹植《杂诗》:谁为发皓齿。
郁郁陌上桑,袅袅机头丝。君行亦宜返,今夕是何时。

案:此卷是古之五言绝句。宋刻一百五十三首,今存一百五十五首,多二首,盖后二首活本所无也。并吴增三十首,共一百八十八首。又按:宋本后有红字写"宋刻《玉台新咏》,计诗六百九十首"。刻本止六百八十九首,宋刻时已亡其一。今冯本仍存六百九十首,显令增宋刻不收者一百七十九首,共八百六十九首。

〔一〕"道傍",《全梁诗》卷一三注:"《乐苑》作'陌上'。"

原书序跋

陈玉父

右《玉台新咏集》十卷。幼时至外家李氏,于废书中得之,旧京本也。宋已失一叶,间复多错谬,版亦时有刓者,欲求他本是正,多不获。嘉定乙亥,在会稽,始从人借得豫章刻本,财五卷。盖至刻者中徙,故弗毕也。又闻有得石氏所藏录本者,复求观之,以补亡校脱。于是其书复全,可缮写。夫诗者,情之发也。征戍之劳苦,室家之怨思,动于中而形于言,先王不能禁也。岂惟不能禁,且逆探其情而著之,《东山》、《杕杜》之诗是矣。若其他变风化雅,谓"岂无膏沐,谁适为容"、"终朝采绿,不盈一匊"之类,以此集揆之,语意未大异也。顾其发乎情则同,而止乎礼义者盖鲜矣,然其间仅合者亦一二焉。其措辞托兴高古,要非后世乐府所能及。自唐《花间集》已不足道,而况近代挟邪之说,号为以笔墨动淫者乎!又自汉魏以来,作者皆在焉,多萧统《文选》所不载,览者可以睹历世文章盛衰之变云。是岁十月旦日书其后,永嘉陈玉父。

赵　均

昔昭明之撰《文选》,其所具录,采文而间一缘情。孝穆之撰《玉台》，其所应令，咏新而专精取丽。舍此而求，先乎此者，惟尼父之删述耳，将安取宗焉？今案刘肃《大唐新语》云："梁简文为太子时，好作艳诗，境内化之，浸以成俗。晚欲改作，追之不及，乃令徐陵撰《玉台新咏》，以大其体。"凡为十卷，得诗七百六十九篇。世所通行妄增，又几二百。惟庾子山《七夕》一诗，本集俱阙，独存此宋刻耳。虞山冯己苍未见旧本时，常病此书原始梁朝，何缘子山厕入北之诗，孝穆滥擘笺之咏？此本则简文尚称皇太子，元帝亦称湘东王，可以明证。惟武帝之署梁朝，孝穆之列陈衔，并独不称名，此一经其子姓书，一为后人更定无疑也。得此始尽释群疑耳。至若徐干《室思》一首，分六章，今误作《杂诗》五首，以末章为《室思》一首之类；颜延之《秋胡诗》一首，作九首，亦沿其误。魏文帝甄皇后乐府《塘上行》，今作武帝，已误，直作甄后，大谬。傅玄《和班氏诗》误《秋胡诗》。沈约《八咏》，旧本二首在八卷中，其六首附于卷末，自是孝穆收录。其合作者止此，故《望秋月》、《临春风》删去"登台"、"会圃"四字。昔之分刻，尚存史阙文遗意；今合刻，遂全失撰者初心。此皆显失，敢不详言。至于字句小异，兹固未可悉呈矣，苟不精考，雷同相从，转展傅会，与昔人本旨何与？故今又合同志中详加对证，虽随珠多颣，虹玉仍瑕，然东宫之令旨还传，学士之崇尊斯在。窃恐宋人好伪，叶公惧真，敢协同人，传诸解士，矫释莫资，逸驾终驰焉耳。时崇祯六年岁次癸酉四月既望，吴郡寒山赵均书于小宛堂。

李维桢

余自南宫得隽后，有客从关中来，携宋刻《玉台新咏》一帙示余。较今之行世本,十减三四,而每卷首,俱各不同,而增者有十之一,且卷中字句与今大不类,如以"昔"作"若",以"传"作"转",不可枚举,是康武功箧中物也。其中有数字用朱点定,亦是武功壮年健笔,故妩媚可爱,留之信宿而去。今甲辰春莫,吴中翰惟吉氏,忽以此本相示,宛然当年旧册,阅后且三十六载矣。余尝想不去怀,不觉惊叹丰城之异,因题以归中翰,其世宝藏,毋坠落仓父手也。京山李维桢题。

冯 舒

此书今世所行,共有四本:一为五云溪馆活字本,一为华允刚兰雪堂活字本,一为华亭杨元钥本,一为归安茅氏重刻本。活字本不知的出何时,后有嘉定乙亥永嘉陈玉父序,小为朴雅,讹谬层出矣。华氏本刻于正德甲戌,大率是杨本之祖。杨本出万历中,则又以华本意僔者。茅本一本华亭,误逾三写。尝忆小年侍先府君,每疑此集缘本东朝,事先天监,何缘子山窜入北之篇,孝穆滥掔笺之曲,意欲谛正,时无善本,良用怃然。己巳早春,闻有宋刻在寒山赵灵均所,乃于是冬挈我执友,偕我令弟,造于其庐,既得奉观,欣同传璧。于时也,素雪覆阶,寒凌触研,合六人之功,钞之四日夜而毕。饥无暇咽,或资酒暖;寒忘堕指,唯忧烛灭。不知者以为狂人,知音亦诧为好事矣。所憾者,寻较不精,时起同异,误自适于通人,疑未绝于愚口。敬遵先志,参其得失。见闻不广,敢矜三豕之奇;心目略穷,自盈偃鼠之腹。上鄀冯舒默庵述。

冯　班

己丑岁，借得宋刻本校过一次。宋刻讹谬甚多，赵氏所改，得失相半，姑两存之，不敢妄断。至于行款，则宋刻参差不一，赵氏已整齐一番矣。宋刻是麻沙本，故不佳。旧赵灵均物，今归钱遵王。小年兄弟，多学玉溪生作俪语，偶读是集，因摘其艳语可用者，以虚点志之。冯班二痴记。

法　顶

辛卯三月一日，假冯氏校定本对读，不独辨其鲁鱼，且并存其字体，至三日早晨讫。道人法顶。

毂道人

是月十五日，借孙本对录异同，亦照冯本参量圈点，增其不足，广其所用，藏之箧中，俾补吟咏。因忆此书余十六岁收藏时，灵均新刊，同志爱之若珍，后从钱太史得京山李跋本，勘过一次，遂同摹宋本《才调集》为枕中之玩，至今阅十七年，乃得重勘，可谓远矣。其间人世推迁，变故横生，不胜今昔之感。读书笃志之士，十去八九，此书校本亦湮没者多。即余所藏，自兵燹后，百无一二，惟兹与《才调》相携有年，可谓幸矣！故虽非宋刻，亦不失为宋之曾元，寥寥箧中，足当世宝，因示后之人，毋或忽焉。孙即法顶，冯即二痴，并记。南阳毂道人。

徐釚

赵本《玉台新咏》,为灵均氏所刻。旧说谓《玉台新咏》宋刻本,出自寒山赵氏。孝穆在梁时所撰,卷中简文,尚称皇太子,元帝称湘东王,可以考见。今流俗本为俗子矫乱,又妄增诗二百首,赖此本得存旧观,今阅之果然。因知是书乃摹仿宋椠,而得其精妙也。然闻沧桑以后,斯板已经毁废,当时所印,止百十余本。宋刻原本,不知存亡,而是书亦流传无几。触手磨挲,纸墨粲然,不胜东京梦华之感。内兄吴君显令,耆年嗜古,取此本笺注传世,定与孝穆并垂不朽。而灵均之功,亦借以显云。旧史虹亭徐釚题。

吴兆宜

梁昭明太子《文选》一书,诸体毕备,为操觚家准的。随有六臣为之注,不啻郑、孔、王、贾之于六经也。孝穆少仕梁东宫,亦尝有《玉台新咏》之选,流行天地间,与《文选》并传。而惜乎无为之注者,缘其使事命句,大率多出汉魏以上之书,而书不易多构。今年余适馆玉峰之传是楼,楼多藏书,乃广搜博采,取此书注以传世。恐不乏舛谬,惟同志者无靳教焉。孝穆所选诗凡八百七十章,其入昭明选者六十有九,宋刻不收者一百七十有九。时康熙乙卯,吴江吴兆宜显令序。

阮学浚

松陵吴显令氏笺注《徐孝穆集》,予得旧椠板,重加补剜。

复见《玉台新咏》注本,思欲校勘付梓,而心慵笔倦,日减雠书之课,不果也。程子东冶博学好古,取而订之。吴注虽引证典核,而胥钞多脱误。今则讹者悉正,且删繁补阙,参以评点,洵为善本。徐笺不及禅代诸制,后为徐大文氏增补。此编得东冶重订,两书皆全璧矣。刻既成,用志数语,深喜东冶之获我心也。乾隆三十九年岁次甲午冬日,淮南阮学浚藟村跋。

程 琰

《玉台新咏》十卷,《南史》及《陈书》徐陵本传皆不载。然见于《隋·经籍志》、唐、宋《艺文志》,流传久矣。灵均赵氏仿宋椠板,虞山二冯氏校正之,最为善本。又王西庄先生藏有嘉靖间徐学谟海曙楼刻,亦为古雅,而笺注则无其人。适见松陵吴君显令注本,颇征详赡,而疵颣时有。中为钞胥传写,乌焉亥豕,脱误亦多,爰取以雠勘。原注引五经四子书中语人所习见者汰之,载入《文选》及《汉书》者,本六臣注颜注增删之,评语间采之齐次风先生。隙见偶及,有所疏通证明,每条加按字以别之。板从赵刻,与徐刻校对同异。其各卷后所增诗,宋椠不载,从显令注本增入者也。昔卫正叔尝言,世儒剿取前人之说,以为己出,故他人著书,惟恐不出于己,余惟恐不出于人。今琰删补此注,只字单辞,必求依据,亦窃取正叔之志云。书刻竣,附跋于后,以质当世之好古者。乾隆三十有九年岁次甲午冬日,长洲程琰东冶氏跋。

朱彝尊

《昭明文选》初成,闻有千卷。既而略其芜秽,集其清英,存三十卷，择之可谓精矣。然入选之文，不无伪制。所录古诗十九首，以徐陵《玉台新咏》勘之，枚乘诗居其八。至《驱车上东门行》，载《乐府杂曲歌辞》，其余六首，《玉台》不录。就《文选》本第十五首而论，"生年不满百，长怀千载忧。昼短而夜长，何不秉烛游"。则《西门行》古辞也。古辞："夫为乐，为乐当及时。何能坐愁怫郁，当复来兹。"而《文选》更之曰："为乐当及时，何能待来兹。"古辞："贪财爱惜费，但为后世嗤。"而《文选》更之曰："愚者爱惜费，但为后世嗤。"古辞："自非仙人王子乔，计会寿命难与期。"而《文选》更之曰："仙人王子乔，难可与等期。"裁翦长短句作五言，移易其前后，杂糅置十九首中，没枚乘等姓名，概题曰古诗，要之皆出文选楼中诸学士之手也。徐陵少仕于梁，为昭明诸臣后进，不敢明言其非，乃别着一书，列枚乘姓名，还之作者，殆有微意焉。刘知几疑李陵《答苏武书》为齐梁文士拟作，苏子瞻疑陵武赠答五言，亦后人所拟，而统不能辨。非不能辨也，昭明优礼儒臣，容其作伪。今《文选》盛行，作伪者心不徒劳也已。或者以为《文选》阙疑，《玉台》实之以人，非是。当其时，昭明聚书三万卷，大集群儒讨论，岂不知五言始自枚乘。而序所云："退傅有'在邹'之作，降将有'河梁'之篇，四言五言，区以别矣。"注《文选》者，遂谓"河梁"之别，五言此始。钟嵘《诗品》亦云："逮汉李陵，始著五言之目。"抑何谬欤！然则诵诗论世者，宜取《玉台》并观，毋偏信《文选》可尔。

附　录

补序跋二十八篇

中华书局文学编辑室按：在读稿过程中，我们又辑得各本序跋二十八篇，并附于此，以便研究工作者参考。

袁宏道

严沧浪之论诗也，有"徐庾体"，有"玉台体"。《玉台新咏》乃陈尚书徐孝穆所辑，而徐之于诗，固与庾子山并传不朽者也。夫选诗如庾，绣口锦肠，在北周实驾萧捴、宗懔而上。以庾揆徐，徐之鉴赏当自不苟。余历览名胜，谒禹陵，盘桓兰亭之墟，过山阴道上，兴致萧疏，神情开迪，恨不携惊人句来与山川相映发。夜宿陶周望所，楼头鼓动，竟未成眠。抽架上书读之，得《玉台新咏》，清新俊逸，妩媚艳冶，锦绮交错，色色逼真，使胜游携此，当不愧山灵矣。惜板剥蚀，字模糊，若以珠玉委之草莽，可胜扼腕。幸其诗多见于他集中，读之如逢故人，犹能证其鲁鱼，第无会意者梓写两新，为此集生色耳。昔坡老诗不嚼唐人剩饭，独擅千秋。汉魏六朝诸家先唐人着眼，其风格绝非三唐所及，况孝穆以钟情阄入者哉！读复叫，叫复读，何能已已。假令起庾九京，再见斯集,得毋曰"大儿庾信,小儿徐陵",不惟诗有同体,其亦鉴有同操。明月当窗,丹铅在案,肆笔批阅,遂尔达曙。以示周望,周望曰:"孝穆有同调矣。"请颜兹集,以俟重刻。北京大学图书馆藏明天启二年沈逢春刻本《玉台新咏》

沈逢春

盖闻诗本人情。"情之所钟,正在我辈。"嗟乎!未免有情,亦复谁能遣此。此《三百篇》所为作也。自唐以诗取士,风流藻雅,竞盛一时。宋人以理学传之,而诗之脉遂绝。今之人知有唐,而不知唐以前其接《三百篇》之脉者,汉魏六朝诸篇故在也。即知汉魏六朝者,亦类于《选》诗中概其一斑。然而统大所选,大都以气格胜,窃狭其以选文之法选诗,而未竟乎诗之情也。夫诗之情通于气之先,游于格之外,以气格范情,非其至情,不为气格役而妙乎气格,则其至者也。夫是以统大而后徐孝穆有《玉台新咏集》,诗不一代,代不一人,人不一诗,总之,情不为气格役而妙乎气格者,斯罗括焉,虽略气格而第言情可也。孝穆以情汇,中郎以情鉴赏且品题之、序之,世有能解是集之不离乎情者,可以读是集矣。不宁是也,下而唐,上而《选》,上而《三百篇》,一以贯之,无不可读也。自非然者,以气格求之,板矣;浸假而理学,腐矣;或索之以议论,拿山人之所谓"鬼道"矣。不循其本,奚以读夫诗?本之诗以求其情,将柳柳州之言非耶?中郎每薄今之人拾牙后之慧于三唐,今人辄疑其法宋人。夫唐尚薄之,何有于宋?彼殆于是集中有窥汉魏六朝之微者矣。夫非于汉魏六朝窥其微也,其所窥者盖情也。"情之所钟,正在我辈",中郎与孝穆,庶不愧斯语夫!天启壬戌孟冬,钱唐沈逢春书于泰和堂。同上

方大年

《玉台新咏》之编传于世者，今盖千有余年矣。中间板既湮亡，而其书每至残且蠹者，十或八九。我皇明嘉靖己亥间，乃徽郡郑君玄抚重陈代之集绮，慨今兹之没宝，而遍搜访区内，所获者皆断简废篇。久之，甫得钞本一帙，因复选附陈、隋外集于后，付梓人刻而传诸永久，甚盛心也。逮今才阅四十许年，而其板亦竟散弛无存矣。锦帙阽亡，贵者共惜。万历己卯季冬，余过吴兴华林里故友茅稚延所居，其子元祯虑其书之如郑君之日也，爰命工者重刻之，而复加雠校，于其间正其鲁鱼亥豕者百每一二，比郑为精且至矣。呜呼！夜光之珠，得隋侯而永其耀；连城之璧，遘卞氏而世其珍。亦犹此书之谓也。元祯字公良，顾其所为者若是，良可谓善世其箕裘者。然其先君擅词场于当世，且足以慰其有后矣。抑使陈尚书仆射徐君陵不负其往昔之勤劳于是编，亦岂不德公良于九泉之下哉！吾因公良用心于是，甚跃然喜，为后之摘藻君子深怀不畔失其宗派渊源庆。吴门研山迁生方大年撰。北京图书馆藏明崇祯二年冯班钞本《玉台新咏》

冯　班

己巳之冬，获宋本于平原赵灵均，回，重录之如右。是书近世凡有三本：一为华亭杨玄钥本，一为归安茅氏本，一为袁宏道评本。归茅、袁皆出于杨书，乃后人所删益也，是本□其□书，后人有得此者，其审□□□常熟冯班者也。壬申春日识此。同上己巳冬,方甚寒,燃烛录此,不能无亥豕。壬申春,重假原本,士龙与余共勘二日而毕,凡正定若干字,其宋板有□则仍之云。冯班再记于确庵之北窗。同上

余十六岁时,尝见五云溪馆活字本于孙氏,后有宋人一序,甚雅质。今年又见华氏活字本于赵灵均,华本视五云溪馆颇有改易,为稍下矣。然较之杨、茅则尚为旧书也。闻湖广李氏有别本宋板,甚精,交臂失之,殊为怅恨也。班又识。同上

钱孙艾

定远此本甚善,较之茅、袁两刻之谬,可谓顿还旧观矣。但索借颇多,遂为俗子涂改,中间差误已失钞时本来面目,又不能不为定远惜,亦不能不为俗子悲也。书此以戒世之借人典籍而擅以无知之识为瞎盲识字者。崇祯十七年七月晦,筱后人客庵识。同上

钱谦益

《玉台新咏》宋刻本出自寒山赵氏本,孝穆在梁时所撰,卷中简文尚称皇太子,元帝称湘东王,可以考见。今流俗本为俗子矫乱,又妄增诗二百首,赖此本少存孝穆旧观,良可宝也。凡古书一经庸人手,纰缪百出,便应付蜡车覆瓿,不独此集也。《有学集》

纪容舒

六朝总集之存于今者,《文选》及《玉台新咏》耳。《文选》盛

行，《玉台新咏》则在若隐若显间，其不亡者幸也。自明以来无善本，赵灵均之所刻，冯默庵之所校，悉以嘉定宋刻为鼻祖。然观所载陈玉父跋，则传写踳驳，自宋已然。跋又称得石氏录本补亡校脱，然则窜乱旧本未必不始于斯时。陈氏兹刻，盖亦功过参半矣。崇祯癸酉距今百有余载，意其书已不存。乾隆壬申，忽于常熟门人家得之，纸墨完好，岿然法物。摩挲远想，如见古人。然亦时时有讹字。冯钝吟云宋刻是麻沙本，故不佳，信矣。乙亥六月，余自云南乞养归，检点藏书，多所散佚，惟幸是本之仅存。林居无事，稍理旧业，偶取阅之，喜其去古未远，尚有典型，终胜于明人臆改之本。用参校诸书，仿《韩文考异》之例，各笺其弃取之由，附之句下。两可者并存之，不可通者阙之，虽可通而于古无征者，则别附注之。丹黄矻矻，盖四阅月乃粗定。耗日力于绮罗脂粉之词，殊为可惜。然郑卫之风，圣人不废，苟心知其意，温柔敦厚之旨亦未尝不见于斯焉。乾隆丁丑二月廿一日，河间纪容舒序。《玉台新咏考异》

　　按：此序见于《玉台新咏考异》，而北京图书馆藏纪昀《玉台新咏校正》稿本亦有此序，惟"壬申"作"壬午"，"乙亥"作"辛卯"，"丁丑"作"壬辰"，末署"纪昀书"，并无涂改痕迹。稿本后又有"观弈道人"跋文一篇，称《考异》为己所作。"观弈道人"即纪昀，则《考异》及其序文的作者尚有可疑之处。

纪　昀

　　孔子论《诗》曰"思无邪"，孟子论说《诗》曰"以意逆志"，圣贤宏旨，具于斯矣。学者取古人之诗，究其正变，以求所谓发乎情而止乎礼义者，或法或戒，皆可以上溯风雅也。否则，横生意见,以博名高,本浅者务深言之,本小者务大言之,本通者务执言之,附会经义,动引圣人,是之谓理障。旧说既无师承,古籍亦鲜明证,钩稽史传,以幸其姓名年月之偶合,是之谓事障。矜一韵之奇,争一字之巧,所谓好色不淫、怨诽不乱者弗讲也;所谓铺陈终始、排比声韵者弗讲也;所谓思表纤旨、文外曲致者弗讲也。是之谓词障。三障作而诗教晦矣。是非俗士之弊而通人之弊也。《玉台新咏》虽宫体,而由汉及梁文章升降之故亦略见于斯。譬之古碑、旧帖,不必尽合于六书,而前人行笔结字之法,则往往因是而可悟。余既粗为校正,勒为《考异》十卷,会汾阳曹子受之问诗于余,属为评点,以便省览,因杂书简端以应之,与《考异》各自为书,不相杂也。曹子如平心静气以言诗,则管蠡之见或不无小补,如欲高论以骇俗,则仆不敏焉。癸巳正月二十七日,观弈道人记。北京图书馆藏纪昀《玉台新咏校正》稿本

陈鸿寿

此集录之最古者,后人以枚乘证昭明之谬,然刊本谬误宏多,及得此宋椠,老目为之一明。惜均之不肯割爱,题字还之,正如归来堂上韩滉画卷也。时嘉庆丁丑长至前一日,同观者听香、曼生、晴厓、蘧庵,并记于袁浦之竿木盦。北京图书馆藏明崇祯六年赵均刻本《玉台新咏》

翁方纲

星伯馆丈以旧本《玉台新咏》见示,此即赵凡夫所传宋椠本,冯己苍据以校正诸本者也,不仅字画古雅而已。嘉庆丙寅仲

冬廿日,北平翁方纲。同上

许乃普

《玉台新咏》自南宋已有两本,明人重刻,窜乱弥多。张嗣修、茅国缙本更非其□,唯南宋永嘉陈玉父本为佳,此本是也。为徐星伯前辈所藏,今归于予,实近今不多见之秘笈。卷帙如新,而墓有宿草,安得起故人于地下而欣赏之也。噫!咸丰纪元辛巳秋,滇翁手识。同上

汪正鋆

《玉台新咏》推南宋陈玉父本为第一,予从得一本于胥江舟次,精神充足,古艳照人。尝携之以行,戴金溪比部劝予仿刻行之,予以为恐贻讥效颦也。伊扬州见之,叹为百金之直,持古书与徐俟斋画册求易,徘徊久之,终不能忍。丙子夏,挟之入都,为陈秋舫所窥,盛誉之于叶东卿。东卿予亲家,亦秋舫亲家也,藏书富逾王侯,闻秋舫言,笑而不答。越日,秋舫生日,东卿出此本为寿,秋舫乃狂喜,驰以示予,予亦惊叹。谛审之,终若神气不足。出藏本方之,此乃纸略新,墨亦少轻,其为玉父本可宝爱一也。秋舫言:"东卿遂能舍此,均之不如东卿达观。"予言:"东卿遂能舍此,均之不能如东卿忍情也。"秋舫大笑,东卿亦大笑,属予记之。是日酷热,越二日大雨骤凉,展对洒然,乃为书其简首。嘉庆丙子六月廿一日,桐城汪正鋆均之氏记于莲花寺寓舍。同上

陈 沅

丙子六月十八日,为余三十二生日,叶东卿以此为寿。七月朔旦,值章大珆香初度之辰,还以赠之。珆香爱此书甚,其在珆香,犹其在秋舫也,犹其在东卿也。陈沅并识。同上

冯登府

道光九年己丑五月,同年生柯易堂大令以此书持赠,考证之,真嘉定本之至精者。重付装池,并录此条附于卷尾,而藏之石经阁。嘉禾冯登府记于闽中志局。上海图书馆藏明崇祯六年赵均刻本《玉台新咏》

翁心存

予年弱冠,曾手抚冯知十影钞宋本,自谓不爽毫发,与此本正同,暇时当互勘之。咸丰十年庚申人日,拙叟记,时年七十。北京图书馆藏清影明钞本《玉台新咏》

上年腊月儿子同书寄到是本,今岁予偶得兵马司中街老屋数椽,庭多花木,为养疴习静之所。忆嘉庆戊寅己卯章珆香曾寓于斯,展阅此册,不禁怃然。庚申上巳日,拙叟又志。同上

翁同书

明寒山赵宦光曾得嘉定乙亥永嘉陈玉父本,影写授梓,足以

乱真。今之书贾以宋刻欺人者,皆是物也。二冯先生曾就灵均手钞,世有行本,默庵一跋,定远一跋,定远跋与此不同,而可以互证,盖当时所钞非一本。又有篯后人一跋并钱孙艾印,岂即钱孙爱欤？藏书家最重常熟派,定远与陆敕先尤喜手钞。二百年来,典型具在。兵燹之余,复归吾邑,楚弓楚得,岂非幸事也哉！咸丰九年五月二十四日,常熟翁同书志于皖北定远县军营。
北京图书馆藏明崇祯二年冯班钞本《玉台新咏》

卷首有二痴印,二痴即定远。又记。同上

己未五月二十四日手跋此书,阅两日而贼至,衣装书册尽为劫灰,独此书得脱于厄,异哉！岂二冯先生之灵实式凭之欤？是岁九月六日同书复志于寿春诚斋。先是左臂风痹,几不能举,偶寻醇酒饮之,遂小愈。同上

周銮诒

此明赵氏小宛堂仿宋嘉定本,通称陈玉父本。己卯十月周荇农丈见赠,甲申祭书日补记。时荇丈已归道山,藏书多为厂估持去,抚此慨然。銮诒。湖南省图书馆藏明崇祯六年赵均刻本《玉台新咏》

前辈南皮张孝达家藏本有赵氏跋,闻王廉生同年言此本赵跋已削去,卷首又有钱遵王伪印,殆出苕估所为。他日当从张氏借录赵跋,以复此本本来面目。同上

宗室伯熙同年一本,亦无赵跋,且染纸矣,亦苕估射利假冒宋本也。此本幸未染纸。同上

秦曼青

曩客长沙，值周譽斋家藏书散之坊肆，余竭力收购，而精者已先为定侯所有，此其一也。越十年庚午，蘚苣海上，复得借观。拟从乞让，而割爱未能。取旧藏日本文化三年（当吾国嘉庆十一年）翻本校读一过，并识数语还之。也是翁《读书敏求记》著录者，即赵氏此刻。王廉生谓钱遵王藏印为苕估狡狯，殆不然也。十一月廿九日，婴暗居士识。同上

叶启发

《玉台新咏》，明嘉靖中徐学谟曙海楼仿宋刻本，流传极稀，海内藏书家志目罕见著录，唯日本森立之《经籍访古志》有之，孤悬海外，无由见也。崇祯六年癸酉，寒山赵宧光小山堂得宋嘉定乙亥陈玉父本，据以翻雕，行款一仍旧式，半页十五行，行三十字。叶次通连，计七十四番。宋讳"殷"、"玄"、"弦"、"泫"、"匡"、"筐"、"敬"、"惊"、"镜"、"竟"、"慎"、"贞"等字均阙笔。前有徐陵序，后有陈玉父后序，板刻古雅，规矩谨严，无明人刻书窜乱臆改恶习。徐书原本赖以复见人间，宜其见重艺林，藏书家均推为善本也。《四库全书总目》著录者即此本，馆臣谓《玉台新咏》"明代以来刊本不一，非惟字句不同，即所载诸诗亦复参差不一。万历中张嗣修本多所增窜，茅国缙本又并其卷第乱之，而原书之本真益失。惟寒山赵宧光所传嘉定乙亥陈玉父本最为近古，近时冯舒本据以校正，差为清整"云云。独山莫氏亦谓此

本最佳,他刊皆不足道。可见此本在明刻诸本中,信为首屈,虽五云溪馆、兰雪堂二活字本之希见,固不如此本仿宋精良之有来历也。冯氏校定本,康熙甲午其犹子虎武为之刊行,大抵以不误为误,以误为不误,颇多曲解,好为是非,较此本之笃守典型、阙以存疑固远逊矣。唯冯氏谓宋本参差不一,赵氏加以整齐,转失真面,言未必非,然究不足为此刻病也。赵刻后有跋文,书估每每割去,以充宋椠,家藏三部均同,盖琟玞可以乱玉,即此可见赵刻之精。特惜赵氏几以此而瞖没其传刻之功,是固赵氏所不及料也已。赵氏宋本后归虞山牧翁,庚寅火后,为其从子遵王所得,述古之藏,乃不知流于何所。大兴徐星伯太史松有一本,有"翁正三洗马方纲"跋者,未知即其本否也。此本首有"虞山钱曾遵王藏书"朱文长方印,知为述古插架之副。虎贲中郎不让天水旧椠,自当益加珍视矣。递藏蒋宗海春农家,有"润州蒋氏藏书"朱文方印,又有"永明世进士坊共墨斋周氏兄弟藏书记"十六字朱文大长方印,则季雩编修鋆诒、笠樵舍人铣诒兄弟收藏印记,前有墨笔跋语,亦编修手笔也。仲兄定侯从编修后人获此,江都秦子曼青三请见让,坚未之许,借观数日,题记归还,是可见仲兄书癖之深矣。曼青为伯敦太史恩复后裔,好收藏,精鉴赏,湘垣沪上,时相过从。乱后天各一方,求如昔时之聚首笑谈,研讨辩论,渺不可得,又不禁期遇之感萦绕于心,而不能释然矣。辛未六月望日,炎威灼人,东明挥汗书。同上

叶 裕

戊子冬嘉平月,山居暇日,岑寂无聊,偶得宋刻,较正本重勘一过。但宋本颇多讹舛,而今之行世者仍有佳处,今旧两歧,势

不得不洧溷无□，又不敢擅自增改，故并改列于上，以证是非。是在知者能晓之耳。仁祖识。北京图书馆藏明崇祯六年赵均刻本《玉台新咏》

吴慈培

《玉台新咏集》十卷，曹彬侯藏书。去年腊月在京师以银四十两购于正文斋谭笃生。笃生父为借得王鸿甫主事所藏寒山赵氏刊本，有旧校，尽录之以归。除夕，补摹后跋一叶，今年正月重装成，二月取所录王本校语以蓝笔临于眉端。校者不著名氏，系以宋本及《文选》、《初学记》、《艺文类聚》、《古诗纪》诸书互勘，颇多是正。惜未卒业，异日当补校之。宣统二年二月廿八日，吴慈培识，时初号偶能。北京图书馆藏清初钞本《玉台新咏》

邓邦述

此活字本亦不常见，而所据乃宋本，与赵灵均翻陈本又不同。亡友吴佩伯得曹彬侯藏钞本，又非灵均底本，系冯二痴辈同时传钞，见于钱遵王《敏求记》。冯、李、叶三跋劳□卿曾录于钱书中，故偶有与灵均刻本异同处，其非据赵本移写盖可知也。余假佩伯过录，四年之久始得录竟，而佩伯墓木已拱。追念曩日过从考订之雅，益深怆然。丙辰夏至，正暗学人。北京图书馆藏明五云溪馆铜活字印本《玉台新咏》

书中绿笔又一人手校者，未书名字，不可知为何氏，且亦未卒业，至五卷为止。据《文选》校异同处为多，间有采《艺文》、《初学记》者，其中言宋本作某，则不知据何本也，因附记之。

同上

　　壬子五月廿八日开始校写此本，纸墨多渝敝，恐不能精也。凡与钞本异同，写入行侧。其在栏上、下者，皆依原校移录。正暗绿笔所写，系校寒山赵氏翻陈玉父本，与钞本同出一源。绿笔所称"宋本作某"与此活字本相符，知此本所据，亦宋本也。且有胜于赵氏所据者，不可以其为活字本而轻之。正暗又记。时雨后暑逻，几案如沐。同上

梁启超

　　总集之选，贵有范围。否则，既失诸泛滥，又失诸挂漏。《隋志》总集百四十七部，今存者《文选》及《玉台新咏》而已。《文心雕龙》亦入总集，实不当也。然《文选》之于诗，去取殊不当人意。《新咏》为孝穆承梁简文意旨所编，目的在专提倡一种诗风，即所谓言情绮靡之作是也。其风格固卑卑不足道，其甄录古人之作，尤不免强彼以就我。虽然，能成一家言。欲观六代哀艳之作及其渊源所自，必于是焉。故虽漏略，而不为病。且如魏武帝、谢康乐诗一首不录，阮诗仅录二首，陶诗仅录一首，然而不能议其隘陋者，彼所宗不在是。譬诸刻梳之匠，则楩楠豫章之合抱者，无所用之也。故吾于此二选，宁右孝穆而左昭明，右其善志流别而已。赵氏小宛堂本据宋刻审校，汰其屦续，积余重刻，更并雠诸本，附以札记，盖人间最善本矣。属当草韵文史，辄点读一过，记所感焉。甲子十一月二日。南陵徐氏覆小宛堂景宋本《玉台新咏》

罗振玉

敦煌唐写本《玉台新咏》，起张华《情诗》第五篇，讫《王明君辞》，存五十一行。前后尚有残字七行，不见书题而诸诗皆在《玉台新咏》卷二之末，知即《新咏》矣。以今本与此比勘，异同甚多。张华《情诗》第五首"巢居觉风飙"，今本误作"风飘"。《杂诗》"容与缘池阿"，今本"缘"误作"绿"；"同好逝不存，迢迢久离析"，今本"逝"误作"游"，"久"误作"远"；"无然徒自隔"，今本"然"误作"愁"。潘岳《内顾诗》"忽焉捬缔绤"，今本"捬"作"振"；"引领诉归云"，今本"诉"作"讯"；"不见陵间柏"，今本"间"作"涧"。《悼亡诗》"怅怳如或存，周皇忡惊惕"，今本"怅怳"伪"帐幔"，"周皇"作"回遑"；"比目中路隔"，今本"隔"作"析"；"长戚令自鄙"，今本作"自令鄙"。石崇《王明君辞》，今本题"王昭君"；序"故改也"，今本夺"也"字；"遂入凶奴城"，今本"遂入"作"乃造"；"杀身良不易"，今本作"未易"；"英华不足欢，甘与秋草并"，今本"英华"讹"朝华"，"甘与"作"甘为"，均可是正今本。其两本均可通者亦以此本为胜矣。其与今本尤异者，潘岳诗之前，此本先题"潘岳诗四首"，下小字夹注"内顾二首，悼亡二首"，其《内顾诗》前别出题目，《悼亡诗》前亦然。盖此书之例，先题作者姓名及总篇数，下分注各篇篇题篇数，每诗之前仍各冠以本篇题目。今本则但书潘岳《内顾诗二首》，而总篇数及小注皆削去。经后人妄改旧例，赖此本存之，尤可喜也。《新咏》刊本以寒山赵氏重椠宋嘉定乙亥陈玉父本为最善，且有此失，惜石室所遗仅此五十余行，不获遍校，则又可憾耳。丁巳闰月。《雪堂校刊群书叙录》

邓之诚

《玉台新咏》世罕宋本,二十五年前于会泽友人刘克斋盛堂斋中见所藏宋刻,伪为题记累累,即此本也,惟麻纸所印似旧椠耳。《湘绮楼日记》谓借得谭氏所藏宋本钞之,颇似元椠,恐皆此本化身。艺风丈昔年见语,世贵赵刻如宋元,其直昂甚,不可问津。今知诗者少,得稍廉平,予乃获之,可谓幸矣。日本有翻本,毫发无异,非精鉴者不能别,今亦稀见矣。此本纸椠精好,即非初印,亦在顺、康之间。当时流传颇广,今乃仅见,不可解也。丙子十月十五日正予五十初度,为记之如此。文如居士之诚书于海淀寓坐之五石斋。中国科学院图书馆藏明崇祯六年赵均刻本《玉台新咏》

徐釚《南州草堂集》有"赵氏覆刻《玉台新咏》仅印百余部,后板归秦中张氏"云,盖清逆后人也,居金陵,所谓侯府有六朝松者。此本有漫漶处,殆张氏所印。丙戌九月朔,文如居士,距得此书时已十年矣。同上

张尔田

《玉台新咏》传本极夥,而寒山赵氏本为最。据赵跋,合同志详加对证,又冯定远亦谓宋本讹谬甚多,赵氏所改得失参半。又云宋本行款参差不一,赵氏已加整齐,则亦不尽仍宋本之旧。今宋本已罕见,无以核其异同,则赵刻要为天壤祖本矣。此赵刻初椠,惜佚去原跋,然纸楮蠲洁,神采焕然,非河豚赝本可比。文如先生得于故家,丙子冬获观于五石斋,记之。张尔田题。同上

郑振铎

此嘉靖刊本《玉台新咏》十卷,《续玉台新咏》五卷,诸家书目皆未见著录,带经堂从广州购书数百种,中有此书,予一见即收之。虽中阙五至八卷,亦无伤也。欲夺之者颇众,但终归予有。西谛。一九五六年十一月十日灯下,木犀轩。旧本书目有嘉靖仿宋本,当即此书。北京图书馆藏明嘉靖十九年郑玄抚刻本《玉台新咏》

中华国学文库　第一辑　（精装）

四书章句集注
〔宋〕朱　熹　撰

诗集传
〔宋〕朱　熹　注　赵长征　点校

史　记（全四册）
〔汉〕司马迁　撰　〔宋〕裴　骃　集解　〔唐〕司马贞　索隐　〔唐〕张守节　正义

三国志（上下册）
〔晋〕陈　寿　撰　〔宋〕裴松之　注

老子道德经注
〔魏〕王　弼　注　楼宇烈　校释

庄子注疏
〔晋〕郭　象　注　〔唐〕成玄英　疏　曹础基　黄兰发　整理

世说新语笺疏
〔南朝宋〕刘义庆　著　〔南朝梁〕刘孝标　注　余嘉锡　笺疏

陶渊明集笺注
袁行霈　撰

李太白全集（上下册）
〔清〕王　琦　注

饮水词笺校
〔清〕纳兰性德　撰　赵秀亭　冯统一　笺校

中华国学文库 第二辑 （精装）

周易注校释
〔魏〕王　弼　撰　楼宇烈　校释

汉　书（全四册）
〔汉〕班　固　撰　〔唐〕颜师古　注

后汉书（全四册）
〔宋〕范　晔　撰　〔唐〕李　贤　等注

十一家注孙子
〔春秋〕孙　武　撰　〔三国〕曹　操　等注　杨丙安　校理

荀子集解
〔清〕王先谦　撰　沈啸寰　王星贤　整理

列子集释
杨伯峻　撰

坛经校释
〔唐〕慧　能　著　郭　朋　校释

曹操集
〔三国〕曹　操　著　中华书局编辑部　编

诸葛亮集
〔三国〕诸葛亮　著　段熙仲　闻旭初　编校

增订文心雕龙校注
〔南朝梁〕刘　勰　著　黄叔琳　注　李　详　补注　杨明照　校注拾遗

中华国学文库 第三辑 （精装）

论语集释（上下册）
程树德 撰　程俊英 蒋见元 点校

水经注校证
〔北魏〕郦道元 著　陈桥驿 校证

洛阳伽蓝记校释
〔北魏〕杨衒之 撰　周祖谟 校释

读通鉴论
〔清〕王夫之 著　舒士彦 点校

廿二史札记校证
〔清〕赵　翼 著　王树民 校证

庄子集释
〔清〕郭庆藩 撰　王孝鱼 点校

韩非子集解
〔清〕王先慎 撰　钟　哲 点校

杜牧集系年校注
〔唐〕杜　牧 撰　吴在庆 校注

伊川击壤集
〔宋〕邵　雍 著　郭　彧 整理

姜白石词笺注
〔宋〕姜　夔 著　陈书良 笺注

中华国学文库　第四辑　（精装）

资治通鉴（全十二册）
〔宋〕司马光 撰　〔元〕胡三省 音注

文史通义校注（上下册）
〔清〕章学诚 撰　叶 瑛 校注

颜氏家训集解
王利器 撰

容斋随笔
〔宋〕洪 迈 撰　孔凡礼 点校

楚辞补注
〔宋〕洪兴祖 撰　白化文等 点校

阮籍集校注
〔三国魏〕阮 籍 撰　陈伯君 校注

嵇康集校注
〔三国魏〕嵇 康 撰　戴明扬 校注

杜诗详注（全三册）
〔唐〕杜 甫 撰　〔清〕仇兆鳌 注

南唐二主词笺注
〔南唐〕李 璟　李 煜 撰　王仲闻 校订　陈书良　刘 娟 笺注

人间词话疏证
王国维 撰　彭玉平 疏证

中华国学文库 第五辑 （精装）

周易程氏传
〔宋〕程 颐 撰 王孝鱼 点校

礼记译解
王文锦 译解

孝经郑注疏
〔清〕皮锡瑞 撰 吴仰湘 点校

经学通论
〔清〕皮锡瑞 撰 吴仰湘 点校

十七史商榷
〔清〕王鸣盛 撰 闻旭初 点校

吕氏春秋集释
许维遹 撰 梁运华 整理

梦溪笔谈
〔宋〕沈 括 撰 金良年 点校

大乘起信论校释
〔梁〕真 谛 译 高振农 校释

花间集校注
〔后蜀〕赵崇祚 编 杨景龙 校注

王阳明集（上下册）
〔明〕王守仁 著 王晓昕 赵平略 点校

中华国学文库 第六辑 （精装）

书集传
〔宋〕蔡 沉 撰　王丰先 点校

诗经注析
程俊英　蒋见元 著

孟子正义
〔清〕焦 循 撰　沈文倬 点校

四书讲义
〔清〕吕留良 撰　〔清〕陈 鏦 编　俞国林 点校

徐霞客游记校注
〔明〕徐霞客 撰　朱惠荣 校注

陶庵梦忆 西湖梦寻
〔明〕张 岱 撰　马兴荣 点校

晏子春秋校注
张纯一 撰　梁运华 点校

盐铁论校注
王利器 校注

古诗源
〔清〕沈德潜 选　闻旭初 标点

建安七子集
俞绍初 辑校

中华国学文库 第七辑 （精装）

尚书校释译论
顾颉刚 刘起釪 著

春秋左传注
杨伯峻 编著

越绝书校释
李步嘉 校释

书目答问补正
〔清〕张之洞 编撰 范希曾 补正

鬼谷子集校集注
许富宏 撰

论衡校释
黄晖 撰

释氏要览校注
〔宋〕道诚 撰 富世平 校注

曹植集校注
〔三国〕曹植 著 赵幼文 校注

玉台新咏笺注
〔陈〕徐陵 编 〔清〕吴兆宜 注 程琰 删补 穆克宏 点校

高适诗集编年笺注
〔唐〕高适 著 刘开扬 笺注